国家出版基金资助项目
“十二五”国家重点图书出版规划项目

艽野东南的民族丛书

何国强 主编

整体稀缺与文化适应：三岩的帕措、红教和民俗

许韶明　何国强◎著

中山大学出版社
·广州·

图书在版编目（CIP）数据

整体稀缺与文化适应：三岩的帕措、红教与民俗/许韶明，何国强著．—广州：中山大学出版社，2013.12
（艽野东南的民族丛书/何国强主编）
ISBN 978－7－306－04701－4

Ⅰ．①整… Ⅱ．①许… ②何… Ⅲ．①藏族—民族文化—研究—中国 ②宁玛派—研究 ③藏族—少数民族风俗习惯—研究—中国 Ⅳ．①K281.4 ②B946.6 ③K892.314

中国版本图书馆 CIP 数据核字（2013）第 216493 号

出 版 人：徐 劲
策划编辑：嵇春霞 徐诗荣
责任编辑：徐诗荣
封面设计：林绵华 曹巩华
责任校对：廖丽玲
责任技编：何雅涛
出版发行：中山大学出版社
电 话：编辑部 020－84111996，84113349，84111997，84110779
发行部 020－84111998，84111981，84111160
地 址：广州市新港西路 135 号
邮 编：510275 传 真：020－84036565
网 址：http：//www.zsup.com.cn E-mail：zdcbs@mail.sysu.edu.cn
印 刷 者：广州中大印刷有限公司
规 格：787mm×1092mm 1/16 24.75 印张 483 千字
版次印次：2013 年 12 月第 1 版 2013 年 12 月第 1 次印刷
印 数：1～2000 册 定 价：59.00 元

总　序

黄淑娉

青藏高原古称“艽野”①，“喜马拉雅”与“横断”两条山脉在东南交汇，形成北半球地表褶皱最明显而紧密的区域——纵横千里，层峦叠嶂，忽而峡谷幽深、激流汹涌，忽而悬崖突兀、雪峰傲立。雄奇的景观掩饰着严酷的自然。适宜耕种的土地集中在河谷，陡峭的高坡土层稀疏、岩石裸露、杂草丛生，经常发生泥石流。山川、植被、动物、村庄依季节交替呈现出各种姿态：旱季，尘土飞扬、风霜严寒、万物萧条；雨季，四野青翠、鸟语花香、人畜徜徉于云端。

艽野东南素有“民族摇篮”之称。在北纬25°～38°、东经90°～104°的广袤区域，由东至西，有金沙江、澜沧江、怒江、独龙江和雅鲁藏布江，史前时代的汉羌之争，造成部分羌人融为汉族，部分羌人西迁。② 西迁的羌人一部分沿着江河古道北上甘青，另一部分南下川滇，到达今川、滇、藏交界区，更有一些部落进入了东南亚。他们南北行走的整套路线分布的区域到公元前4世纪业已形成民族走廊。《史记》记载了张骞出使大夏（今阿富汗）见到四川特产的见闻③，那是公元前2世纪发生的事情。又过了两个世纪，最后一批迁徙者

---

① 《诗经·小雅·小明》曰：“明明上天，照临下土。我征徂西，至于艽野。二月初吉，载离寒暑。心之忧矣，其毒大苦！……”大意为周天子令诸侯征伐氐羌系部落，西行到青藏高原，将士思乡，无心恋战，企图班师回朝的情景。《说文解字》解“艽”，一为“远荒”；一为草本植物，如“秦艽”——兰花形，生长于黄土高原与青藏高原接壤地带、海拔3 000米的荒野，愈往西愈密。故“艽野”指今青藏高原东部，即今川、青、滇、藏四个省（自治区）相交界的区域。

② 如（南北朝）范晔《后汉书·卷八十七·西羌传第七十七》（景印文渊阁四库全书本第252～253册）有“秦献公初立，欲复穆公之迹，兵临渭首，灭狄獂戎。忍季父卬畏秦之威，将其种人附落而南，出赐支河曲西数千里，与众羌绝远，不复交通”的记载，说战国初期（公元前475年）以“昂”为首的一支羌人迫于族群竞争的压力，由今甘陕地区向西南徙迁至玉树地区。

③ 汉朝的四川特产远播大夏绝不可能走西域丝绸之路，那样将徒增路程，最有可能的是走西南丝绸之路，起点为成都，终点为印度甚至波斯（今伊朗），中间点为夜郎（今贵州）、滇（今昆明）、南诏（今大理）、缅甸。这说明中西交通很早就贯通了。

沿着民族走廊进入东南亚。东晋、十六国时期（317—420 年），鲜卑族从大兴安岭西迁，抵达青海湖与当地羌人杂处，出现西羌、吐谷浑、白兰、党项、附国、吐蕃、姜人等古代部族，也有南迁的情况出现。各民族部落在南迁路中定居、联姻、繁衍，发生贸易、战争和宗教行为，经过千百年的基因采借与文化交汇，演变出藏族、门巴族、珞巴族、纳西族、傈僳族、怒族、独龙族、景颇（克钦）族、克伦族、骠族、缅族、掸族等境内外民族。① 元明以降，封建国家的势力先后侵及这片土地。目前，一块归中国，一块归印度，一块归缅甸。《艽野东南的民族丛书》就揭示了中国西南川、滇、藏和川、青、藏接壤地带极具内涵的民族文化。这些民族是藏族、纳西族、怒族、独龙族和傈僳族。这些民族人们的体质特征与三支种群有关：①蒙古北亚人，特征是高身材、中头型、高鼻型、前额平坦、黑眼珠，男人高大英俊，女人身材颀长；②蒙古南亚人，特征是身材略矮、低头型、前额微窄、褐色眼珠、低鼻型；③“藏彝走廊”型，介于前两者之间，又自成一类，其特征是中身材、中头型、中鼻型，孩子的眼珠较黑，成人的眼珠泛褐。具体来说，怒族和独龙族人带有蒙古南亚人的体质特征，藏族、纳西族和傈僳族人带有“藏彝走廊”型的体质特征。由于藏族人的来源复杂，内部族群众多，有的体质特征偏向蒙古北亚人。例如，三岩藏族人的体质特征与塔吉克族、维吾尔族、锡伯族、哈萨克族、蒙古族等北方民族关系密切些，跟藏彝类型的藏族关系疏远些。② 无论体质特征如何，这 5 个民族的人民都有率真淳厚、健谈好客、谦让刚毅、吃苦耐劳的一面。人们因地制宜谋取生活资料，建造房屋，修建梯田，引水渡槽，高山放牧；人们也抽烟喝酒、唱歌跳舞，知足常乐。

新中国成立后，党和政府组织集中进行民族识别（1953—1956 年）和少数民族语言与社会历史调查（1956—1958 年）。根据 20 世纪 80 年代出版的《民族问题五种丛书》的描述，当时藏族、纳西族、怒族、独龙族和傈僳族等民族已出现社会分化：有的社会结构呈尖锥形，如藏族的农奴制、纳西族的土司制；有的社会结构呈钝锥形，如保留着原始公社残余的怒族和独龙族。民族文化的保持与传承是通过社会结构来实现的。独龙江两岸的村落出现了头人、大小巫师（南木萨、龙萨）、工匠、平民、家奴。前三种人基本上是富裕的族人，他们拥有土地，蓄养奴隶，并未完全脱离劳动。奴隶来自债务和买卖，成为家庭的一员，由主人安排婚姻，给予经济开支。奴隶在公共场合（如祭礼、

① 参见（五代）刘昫《旧唐书》卷 197 列传第 147（景印文渊阁四库全书本第 268 ～ 271 册，台湾商务印书馆 1983 年版）和（宋）欧阳修《新唐书》卷 222 上列传第 147 上下（景印文渊阁四库全书本第 272 ～ 276 册，台湾商务印书馆 1983 年版）关于南蛮、西南蛮和骠国的描述。

② 参见何国强、杨晓芹、王天玉等《三岩藏族的体质特征研究》，载《人类学学报》2009 年第 4 期，第 408 ～ 417 页。

公议、公断等）与平民有身份界限。劳动过程中主仆地位不同，主人为奴隶提供生产资料（如土地、牲畜、农具、种子），并占有全部收获物。人们在社会结构中各居其位，各层次的差别不大，在血缘、地缘基础上发生的共济、共庆、换工等集体行为维持着内部平等，原始宗教和基督教起到恐吓叛逆者、安抚民众、制止反抗的作用。旧的社会结构被打碎以后，新的社会结构逐步建立，其所传承的文化与过去有着质的不同。

17 世纪，西方人陆续进入喜马拉雅东部山区与横断山脉南部的多条河谷。早期的传教士、探险家带着猎奇的眼光看待这里的风土人情。19 世纪伊始，民族学家、地理学家、行政人员、桥梁工程师开始进入这片地域上无人知晓、地图上一片空白的沃野。到 20 世纪 40 年代末的 150 年间，他们记录了大量宝贵的材料。英国、美国、印度三国学者的成绩尤为突出，如果只见他们为殖民政府服务的一面而不见其科学记述的一面是不公平的。在此，我愿意借鉴沙钦·罗伊的书单[①]，肯定 J. 马肯齐、J. 布特勒、G. W. 贝雷斯福德、A. F. 查特尔、P. C. 巴利、B. C. 戈海尔、M. D. 普格[②]等人的工作；我还要提到 F. M. 贝利、F. K. 沃德、维雷尔·埃尔温、P. N. S. 古塔、马骏达、N. 罗伊、B. C. 古哈和 S. 罗伊等人的努力，特别是约瑟夫·洛克、克里斯托夫·冯·菲尤勒－海门道夫和埃得蒙·利奇的奉献。

洛克于 1922 年到达中国西南边陲，在川、青、甘、滇接壤地带考察，为美国农业部、国家地理协会和哈佛大学收集植物和飞禽标本，在丽江度过了 27 年。随着时间的推移，洛克的研究兴趣转移到纳西族的文化上。他的《纳西英语百科词典》收入了东巴教及濒于消亡的古纳西语，他撰写的《中国西南古纳西王国》叙述了当时甘青交界处、滇西北、川西南和西藏纳西族居住区域的地理、历史、物产和文化。1992 年，迈克尔·阿里斯在纽约出版了《喇嘛、土司和强盗》，以图文并茂的形式回顾了洛克在川、滇、藏的田野研究经历。[③]

第二次世界大战期间，利奇在克钦山区打游击。那个地区为中国的滇、藏和印度的阿萨姆邦三面环绕，有号称“野人山”的莽莽丛林。利奇广泛地接

① 参见（印）沙钦·罗伊《珞巴族阿迪人的文化》，李坚尚、丛晓明译，西藏人民出版社 1991 年版，第 297～302 页。

② 他们的代表作分别为《孟加拉东北极边地区山区部落记事》（1836 年版）、《阿萨姆山区部落概述》（1847 年伦敦版）、《阿萨姆东北边境记》（1881 年西隆版、1906 年重印）、《阿波尔的吊桥》（载《皇家工程师》1912 年第 16 卷）、《阿萨姆山区部落的头饰》（载《皇家孟加拉亚细亚学会会刊》1929 年总字第 25 卷）、《阿波尔人的农业组织》（载《人类学系调查报告》1954 年第 3 卷第 2 册）、《东北边境特区的娱乐活动》（1958 年版）等，这里仅仅提到很少的一部分。

③ 参见 Michael Aris *et al.* *Lamas*, *Princes*, *and Brigands*: *Joseph Rock's Photographs of the Tibetan Borderlands of China*. China House Gallery, China Institute in America, 1992.

触克钦人，于1954年出版《上缅甸诸政治体系》，提出社会转变的动力学模型。几乎在同一时期，克里斯托夫·冯·菲尤勒-海门道夫在印度调查了10年，期间以特派员的身份在阿萨姆地区工作两年。他和妻子贝蒂·勃纳多在调查阿帕塔尼人①的间隙中，专程到麦克马洪线以南的斯皮峡谷，那里距离西藏的瓦弄咫尺之遥。因物资供应不足，1944年4月2日夫妇俩开始撤退，准备翌年再进行调查，后因印度政府决定推迟这项计划，最终未能进入西藏察隅地区。海门道夫基于田野调查的12本书②对于青藏高原的研究极具参考价值。

20世纪50年代以后的民族学家，无论是美国人、英国人、法国人、印度人，还是中国人，都是在利用前人收集的原始资料、绘制的地图、提炼的概念、阐述的命题和他们的民族识别、文化分类的成果，并汲取他们务实与求真的精神力量。

中国学者对青藏高原东南部的民族调查可追溯到抗日战争时期，左仁极、羊泽、朱刚夫、李式金、李中定、陶云逵、黄举安（以姓氏笔画为序）等人曾赴三江（金沙江、澜沧江、怒江）并流地区，调查成果虽然一鳞半爪，但科学精神不可低估。李霖灿、方国瑜、杨仲鸿对纳西语的研究尤其值得一提。新中国成立后的几十年间，我的同仁，如王辅仁、王晓义、孙宏开、刘龙初、刘芳贤、宋恩常、宋兆麟、吴从众、李坚尚、杨毓襄、张江华、姚兆麟、龚佩华、谭克让、蔡家骐、欧阳觉亚（以姓氏笔画为序）等，跋涉于川、青、滇、藏交界区的山水之间，也提出批判地学习和吸收西方人类学的任务。③ 1979年，西藏社会科学院资料情报研究所在北京成立，后迁至拉萨，组织翻译了一批文献，吴泽霖、费孝通都身体力行地做过译介工作。④ 由于各种原因，我们的研究起步较晚，田野研究缺乏长期性、系统性，理论方法上也有故步自封的表现，偏重于社会经济形态的素材，而较容易忽视社会组织、风俗制度与意识形态的素材。

---

① 中国民族学界有一种观点，认为阿帕塔尼人与珞巴族人同源，阿帕塔尼是珞巴族的组成部分。珞巴族包含20多个部落，如尼升、巴依、玛雅、纳、崩尼等，其经济形态与独龙族完全相同。

② 它们是《赤裸的那加人：阿萨姆邦的猎头部落的战争与和平》（1939年第1版、1968年第2版、1976年第3版）、《苏班西尼地区的民族学注释》（1947年版）、《喜马拉雅山区未开化的民族》（1955年版）、《阿帕塔尼人和他们的邻族：喜马拉雅山东部的一个原始社会》（1962年版，有中译本）、《尼泊尔的夏尔巴人：信佛的高地居民》（1964年版）、《尼泊尔、印度和锡兰的社会等级制度和血缘关系：对印度教与佛教相接触地区的人类学研究》（1966年版）、《尼泊尔人类学述略》（1974年版）、《喜马拉雅山区的贸易者：尼泊尔高地的生活》（1975年版，前三章半有中译本）、《喜马拉雅山地部落：从牲畜交换到现金交易》（1980年版）、《阿鲁纳恰尔邦的山地人》（1982年版）、《西藏文明的复兴》（1990年版）和《在印度部落中生活：一位人类学家的自传》（1990年版中译本）。

③ 参见林耀华《序》，见黄淑娉、龚佩华《文化人类学理论方法研究》，广东高等教育出版社2004年版。

④ 参见《费孝通译文集·前言》（上册），群言出版社2002年版，第2页。

改革开放以来，国内强调“补课”，出版了不少社会文化人类学（民族学）的理论著述，这是可喜可贺的。最近十几年，获得高级职称的中青年学者也越来越多。但是，不可否认，一些民族学工作者欠缺实地调查的经历，学界对田野调查的要求放松，对边陲少数民族的研究远远不够，市面上田野研究的著述稀少。有人说，目前田野工作的条件（如交通、通讯、住宿、饮食、医疗、安全、语言沟通、调查工具和手段等）较之20世纪五六十年代不知改善了多少，可如今的实地调查与书斋研究的比例较之于过去不知减少了多少。[①] 本人深有同感。我虽然退休多年，但也知道一点外面的情况。现在科研的资助力度每年都在增大，下达的课题也在增多，出版界欣欣向荣，民族类的期刊、书籍相当多；但是，深入扎实的调查研究没有跟上来。由于辛勤收集第一手资料和认真提炼、精巧构思并以朴实平正的笔调叙述的作品不太为社会所赏识和鼓励，因此田野作品越来越少。这种情况与历史的发展很不合拍。就青藏高原东南部而言，随着旅游的开发，三江并流自然景观被列入《世界遗产名录》，社会对非物质文化的保护意识被带动起来了，国内外迫切需要了解这一区域的民族现状，抢救、整理和保存当地的原生态文化迫在眉睫。但经常到农牧区做调查的人不多。原因何在？这恐怕与投入和产出的衡量标准有关。譬如，有些环境陌生而艰苦，原创性作品生产周期长，即使出得来，社会反应也需要一定时间，不如“跟风”成效快。“不可否认，学界急功近利的浮躁之风，评判成果室内室外一刀切的做法，都是使田野调查边缘化的原因。”[②] 我认为，端正调查之风、调整激励机制势在必行，否则民族学研究将难以为继，更谈不上以良好的姿态服务于社会。

西北川、青、藏交界区，以及西南边陲川、滇、藏接壤地区，民族学资源异常丰富，吸引着以何国强教授为首的研究团队不畏艰苦、锲而不舍地调研。这套由7部专著组成的丛书即有选择性地介绍了那里的民族文化。分册和作者名依次为《青藏高原的婚姻和土地：引入兄弟共妻制的分析》（坚赞才旦、许韶明）、《碧罗雪山两麓人民的生计模式》（李何春、李亚锋）、《整体稀缺与文化适应：三岩的帕措、红教和民俗》（许韶明、坚赞才旦）、《独龙江文化史纲：俅人及其邻族的社会变迁研究》（张劲夫、罗波）、《青藏高原东部的丧葬制度研究》（叶远飘）、《妇女何在？三江并流诸峡谷区的性别政治》（王天玉）、《滇藏澜沧江谷地的教派冲突》（王晓、高薇茗、魏乐平）。翻开细细品

① 参见郝时远主编《田野调查实录：民族调查回忆·前言》，社会科学文献出版社1999年版，第3页。

② 英国皇家人类学会编订：《人类学的询问与记录·序言》，周云水、许韶明、谭青松等译，国际炎黄文化出版社2009年版，第13～14页。

味，看得出作者们长期研究的积累。主编何国强教授是我的学生，也是这个研究团队的组织者。他 17 年来坚持探索汉藏区域文化，主张多学科相结合，调查素材、史志和理论三点互补，中外资料融会贯通，以及汉族区域和少数民族区域的文化现象互为衬托的研究思路。自 1996 年夏天至今，他已 11 次踏上青藏高原。担任博士生导师以后，他努力寻求基金会的支持①，推动每一届研究生到青藏高原东部和东南部选题作论文，秉承老一辈民族学家研究西南民族的传统，深入偏远的高山峡谷。据我所知，另外 10 位中青年作者在跟随他学习期间，除极少数人之外，皆有 1 年左右的调查经历，目前分别在高校或科研部门工作。他们的成果与书斋式的研究不同，每一本书都充满鲜活的材料，讲理论、重实际，穿插纵横（时空）比较和跨文化研究（类型）比较，散发着田野的芬芳。

调查员根据已有的知识草拟提纲，到当地观察、询问和感受，苦学语言，一丝不苟地记录，孜孜不倦地追寻文化变迁的足迹，修正调查提纲和理论预设。他们入乡随俗、遵循当地礼节，与村民建立互信，由此获得可信的感知材料。但这套丛书不是田野材料的机械堆砌，而是在科学方法和理论模块引导下的分析、综合与描述，不仅揭示了该地区存在的一些问题——如风俗制度的动力和机制、传统生计的命运、社会转型时期妇女的角色变迁等——而且对这些问题做出了切合实际的解答。

这套丛书坚持了民族学研究偏远之地的优良传统，同时强调多维视角，突出科研的前沿性、创新性及应用性，对于边疆少数民族的研究具有弥足珍贵的作用，同时给东南亚乃至世界的民族学提供了参考价值；在抢救和整理濒临绝境的原生态文化方面，体现了学术研究在增进国民福祉及促进社会和谐过程中的作用，在为西部开发提供决策依据并带动民族文化的保护性研究等方面均有不可忽视的意义。

这套丛书还凸显了“好料做好菜”的诀窍。前期 4 个课题资助，10 余年田野调查取得的第一手资料绝不会自动转化为社会公认的产品，需要紧扣“民族特色”提炼选题，科学搭配，形成整体效应。编者先是将婚姻与丧葬制度、血缘组织、传统生计、本地宗教和外来宗教（东巴教、藏传佛教和天主教）的碰撞、妇女地位、先进民族的帮助与后进民族的发展等选题集合在一个总题目下共同反映特定区域的文化，“好菜”就做了一半；继而在中山大学

---

① 本研究相关课题获得 4 次资助，即“青藏高原的兄弟共妻制研究：以卫藏和康的五个社区为例”（香港中山大学高等学术研究基金，2004—2005 年）、“青藏高原东部三江并流地区民族文化的历史人类学研究”（教育部人文社会科学基金，2006—2008 年）、“三江并流峡谷的民族文化和社会结构变迁研究”（国家社会科学基金，2007—2009 年）、“川青滇藏交界区民族文化多样性的动力学研究”（国家社会科学基金，2012—2014 年）。

出版社的鼎力协助下申请国家出版基金资助项目，争取新的资源来整合后续工作。这样，整道“菜”就做好了。以上两点在何国强教授与中山大学出版社的通力合作中可见端倪，同时专家的支持[①]也相当重要。在这个基础上，各分册的作者和责任编辑保持良好的互动，认真审稿，精益求精地修改文本、补充资料、优化结构，本着为人民高度负责的精神对待自己的职业。凡此皆说明学术界与出版界的精诚合作对于完成科研成果转换的重要作用。

① 这套丛书于2011年入选“十二五”国家重点图书出版规划项目，2012年入选国家出版基金资助项目。两次申报工作，均得到四川省社会科学院任新建研究员和中国人民大学胡鸿保教授的极力推荐。

前　　言

地球上有条神秘的北纬30度线，世界上的许多自然景观、文化古迹均荟萃在这条虚拟的纬线之上，三岩赫然位于其间。三岩是金沙江中上游一段狭窄的峡谷，此处山高水深，地势险峻，群山连绵，而三岩人的村寨错落有致、星罗棋布地散布在这些高山峡谷上，显示出依江而建、就地取材和聚族而居的特征。

然而，三岩吸引着众多研究者的兴趣，还不仅因其独特的生态环境与地理位置，更是因其长期作为“化外野番”存在于国家的视阈之外。所谓“穷山恶水出刁民”，“三岩”一词亦可能来源于此。历史上的三岩人“以犷悍为能，以杀掠为事”，他们来往于川藏大道之间，夹坝偷盗，杀人越货，为所欲为。毫不夸张地说，三岩人曾让邻近地区的农牧民避让三舍，让历代的政府官吏谈之色变，也让过往穿梭于茶马古道的众多商队马帮胆战心惊。三岩流传着的一些族源传说、《强盗歌》和“男人不抢窃，不如守灶门”等习语，足见此习俗绝非空穴来风。

诚然，三岩得以声名远扬，还因为当地保存着原始社会时期基于父系血缘认同的宗族组织——帕措，保留有“男织女耕”和刀耕火种的原始生产方式，实行多偶制婚姻，以及遵奉苯教和以红教宁玛派为主体的藏传佛教的宗教信仰等。正因为如此，三岩作为一个特殊的旅游文化胜地，被附加上“父系社会的活化石”、“男人国”、“父系部落”等光环，作为猎奇的商品不断地给读者消费。近年来陆续面市的一些与三岩有关的旅游文化作品，可视为其中的代表。

一定程度而言，三岩社会中人们的行为模式、生活习惯和价值理念，或许与我们一般所熟知的社会有所不同，甚至让人感到匪夷所思、震撼不已。然而，把所有极端的事件和情景放置在人类学的视角之中，一切都是可以解释并找到答案的。诚如人类学家博厄斯所言，每个社会都是其特殊历史的产物，要想了解为何这一特定的社会不同于另外一个，关键点就隐藏在特定人群的历史当中。为此，笔者隐约感到，三岩在历史发展时期所形成的独特的族群与文化，正是当地独特的生态环境与文化适应相结合的历史产物。人类学既是社会科学中的一门显学，也是理解人类自身社会与文化的一把利器。人类学（尤其是文化人类学）为深刻理解人类生活的复杂性与多样性提供了独特的视角，采用人类学的方法对三岩做较为透彻的学术探讨，在当前的学术界还甚为少见，本书正好填补了这一空白。

本书的关键词有两个：整体稀缺与文化适应。一方面，三岩是个整体稀缺的社会。顾名思义，“整体稀缺”的社会不仅指在生态环境和物质资料方面极度匮乏，还指一个政治制度、军事制度、道德规范、宗教制约等方面高度缺乏的社会，近乎等同于人类早期无政府的自然状态。整体稀缺在三岩地区包括了五个方面的内容，分别为物质生活资料的稀缺、社会制度的稀缺、道德的稀缺、精神教化的稀缺和娱乐与游戏的稀缺。可以认为，恶劣的生态环境促使三岩人长期处于一种“整体稀缺”的状态，在无形中造成一种“生态迫力”。另一方面，人们绝非被动无助地适应着环境；正相反，这是一种动态的调试过程，此过程常常被认为是种文化适应。文化适应是特定的动物有机体在与外界环境的互动过程中，用来调适自身与其关系的一种具体而又明确的文化机制。文化适应特别关注在特定环境中人类文化与环境的和谐发展。文化适应在三岩地区表现出三种独特的维度——帕措、红教和民俗。

在此文化适应的进程中，从政治层面上来看，帕措不仅是种基于父系血缘认同的世系群，而且还是一种独特的政治组织，虽然它何时形成于三岩，于今已无稽可考；从意识形态层面上来看，在吐蕃政权和中央王朝的国家势力进入之时，此处宗教走上了一条由多元走向单一的发展道路，红教亦由此在三岩呈现出“独尊一家”的盛况；而从社会文化层面上看，三岩人历经岁月编织出了一条贯穿生活与生产各方各面的绳索——民俗。帕措、红教与民俗三种文化制度形成一个系统化的整体，它们不仅具有和谐的特征，而且共同指向同一内核——社会团结。此社会团结作为一种社会文化主题，又被三岩社会内部不断地加以强化，最终促使三岩发展出极具自身特色的族群、宗教与民俗文化。

诚然，剖析三岩社会、政治与文化结构是本书的重点，如关注三岩的整体文化，厘清帕措这一基于血缘的社会政治组织的运作模式，追溯三岩的宗教文化何以出现单一化的特征，以及翔实地罗列出涉及三岩人生活方方面面的民俗文化等。然而，本书的重点并不局限于此。中国自身的地理、政治和历史背景，是否对三岩人的社会、政治和经济生活发挥着重大的影响？三岩人如何被卷入国家的进程中？三岩人的精神世界究竟是怎样的情况？三岩人又是如何成功解决争端与冲突的？它对于保留三岩人的族群性是否有着积极的作用？以上的诸多问题，本书都试图一一去寻找答案。

毋庸置疑，三岩的族群与文化并非是一成不变的，特别是当国家政权进入之后，三岩也在发生剧变。例如，三岩自从被纳入国家和地方政权的管辖之后，其盗抢与夹坝的行为反倒频繁地发生，显示出某种文化适应性。近100年来，也就是在“国家进入之后时期”，藏传佛教下的红教宁玛派在三岩地区逐渐呈现“独尊一家”的景况，有别于三岩在“国家进入之前时期”的多元性特征，而这明显也与当地特殊的历史化进程密切相关。

需要指出的是，三岩在藏语中又名“热西热克西巴”，意为“化外野番之地”，正所谓“历不属藏，亦未附汉”。帕措不仅是个立足于血缘关系的社会群体，更是个在政治上相对独立的政治团体。可以认为，帕措存在的价值，主要是确保其自身的主权自治性。从这层意义上讲，帕措具备了原始部落社会的某些特征。然而，诚如拿破仑·查冈所言：“当前地球上鲜有未知的部落存在，能与他们进行‘初次的接触’……当这些部落社会永久地消失，遗留下来的仅仅是一些报道人的回忆录而已……”许多的民族与族群正遭遇着这一问题，它们也被称为“消失的少数民族文明”，其中有马塞族、胡力族，雅诺玛莫人、涅涅茨人、杜立巴人、瓦努阿图人以及我国和尼泊尔的珞巴人等，三岩人自然可算作其中的一分子。

近百年来，随着国家的进入、政府的干预以及外来文化的影响，三岩社会的政治独立性正日渐势微，甚至在逐步消失。如果说以往高山峡谷在相当程度上限制了三岩人与外界的交往，那么现在与之前的情况已不可同日而语了。从县城通往各乡的公路均早已修通，绝大多数三岩人的家庭添置了电视机，购买了 VCD 机和 DVD 机，一些村子甚至实现了手机通网，电脑和网络也将逐步进入三岩人的家庭。当然，三岩人也时刻渴望着与外部的交流。以往把三岩人与外界分离开来的高山峡谷，已不再是阻隔三岩人走出三岩的障碍。2006 年，昌都地区贡觉县举办了首届“三岩文化艺术节”，可看到各方为加速此种交流所做出的努力。

概而言之，三岩的建设者们正在描绘一幅蓝图：在不久的将来，沿着金沙江峡谷修建宽敞的柏油马路，北接江达，南达芒康，两岸架起多座行走汽车的吊桥，交通条件的改观将根本改变三岩的封闭状态，给传统文化带来巨大的冲击。不难预想，随着旅游业的兴起、“地球村”的实现和现代化的冲击，不可避免地将对三岩社会产生深远的影响。未来的三岩将会朝着什么方向发生变化，三岩人还能多大程度地保留自身的族群文化，他们的内心世界是否还容得下佛教文化，现在均是值得深思又难以预料的问题。在此之前，笔者能够做的就是在变化到来之前尽可能全面地记录，做些“抢救”性的田野工作，希望能把三岩人在一两百年间的“生活世界”翔实地展现在读者的面前，并且结合理论作出适当的解释。至于本书能在多大程度上完成这一使命，相信读者在阅读过程中，自可下个结论。

许韶明

2013 年 10 月于广州

目录

附图表目录

第一章　三　　岩

踞西康之中央，崇山叠巘，汹溪环绕，深林绝峪，出入鸟道，形势危险，以吉池为上岩，雄松为中岩，察拉寺为下岩，总其名曰“三岩”，尚为中外人士不迹之地。

——刘赞廷

第一节　三岩进入国家的肇始

三岩位于北纬 29°33′14. 36″～ 30°24′5. 16″，东经 95°51′59. 38″～ 96°32′18″，是金沙江中上游一段狭窄的峡谷。此地山高水深，地势险峻，群山连绵，后人留有“崇山叠巘，汹溪环绕，深林绝峪，出入鸟道，形势危险”的形象描述[①]。金沙江三岩峡谷的地理面貌如图 1 – 1 所示。

一、社会与国家的起源

众所周知，人类社会是从以亲属关系为基础的简单社会逐渐演化为以国家为单位的复杂社会的。然而，社会人类学关于人类社会的起源一直存有争议。例如：作为个体的人如何融入社会化的群体生活？按照血缘亲疏原则组织起的家族或氏族是历史发展的必由阶段吗？这种社会的凝聚力从何而来？诸如政治制度、宗教、民俗等非直接性的生产活动，究竟在社会中扮演着何种角色？早期社会是如何处理暴力、冲突与合作的关系的？国家最终又是如何产生的呢？

---

①　参见刘赞廷编《武城县志》，载《中国地方志集成·西藏府县志辑》，巴蜀书社 1995 年版，第 133 页。

图1－1　金沙江三岩峡谷的地理面貌

表面看来，这些问题涉及面异常地宽广，彼此间又似乎各不相干，鲜有人知道它们间实质存在着某种必然性。一个多世纪以来，关于家庭、国家以及生产关系之间的关系，业已开展数次激辩。例如，关于家庭的产生，当前主要存在两种截然不同的说法：一种认为家庭是构成社会的细胞，人类社会不外乎由这种自然关系的数量的累加复合为民族，进而发展为国家；另一种观点认为人类天然就是群体性动物，在男女两性关系的自然属性的基础上组建而成的家庭，是先期于社会的。

摩尔根确立了以亲属制度来追溯家庭形式的理论和方法。他结合各地收集而来的民族志素材，描绘出国家进入之前时期的胞族、氏族及部落群的基本情况，其正确性被后来民族学和历史学所发现的大量的新资料所证实。在他看来，家庭形式与亲属制度之间天然有着本质的联系，婚姻形态是家庭形式的基础，家庭形式又是亲属制度的基础；另一方面，国家是由氏族和部落发展而来的，后两者分别建立在血缘认同与姻亲联盟的基础之上，“自由、平等、博爱的社会结构”，是多数早期社会的显著性特征。①

在摩尔根的研究基础上，马克思强调了私有制在国家起源中所起到的关键作用。然而，关于家庭的起源，马克思的态度却表现得模棱两可。一方面，他

① （美）摩尔根著：《古代社会》，杨东莼、马雍、马巨译，中央编译出版社2007年版。

默认人类社会一开始便是从集团起步的；另一方面，他也认为家庭作为人类生物学的生活单位保留在社会集团的基底。换言之，他认为家庭基本上是人类的自然范畴，没有坚持说明其是阶级社会的产物。关于国家，纯粹的马克思唯物论的观点则认为，国家是社会本身的运动，表现为由内部矛盾的发展而成，以统治阶级的意志为不可转移，并以统治阶级的形态而定型的。

恩格斯同样关注前资本主义社会，他就家庭的发展形式提出了一个重要的观点——不同的生产技术形式与不同的婚姻家庭形式相联系。蒙昧阶段，不存在私有财产观念，因而不存在经济不平等现象，婚姻形态是建立在母系继嗣上的群婚。野蛮阶段，男性取得了生产领域的支配权，出现对偶婚。文明阶段早期，出现了父权制家庭，妇女依附于日益以男性为主导的经济体系，婚姻以一夫一妻制的个体婚为主导。此外，社会出现了三次社会大分工，有两次发生在原始社会后期，不仅引起流动人口的增加，而且出现了新的合作关系，新的技术、工艺、产品乃至新的管理形式。由于资源与财富的不对称流动引起贫富之间的分化，从而冲击了原有的血缘关系、婚姻家庭、社会组织。随着私有制的产生和阶级的分化，国家便产生了。①

一定程度上，日本人类学家丰增秀俊丰富了马克思和恩格斯的阶级冲突论思想。他认为，人类在获取食物的过程中，随着原始狩猎社会的发展，发生了两次重要的分化，即出现了分别以农耕和畜牧为基础的农业社会和游牧社会。两者之间的斗争强化了制度化的社会内部关系，于是国家出现了。由于一方集团在与另一方集团经常性的斗争中取得了压倒性的胜利，出现了一方剥夺另一方财产乃至劳力的情况。阶级的形成和国家的成立，完全改变了社会集团的性质，后者更是直接导致了以血缘为继承自然顺序的家庭或氏族的出现。埃及、巴比伦、印度和中国，依次成为世界最早的一批农业文明国家，一个重大的原因是游牧民社会给予农业社会施加了压力，无论是在掠夺的数量还是次数上都占绝大多数，促使后者内部结构不断地强化，最后导致了集团化国家的产生。②

二、中国社会与国家的起源

关于国家的产生，后来出现的诸多学说无不集中在两种——冲突论和整合论之上，即认为所有的原生国家不是通过冲突就是通过整合产生的。③ 在笔者

---

① （德）恩格斯著：《家庭、私有制和国家的起源》（第二章、第九章），载《马克思恩格斯全集》第21卷，人民出版社1965年版，第88页、179～198页。

② （日）丰增秀俊著：《原始社会》，叶渭渠、唐月梅译，中国文联出版公司1991年版。

③ 何国强编著：《政治人类学通论》，云南民族大学出版社2011年版，第102页。

看来，农业社会和游牧社会之间发生斗争进而整合为国家，这种说法放入中国的历史化进程中，还是颇为贴切的。众所周知，古代中国的社会文化向来分化为农业文明和草原文明两种主要类型，两者之间为了争夺有限的资源所发生的掠夺与反掠夺性战争，几乎主导了中国历史的整体变迁与发展。神话传说中黄帝与蚩尤之间的战争，可视作这种冲突的最早印记。

中国社会两种文明的分野，首先与中国大陆的地形、地势的分布有着极为密切的关系。我国的地形复杂多样，山区面积大，东部和西部存在很大的差异。西部主要是山地、高原和盆地；东部主要为丘陵和平原。就地势而言（参见图1－2）①，表现为西高东低，大致呈梯形分布，其中又分为三个级别：第一级——我国西南部的青藏高原，平均海拔在4 000米以上，号称“世界屋脊”；第二级——在青藏高原边缘以东和以北，是一系列宽广的高原和巨大的盆地，海拔下降到1 000～2 000米；第三级——在我国东部，主要是丘陵和平原分布区，大部分海拔在500米以下。第三级阶梯继续向海洋延伸，形成了近海的大陆架。西高东低的地势一直向海洋倾斜，有利于海洋上湿润气流向内陆推进，带来充沛的降水。自西向东来看，昆仑山—阿尔金山—祁连山—横断山脉，把属于第三级的青藏高原与第二级的高原、盆地切割开来；大兴安岭—太行山—巫山—雪峰一线则把第二阶梯与第一阶梯的丘陵和平原分离开来。如果说位于第一阶梯的丘陵和平原地带适合精细型农业耕作，那么位于第三阶梯的青藏高原则更适合于畜牧业的发展。作为第二阶梯的高原、盆地地带，可视为两者之间的缓冲地带。

一种来自混沌学的观点认为，宇宙是由混沌之初逐渐形成现今有条不紊的世界的，即由无序进入有序。② 混沌现象起因于物体不断以某种规则复制前一阶段的运动状态，而产生无法预测的随机效果。具体而言，混沌现象发生于易变动的事物或系统，在行动之初极为单纯，但经过一定规则的连续变动之后却产生了始料未及的后果，也就是混沌状态。混沌现象最先用于解释地理和自然界，后来延伸到人文及社会领域。③ 在笔者看来，就中国历史而言，处于第二阶梯内乃至它与第一、第三阶梯的交界地带，均可列入多元文化的“混沌区”之内。

---

① 图1－2获得广东省地震工程勘测中心马浩明博士的技术指导。

② 吴祥兴等著：《混沌学导论》，上海科学技术文献出版社2001年版。

③ 唐晓峰著：《从混沌到秩序——中国上古地理思想史述论》，中华书局2010年版。

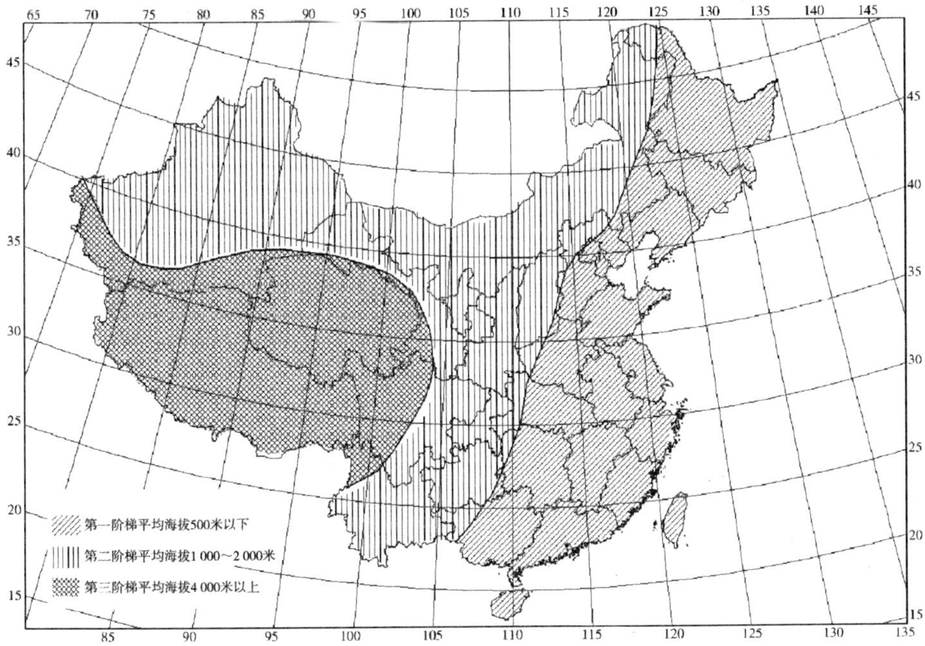

图1－2　中国地势三级阶梯示意图

这片广袤无垠的土地，为多元文化的培育、产生与发展提供坚实的土壤。具体表现为：农业文明与草原文明之间的冲突进行得尤其激烈，相互之间的接触也来得更为频繁，不仅强化了各自的内部组织，而且直接导致地区差异性与文化多元性的产生。三种因素在其中发挥作用：第一，农业文明和草原文明的对抗不可能一直维持下去，彼此也有休养生息的需要，而在两者之间的缓冲地带，往往能为地方差异性制造出一个保护性的屏障；第二，现实总是掺杂着各种各样的复杂条件，很难说谁与谁非要拥有同质的文化不可；第三，就历史的本质而言，每个社会文化均是自身特殊历史的产物。如果这种设想成立，我国作为多元一体的民族国家，就其家庭与国家的起源和发展问题，便可获得一个可供参考的变量。换言之，国家与家庭的起源，完全可能会是一幅截然不同的图景。在独特的地理环境、历史传统、社会—文化等诸多因素的合力作用下，家庭与婚姻的观念、国家的起源，以及生产关系在其中所扮演的角色，均可通过一个具体的个案加以说明。它犹如一面映照之镜，以便我们更好地反省自身。三岩位于青藏高原东南部边缘、横断山脉地区，属第二、第三阶梯交界地带，恰巧为我们提供了一个理想的研究社区。

三、三岩的历史变迁与族群融合

三岩社区的行政区域，包括沿金沙江一带今属川、藏二省（自治区）的5县14乡（参见表1-1）。历史上的三岩虽有文化传承，却无文字记载。关于三岩文化的来龙去脉，早已湮没在历史的烟尘中。诚然，通过其他民族（如汉族、藏族等）所保存的浩如烟海的典籍，倒也可以蠡测一番。

表1-1　三岩涵盖的区域

金沙江峡谷区		省（自治区）	县	乡
三岩	上三岩	西藏	江达	邦拉、生达
			贡觉	克日、罗麦
	中三岩	西藏	贡觉	沙东、敏都、雄松
		四川	白玉	山岩
	下三岩	西藏	贡觉	木协
			芒康	戈波、尼增、宗西、竹巴龙
		四川	巴塘	甲英

首先，关于青藏高原边缘地带的位于金沙江河岸的民族，汉族中与此相关的历史文献记载大多语焉不详，但认为那里是荒凉之地大概总没有错。在《诗经·小雅》中，有“我征徂西，至于艽野”的诗句。“艽野”一词后来用来指代青藏高原地区。关于金沙江，古籍有“弱水”、“绳水”和“淹水”的说法。古代关于弱水的记录其实很多，例如，《山海经·大荒西经》云：“西海之南，流沙之滨，赤水之后，黑水之前，有大山。名曰昆仑之丘。……其下有弱水之渊环之。”《十洲记》曰：“凤麟洲在西海之中央，地方一千五百里，洲四面有弱水绕之。鸿毛不浮。不可越也。”这些记录均表明弱水乃水名。《山海经》的成书年代跨越了几个时期，分别为东周、春秋、战国，但至晚不会在秦统一（公元前221年）以后。[①] 东汉许慎的《说文解字》及稍后的《汉书·地理志》中，却将今雅砻江以上部分称为淹水。由此可见，至少在东汉以前，古人对西域河流尚存在错误的认识。《禹贡》被认为是中国古代地理的金科玉律，《禹贡》对于山川的资源考察是华夏文明甚至人类历史上最早的大规模地理考察活动，但是它也错误地认为长江来自“岷江导江”，对金沙江

① 茅盾：《中国神话的保存与修改》，载《二十世纪中国民俗学经典·神话卷》，社会科学文献出版社2002年版，第34页。

上游的理解依然存在着空白，只好笼统地称其为“黑水以西”。[1] 实际上，关于“金沙江”的提法，直到明朝末期的《天工开物》才首次出现：“金多出西南……水金多者出云南金沙江（古名丽水，此水出吐蕃），[2] 绕流丽江府，至于北胜州，回环五百余里，出金者有数截。”[3]

在更为久远的年代，金沙江沿岸就有不同的族群在迁徙中定居下来。就历史沿革而言，当地一直处于中央王朝或地方势力的管辖区内，不是受其政治势力的辐射作用，就是受其排斥和挤压。例如，三岩在西汉属旄、羌之地；西晋时期受马尔敢管辖；隋代为附国；唐代由吐蕃、吐谷浑等地方政权接管；元代设宣政院辖地，明代替换为朵甘思宣慰司；清代中期在三岩设置流官宗本，清末成立武城县；民国初期设川边特别区、西康省等。[4]

一如其他多数的边疆民族地区，与三岩相关的国家管理机构和地方政权不乏历史连贯性。然而，在更多的情况下，三岩被称为“扎西热克西巴”。藏语中“热克”是“胜者为王”的意思，“三岩”则是藏语地名的音译[5]，意为“恶地”。这明确指出三岩是作为“化外野番”的状态而存在的，具有相当的主权自治性。此外，当地还有“热克奔没，秤没龙巴”的说法，即三岩是个“既没有头领，也没有王法的地方”。当地民歌中有这样的歌词，其意大致为：“这一带是没有官员的村庄呵，百姓不受法律的约束。”史料也留下了佐证：“（三岩野番）自东至西仅二百余里，自南至北计四百余里，无土司头目管束，各不相下，或数十户为一村，或百余户为一村，不相往来，各村亦常互斗。”[6] 三岩其恶，既指山水险阻，也指民风彪悍，有“无酋长，以抢劫杀人为雄，历不属藏，亦未附汉”的记录。[7] 由此可见，独特的地理位置和条件，一定程度上隔绝了三岩与外界的联系。

然而，三岩的名声在外，更多地与当地的社会—文化因素相关，如存在基于父系血缘认同的宗族组织——帕措、刀耕火种的原始生产方式、骁勇彪悍的民风、掠夺与偷盗成性的“夹坝”行径、骇人听闻的“血仇制”、多偶制婚姻形态，以及由多元化转向单一性的宗教信仰等。由于许多原汁原味的传统文化

---

① （宋）程大昌著：《从书集成之禹贡山川地理图》，商务印书馆 1936 年版。

② 金沙江实质发源于青海省，而非西藏（吐蕃）。

③ （明）宋应星著：《天工开物》，潘吉星译注，上海古籍出版社 2008 年版，第 128 ～ 129 页。

④ 参见顾颉刚、章巽编《中国历史地图集——古代史部分》，地图出版社 1955 年版。

⑤ 因汉语方言的发音差别和汉字谐音的问题，出现了音译不统一的情形，如“三艾”、“三芆”、“三崖”、“萨安”、“撒硬”、“山暗”、“三暗巴”和“桑岩”等，发音虽不一致，但在历史上与现实中均指同一区域。三岩设治后，称“武成”，后人亦称“武城”，雄松为治所驻地。

⑥ 傅嵩炑著：《三岩投诚记》，载《西康建省记》，成文出版社 1912 年版，第 81 页。

⑦ 参见刘赞廷编《武城县志》，载《中国地方志集成·西藏府县志辑》，巴蜀书社 1995 年版，第 133 页。

和民俗风情得以保存下来，三岩被冠名为“父系原始社会的活化石”①。

有文献指出，三岩宗的社会组织以“帕措”头人来维系，历代王朝和藏政府都未能真正设治管理。② 事实上，相对“三岩”而言，“帕措”一词出现的历史更为久远。关于“帕措”的来源与历史，现已无任何资料可考，但存在以下五种说法，指明“帕措”存在的时间至少长达600多年：第一，“帕措”产生于人类早期的“英雄年代”，即原始社会初期的父系氏族社会；第二，“帕措”是阿里古格王朝流亡的后裔；第三，“帕措”是从四川省的白玉、巴塘和德格等地迁徙过来的，有六七百年的历史；第四，“帕措”是史诗中总管王绒察根的后裔；第五，在贡觉县人民政府组织的一次调查中，发现13世纪萨迦派高僧八思巴前往萨迦时曾路经贡觉，他除了为贡觉望族达鲁家的经堂开光以外，还组织康区缮写人员抄写《甘珠尔》经，当时有一本《藏经》在后记中谈到抄写的施主时，涉及了“乃达帕措”的名字，这部经书原来珍藏在贡觉县罗麦乡的达松寺内。③

历史上的三岩，不仅作为具体的地域概念，更是作为族群概念为外界所知的。可以断言，三岩具有浓厚的民族学色彩，首当其冲与当地位于一条古代民族迁徙路线的活跃地带及其辐射区有关。北纬25°～33°，东经97°～104°，自古以来是北方古代民族交汇地带，从战国延至元代，许多民族在这里融合。史载“秦献公初立，欲复穆公之迹，兵临渭首，灭狄獂戎。忍季父卬畏秦之威，将其种人附落而南，出赐支河曲西数千里，与众羌绝远，不复交通”④。公元前475年，以“卬”为首的一支羌人迫于族际竞争的压力，向西南徙迁至玉树地区。古羌人是游牧民族，逐水草而居的习性与族群互动的“多米诺效应”同时发生作用，横断山脉所包夹的数条河谷则给予他们由北而南的便利。时间是悠久的，变化是复杂的，不仅三岩藏族，而且纳西、普米、白等民族的先民都可追溯到氐羌系部落。

金沙江上游为通天河，两岸有7处负山临水的遗址。玉树县仲达乡切定郎巴沟遗址的器物研究表明，“某些因素与卡约文化晚期比较接近”⑤。卡约文化晚期发生在战国至东汉时期，一般认为是羌人的遗存，⑥ 推测切定郎巴沟遗址的居民可能受到“羌”文化的浸染。该遗址南面160公里另有一个名叫卡则的遗址，出土双大耳罐陶器、石板墓葬、装有儿童尸骨的瓮棺，含古羌文化特

---

① 范河川编著：《山岩戈巴》，四川大学出版社2000年版。
② 西藏昌都地区地方志编纂委员会编：《昌都地区志》（上），方志出版社2005年版，第29页。
③ 西藏昌都地区地方志编纂委员会编：《昌都地区志》（下），方志出版社2005年版，第1 098页。
④ （南朝）范晔：《后汉书·卷八十七·西羌传第七十七》第10册，中华书局1965年版，第287页。
⑤ 青海省地方志编纂委员会编：《青海省志·文物志》，青海人民出版社2001年版，第59页。
⑥ 参见俞伟超《关于卡约文化的新认识》，载《青海考古学会会刊》1981年第3期。

质，金沙江沿岸的石渠、巴塘、理塘、德荣、贡觉、德钦、中甸等县也有类似发现。由此可以推测，“昂”羌可能与玉树土著融合，其后人顺金沙江南下，沿途繁衍生息。

五胡十六国时期（317—420 年），鲜卑族的一支从大兴安岭西迁，抵达青海湖与羌人杂处，建平元年（330 年）建立了吐谷浑政权，国势南扩至通天河一带。隋朝（581—618 年），附国、党项、多弥、苏毗和白兰等部族在通天河流域活动。正史载：“俗尚武力，无法令，各为生业，在战阵则相屯聚……牧养牦牛、羊、猪以供食……三年一聚会，杀牛羊以祭天。人年八十以上死者，以为令终，亲戚不哭。”[①] 该情形迄今仍在三岩有所遗存。

在吐谷浑逐渐衰落之际，吐蕃却在青藏高原悄悄兴起，其势力渗入到青海南部。唐贞观七年（633 年），吐蕃降服苏毗。唐麟德二年（665 年），吐蕃灭吐谷浑。我们不能排除几次的战争造成小股民众沿通天河南下金沙江的可能。

早期在吐蕃东南部还有附国和东女国两个政权，其地在今昌都以东及今甘孜藏族自治州，是汉代位于蜀地的牦牛羌、白马羌与藏族先民联合的部落。“附国者，蜀地西北二千里，即汉之西南夷也。”附国的国王字宜缯，“其国南北八百里，东西千五百里”。附国有居民两万多户，主事农业，兼营畜牧业，住石块垒砌的碉房，用牛皮筏渡河。公元 608—609 年，附国两次遣使入贡隋朝。东女国在附国的西边，北接党项，风俗和附国相同。公元 7 世纪初，附国、东女国均为吐蕃所灭。三岩原为附国的一部分，内附于唐朝。唐龙朔三年（663 年）后，唐与吐蕃在这些地区对峙长达一个多世纪，三岩在两个强大的政权面前摇摆不定，时而纳入唐王朝的版图，时而归顺吐蕃政权的统治。

在吐蕃王朝建立以前，象雄才是青藏高原上最为古老的帝国，不仅拥有自己的文字——象雄文，更是西藏传统的原始宗教——苯教[②]的发源地，对后来的吐蕃乃至整个西藏文化均产生深远的影响。吐蕃王朝建立以后，赞普松赞干布起兵攻打象雄，收编了所属的各大部落。8 世纪中叶，赞普赤松德赞时期，吐蕃军队再次与象雄军队会战，取得了决定性的胜利。吐蕃王朝衰败后，在象雄故地又建立了古格、兰普等小王国。其中古格王国一度雄霸藏西长达 600 余年之久。吊诡的是，在距今约 300 年前，古格王国突然由盛入衰，当前仅留下那些曾经辉煌一时的城市和寺院的遗址。一种说法认为：古格王国遭受灭顶之灾之后，它的一支民众曾一路东迁，最终选择在金沙江峡谷的三岩地区定居下来。三岩当地一些帕措的族源传说中，一直存有类似的说法。

---

① （唐）魏征等：《隋书 · 卷八十三 · 列传第四十八 · 西域 · 党项》第 6 册，中华书局 1973（1982）年版，第 1 845 页。

② 苯教又可写作本教、本波教。

吐蕃王室分裂后（842—862年），原住于康定一带的一支古羌部落在首领直路阿哇率领下翻越大雪山进入玉树，启动一轮新的民族融合。此后的400年间，原吐蕃王朝东部疆域内的众多移民部落和大量吐蕃守军及随军奴隶大都无力返回吐蕃本土，他们逐渐扩散和定居于甘、青、川、滇一带，与当地部落杂处。①

明万历年间（1573—1620年），藏军在今巴塘、理塘地方与北扩于此的纳西人开战，逼其退却。崇祯十二年（1639年），青海蒙古和硕特部南征康区，其军民南出通天河，直下金沙江。由此可见，木氏土司的纳西属民与和硕特部的蒙古人，都有可能给三岩带来文化碰撞。明末清初，来自中央王朝的地方军队应当地营官的请求，征伐了今沙鲁里山地区的唆啰人政权，迫其族人向理塘、巴塘、白玉、贡觉和芒康等地迁徙，其中的一支可能来到三岩并定居下来。

7—9世纪，吐蕃王朝扩张，东向占领了今青海省、甘南、川西、滇西北等地，三岩也就落入其囊中。13世纪，蒙古部落联盟入主中原，统治西藏百余年，三岩归属元朝。雍正三年（1725年），清政府将三岩布施给达赖，② 噶厦在此设宗，驻宗本一名，负责纳税、催粮、派款以及支派乌拉等事宜，由比本若干协助他与欧巴（村长）和寺庙打交道。三岩大小寺庙分属金沙江东岸的亚青寺和西岸察雅的主寺管辖，后两者分别是拉萨色拉寺和哲蚌寺的分寺。三岩税收入不敷出，皆用于本地喇嘛的生活。③ 光绪二十二年（1896年）十二月，清廷在西扩的趋势下，会同川、滇、藏三方官员勘界，明确辖区，防止滋生边界纠纷④。三岩被划为三段："以吉池为上岩，雄松为中岩，察拉寺为下岩。"⑤"上三岩"、"中三岩"和"下三岩"，设"土千户"（土官名，相当于噶厦的宗本），由巴安府统辖。民国二十一年（1932年）十一月，国民政府与噶厦在江达签署《岗托条约》，确定以金沙江为界，将西岸昌洛等5个原属

---

① 石硕：《西藏文明的东向发展——13世纪西藏与中原政治关系形成的必然性》，载《青藏高原的历史与文明》，中国藏学出版社2007年版，第276页。

② 上述表明三岩虽处于边陲，为强权所忽视，但早已纳入不同属主的版图，不然雍正不可能将其赐予达赖，因为把不属于自己的财产赠给他人是不合法理的，可见所谓"历不属藏，亦未附汉"的表述并不准确。

③ （美）皮德罗·卡拉斯科著：《西藏的土地与政体》（内部资料），陈永国译，西藏社会科学院西藏学汉文文献编辑室编印1985年版，第146页。

④ 勘界结果，宁静山以西归西藏，以东属四川，以南的中甸属云南。朝廷在宁静山、邦木塘（巴塘）、达拉寺（今贡觉县敏都乡过拉山的台西寺或热克更庆桑灯林寺）立界桩，边界划在金沙江西岸以西。金沙江不是川藏界河，界桩以西属于达赖的"香火地"，故宣统二年（1910年）十月，边军克三岩，实为收复矣，非窃夺也。民国七年（1918年）二月爆发昌都事件，边军撤出三岩，藏兵趁势进驻则有失法理，直到民国二十一年（1932年）十一月《岗托条约》确定金沙江为川藏之界河。

⑤ 刘赞廷编：《武城县志》，载《中国地方志集成·西藏府县志辑》，巴蜀书社1995年版，第133页。

于白玉县的村落划给西藏，同时将东岸原属于三岩的色巴（八学）、巴巴、劣巴3个村落划给白玉县，自此中三岩一分为二，金沙江以西为“大三岩”，以东为“小三岩”。目前“上三岩”有4个乡，即金沙江西岸江达县的2乡（邦拉、生达），贡觉县的2乡（克日、罗麦）；“中三岩”也是4乡，即贡觉县的3乡（沙东、敏都和雄松），金沙江东岸白玉县的山岩乡；“下三岩”有6乡，即金沙江西岸贡觉县的木协乡和芒康县的4乡（戈波、尼增、宗西和竹巴龙）以及东岸巴塘县的甲英乡。

这些地区的居民均为藏族。据笔者亲身参与的实地测量，三岩藏族带有蒙古人种北亚类型的体质特征，主要表现为高身材、中头型、中鼻等。其特征不仅与中国南方、北方的其他民族有明显的差别，而且跟藏族其他支系也有很大的差别。[①] 这些信息促使笔者去阅读史料，从而发现族源上，三岩人极其可能是古代氐羌系部落与当地土著（或吐蕃佚名）融合的后代，与蒙古人种东北亚型（如鲜卑）也有关联。这一现象不乏史料的佐证。例如，据《贡县志》记载，贡觉在“唐初被藏番征服，元世祖西征，以蒙古人游牧至此占领，与土人混合，变为蒙古种族，分为百户制”[②]。鉴于三岩临近贡觉，因此三岩人是蒙古人后裔的说法，存在一定的可信成分。

上述民族，有些与三岩擦肩、匆匆而过；有些暂时居住，过几代又走；有些在金沙江两岸扎根。民族迁徙是混血和播种文明的过程，峡谷的封闭性使外来的生物基因和文化种子（生计模式、血缘组织、婚丧礼仪等）留存下来。史书对这样的化外之地无从记载，唯有“野番”[③] 一词，多少道出了古风的积累和嬗变。三岩山势巍峨，天高草低，一年中寒冷期长，必须以血缘为根，以地缘为本，结成亲属式社会，提倡尚武好斗与温顺服从共存，不同场合不同表现。在一定条件下，这种游牧民族的风气难免演变为极端事件。

乾隆五年（1740年），三岩人与云南怒族发生大规模械斗，朝廷派员调查；乾隆四十四年（1779年），三岩人抢劫乾隆赏赐给达赖喇嘛的茶包，翌年清兵和藏兵联合进剿；乾隆五十八年（1793年），峨眉知县王赞武率丁押运饷银从昌都返四川途中，在阿足山石板沟被三岩人劫走骡马驮只和印信；道光二十四年（1844年），血族“夏哥”与“拉学”火并，参加者百余人，械斗持续数月，双方死伤18人，烧毁28座土楼，后“拉学”获胜，将俘虏绑在树

---

① 何国强等：《三岩藏族体质特征研究》，载《人类学学报》2009年第4期，第408～417页。

② 刘赞廷编：《贡县志》，载《中国地方志集成·西藏府县志辑》，巴蜀书社1995年版，第107页。

③ “野番”是清代对边疆地区未服王化的少数民族的蔑称。“三岩野番”指在巴塘与贡觉之间所居住民族，又名“三崖”。参见任乃强《西康图经》，西藏社会科学院整理，西藏藏文古籍出版社2000年版，第12页。又见季羡林名誉主编《中国少数民族古籍集成·第九十五册（汉文版）》，四川民族出版社2002年版，第208页。

上活剐，把“夏哥”逐到盖玉[①]；光绪五年（1879年）十一月，驻藏帮办大臣维庆在三岩大石包（今芒康县宗西乡）被抢；光绪七年（1881年），法国教父梅玉林一行在核桃园蛮塘被三岩人劫杀，物品全部被抢走；光绪二十三年（1897年），驻藏大臣讷钦在喜竹桥遭三岩人突袭，抢走奏折。

四、三岩进入国家

三岩久在王化之外，史志皆以“野番”、“蛮野”称之，出峡谷二百余里的社会皆有法度，受其骚扰，苦不堪言，仅赵尔丰任川滇边务大臣期间，接到控告三岩抢杀之诉状就不下千余起，[②] 正所谓“人民犷悍，夹坝抢劫，多出其中”[③]。1910年9月，赵尔丰亲自率军赴贡觉，征讨三岩、江卡、桑昂、杂瑜等地，设贡觉、三岩、江卡、桑昂、杂瑜委员。[④] 在决意清剿三岩之后，赵尔丰以宗西为据点，招募行军向导，原计划募40名，结果征到44名青壮年，各带枪支弹药，骑马一匹组成马队。[⑤] 1910年10月，傅嵩炑在赵尔丰的授意下五路进击三岩；德格土司多吉僧格备粮械，亲带80名土兵充当向导；新军统领程凤翔刚从云南归辕，也立即请行。“合众之力，经苦战一旬”，终于攻克三岩，将其收服。三岩攻克后，欲行“改土归流”之事，按汉制设县，先设“三岩勘定蛮民投诚委员”承管过渡事项，委员范润，后为武成县令。三岩跨金沙江，南北狭长，分上、中、下三段。治所设在雄松，土筑县署、监狱、仓廒及小学堂各一处。兵营设在村内，有营房数十间，驻新军一营，由管带顾占文统领。

辛亥革命（1911年）后新军撤离，但藏兵并未立即复入，噶厦设“日喀宗”，派驻宗本管辖三岩。1918年，西藏噶厦政府全面进占三岩、贡觉，设三岩宗和贡觉宗，属昌都地区（时称“朵麦基巧总管府”）辖地。1932年11月，《岗拖条约》规定以金沙江为川藏省界，三岩从北至南分属两地：涉江达、贡觉和芒康的地域属藏，涉德格、白玉和理塘的地域属川。在1951年西藏实现和平解放之前，噶厦地方政府先后委派9任宗本[⑥]进行管理。宗本任期

---

① 红（山）岩乡党支部、工作组：《山岩乡关于戈巴组织问题的调查报告》（1974年4月），资料来源：白玉县档案馆。

② 刘赞廷编：《武城县志》，载《中国地方志集成·西藏府县志辑》，巴蜀书社1995年版，第136页。

③ 任乃强著：《西康图经》，西藏社会科学院整理，西藏藏文古籍出版社2000年版，第207页。

④ 同上书，第211页。

⑤ 参见刘赞廷编《宁静县志》，载《中国地方志集成·西藏府县志辑》，巴蜀书社1995年版，第623～624页。

⑥ 9任宗本姓名依次如下：索布该根、折玉色、锡色代本、木夏代本、打然色、德山色（2年后去世，由其2名管家代理）、德山色、墨必色、得墨色。

一般为3年，宗政府下设管家、仲译（文书）、扛巴（管事房账目）和佣人若干名，领藏军100至500余名驻扎在三岩地区。贡觉宗在清末民初时，共划为12个头人区，后因邻区和本区头人相互间争夺地区而被外区逐步侵占，加上本区头人亦有扩张自己辖区的企图，强者将弱者强行合并归自己所辖。自若干年前该区行政治区就减少到9个头人地区，又称上、中、下共9区，设9个定本，此种状态一直维持到1959年建县。上三区为邦达区、孔莎区、巴拉区；中三区为林穷区、阿卡区、麦博区；下三区为阿拉区、由美区、子荣区。

1951年10月，三岩宗解放委员会成立，隶属昌都地区解放委员会。1959年7月23日，自治区筹备委员会第二次全体会议通过了《关于西藏地区行政区划的调整方案》，将三岩、贡觉两宗合并为贡觉县。同年10月1日，贡觉县人民政府宣告成立，把三岩宗和贡觉宗合并为现在的贡觉县。最初三岩划为雄松、罗麦两区；1962年又分为罗麦、雄松和木协三区；1988年三岩撤区建乡时分为1区6乡，保留罗麦区；1997年又更名为三岩办事处，下辖克日、罗麦、沙东、敏都、雄松、木协6乡，统称为三岩片。

概而言之，三岩进入国家的肇始，是个相当漫长的历史化进程，既有中原农业文化与边疆草原文化之间的抗争与交流，又有边疆地区地方政权内部的分裂与整合，由此拉动一拨又一拨的族群迁徙、融合，并最终选择在青藏高原东南部边缘的金沙江峡谷定居下来。多族群的融合与互动，带来了各自独特鲜明的文化。犹如考古学所界定的文化堆积层，在适应当地特殊自然环境的历史进程中，这些族群中一些特质文化慢慢地沉淀并堆积起来，经过长年累月的“发酵”作用，最终在三岩培育出独具特色的族群与文化。

第二节　生态环境与村落

地球上有条神秘的北纬30度线。尽管这是一条地理学家划出的虚拟线，但它却更像一条生命之线。它首先是条最为壮丽的风景带，壮美的大海、纯美的雪山、雄伟的古堡、完美的建筑、瑰丽的峡谷、美丽的生物、绮丽的山岳、绚丽的溶洞，全部荟萃在这条纬度线上。地球上的几大河流，从埃及的尼罗河、伊拉克的幼发拉底河，到美国的密西西比河、中国的长江，都在这一纬度线注入大海。这里既有地球上最高的珠穆朗玛峰，也有最深的西太平洋马里亚纳海沟。更令人惊叹不已的是，这里还是一个拥有灿烂文明的地带，人类最早、最辉煌的古代文明，如古巴比伦空中花园、古埃及金字塔、中国三星堆文化，都在这条纬线上绽放着璀璨的光芒。[①]

在中国大陆的腹地，北纬30度横贯西东，依次穿越西藏、四川、湖南、湖北、江西、安徽、浙江等几大省区，整个地带大山大川广布、物产人文荟萃。就自然景观而言，这里既有“一览众山小”的珠穆朗玛峰、受万人顶礼膜拜的康区神山——贡嘎山、气势磅礴的长江三峡，也有苍苍茫茫的神农架、汹涌澎湃的钱塘江潮、山奇云秀的黄山风光。就人文景观而言，三星堆面具的由来，神农架野人的谜踪，花山谜窟的千古疑团，以及悬棺如何挂在悬崖之上，无不吸引着世人好奇的目光。[②]

此外，这里还是一条点缀着中华多元一体文化的历史隧道：从浙江河姆渡7 000年前的水稻到西藏昌都卡若遗址的小米；从良渚的玉到三星堆的青铜；从周庄的水乡到丹巴的碉楼；从普陀岛的普济寺到拉萨的布达拉宫；从《三国演义》到《格萨尔传》；从唐蕃古道到藏彝大走廊……[③]

相映成趣，北纬30度线不仅横跨青藏高原东部的横断山脉众多的高山和峡谷，还横跨了金沙江上游两岸，三岩恰巧也位于其间（参见图1－3）[④]。在金沙西岸，北纬30度线穿越的是西藏三岩地区的木协乡；在金沙东岸，北纬30度线穿越的是四川省巴塘县的甲英乡，那里历史上亦属三岩地区。根据帕措表现出的凶悍程度论名排位，木协乡人可名列榜首。当年组织三岩人与赵尔丰的大军作战，表现最为突出的就是来自木协乡的帕措，位于当地的察拉寺是整个三岩帕措联盟的指挥中心。那么，作为“父系原始社会活化石”的三岩村落，又将以怎样奇特的自然景观与人文景观示人？

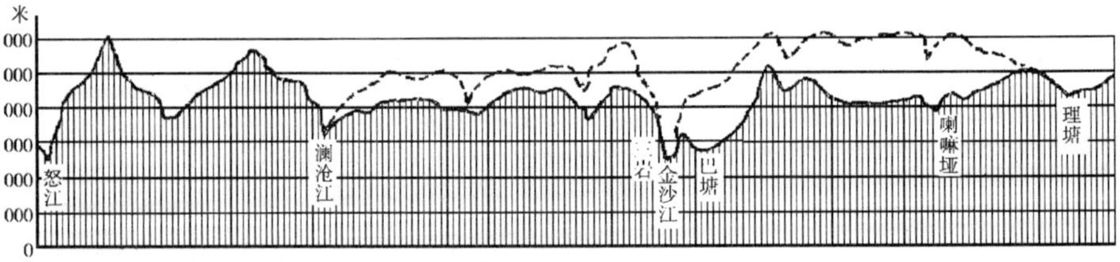

图1－3　北纬30度线的横截面

---

① 尹祥智编著：《神秘发现之旅：北纬30度线——一条穿越地球种种秘境的神奇纬线》，天津社会科学院出版社2003年版。

② 膳书堂文化编著：《视觉天下：神秘的北纬30度》，中国画报出版社2010年版。

③ 单之蔷：《从大上海到珠穆朗玛峰：中国人的景观大道——318国道》，载《中国国家地理杂志》2006年特刊，第48页。

④ 根据任乃强的绘图制作。参见任乃强著《西康图经》，西藏社会科学院整理，西藏藏文古籍出版社2000年版，第517页。

一、三岩的生态环境

（一）地理条件

就其山脉水系（参见图1－4）等自然地理条件而言，三岩地处金沙江两岸的高山峡谷地带，坐落于几条庞大山脉的纵横交错之中，西有芒康山①，东有沙鲁里山脉，东南为横断山脉，三山大体呈杯状分布，处于北边杯口处外延地带的是高原台地，为康区西部最为广阔的高原牧场。三岩境内崇山峻岭，千沟万壑，深林绝峪，交通艰险，从海拔2 400多米的金沙江峡谷最低处，骤然上升到四五千米的陡峭山峰，所谓“山道崎岖悉为险要，无所谓关隘也”②。谷地两侧山高坡陡，林木稀少，植被组成以耐寒的有刺灌丛与禾草为主，在高山上部的阴坡长有少量云杉等暗枕叶林，反映了横断山区常见的干旱峡谷景观特色。

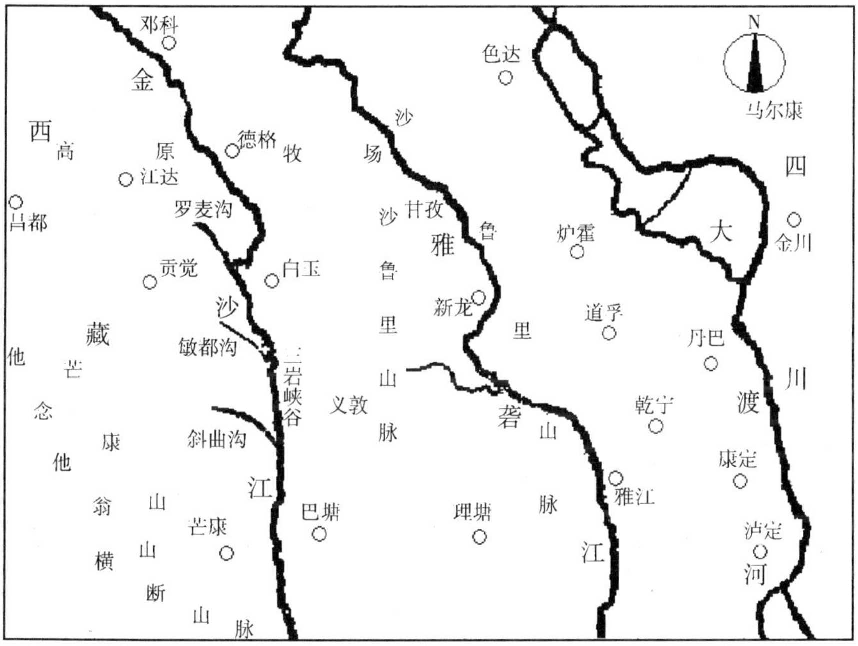

图1－4　三岩地表山脉水系分布

---

① 芒康山亦称为宁静山。

② 刘赞廷编：《武城县志》，载《中国地方志集成·西藏府县志辑》，巴蜀书社1995年版，第146页。

就其土壤类型而言，三岩属红土区。红土，顾名思义，指那些色泽泛红或偏红的土地和土壤。红土是青藏高原地区土地资源的一种类型，主要分布在青藏高原东部和南部地区。这种红土具有丰富的矿产资源，尤其含有大量的铁锰元素，经过长年累月的氧化作用，渐渐变成暗红色或赤红色的铁锰氧化物，故形成了所谓的"红土"。

随着海拔高度的不同，三岩当地受亚热带湿润季风气候（低海拔河谷）、温带半干旱季风气候（高海拔山地）影响，干湿季对比明显，夏季温和湿润，冬季干燥寒冷，全年无霜期为80天左右，年降水量400毫米左右，雨季集中在5月至9月；光照充足，年温差大，日温差小，日照时间长；常伴有冻霜和旱灾等自然灾害发生。此外，金沙江峡谷地区谷坡陡峭、林木稀少、气候干燥，河谷除了红色、淡红色的岩成土以外，主要发育着褐土。褐土属干性森林土壤，土体干燥多砾，有机物含量低，且碱性反应强烈，适合灌丛植被生存，尤以白刺花、小角柱花、甘青鼠李、麻黄、醉鱼草、苹果树、李树、核桃树、野桃树等最为常见；在土地更为贫瘠的地方，生长着小檗属、栒字属、蔷薇属、忍冬属、褐柳属等灌丛植物，海拔在3 700米以上。不同的坡向长有不同的植被，如阴坡长有高山柳灌丛，阳坡长有草甸等，这些地方适宜放牧。因此，三岩的农业经济多以精细化耕作农业为主，以粗放型畜牧业为辅，所饲养的牲畜以牦牛、黄牛、绵羊、山羊、马、驴、骡等为主，两种生产方式均需要投入大量的劳力。海拔3 400米以下为山地针阔混交林，主要见于金沙江东岸的山岩乡和盖玉乡的河谷地带以及西岸的西藏地区的木协、雄松、罗麦等区域的河谷地区，植被主要有铁杉、油松、云南松、槭、桦等；草本植物以早熟禾属、野青茅、刺芒野古草、须芒草、黑穗画眉草等禾本科及其他林间草被组成。海拔3 400～4 200米，有的上限高达4 400米，是高山针叶林带，表现为针叶林多与亚高山草甸交错分布，主要树种为鳞皮冷杉、紫果云杉、高山栎等，多组成纯林与灌木林地镶嵌分布于草甸和灌丛草甸之间，可作为冬春牧场。

三岩位于金沙江中上游、"三江流域"腹地，金沙江从北到南流经三岩峡谷110多公里，东西两岸山高谷深，定居的村庄分布在沿江海拔2 500～3 000米之间的山坡之上。"由日藕东行，沿途均有民舍，约五里折而北下，行夹谷中，峰峦秀拔，草木清华，沿溪出谷，大河前横，即金沙江上源，自玉树流来，穿叠盖全部流入三岩野番而出巴塘，南流入滇，始有金沙江之名。"①

三岩境内不仅只有金沙江一条河流，金沙江以西的三岩地区还分布着三条主要的河流，其源头全部是高山融水，它们最终汇入金沙江，同时也把三岩峡谷进行了横向的分割。这些河流分别是：流经从昌、罗麦、各麦的罗麦沟，流

① 吴丰培编：《川藏游踪汇编》，四川民族出版社1985年版，第322页。

域面积为96平方公里；流经沙东、敏都、阿尼的敏都沟，流域面积为141平方公里；流经京古、木协、拉巴、则达的斜曲沟，流域面积284平方公里。① 三大流域形成了所谓的上三岩、中三岩与下三岩。传统的上三岩包括莫扎、克日、罗麦一带；中三岩包括沙东、敏都、雄松一带；下三岩则是木协一带以及今芒康县境内的部分地区。沟内的河谷地带，两侧的高山海拔多在4 000米以上，虽然一定程度上限制人口的发展，但是却适宜生存，而由此天然形成一个个小型的生态区域。每一个生态区域因为高山的阻挡而与外界分离，仅能依靠河谷沟通。难怪有人发出感叹："全境形势，群山叠崦，溪水环绕，无一望之平原，虽有山水之雅，而无放马之田，山道崎岖，一奇域也。"②

如果仅站在生态学的角度来看，现实生活中这些高山深谷确实很大程度上限制了三岩人彼此间的交往，但它们并不能完全阻碍三岩峡谷之间的联系。因此，虽说三岩的村庄因自然条件限制总是界限分明，却不能认定这种界限始终无法逾越。

（二）气候

由于海拔较低且受到金沙江水系的影响，三岩峡谷气候比较温润，虽然每年都有枯水期，但是山间的河流终年不冻。三岩气候上的四季变化并不明显，基本上只分为寒冷、温暖两大季节，在时间长度上相差无几，前者为10月至次年3月，气温低者可达－29 ℃；后者为4月至9月，气温高者可达29.9 ℃（参见表1－2），但昼夜温差大，白天气温变化亦大，垂直气温变化更是显著——经常是在季节交换之际，村庄里生趣盎然，山顶上却白雪皑皑，形成了鲜明的反差。

表1－2　三岩五年气温变化表

（单位：℃）

年份	6—10月最高	11月—次年5月最低
1980	26.1	－20.1
1981	29.4	－23.9
1982	26.3	－29.0
1983	29.5	－24.3

① 参见《认识特点、发挥自然优势——贡觉县自然资源调查报告》（1986年），资料来源：贡觉县县志编写办公室。

② 刘赞廷编：《武城县志》，载《中国地方志集成·西藏府县志辑》，巴蜀书社1995年版，第144页。

续表 1－2

年份	6—10 月最高	11 月—次年 5 月最低
1984	29.9	－24.8
平均值	28.2	－24.4

三岩季节也可以依据降水量的多寡分为干、湿两季，寒冷季节降水少，为干季；温暖季节降水多，为湿季。降水集中在湿季的 6 月至 8 月（参见表 1－3）。

表 1－3　三岩五年降雨量变化表

（单位：毫米）

年份	总量	6—8 月	占全年（%）	11 月—次年 1 月	占全年（%）
1980	567.2	428.0	75.46	0.5	0.09
1981	435.0	331.5	76.21	8.7	2.00
1982	478.9	366.2	76.47	7.3	1.52
1983	282.5	206.1	72.96	7.1	2.51
1984	489.8	291.0	59.41	0.9	0.18
平均值	450.7	324.6	72.10	4.9	1.26

明清以前，瘴气是峡谷自然环境对早期人群影响较为严重的一种自然现象。瘴气发生的原因在于地理环境与自然气候。瘴气虽受到季节的影响程度略有不同，却不会因季节的变迁而消失。“瘴气发生的环境都是气候炎热，多雨潮湿，死亡的动物及植物落叶易于腐烂而产生岚雾瘴气，再加上重峦叠嶂，树林茂密，空气不流通，瘴气郁结，不能稀释，最终得以为患。”① 成书于明代的《云南图经志书校注》中也记载：“沿江（金沙江）多岚瘴，隆冬行者皆流汗。土人云，唯雨中及夜渡可无虞。”② 说明虽然此时已经有人定居，但瘴气仍然弥漫在峡谷之中。周琼认为，进入清代，由于从明代开始的大规模移民以及屯垦加大了对金沙江流域的农业开发，使得这里的瘴气区域迅速消失。③ 然而，其所谓的金沙江流域仅仅局限在云南境内的金沙江中游峡谷地带，三岩所在的金沙江上游地区则没有提及。而据清初的官方文献记载：“前遣大兵进

① 金强、陈文源：《瘴说》，载《东南亚纵横》2003 年第 7 期，第 75～79 页。

②（明）陈文著：《景泰云南图经志书校注》，李春龙、刘景毛校注，云南民族出版社 2002 年版，第 147 页。

③ 周琼著：《清代云南瘴气与生态变迁研究》，中国社会科学出版社 2007 年版，第 220～227 页。

藏，议政大臣及九卿等俱称：藏地遥远，路途险恶，且有瘴气，不能遽至。”[①]可见此时藏地仍然受到瘴气的严重影响。因此，虽然金沙江流域较大的落差导致不同流域内可能存在影响瘴气的不同地理环境因素，但是，由于三岩峡谷所处的封闭环境，及其地处藏地东南边陲的高海拔位置，也必然会一度烟瘴弥漫，人迹罕至。

（三）自然灾害

有史以来，三岩各种自然灾害较多，主要有干旱、泥石流、洪水和地震等。

1. 干旱

1954 年，“三岩宗的灾情是较为严重的，农田被水冲去不能恢复的有一百二十多亩（1 亩≈666.67 平方米），受冰雹灾全部损失者有五百五十亩地，坍塌房子有五十三所，未受灾农田平均减产四分之一以上，受灾户数共有四百五十二户……”[②]。“1979 年 5 月，因为严重的干旱气候，三岩片有 5 600 亩的荞麦未能下种，仅雄松区就有 1 500 亩未能下种。”[③] “1995 年 8 月，三岩木协、雄松、敏都三乡因干旱发生大面积荞麦虫灾，受灾面积达 1 200 多亩，因灾害减产达六七成以上。”“1997 年 9 月，拉妥、金古和高山地带普降大雪，致使全县各乡牧场牲畜跌膘体弱，县至雄松、敏都、罗麦公路全部中断，至次年 5 月，全县各种灾情因无详细资料无法细查。”[④]

2. 泥石流

泥石流往往造成严重的灾害，每年季节性的集中降雨导致三岩境内的河谷水流量迅速提高而引起灾害。据《贡觉县志》记载：“1998 年的特大洪灾中全县境内多处发生泥石流，巨石和树木裹挟而下，冲毁当地房屋 3 栋，双季地下沉多达 30 余亩，雄松乡因发生滑坡致使两处 180 余亩耕地下沉约 3 米，冲毁公路多处，使县城至各乡公路中断长达两个多月。”[⑤]

3. 洪水

三岩因地形和自然条件因素，加之山高谷深，陡坡植被稀少，山洪时有发生，特别在夏秋天多雨的季节。例如，2000 年贡觉地区暴发山洪，三岩片六乡亦受到影响，部分乡政府房屋和 61 户群众住房成为危房；此外，洪水还冲毁公路及骡马驿道 137 公里，大小桥梁 27 座。[⑥]

---

① 参见《清史稿》，卷五二五，《西藏传》。

② 《三岩宗 1955 年第一、二季度工作总结》，资料来源：贡觉县档案馆。

③ 西藏自治区贡觉县地方志编纂委员会编：《贡觉县志》，巴蜀书社 2010 年版，第 110 页。

④ 《贡觉县县志编写资料卡片》，手抄本，资料来源：贡觉县县志编写办公室。

⑤ 西藏自治区贡觉县地方志编纂委员会编：《贡觉县志》，巴蜀书社 2010 年版，第 115 页。

⑥ 同上书，第 111 页。

4. 地震

地震进一步加深了三岩人惨痛的历史记忆，当地至今有这样的传说："三岩原来是有人的，大概在七八百年以前，曾有一次大地震，山抖地崩，使原来的人都死了，或剩下来的也极少，因此现在的人是以后来的，原来三岩更多的树林也被地震埋没了。"[①]《十三世达赖喇嘛传》中就有这样的记载："阴木兔年，在昌都三岩一带发生地震，人和村庄受害。"[②] 十三世达赖喇嘛土登加措的生卒年代是在1876—1933年之间，所以其生平之阴木兔年应是公元1915年，距今不足百年的历史。这一点虽然无法确定发生在三岩的地震强度，但足以证明当地确实发生过大地震，重则可让一个村庄瞬间消失，轻则造成人口锐减，促使居民外迁。历史上这种走出去与迁进来的人口流动过程是不可避免的，而在三岩进入国家的过程中，这种情况屡见不鲜，"周行全岩境地，无一亩之平山，有万仞之险。民情大都苦寒，考查地质，仅居中等，况兵灾之后，村碉房因抗拒被焚者有之，畏罪潜逃流离他乡者有之"[③]。

一定程度而言，三岩的自然和气候条件是历史上青藏高原地区气候变迁的一个缩影。据今3 500年到7 000年前，青藏高原气候适宜，年平均气温大概比现今高出3°C，气候温暖湿润。据孢粉分析和在藏北多处地区新旧石器遗址的考古发现表明，现今无人的北羌塘草原，当时已经出现了人类活动的足迹。此后，青藏高原进入新冰期。从公元元年到2000年，青藏高原的历史温度变化在偏冷和偏暖之间来回摇摆（参见图1－5）[④]。图1－5的曲线表明，公元初气候甚为寒冷，2—3世纪气候有短期的回暖，3—5世纪气候亦以偏低为主，6—12世纪高原处于相对温暖时期。进入12世纪末，气候明显下降到正常值以下，尤其在17世纪中期最为寒冷，除了18世纪气候回归到正常水平外，青藏高原的偏冷状态一直维持到19世纪前期，冰川活动亦以冰进为主。总体而言，青藏高原地区在近两三百年来以偏旱为主（参见图1－6）[⑤]。特别是19世纪中期以来，气候属于较温暖的时期，降水由偏多转为偏少。

---

① 白马康珠：男，58岁，原贡觉县雄松乡夏雅行政村村长，现迁居贡觉县莫洛镇扎西村任村长，2004年三岩搬迁户，小学文化。

② 西藏自治区科学技术委员会、西藏自治区档案馆编译：《西藏地震史料汇编》（第一卷），西藏人民出版社1982年版，第168页。

③ 刘赞廷编：《武城县志》，载《中国地方志集成·西藏府县志辑》，巴蜀书社1995年版，第143页。

④ 此图据中国科学院社会研究所的相关的调查与研究文献绘制而成。

⑤ 此图据中国科学院社会研究所的相关的调查与研究文献绘制而成。

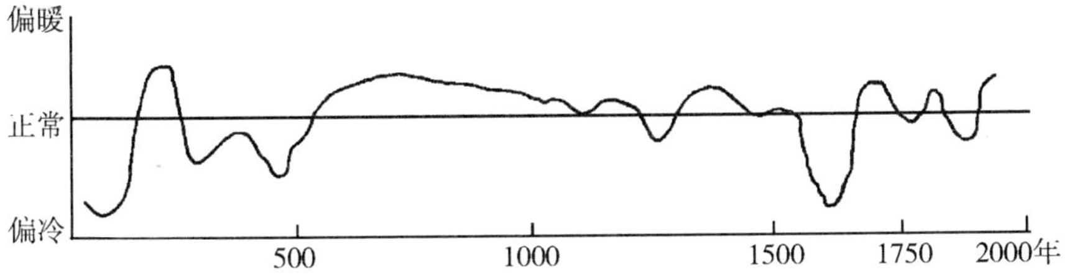

图1－5　青藏高原历史温度变化

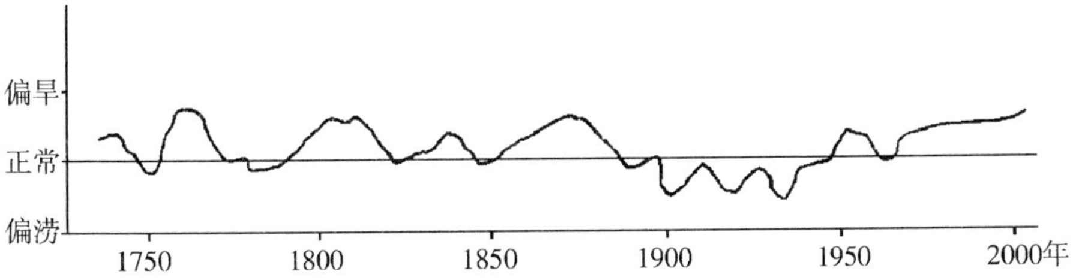

图1－6　青藏高原历史气温与旱涝变化

总体看来，金沙江峡谷地区在近两三个世纪以来的气候多以偏旱为主。由于气候的变化和植被的破坏，干旱河谷化现象急剧向金沙江中下游峡谷延伸，使得生态环境本来就很脆弱的河谷地貌和生存条件更为恶化，水土流失程度逐年加剧，生态恢复难以逆转。与此同时，有关三岩"夹坝"的记录却频频进入国家的视域。两者之间是否存在某种关联性呢？此种设想让人浮想联翩。

二、三岩的村落

气候条件是否对三岩的村落形成造成了影响，这里姑且不论，但说自然地理条件对其施加了影响，却是毋庸置疑的。在芒康山、横断山和沙鲁里山等几座雄伟高大的山脉的包围与切割之下，三岩境内山坡险峻陡峭、气候干旱无常、水资源分布不均、沙石质地土地贫瘠少产，有限的耕地资源和零块状分布的森林、植被和草场，加上频频发生的自然灾害，用"穷山恶水"来形容三岩实不为过。事实上，"三岩"在藏语中就含有"恶地"之意，其意与汉语中的"穷山恶水"大体相当。

（一）三岩人的血缘组织——帕措

地理环境往往与社会制度存在着密切的关联性。美国人类学家罗伯特·卡内罗（Robert L. Carnerio）就文明的产生开创性地提出"限制论"（theory of circumscription）的学说，认为在形成国家之前，必须存在某种限制性因素，防止臣民逃离未来统治者的控制。[①] 在他看来，有三种限制性因素在起主要作用，分别是地理环境、资源和社会条件。其中地理环境的影响起到了主导性的作用。例如由于山脉、海洋和沙漠对人类的阻隔，才产生了文明。由于人口增长而没有扩张的余地，从而开始争夺稀少的资源，这样就导致在内部出现了强化。随后出现了阶级，其中由统治者控制稀少的资源，对外部就有了扩张的需要，这些都需要有一个中央集权的政府来严密组织。埃及、巴比伦和印加之所以形成国家，情形莫不如此。

无独有偶，另一位美国人类学家乔治·福斯特（George M. Foster）针对墨西哥辛祖坦（Tzintzuntzan）农村的经济，提出建立在有限的自然资源条件上的“利益有限论”的模型。[②] 福斯特的理论模型证明了自然资源的短缺对于群体利用各种方式建构我群或称封闭体系的必要性和可行性。本质上，三岩峡谷也是一个自然资源严重限制人口需要的地域，土地资源有限，自然灾害又在不断消耗既有资源，故可推测，三岩人的行为必定是由基于群体关系平衡状态（equilibrium）的认知模式决定的。但与辛祖坦农民有所不同，为了解决人口对土地资源的需求，在无法通过促进资源有效增长的情况下，三岩人并没有建构起与现实完全不同的封闭体系，而是在传统的血缘关系基础上发展出依据人群关系的行为模式，这种血缘关系即三岩人的帕措[③]。

“帕措”，本质是种世系群，当地藏语中意为“一个以父系血缘为纽带组成的部落群”，既是一种社会组织也是一种政治组织，其认同基础建立在明确的父系血缘之上。三岩地区对父系组织（部落）这个特定的社会形态有四种称呼，即帕措、戈巴、措帕、帕戈。“帕措”是金沙江西岸的统称；在金沙江东岸的山岩乡则统称为“戈巴”。[④]

毋庸置疑，三岩的人群分布同样依赖于自身特殊的自然地理与生态环境。从生态人类学的观点来看，恶劣的自然条件促使三岩人民不断地强化内部的制度与文化，最终形成了独特的帕措体系，即基于父系血缘为认同的世系群。换言之，三岩人群的组织原则是适应周边自然环境的自然性结果，本质上是不同

---

① Carnerio R L. “A Theory of the Origin of the State”. *Science*, 1970（169）：733－738.

② Foster G M. *Tzintzuntzan*：*Mexican Peasants in a Changing World*. Boston：Little Brown，1967：384.

③ 作为血缘群体的帕措参见本书第二章相关论述。

④ 本土学者范河川认为，从广义上讲“帕措”和“戈巴”的词义相同，均有集团、部落的意思。狭义上讲有一定的区别，帕措所指的范围较小，血缘更纯，仅指父亲一宗，严格说现在这样的部落已经没有了。戈巴所指范围较宽，是大的血缘宗族部落兼并小的血缘宗族部落，失败的血缘宗族部落投靠大的血缘宗族部落的组织，其形态严格按大部落父系宗族血缘关系传递，现在的三岩戈巴在几百年的争夺、械斗、兼并后普遍是这样的。为了行文需要，除特别指出说明以外，本书采用“帕措”一词，以囊括金沙江东西两岸的情况。

的人群根据特定原则组织起来处理有限资源分配的终极产物。

（二）三岩村落的布局

特殊的气候和自然地理条件，加上基于父系血缘为认同的帕措制度，促使三岩人在村落上的布局具有鲜明的个性（参见图1－7）。就金沙江两岸各村落与民居的布局而言[①]，这些特性具体表现在以下五个方面：

图1－7　以父系血缘为认同的三岩民居

第一，多数村落高低错落地分布在金沙江两岸峡谷地带，呈现出沿江分布的迹象。出现这样的布局，主要与当地的生产方式有关，这里有两个因素的考虑：一是金沙江两岸峡谷地带受亚热带湿润季风气候影响，夏季温和湿润，冬季干燥寒冷，适合种植一年两熟或一年一熟型经济作物，如青稞、春小麦、冬小麦、荞麦、元根和各种类型的蔬菜等；二是三岩长期以农耕经济为主，[②]需要获得长年稳固的灌溉用水，因此贴近金沙江建村无疑是个不错的选择。

第二，村落的形成明显受帕措的影响，表现出聚族而居的倾向。这种聚族而居是建立在以父系血缘为认同的基础上的，即所谓的“父系世系群”，在当

① 历史上三岩的区域比现今的行政区划要广，由于西藏贡觉县三岩六乡和四川省的山岩乡是三岩文化的核心地带，也是帕措文化保留得最多、最原始的地方，因此成为了本书的研究重心。三岩帕措文化，在金沙江西岸称为“帕措”，在金沙江东岸称为“戈巴”。本书以后就三岩的民俗与文化所开展的讨论与比较，主要集中在这两个区域，如无特别说明，帕措其义涵括戈巴。

② 贡觉县的木协乡和白玉县的山岩乡拥有较为广阔的森林与草场资源，除了农业以外还有相当数量的畜牧业，因此远离金沙江边一些。

地藏语中称为“冲”。例如，雄松乡缺所村的多吉帕措总计 20 多户，人数大约 100 人，全部聚集在本村内居住，形成了一个“冲”。再以雄松乡雄松村为例，该村下面有三个自然村，分别为巴洛、夏亚和加卡。从总体来看，三个村落彼此之间有一定的距离，但却又相互呼应，形成一个非常自然的整体。从单个村落来看，三个村子内部的民居尤为集中，几乎都是连在一起的。这种村落布局绝非随意而为或偶然可成的，帕措成为村落布局背后的“设计蓝图”。据雄松村当地报道人的说法，“雄松”在当地藏语中指“三个北面”的意思，实际上指位于北面的三个村落。这三个村落中最早形成的是巴洛村，村中主要有三个大帕措——巴洛帕措、卡帕措、可可帕措，属于三兄弟，后来这三个帕措又繁衍出夏亚帕措、加噶帕措。随着帕措内部人口的不断衍生和势力的扩大，夏亚帕措、加噶帕措逐渐分离出来，形成了现在的巴洛、夏亚和加噶三个村落，也就是我们现在所讲的雄松三村。

第三，村落的民居基本修筑在坝子或缓坡之上，房子的入口处多朝向金沙江岸，鳞次栉比般地排列开来。房子的入口朝向金沙江岸，明显受地势的影响，这样做更方便于开阔视野。三岩地区的坝子并不多见，一般仅位于与金沙江峡谷与河岸齐平的开阔地带，最初的村落基本都是建在坝子之上的。例如，敏都乡阿尼村建村的历史相对久远，村内民居几乎全部修建在距离河岸不远处的坝子之上。三岩四周峭石峻崖，陡坡随处可见；即便如此，在众多陡坡的中间地带，还是夹带一定数量的缓坡地带。相对于陡坡而言，这些缓坡一般比较宽阔，不仅提供更多便于耕作的农田，而且有更多适宜的空地用来修建房屋。三岩中绝大多数的村落均是修建在缓坡之上的，形成三岩民居依山而建、就地取材、自然和谐的特色。

第四，民居与农田往往交杂一处，难分你我。这点大概也与当地耸峙险峻、起伏不平的地形与地势有关。当地建立村落之前，往往选择在肥力较强的低坡上开垦出梯式农田，然后在邻近的缓坡上修建住宅。这样做的目的，主要是为了省去大量进行农作时上山下山所耗费的额外劳力。

第五，在村落中民居的分布上，同样遵循一条父系血缘亲疏的认同原则，形成一簇簇宏伟的建筑群。在这条按照血缘亲疏的认同原则中，父系血缘与房屋的间距离差呈正比关系，即房主之间父系血缘的关系愈加密切，房子间彼此的距离也就愈加接近。在三岩地区的村落中，由两幢或数幢“碉楼”式的楼房紧密地聚拢在一起的建筑群随处可见，有些甚至共享一段乃至数段的墙壁。这样的房子，往往是同一帕措家族里的几个兄弟共同修建的。当一个或数个兄弟决定分家以后，一般选择在原来老房子附近修建新居。这样做至少能带来三个方面的好处：①房子聚集在一起，扩大了原来老房子的规模；几个房子连在一起，里面修建有互相沟通的秘道，帕措内部成员之间订立攻守同盟，力量变得更加强大，外人也不敢轻易欺侮。②由于当地资源相对匮乏，共享一段乃至数段墙壁，有效地节约了石料和木材等建材。③当地气候变化无常，把房子修建在一起，很好地起到防御风沙和抵御泥石流或洪水等自然灾害的作用。

（三）三岩行政乡的分布

2006—2010 年期间，笔者曾数次到金沙江两岸从事田野工作，就西藏三岩片六乡以及四川省白玉县山岩乡的基本情况获得了大致的了解，现描述如下（参见图 1－8）：①

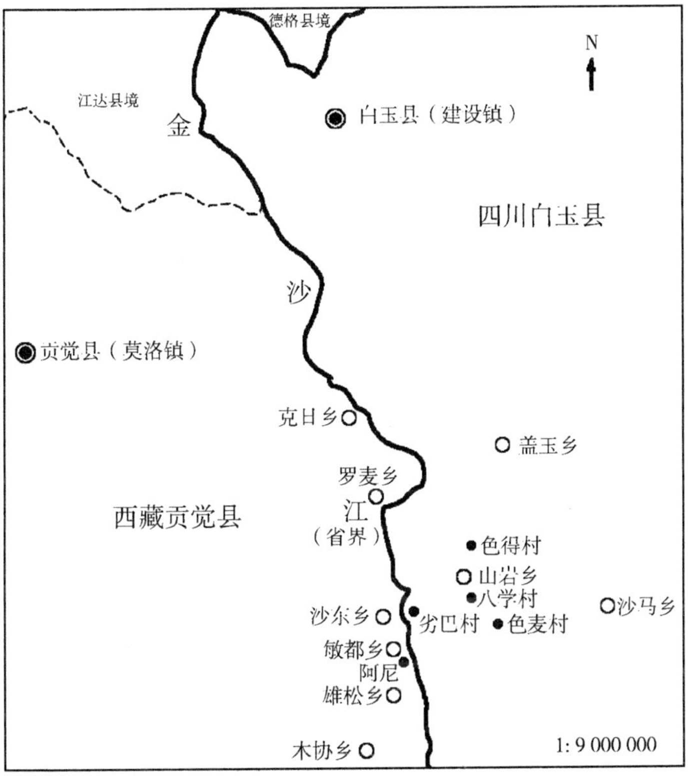

图 1－8　金沙江两岸三岩行政乡分布

贡觉三岩片位于贡觉东部、金沙江西岸，地面起伏剧烈、高低悬殊大，属高山峡谷区，平均海拔 3 905 米。境内植被资源丰富，森林分布集中，从北至

---

① 资料来源：2006—2010 年间的田野工作。由于几年间的数字有所差异，以 2009 年获得的新数据为主。除特别说明外，以下均同。

南依次为克日、罗麦、沙东、敏都、雄松、木协六乡，共设49个村民委员会①，95个自然村，总计12 088人②。地域面积2 334平方公里，其中，森林覆盖面积212.67平方公里，草场面积151万亩，可耕面积约为12.2平方公里，人口密度为每平方公里5.18人。2000年，三岩共有耕地17 454.2亩，其中水浇地5 200亩，人均占有耕地0.69亩，各类牲畜46 094头（只/匹），人均占有牲畜3.81头（只/匹）。2000年，三岩地区国民生产总值为2 247万元，占全县的25.32%，人均纯收入2 180元，粮食产量676.6万斤，占全县粮食产量的26.8%，平均亩产388斤。③

1. 克日乡

克日乡位于东经98°50′7″，北纬30°51′19″，藏语中“克日”为“渴望胜利”的意思。地处贡觉县东南部，总面积176平方公里，距离县城97公里，海拔2 890米，是三岩最北部的一个乡。东与四川白玉县盖玉乡隔江相望，西与则巴乡接壤，南与罗麦乡毗连，北靠江达县城西乡，下辖5个村民委员会，158户，920人。克日乡气候温和，动植物种类繁多。董曲河在境内穿过，水利资源丰富。克日属农业乡，2000年全乡有耕地面积1 500亩，牲畜2 999头（只/匹），农作物主要有青稞、冬小麦、春小麦、元根、扁豆、豌豆和各种蔬菜，有林地面积1.809万公顷，植被较好，主要木材有松、柏、桦等树，经济林有野山桃、野山杏、核桃和苹果树等。境内地形复杂，怪石奇观尤为独特，野猪、山鸡、藏西猴、狗熊出没山麓，松茸、木耳、猴头菌盛产林间。

2. 罗麦乡

罗麦乡位于东经98°52′32″，北纬30°42′4″，藏语中“罗”是“野山柳”之义，“麦”是“下”之义，罗麦指位于野山柳下面的村寨。罗麦乡地处克日乡南部，东与四川白玉县盖玉乡隔江相望，西与则巴乡相邻，南接沙东乡，北靠克日乡，总面积133平方公里，海拔3 380米，距县城116公里。罗麦乡原来隶属罗麦区，1988年正式建乡，乡政府设在罗麦村，辖7个村民委员会，19个自然村，245户，1 754人。罗麦乡境内森林资源丰富，有金、铜等多种矿藏，属山区农业乡，全乡有耕地面积2 368亩，以种植青稞、小麦为主，有牲畜8 261头（只/匹）。

3. 沙东乡

沙东乡位于东经98°54′31″，北纬30°36′17″，藏语中“沙东”指有黄金的

---

① 村民委员会又为行政村，以下均同。

② 1997年三岩片统计人口总数达13 140人，但由于此后政府大力鼓励三岩人移居到其他地方（如西藏林芝等地），因此人口数有所减少。

③ 资料来源：《2000年贡觉县政府统计报告》。

地方。地处罗麦乡南部，东与四川白玉县山岩乡隔江相望，西与阿旺乡接壤，南与敏都乡相连，距离县城 142 公里，海拔 3 620 米，总面积 138 平方公里，下辖 6 个村民委员会，11 个自然村，309 户，1 972 人。境内气候温和，动植物种类繁多，山高水深，盛产冬虫夏草，果树资源丰富。该乡以农业为主，有耕地 2 802 亩，主要种植青稞、大麦和荞麦，草场 2. 701 万亩，牲畜 7 501 头（只/匹）。

4. 敏都乡

敏都乡位于东经 98°54′34″，北纬 30°34′3″，藏语中“敏都”指水果成熟的汉河口。地处沙东乡南部，东与四川白玉县山岩乡隔江相望，西与阿旺乡为邻，南接雄松乡，北靠沙东乡，海拔 2 940 米，总面积 133 平方公里，距县城 145 公里。全乡辖 9 个村民委员会，14 个自然村，有 383 户，2 211 人。敏都坐落在金沙江河岸峡谷地段，地形复杂，生物物种分部广，植被覆盖好，有大片森林和灌木林，其中有云杉、白桦等名贵树种和大黄、秦椒等药材；野生水果丰富，有毛桃、苹果、核桃、草莓和杨梅等。该地全年阳光充足，雨水充沛，水资源丰富，2000 年有耕地 3 032 亩，牲畜 4 122 头（只/匹）。农业耕作可一年两熟，以种植青稞、大麦和荞麦为主。

5. 雄松乡

雄松乡位于东经 98°54′54″，北纬 30°29′50″，藏语中“雄松”为“三个北面”之意。地处贡觉县东南部，敏都南部，东与四川白玉县山岩乡隔江相望，西边和南边都与木协乡接壤，距县城 128 公里，海拔 3 740 米，面积 125 平方公里，是三岩六乡中面积最小的一个。雄松曾是武城县、三岩宗政府所在地，现全乡有 9 个村民委员会，14 个自然村，共有 304 户，1 753 人。雄松境内气候温和，年平均降雨 322 毫米，年平均气温 8. 6 ℃，无霜期 120 天，动植物种类繁多，森林、水利资源丰富。雄松属于农业乡，全乡耕地 3 808 亩，牲畜 5 891 头（只/匹），以种植青稞、大麦、荞麦为主，还可种植土豆、胡豆、萝卜等蔬菜。草地以山地草地为主，夏季草场多集中在噶玛曲池，冬季草场分布在沿金沙江边的狭长坡地上。

6. 木协乡

木协乡位于东经 98°53′16″，北纬 30°24′19″，是三岩最南面的一个乡，北接雄松、敏都，南邻芒康县，东边隔江与四川白玉县山岩乡相望，西边毗邻阿旺和拉妥两乡，距县城 112 公里，平均海拔 3 000 米，面积 384 平方公里，有 12 个村民委员会，577 户，3 478 人。木协气候温暖，境内斜曲和莫曲两条河流横贯全乡，植物生长茂盛，传说木协之地生长有万种植物，木协也因此得名。当地适合种植各种经济作物，土地总面积为 384 平方公里，林地面积 1. 04 公顷，草地面积约 30 万亩，水域面积 12 平方公里，其中耕地 3 932 亩，属半农半牧乡，以种植青稞、大麦、小麦为主，有各类牲畜 17 320 万头（只/匹）。

7. 山岩乡

山岩乡[①]位于东经 98°59′54″，北纬 30°38′，地处白玉县西南部、金沙江东岸，平均海拔约 3 000 米，距离邻近的盖玉乡（区）约 73 公里，距离白玉县城约 150 公里，中间需要翻越一座海拔 5 050 米高的欧业拉山（又名火龙山）。山岩乡总面积 466 平方公里，下辖 3 个生产大队，分别为劣巴、色巴和巴巴。劣巴大队辖然翁、劣巴 2 个村民委员会；色巴大队下辖八学、色麦、色德 3 个村民委员会；巴巴大队下辖西巴、当妥 2 个村民委员会。1990 年全乡共有 390 户，总计 2 105 人[②]。山岩乡属农业乡，农业耕作可一年两熟，主要经济作物为青稞、小麦、洋芋、豌豆和胡豆，主要牲畜有黄牛、犏牦牛、马、山羊和绵羊等。境内气候温暖，森林资源众多，出产虫草、贝母等名贵药材，有獐子、豹、鹿、狗熊等野生动物。

（四）三岩的物质生产活动

一定社会的人群要获得生存和发展，必须拥有稳定的生计方式，以满足自身摄取蛋白质的需求。一方面，以往的三岩由于地缘的封闭性，鲜为外界所知；另一方面，正是受到外来文化的影响较小，三岩反倒保存了许多比较原始的生产技术和生产工具。据说，正因为如此，当地依然流行古老的“刀耕火种”[③] 的耕作方式。然而，据笔者在金沙江两岸的实地考察获知，事实根本不是这样的。如果说当年曾流行过“刀耕火种”的生计模式，那也只能是在遥远的过去。从当前三岩地区独特的生态条件和村落布局而言，传统性的农业、畜牧业、采集业和经济林业，构成了三岩社区从事物质生产活动的主要内容。

1. 农业

首先，农业活动是人们基本的生产方式和生活资料的来源，主要表现在以下三点：

第一，河谷、高山与森林并存的自然生态条件，决定当地人必然以农业耕作为主，以畜牧业为辅，以采集、林业为补充的生产模式。前面讲过，三岩峡谷地区的土质以红土为主，受高原寒冷气候环境的限制，这些红土的熟化程度

---

① 三岩在金沙江东岸称为“山岩”。山岩属于三岩区域的一部分。

② 第四次全国人口普查数字。资料来源：四川省甘孜藏族自治州白玉县志编纂委员会编《白玉县志》，四川大学出版社 1996 年版，第 50 页。

③ 刀耕火种指古时一种耕种方法，先砍伐树木，焚烧树桩与荒草用作肥料，然后就地挖坑下种。宋代王禹偁在《畬田词》序中曾对此有过描述：“上雒郡南六百里，属邑有丰阳、上津，皆深山穷谷，不通辙迹。其民刀耕火种，大抵先斫山田，虽悬崖绝岭，树木尽仆，俟其干且燥，乃行火焉。火尚炽，即以种播之。”

低，水量少，肥力差，质地粗，碱性反应强，除金沙江西岸的沙东乡至雄松乡一带的土地相对肥沃一些以外，① 多不适宜农业耕作。目前，也只有金沙江沿岸一带河谷的海拔稍低的红土地得到了局部的开发和利用，约在海拔 2 600～3 400 米的山腰以下的沟边缘开辟出层层梯形耕地，呈碎块状分布。在海拔 3 700 米以上的高山地带一般长有草甸或植被等，这些地方适宜于粗放型放牧，可用于夏季牧场。此外，在金沙江峡谷地带，如金沙江东岸的山岩乡和西岸的西藏地区的木协乡、雄松乡和罗麦乡，由于受温暖湿润的季风气候影响，当地的植被和森林资源特别丰富，尤其适宜冬季放牧。因此，三岩的农业经济必然以精细化耕作为主，以粗放型畜牧业为辅，并夹杂一定程度的采集业，采集物以各式的食用菌类、人参果和虫草为主。

第二，传统的农耕方式、技术和工具保留完整，极具特色。由于三岩地区农业比重较大，耕地相对集中于河谷或毗邻河谷地区的山地，适宜种植的农作物有青稞、冬小麦、春小麦、荞麦、豌豆、油菜、土豆和洋芋等。这些农作物具有两种特性：①精细化耕作；②耐寒。传统农业耕作方式为二牛抬杠，耕深 10～15 厘米。三岩多为坡地，土地贫瘠，肥力不足，一般实行轮作制，种一年休一年。耕地以春耕为主，农田以旱地居多。由于河谷地段的气候较为湿润暖和，农作物可一年两熟，但需投入更多的劳力。在半山处的缓坡地带，这里的旱田因碎石多、质地粗、碱性强，且肥力差、水土流失严重，一般只能做到一年一收。依藏历来固定农事，一年中的农时活动安排如下：一月、二月收集柴薪（主要为砍青冈树树枝）、牛粪；三月、四月割草、田间管理、耕地、施肥、拔草和播种（以青稞和春小麦为主）；五月、六月为采集虫草季节；七月、八月、九月采集松茸、青冈菌、牛肝菌和贝母等，同时耕地、施肥、拔草、田间管理并种植豌豆、洋芋和各类蔬菜等；十月、十一月割草回家储备；十二月、一月为大雪封山季节，大多数的农田均被冰雪覆盖，这时牲畜要领回家中圈养。由于土地肥力差，且水土流失严重，因此这里的农民很重视施肥，肥料主要来自牛羊的粪便，甚至大量使用人粪。人粪的采集工序如下：在房子的顶层处搭建一个茅厕，一般位于房子的侧面，下面用石块搭建一个化粪池，专门用于收集人粪，达到一定数量后用于农业施肥（参见图 1－9）。此外，一年尚需除草两至三次，除草后把杂草分散堆于田地上晒干，使其腐化后转化为肥料。春小麦和青稞是三岩地区传统的种植作物，因此，当地人特别注重青稞和春小麦的种植。两种作物的选种和留种均颇为讲究，一般选用长势最好的庄稼作为来年播种用种子，并对其进行精心的护理。此外，当地依然保留许多相

① 刘赞廷编：《武城县志》，载《中国地方志集成・西藏府县志辑》，巴蜀书社 1995 年版，第 147 页。

当原始的生产工具，有除草农具、木耙、木铲、木锄、木犁、连枷、铁犁、石磨、石盘、打场工具和收割的刀具等，足以成立一间馆藏丰富的民俗工具博物馆①。

图1－9　三岩民居中的茅厕与粪池

第三，传统农耕文化历史久远，底蕴深厚。由于可耕作的土地稀少珍贵，当地特别重视农田的护理和使用。日常生活中也存在各种与农耕文化相关的禁忌和观念等。较为明确的农事性别分工有：春耕时拽牛、扶犁和播种的必须是男人，女人只能在后面从事翻土等辅助性工作。当地人认为男人身强力壮，只有这样分工才能保证所播种的种子获得丰厚的粮食收获。不能随意翻动和污染水源，否则会触怒龙神，感染疾病。不能亵渎神山，神山上的产物不得任意采集（包括虫草等），否则会触犯神灵，引发冰雹，影响牲畜的繁殖和庄稼的生长等。每年藏历六月十五，以帕措为单位，全体成员必须去与村子相邻的神山进行一次专门的煨桑仪式，名为“熏烟节”，也谓“丰收节”，祈求年年丰收、人畜兴旺。祭典时先用柏树枝堆成一堆或几堆，由专人负责点燃，然后众人围绕烟堆祈祷，并向天鸣枪或大声吆喝，希望神灵接受熏烟和祷词，保佑族人。每年藏历八月十五至十八，一些村子还要过收割节。收割节十分隆重，仅次于过藏历年，过节时要宰杀牛羊，喝酒，点燃篝火，通宵达旦跳锅庄舞以庆祝丰收。

2．畜牧业

畜牧业是农业以外比值最重的生计方式，主要放养的牲畜有牦牛、耕牛、奶牛、山羊、绵羊、马、骡、驴等。三岩地区的村民委员会多达56个，自然村更是超过100个。在政府报告中，多数村落虽然冠名为农业村，少数村为半

① 本书第四章对此有专门的阐述。

农半牧，纯牧业村几乎没有，但事实上绝大多数的村子均发生农业与牧业并举的情况。在藏东的高山峡谷区，垂直气候表现得尤其明显，同一经纬度的高山峡谷垂直落差特别明显，造成土壤、气候、植被的差异，从下往上依次为干旱河谷有刺灌丛带、山地亚热带常绿阔叶林带、山地暖温带常绿与落叶阔叶林、山地温带针阔叶混交林，以及高山亚寒带灌丛及高山草甸带等。由此可见，农业与畜牧业并举首先获得了生态条件的支持，两种方式的结合显得尤其紧密。西藏的两个主要生产门类——农业和畜牧业，其实在藏南河谷区与藏东高山峡谷区都有，划分只是相对而言，通常农民都有属于自己的牧场，夏天他们在高山放牧少量牲畜，冬天则把畜群赶回村庄里或峡谷处。

然而，由于地处高山峡谷，三岩的草场具有一定的局限性，使得畜牧业无法成为当地的主要经济支柱，这是因为：第一，草场产量低，由于高寒干旱的高原气候影响，土质差，高原鼠害严重，将近 80% 的牧草生长低矮、稀疏，单位面积产量低，一般亩产量在 250 斤左右，随着海拔的升高，牧草的产量递减。第二，草场利用的季节性明显，但不平衡。夏秋季节，因凉爽多雨，牧草生长快，整个草地均是理想的放牧场所；冬春季节，海拔较高的地方风大雪大不适宜放牧，只能在背风雪、较温暖的河谷地带放牧，农区则回到村子的附近放牧。同时，由于冷暖两季草场的利用率不均衡，造成一部分草场利用过度，另一部分草场利用不足的局面。第三，缺乏割草的草场、无轮息的草场。牧草生长低矮、地形起伏不平，三岩地区严重缺乏用于割草的草场，只有湖盆和河滩的少数草场可供利用，但大多又处于冬春草场，因此抗灾能力很弱。

在历史发展的过程中，各村之间、各帕措之间均有各自的牧场，一般界限分明，并用石块作为标志。受地理环境的限制，草场资源相对稀少，各村所占的比例还出现不均匀的情况，争夺有限的草场资源常常引发纠纷与械斗。例如，1959 年，雄松乡的巴洛村与缺所村因为草场纠纷引发械斗，两村死伤 100 多人；2007 年，两村再次因为草场问题发生矛盾，很多村民参加械斗并有多人受伤，为此县政府三番五次派遣工作组做好协调工作，终于平息了争端。又如，雄松乡巴洛、甲嘎、夏亚三村与木协乡上罗娘两村自 1984 年以来，先后就巴拉以下至嘎玛曲池以上草场争议引发了多次的纠纷，经过县政府组织工作队进行协调后，五村终于签订了临时使用协议，暂时缓解了矛盾；但自 2000 年以来，矛盾又被再次激发，且纠纷的势头呈现逐年上升的迹象，尤其是 2002 年贡觉县实行阿旺乡古牧场异地搬迁工程以后，巴洛等五村为了争夺巴拉以下至嘎玛曲池以上草场的使用权，屡次背弃 1984 年协议于不顾，并导致五村多次发生相互械斗的事件。再如，贡觉县敏都乡阿尼村与四川白玉县山岩乡巴巴、色巴村有草场纠纷苗头，特别是 1986 年在金沙江上建立起阿尼吊桥以后，双方由于交通便利反而进一步加深了矛盾，出现了几次相互械斗的情况。

三岩所放养的牲畜以藏系绵羊、岩洋、山羊和牦牛、犏牛、黄牛以及马等为主。当地还存在一种特别的风俗，即认为在外面放养牲畜时，不能让陌生人随意进入帐篷内，否则会对牲畜带来危险，不是导致牲畜生病，就是让它们减少牛奶和羊奶的产量。此条禁忌之所以存在，说明三岩当地尤其看重附加在牲畜身上的经济价值，因此必须想尽办法对其加以保护。

总之，对于地处崇山峻岭、跨越高山和峡谷两地的三岩社会而言，农业与牧业两种生产方式并举不但不会影响生产，反而有利于生产，是一种有效适应当地生态环境的经济模式。

3. 采集业

采集业在家庭收入中所占的比例逐年攀高，成为农业和畜牧业的重要补充成分。当前采集活动主要集中在虫草、贝母和各种食用菌类（尤其是松茸）上，采集时间集中在夏季。近20年来，随着虫草和松茸的价格不断呈现出成倍增长的趋势，采集虫草与松茸成为三岩人获得现金收入的稳定来源，因此亦成为三岩社会中固定的农事活动。事实上，采集业并非新近出现的经济模式，采集—狩猎活动很早就存在于三岩，在历史上甚至扮演过极为重要的角色。据报道人讲述，以往三岩人尤其善于狩猎活动，经常外出组织集体性的围猎活动，可捕捉的猎物有鸟类、獐子、野兔、野鸡以及一种当地称为“白屁股”的麋鹿等，为三岩的食谱增添了多种肉类的补充。狩猎所获得的食物无论多少，必须在帕措内部平均分配，多少带点原始公社时期互惠型经济活动的成分。由于野生动物资源的日益减少，宗教提倡不杀生的观念渐入民心，以及政府三令五申禁止村民参加狩猎活动等因素的影响，狩猎已经基本退出了当地的农事活动范畴。另一方面，当地的森林资源却极其丰富，果树种类繁多，采集果实在一定程度上满足了村民摄取蛋白质的需要，果树也在一定程度上丰富了三岩人的饮食结构。三岩的克日乡、罗麦乡和木协乡由于海拔较低、气候温暖湿润，特别适合种植果树。在克日乡，苹果、核桃和桃子是三岩地区特有的野生品种，此前有人对此做过描述：“本县气候虽寒，而花果与巴安、白玉大概相同，盖因重山向阳之深谷，宜生杂树。如党河溪宗巴以及金沙江之两岸均为产树区域。其桃、李、杏、杜特为丰美，计七所地方有桃树十株，所结之桃大如茶杯，食之蜜甜，为本县之特产。其东部产胡桃，待成熟收之，去壳合青稞磨粉作为食料。”[①] 此外，采集麝香作为一种具有采集性质的副业，也成了三岩的一种生产副业，因麝香具有药用价值，通过与外界交换能为当地增加一些额外的经济收入。

---

① 刘赞廷编：《武城县志》，载《中国地方志集成·西藏府县志辑》，巴蜀书社1995年版，第147页。

4. 经济林业

近年来，三岩地区大力开展经济林业。截至20世纪90年代初，三岩片已退耕还林和在荒山野岭地区种植经济林木地3 900亩，经济林木以核桃树、苹果树和花椒树为主，其中，种植核桃树780亩，种植苹果树2 340亩，种植花椒树780亩；此三项共计收入240多万元，为三岩片人均收入（按13 000人计算）提高了190余元。[①] 发展经济林木，已经成为贡觉县政府今后大力发展三岩六乡经济建设的一个重大项目。

（五）三岩的“非常态型”生计方式

概而言之，农业、畜牧业、采集业和经济林业是当前三岩主要的生计方式。由于它们的历史相对久远，获得食物来源的方式也最为稳定，这里姑且称其为“常态型”生计方式。相比之下，除了参加经常性的生产活动以外，三岩社区中的个人甚至整个家庭，均可通过其他的方式获得食物，以满足自身摄取蛋白质的需求，这里将其称为“非常态型”生计方式，主要有：外出务工、出家、偷盗和夹坝（抢劫）等。

1. 外出务工

三岩当地多有人外出朝佛或打工，死亡率与出生率基本持平，本地人口以输出为主，鲜见外来人口流入。从三岩跑去昌都、拉萨和成都打工的人不在少数。2006年春，笔者曾在金沙江两岸各村落从事一个多月的入户访谈，其中有一点留下了深刻的印象：当地外出务工的以年轻的男人居多，妇女仅占很小的比例。当地盛行一妻多夫婚俗，如果家庭中兄弟众多（3个以上），往往会有一个丈夫外出经商或打工，最远的甚至去到拉萨或成都。这些外出务工的丈夫，经常会给家里汇款以帮补家用；或者他们在过藏历年时适时地回来“省亲”，并从外面带来许多新鲜的货品（如缝纫机、收录机、VCD和电视机等），着实会让同村人羡慕不已。其中有些丈夫会在外地另外成家立业，但他们仍然承担起资助原来家庭的义务。当然，许多未婚的年轻人也会抱着勇闯天下的干劲跑到外地去打工。凭借吃苦耐劳的精神和坚忍不拔的毅力，一些人做得相当成功。例如，平措就是一名来自三岩罗麦乡罗麦村的年轻人。家中兄妹7人当中，平措小学毕业以后就辍学了，原因十分简单：家里的牛羊和田地均需要人手帮忙。1997年，年仅16岁的平措和另外一个同村伙伴阿登瞒着家人，带着卖虫草赚来的几百块钱跑去拉萨打工。后来伙伴阿登因无法适应大城市的生活回到了家乡，但平措坚持了下来，从经营一些小买卖做起，一步一个脚印，最后成为TCL公司拉萨分公司的销售人员，并在拉萨购买了一间60多平方米的

① 《中国县情大全·贡觉县》（1991年4月），资料来源：贡觉县档案馆。

房子。

2. 出家

三岩地处金沙江峡谷两岸，地方不大，寺庙的分布却相当广泛，平均每乡有一座或数座寺庙，当地有关宗教的神话传说更是不胜枚举。当前在西藏贡觉县的三岩片共有23座寺庙，除了噶举寺属白教噶举派外，其余22座全属红教宁玛派；在四川的山岩乡共有5座寺庙，全属红教宁玛派。这些寺庙还有一个特色：除了少数几座为大寺庙外，多数寺庙规模很小，远远看去与一般的民房无异，甚至还不如村里民居的碉楼气派；一些寺庙甚至就夹杂在村子里面，不经人指认根本无法辨认。历史上这些寺庙一般由势力较为雄厚的帕措所掌控，内部的教派斗争异常复杂。诚然，寺庙也需从当地吸收神职人员以维持寺庙的基本运作，他（她）们则从寺庙或家人处获得维持生活的基本食物。笔者从贡觉民宗局的访谈中了解到，三岩的寺庙一般都有固定的人员编制，政府根据这些编制发放一定的生活补助。实际上，许多寺庙（尤其是一些历史久远、远近闻名的寺庙）里面的神职人员远远超出了政府的定岗编制，这就需要寺庙寻求特殊的渠道来养活这些额外多出来的僧侣了。一些规模较大的寺庙会从事一些商业性活动（如出卖虫草），积极利用自身的影响力获得来自其他地方的募捐和资助。例如，三岩台西寺[①]的白洛活佛有信徒遍布全国以及东南亚，他也积极利用自身的影响募集到很多善款，不仅用来扩建寺庙，而且养活了一大群的神职人员。另一方面，由于当地盛行一妻多夫制婚姻，造成了大量的未婚妇女，她们中绝大多数被邻近寺院所吸收，成为基层神职人员中的一种——觉母（尼姑）（参见图1－10）。以往大帕措（戈巴）之间由于争夺漂亮、富有、势力大的帕措的女子现象甚为突出，容易引发械斗事件，当争夺现象严重时，一些长相漂亮的女子所属的帕措会将其送到寺庙里当觉母，而这些漂亮的姑娘为了自己帕措（戈巴）的利益，只有牺牲青春年华来换取和平。[②] 此外，在三岩还发生一些家庭完全

图1－10 在台西寺出家的觉母

① 又名热克更庆桑灯林寺或达拉寺，位于西藏三岩敏都乡。热克更庆桑灯林寺是史上康巴地区最著名的寺庙之一，史上流传的说法是“南拉尼达噶松，萨拉嘉达噶松”，意为“天上日月星，地上嘉达噶”，其中达即达拉寺，是纪中所记载的莲师和益西指嘉佛母的圣地之一，因此热克更庆桑灯林寺又名“嘉达噶松”。

② 税晓杰、范河川、杨雅兰编著：《发现山岩父系部落》，中国青年出版社2007年版，第181页。

放弃基本的生产性活动，全家搬进寺院里修行的个案。例如，62 岁的呷姆的家原来在白玉县山岩乡八学村，现在她是更青寺的一名“阿尼”（觉母），出家已有 10 多年了。呷姆在没有出家之前生活还过得去，由于后来在生活中出现了一些不如意的事情，让她感到世道无常，于是决定出家修行，以求解脱，后来还把自己一对儿女也带到台西寺出家修行，依靠寺庙的供奉生活。

3. 偷盗

与藏区其他社区的传统观念有所不同，偷盗行为是帕措内部一致认可的一种价值观念，但偷盗对象只限于外人、外村和其他的帕措，严禁偷盗同一帕措成员的财物，否则将会接受严厉的惩罚。

首先，偷盗行为最易发生在陌生人身上。2006 年 5 月，受三岩旅游局的邀请，笔者前往三岩的沙东乡进行旅游资源的考察，孤身一人在乡政府附近偶遇两位老乡，本想和他们闲聊一番，旁边有几个年轻人似由于好奇而围拢上来。突然，笔者感觉到背后有点动静，转身一看，不禁哑然失笑，原来自己身后所背的数码相机挎包的拉链已经被拉开了一大半。急中生智之下，笔者连忙拿起背在身后的相机，并用刚学会不久的藏语大声喊道：“科热！科热！”[①] 身边的那些年轻人也挺配合的，马上排成一列供我拍照，总算化解了一场“盗窃”风波。那天晚上，笔者还在乡政府内遇到一个正在沙东乡承接修路工程的四川包工头，闲聊之下他向我诉苦道，当地村民经常会在夜晚偷窃工程队从外地运来修路用的钢筋水泥，尽管乡干部多次入户做老乡的思想工作，却始终无法如数追回被盗窃的物资，为此他不得不每天晚上加派人手，严格看管好工程队的财物。后来，笔者在敏都乡政府访谈饶登乡乡长时，得知同样的情况也时有发生。例如，敏都乡在建设小学时，建筑材料经常被当地老百姓偷窃，为此饶登乡乡长带着冲锋枪和村长挨家挨户登门造访，勒令他们把所偷窃的建材呈交上来。

其次，偷窃行为会经常性地发生在与三岩邻近的地区。2007 年，笔者在毗邻西藏贡觉县的江达县从事田野工作时，有报道人讲述了这样一个故事：西藏民主改革以前，三岩宗有一个人来到所日村一户人家偷牦牛，被人发现后抓了起来。群情激愤之下，村民把这个偷牛贼拉到觉拥村附近吊打，活活折磨致死。这个偷牛贼属于雄松乡芒果帕措，家里除了有两兄弟之外，还有一些穷亲戚，人多势众。该帕措得知消息后率众人前来论理，要求赔偿命价。死者的两兄弟表示要复仇，尽管偷牛为习惯法所禁止，但三岩帕措以偷盗抢劫为荣，远近闻名，搞死一个人，如不赔偿，还会不断来纠缠，村民们得罪不起。双方各自请人协商，最后决定由所日村这户人家赔偿 5 头牦牛了事，芒果帕措表示从

① 在当地藏语中为摄影、照相之意。

此放弃追究“血仇”的权利。

最后，偷盗行为还可能发生在帕措（戈巴）之间。例如，1932 年，门哥戈巴色克家族联合本戈巴内的壮年男子偷窃日噶戈巴热邦家的牛，被日噶戈巴的人发现了，双方随即发生械斗，日噶戈巴的头领热呷杜下被打死。双方后来暂时和解。经过一年多的准备，日噶戈巴突袭门哥戈巴，抢劫走全部贵重物资，并将其赶到义敦一带。[①]

4．夹坝

夹坝也就是抢劫。在帕措内部，夹坝的次数成为考察内部成员社会地位的依据，参加夹坝的次数越多，此人就会被认为越有能力，往往也会受到帕措内部其他成员的尊重。当地有“男子不抢劫，不如守灶门”的说法，[②] 意指不参加抢劫的人还不如像女人一样待在家里烧火煮饭，这可以说是这种现象的最有力的诠释。当地民歌中甚至还有这样一首《强盗歌》：“天际亮起一颗星斗，外出抢劫正是好时候；渴望占领那个地方，再平平安安返回家。”[③] 有趣的是，帕措实施抢劫所获得的财物，一般也在帕措内部实行平均分配。从这个意义上讲，抢劫可以看作是以往狩猎活动的延续和替换。在近一两百年间，三岩人因夹坝频发而恶名远扬，时常惊动地方政府乃至中央王朝。清朝的光绪期间，三岩地区（或邻近地区）就发生了远近闻名的“三案”，即“大包石案”、“核桃园案”和“讷钦折匣被劫案”，最终促使清政府派遣军队联合德格土司征剿三岩。由于地处南北两条川藏大道即茶马古道之间，三岩人时常作案于路途，杀人越货，过往马帮商队无不胆战心惊、如履薄冰。在一些民族学工作者的笔下，夹坝成了一种足以谋生的职业：“西康民族在佛教未入以前，原以劫杀为英雄事业。虽在今日，此风犹有存者。如三岩、乡城、瞻对、俄洛等处之壮男，皆常外出行劫，且常将所劫杀快意事，夸耀邻里。邻里不以为恶，反颂其勇。他日遇劫杀事，则拥为首领，以奖励之。番语中称劫匪为‘夹坝’。”[④] 在昌都地区的档案馆中，保存着大量关于三岩的文献，其中一篇为当年解放军的军代表戴宗贤所写的《工作总结》，此总结足以说明三岩人频繁夹坝的严重程度：“1953 年一年，下三岩到察雅、江卡、巴塘等地去抢劫的行为愈来愈疯狂了，现在我们所了解的就有下面的严重事实：在今年春天就抢去江卡宗牛马共 82 头，拉去老百姓共 15 人；在今年 6 月份又把江卡支巴本地区的运输牦牛抢去 38 头，打死 2 个老百姓，将一个村 13 家的东西全部抢光……”

---

① 范河川编著：《山岩戈巴》，四川大学出版社 2000 年版，第 36 页。

② 同上书，第 34 页。

③ 马丽华：《金沙江畔有三岩》，载《作家杂志》2003 年第 2 期。

④ 任乃强著：《西康图经》，西藏社会科学院整理，西藏藏文古籍出版社 2000 年版，第 247 ~ 248 页。

除了常态的生计方式以外，三岩还出现了诸如偷窃与抢劫等“非常态”的生计方式，这些只能集中说明一点：当地有限的土地资源已难以承载人口增长的压力，不得不出现某些“折中”方式。然而，此种情形绝非近年来才有的。例如，在1941年便有人指出：“（三岩）三村土地，均系人民自垦，纯为私有，……唯土少人多，供不应求，所谓‘食之者众，生之者寡’。”①

（六）三岩的人口问题

考察三岩村落的生态条件，人口问题是个值得特别关注的变量。然而，由于国家很长时间都没有将三岩纳入直接管理的行政区域，很难确定历史上三岩人口的具体变迁情况。此外，关于三岩的地域划分又出现前后不一的情况，很难对相关的数字加以比较。即便如此，依据一百多年以来的一些历史文档和文献材料，可对三岩人口户数变迁的点滴记录做一些比较研究。在近百年间，三岩人口没有发生较大的波动，究其原因：其一，三岩人口的流动性，导致人口无法集中，总有一定数量的人口处于迁徙的状态之中。其二，三岩的自然环境只能维持一定量的人口生存，一旦人口超出环境的极限，则将导致内部发生冲突，或者促使三岩与外界发生战争。在这些内部的冲突或与外界的战争中，不是有一部分人在械斗中死去，就是有一部分人被迫迁离，总之环境与人口的矛盾需要加以调整。此点也能证明，历史上三岩并没有完全脱离国家政治权力的辐射与影响。

新中国成立以来，贡觉县境内的三岩片行政区划几经变动，20世纪80年代为1个区，设办事处（县政府的派出机构），90年代末恢复为6个乡。白玉县境内的三岩始终是1个乡，称“山岩乡”。就人口与村落而言，“大三岩”比“小三岩”强出不少。据2010年《贡觉县志》所提供的统计数据，三岩6乡共1 976户，12 088人，平均每户6.12人；据笔者2009年田野调查期间所获得的数据，山岩乡有290户，1 609人，平均每户约5.6人。以上7乡共2 266户，13 697人，平均每户6.04人。这还不包括自90年代以来三（山）岩地区向外部搬迁的居民，若加上这些移民的数字，7乡总人口数恐怕将超出2万人。

可以设想，三岩历史上由于地理位置偏僻、耕地稀少，最初的居民数量应当不会太多。随着不同来源的人口迁入与繁衍，三岩人进入了人地关系极为紧张的局面。为了争夺有限的耕地和农场资源，他们以父方血缘为依托紧密地组织起来，对外实施抢劫，对内平等互助，男性的重要地位便日益彰显出来。据

---

① 羊泽：《三岩概况》，载于赵心愚、秦和平编《康区藏族社会历史调查资料辑要》，四川民族出版社2004年版，第403页。

《武城县志》记载："本县所属，南以察拉寺，西以萨东及本城为之通衡，分五路保正，共管五十村计四千七百五十二户，男九千九百七十四丁，女一万二千一百二十二口，喇嘛四百余人。"① 民国十年（1921年），据印川边各县调查表的记录，武城（三岩）所估算户数2 006户，人口为6 801人，但后来经任乃强的考察（1930年）后修正为：户数2 100户，人口14 000人（包括僧侣在内）。② 可以设想，三岩人口突破万人，也就是近一两百年来的事情。鉴于人口的急剧增长，三岩人将何以应对日趋紧张的人地关系？

70多年前，时任白玉县长羊泽曾介绍山岩三个村庄的情况，据他统计，山岩三个村中，"色巴（村）为夏锅、格锅、虾锅、谷巴锅、业哥锅五个锅巴，共一百零二户；烈巴（村）为阿业锅、拉曲锅、松谷锅、新巴锅、登巴锅、斑鸠锅六个锅巴，余分为三小村，共九十九户；巴巴（村）为惹呷锅、赠锅、格锅、甲锅四个锅巴，余分为二小村，共七十二户"③。此外，他还认为山岩这三个村的居民，是在百余年前（1840年左右）从河西迁徙而来的。三岩自身出现了迁徙现象，说明内部已经出现了人口压力。与此同时，王叔在白玉县边坝（盖玉、山岩和扎玛交界地带）做调查时，记录了那里的居民在1920—1930年期间有120余户，后经冷卡石娃和三岩娃不断抢劫烧杀和其他历史事件，仅存23户；他还指出："就是这二十三户，大多都与三岩人是有交涉的（即亲戚关系），不然早已被抢光和逃亡了。"④ 三岩人经常出动骚扰周边地区，实际上也说明三岩由于人口压力大，有限的耕地已不足以承载起人口的重荷，不得不四处以抢劫、偷窃为生。值得注意的是，《武城县志》中显示三岩地区的男女比例并不协调，女比男多出1 700余人，其中一个原因也许是由于三岩人经常参与抢劫、械斗等活动，有相当数量的男性在历次的械斗中死亡。

1974年，四川白玉县对盖玉区做过一次人口统计，获知"盖玉全区有大小帕措89个，分布在22个核算单位，平均每个生产队有4个帕措组织，多的达8～9个。全区参加帕措的有841户，占总户数的75.08%，3 370余人，占总人数的70%强"。在沙玛乡，"帕措户数占到了总户数的98.8%，人口占到98%"，而在山岩乡，"帕措户占总户数的94.8%，人口占90%"。

① 刘赞廷编：《武城县志》，载《中国地方志集成·西藏府县志辑》，巴蜀书社1995年版，第141页。

② 任乃强著：《西康图经》，西藏社会科学院整理，西藏藏文古籍出版社2000年版，第235～236页。

③ 羊泽：《三岩概况》，载于赵心愚、秦和平编《康区藏族社会历史调查资料辑要》，四川民族出版社2004年版，第403页。

④ 王叔：《边坝调查记》，载于赵心愚、秦和平编《康区藏族社会历史调查资料辑要》，四川民族出版社2004年版，第84页。

昌都解放后，当时把刚刚解放的三岩区分为上、中、下二岩区和半区，贡觉三岩就帕措的基本情况曾有一份统计表，表明当时有帕措 87 个，共 1 403 户，6 029 人。其中上三岩有 13 个村或牛场，403 户，1 810 人；半区有 4 个村，176 户，700 人；中三岩有 4 个村，418 户，1 700 人；下三岩有 14 个村或牛场，406 户，1 830 人。① 1960 年 9 月，三岩宗与贡觉合并为贡觉县，三岩划为罗麦、雄松、木协三个区，有 41 个自然村，3 个牛场，全部人口 11 288 人。② 1999 年 4 月，一项关于婚姻与家庭的调查研究显示，贡觉县三岩区所辖 6 乡共有居民 2 232 户，人口 13 318 人。③ 2002 年，贡觉县政府再次对三岩 6 乡的人口做出统计，查明三岩下辖 6 个乡，49 个村民委员会，95 个自然村，2 232 户，13 468 人。

即使仅有这 1 万多人，也给三岩地区造成了极大的压力。一方面，生产资料相当贫乏，人均耕地不足 1 亩，人均牲畜量不足 4 头（只）；另一方面，生产条件极其恶劣，山高坡陡，传统土地全年产粮仅够半年的消耗。政府也意识到地少人多是造成三岩贫穷的根源，因此多次组织过搬迁行动；搬迁的地址由近及远，搬迁的规模亦逐步扩大。例如，1977 年，政府曾组织把木协乡 50 多户集体安置在县城附近的斯塘村垦荒种地。20 世纪 90 年代中期，政府再次组织异地扶贫搬迁工程，在距县城 8 公里处建了幸福村，搬入木协乡 12 个村民委员会中所选最贫困的 32 户、198 人，按每户 4 万元的补助进行安置。此外，截至 1999 年，三岩还就地安置群众 60 户、473 人，新建房屋 60 幢；就地搬迁 90 户、477 人。2000—2002 年，贡觉县利用 1999 年 1 月 1 日西藏自治区人民政府实施“天然林保护工程”的机会，启动了异地开发安置户项目，计划用 3 年时间从三岩 31 个村中搬出 1 319 户、7 000 人；搬入地是地理条件优良的林芝地区（米林县、波密县），每户给 7 万元的搬迁费。其中从克日乡搬出 98 户、556 人；罗麦乡搬出 158 户、875 人；沙东乡搬出 202 户、1 001 人；敏都乡搬出 262 户、1 363 人；雄松乡搬出 274 户、1 554 人；木协乡搬出 325 户、1 651 人。政府先后组织多次搬迁，第一次三岩就有 166 户、892 人迁走。所搬出的住户绝大多数来自耕地极其贫乏的贫困村庄。例如，木协乡最先就有 67 户搬出，他们分别是曾遭过火灾的下罗娘宏达村 12 户和宗巴村整个村庄的 55 户。几年来，经政府两次大规模的组织搬迁，在三岩地区完成跨地区天保生态搬迁共 555 户、3 820 人和就地天保生态搬迁 1 000 余人。2006 年，三岩

---

① 参见附录 1。资料来源：西藏昌都地区地方志编纂委员会编《昌都地区志》（下），方志出版社 2005 年版，第 1 099～1 101 页。

② 《贡觉县关于三岩情况调查的汇报》（1960 年 11 月），资料来源：贡觉县档案馆。

③ 吕昌林：《昌都地区一夫多妻、一妻多夫婚姻陋习的现状、成因及对策》，载《西藏研究》1999 年第 4 期。

总人口减少为 11 892 人，2009 年更是减少到 10 305 人。

与此同时，村民向外部搬迁的浪潮同样在四川省白玉县的山岩乡里上演。近 10 年来，山岩乡陆续有村民集体外迁，少数几户移居到县城，绝大多户去到条件更为优越的盖玉乡和沙马乡定居下来。据笔者 2007 年获得的田野数据显示，在 2000—2007 年期间，山岩乡 7 村（村民委员会）总共外迁 100 户居民，外迁人口总计 496 人。几乎每村均有家庭外迁，其中当拖村迁出的户数最多，达 49 户、243 人；其次是西巴村，总共迁出 17 户、106 人；色麦村和色德村迁出的户数和人口最少。

毋庸置疑，近年来金沙江两岸的三岩地区总计外迁了八九千人，极大地缓和了三岩人与耕地和草场的紧张关系。据悉，人口分流后的三岩已开始调整产业结构，在当地开始试种新品种作物，退耕还林，植树造林，重点发展经济林木，大力种植核桃、油桃、板栗、葡萄、黑梨、李子、金丝枣等果木，户均家庭收入呈现年年攀升的势头。例如，2007 年三岩人均纯收入达到 2 216 元，2008 年更是突破了 2 600 元。

概而言之，考察三岩的人口基数，从乾隆年间的“千数百户”到当前的 1 万余人，三岩的人口与当地的生态环境维持着一种动态的平衡。然而，由于一定的生态环境具有一定的人口承载量，为了实现人与生态环境的平衡，就必须从文化机制上采取某些必要的措施。杰奥夫·柴尔德（Geoff Childs）站在历史学的视角，探讨了近代西藏人口的增长问题，他的研究表明：近 300 多年来，西藏人口增长相当缓慢，这与一妻多夫制的流行和西藏的宗教制度有着密切的关联。①

事实上，若从三岩的个案来看，柴尔德的思想还可进一步拓宽。应当认为，西藏在控制人口的增长方面具有多样的方法和手段，不应犯以偏概全的错误。例如，在三岩地区，一妻多夫制的流行，宗教制度的广泛传播吸收了大量未婚的神职人员，帕措可视为一种重要的文化策略以作为补充，至少它在控制三岩人口的增长方面起到了积极的作用。由于帕措制度的存在，争执、战争与械斗成为三岩人政治和文化生活的一个主旋律；又由于“血仇制”的存在，帕措之间的敌对状态和械斗还可维持相当长的时间。有报道人指出，三岩有两个帕措之间的血仇曾维持了一个多世纪，双方在多次的械斗和仇杀中一共死了 250 多名成员。如果此说法属实，那么帕措制度在控制三岩地区的人口增长上，确实起着不可低估的作用。对此问题作进一步的研究，无疑具有重大的社会学、人口学与生态人类学的价值与意义。

---

① Childs G. “Polyandry and Population Growth in a Historical Tibetan Society”. *History of the Family*, 2003 (8): 423 - 444.

第三节　精神世界与宇宙观

恶劣的生态环境与整齐划一的村落布局，共同营造出三岩奇特的自然景观。与有限的自然条件形成了鲜明的反差，三岩的精神世界反倒显得丰姿多彩。

笔者在三岩地区从事田野工作的期间，三岩人热情豪爽的个性、坚韧不拔的毅力以及乐观豁达的生活态度，无不给人留下深刻的印象。他们在生活中时刻充满着乐观主义的精神，对于恶劣的生态条件和艰辛匮乏的物质生活，他们不是只字不提，就是甚少提起。作为顶天立地的三岩人，他们的人生哲学是：不能因为无能为力的逆境而招致困扰，更不能因此怨天尤人、自怨自艾。另一方面，在一个相对独立自主的原始社区中，三岩人深信自己是世界上最为优秀的人群，相比之下，其他的人群无论是在智力上还是体力上，均无法与其相比，因此受到他们的“盗抢”也就情有可原了。这种“民族自我中心主义”情结，展现出三岩人精神生活中最为真实的一面。在笔者看来，三岩人的精神世界至少获得了三种重要力量源泉的支持，即虔诚的宗教观念、引以为豪的区域文化以及对藏文化强烈的认同感。

首先，任何人欲对西藏宗教作出比较完整的阐述都无疑是极其困难的，这是因为：这是一个包括无数形态的极端复杂的领域；一种洞察入微和内容丰富的哲学，同时包括辩证法和形而上学；一种非常深奥的心理学，它与冥想静修和控制心理学作用（瑜伽）的修持法有着密切联系；不计其数的诸神；不胜枚举的仪轨；民间修持；宇宙形态思辨和占卜术。① 即便如此，也不能忽视在三岩地区起主导作用的两种宗教形态，即苯教和藏传佛教所宣扬的价值理念及其在日常生活中的表现形式。

一、苯教

关于苯教，人们习惯认为这是佛教之前的一种巫术。一如其他的初民社会，藏族先民同样存在崇尚万物有灵的原始观念。这种观念源于藏族先民对大自然的畏惧心理而赋予大自然以超能力，逐渐形成了一套崇拜系统，并将自然界中的动植物纳入人格化的神灵范畴之内，形成了一个繁复庞大的神灵体系。

① （法）石泰安著：《西藏的文明》，耿昇译，中国藏学出版社 2005 年版，第 169 页。

在藏族原始宗教——苯教所崇拜的对象中，有天、地、日、月、星辰、雷电、冰雹、山川、湖泊，甚至土石、草木、禽兽等。土地神、山神（山神有时和土地神不分）、帐篷神、屋神、灶神、阳神、战神、龙神等神灵，在苯教中占据极其重要的地位，是苯教所崇拜的主要神祇。苯教的早期崇拜包括自然崇拜、神灵崇拜、生灵崇拜、图腾崇拜、图符崇拜、灵物崇拜、祖先崇拜等内容，崇尚念咒、驱鬼、占卜、禳祓、重鬼佑巫等仪式。

苯教的《创世论》探讨人类的起源问题，它认为世界是由一个或几个巨大的卵演变来的。苯教经典《什巴卓浦》又说，最先是一个名叫赤杰曲巴的法师收集5种本原物质，即地、水、火、风、空，从中造出热火和冷风，风火相激，产生出露珠，露珠产生微粒，堆积成大山。后来，这5种本原物质生成了一只发光的白色巨卵和一只无光的黑色巨卵，赤杰曲巴用光轮敲击白卵，放出光明，从中出现人类和天神的共同始祖什巴桑波奔赤，他是一个长着青绿头发的白色的人。黑色的巨卵爆炸后，跳出一个满身黑光的人，名叫门巴塞敦那波，他是虚幻邪恶之王。后来又由水珠形成大海，大风吹过海面，吹起一个巨大的气泡。气泡撞到一只蓝色的卵上，卵破裂后出现一个青蓝色的女人，什巴桑波奔赤给她起名为曲坚本杰莫。他们没有点头也没有触鼻就结合了，生下了野兽、牲畜和鸟类；他们低下头，互触鼻子结合了，生下了9个兄弟和9个姐妹。9个兄弟分身出9个女伴做他们的妻子，而9个姐妹也分身出9个男子做她们的丈夫。这9个兄弟被称为“世界九男神”，9个姐妹被称为“世界九女神”。他们的任务是确保世界的延续。①

由苯教的《创世论》可知，苯教不仅强调大千世界发轫于5种本原物质，认为世界产生于巨卵，是从混沌中变化而来的，而且还强调了神和人类是共同起源的，即人和神之间存在亲缘关系。《创世论》描绘出一幅天神、人类、动物、生灵互相联系、互相依存的宇宙世界。此外，苯教还认为，天上住着天神九兄弟和他们的眷属，天神是“什巴”；中间一层是人类居住的地方，人间的统治者赞普则是天神的儿子；而地下和地表这一层住着各种精灵、魔怪和鲁神（龙神），守护着地面、地下的资源和财富。这种早期观念经过进一步的发展和演化，逐渐形成苯教独特的宇宙观——三界说。藏族史诗《格萨尔》在藏（康）区广为传颂，说唱艺人在说唱表演时，经常用到三句话来概括《格萨尔》的全部内容：“上方天界遣使下凡，中间世上各种纠纷，下面地狱完成业果。”实际上，这句话也从另一侧面反映出苯教“三界说”的观念。

三界说中，苯教界限分明地把世界分为三层：天、地和地下（有时也称

① （意）图齐等著：《喜马拉雅的人与神》，向红笳译，中国藏学出版社2005年版，第138页。

为天、地和气）；三层并行排列，上层为天，中层为地，下层为地下。苯教又把世界分为神、鬼、人和精灵几类，他们在不同的世界里居住。例如，赞神在上层（天上）居住，人在中层（地上）居住，鲁神在下层（地下）居住（参见图 1－11）。天空是赞神的国度。据苯教文献的记载，在“赞”的国度中，有赞神生活在那里，有一群超自然的精灵围绕着它，有些是神，有些是鬼。苯教还把天分为九重。列于正中央是“俄木隆仁”[①]，这里是文明的中心，以一座大山为标志，山下有四条大江向四个方向外流，周围分别列有北洲、东洲、南洲和西洲等四大洲（或四宫殿）。地层上除了各种动物以外，人也在这里居住，但他们并不是唯一的主宰，因为地上还有年（山）神、土地神、灶神、帐篷神等，人们必须把它们供奉起来，援请巫师或喇嘛来实施仪轨和念诵咒语，以求禳祸消灾。地下住的是鲁神，它们近似于汉族龙的形象，可以自由变成蛇似的形状。它们住在河和湖，甚至是一些井里，即总是住在水中。这种观念扩展开来，所有居住在水里的动物，如虫子、青蛙、蛇和鱼儿等，均被认为是龙族的一种。一旦逢庄稼田干旱，需向鲁神念诵祷文、祭拜祈雨。招惹鲁神，也会给人带来各类疾病，平日安抚鲁神的工作亦相当重要，不可敷衍了事。

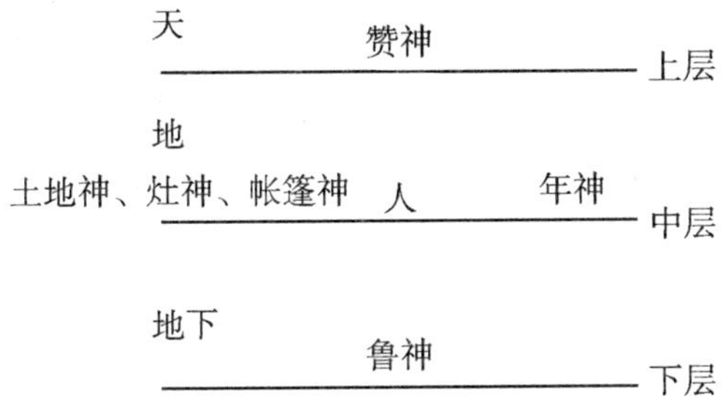

图 1－11　苯教的宇宙观

在佛教传入西藏后，苯教与佛教进行过长期的斗争。苯教无法与佛教庞大精密的思想体系抗衡，渐渐退出西藏的政治舞台。随着吐蕃势力的扩张，苯教虽几度兴废，但在民间仍拥有大量的信仰民众，特别在诸如三岩等边远地区。苯教在与佛教的抗争中逐渐融合，演变为一种民间信仰在藏族地区流传。源远流长的苯教文化在三岩社会生活中根深蒂固，遍及各个角落，迄今依然深深影响着人们的社会生活。

居于上层的赞神具有无上的权力，盖因苯教崇尚拜天，认为人间初始之王

---

① 这里被认为是苯教的起源之地，又名“坛城”，与佛教所宣讲的“极乐世界”相似，认为它是不朽不灭的，一般人无法进入。

来自于天，人死后又返归于天（或向天神报到）。在三岩的认知世界里，赞神在天上过着无忧无虑的生活，天上的万物世界与地上的世界相比并无太多的不同，或者说地上的世界完全就是复制了天上的世界而已。饶有情趣的是，赞神似乎仅作为一种理想型的生活状态而存在的。在人们日常生活习俗中，赞神似乎远离了人们的视野，既没能对人们施加太多的影响，也没有建立起更为直接的联系。

相比之下，中层与下层两个世界的互渗关系来得更为频繁。居于中层的地上有人、动物和年神、土地神、灶神、帐篷神等主要神灵，居于下层的地下则有鲁神以及其他各式的妖魔鬼怪。人类与这些神灵鬼怪的沟通与交往，构成了三岩人日常生活习俗的主要内容。

（1）三岩有一条生活禁忌，即认为不能把衣服从人的头上拿过，更忌讳从男人的身上跨过。这种禁忌主要与苯教特有的两种神——阳神和战神的观念有关。[①] 苯教认为，阳神和战神依附在人身上，阳神是祖先的魂灵，战神是帮助人打击敌人的神。如果阳神或战神从一个人的身上离开，恶魔或者病魔就要乘虚而入，灾祸疾病就会降临，甚至使人丢掉性命。一般认为，阳神和战神会依附在人的两肩或头上，因此三岩人特别忌讳把衣服从男人的头上拿过或从男人的肩上跨过，因为这样会触犯阳神或战神，给人带来祸害。

（2）在三岩民居中，不能在家里的火塘上直接烤熟生肉，否则会触犯灶神，将会受到灶神的惩罚；也不能弄脏火塘，鞋、脚、袜子等更不可随意放在火塘上，否则会触犯灶神并让家人感染疾病。这种观念明显与苯教的灶神观念有关。

（3）在三岩的牧区中还存在这样一条禁忌——不能随意让陌生人进入帐篷，认为会带来邪气并导致奶牛减产。此种观念又与苯教的帐篷神观念有关（参见图 1 - 12）。

（4）三岩人严禁吃鱼肉，认为鱼类属于龙神一族，吃多了会触犯龙神；严禁触动水源，以免带来疾病。三岩人把麻风病（当地称为“热泡”）、天花、水肿、皮肤病、精神和肌体失调等疾痛，认为是触犯龙神的直接惩罚。此外，鲁（龙）神也是三岩人必须朝拜的对象，每个村子都有自己的圣湖（也称为“措”，一般认为是当地山神的妻子），这里也是煨桑祈雨的场所。笔者在三岩罗麦乡罗麦村附近，就发现了一个进行祈雨的场所，名为纳日措，据说这里经常举行安抚鲁（龙）神的仪式。

---

① 苯教认为阳神、战神是同时存在于一人体内的两个保护神。阳神类似灵魂。战神有两种类型，一种是依附于人体的战神，一种是部落的保护神。这种自身有神、自身多神的信仰观以万物有灵、灵魂不死等原始泛神论思想为其思想基础，在其他民族中并不多见。

图 1－12　三岩的帐篷与中央支柱——帐篷神居住的地方

（5）无论是搭建帐篷还是修建新房，均须请喇嘛念经以安抚山神和土地神，否则将引发灾难。这种观念又与苯教的山（年）神观念有关，在三岩当地表现得尤其明显。如果一个人无缘无故从山崖上摔死或被摔成重伤，当地的解释往往是他（她）由于生前作恶而被恶魔缠住了，或者无意中做了错事得罪了山（年）神，由此遭到惩罚和报复。

当地人虔诚地认为，每个村子都有自己的神山，里面居住着山神。村民每路过一个山头，都要虔诚地念其咒语。当地人还把垭口神称为“壹达”，在垭口处堆起玛尼石，摆上牛头，插上风马旗，再煨以桑烟，可保身体安康、诸事顺利。每逢藏历初五和十五，是三岩人煨桑和转神山的好日子。神山里的一土一物都十分神圣，不能有丝毫的损伤，否则会触犯年神，给自己或家人带来灾害。除非有特别的需要，神山上的树木和野生植物也不能随意砍伐和采集。2006 年 5 月至 8 月间，笔者从事三岩旅游资源调查工作，发现三岩的内布神山上尽管长满肥大的虫草，但当地却无一人前往采集，这是一个很好的例证。每年藏历元月十五和六月十五，当地人都要去朝觐神山，一年内至少要去朝拜自己村的山神一次。六月十五更是从事盛大的祭奠活动的时间，届时帕措的全体成员要到固定的神山上进行煨桑仪式，又名“熏烟节”，以祈求山神保佑全体帕措成员人畜兴旺、吉祥如意。举行“熏烟节”时，本帕措的青壮男人到神山上搭起熏烟灶，架起松枝叶，树立起五彩的经幡，请喇嘛开始念诵专门的经文，念完经后，大家围着熏烟灶和经幡按顺时针方向转三圈，然后全体人员一边高喊“嘎拉索！嘎拉索!”，一边撒风马纸，祈求山神保佑，解除灾害。祭奠时要带上很多酒，每家每户按一定的数量凑齐。祭奠仪式完结后，帕措族人便聚集在半山腰一起饮酒取乐，直至日落西山、酩酊大醉而归。“熏烟节”不允许女人参加，也不能让她们碰到熏烟用的东西，否则会被认为亵渎了神灵，导致灾害。

由此看来，苯教的神灵观念已经渗透到三岩世俗化生活的方方面面，呈现出宗教性生活的特征。涂尔干认为："宗教是一种既与众不同，又不可冒犯的神圣事物有关的信仰与仪轨所组成的统一体系，这些信仰与仪式将所信奉它们的人结合在一个被称之为'教会'的道德共同体之内。"① 宗教现象的真实特征，是将宇宙分为两个无所不包、互相排斥的世界——世俗与神圣。

二、藏传佛教

如果说三岩人的世俗生活由苯教观念主导下的一系列的禁忌和祭祀仪式所充斥，那么，遗留给三岩人神圣生活的空间和一整套的信仰体系、象征符号与价值观念，早已被体系更为精细、等级更为森严的藏传佛教的教义所填充。佛教有健全的组织、完整的教义、大小不一的寺庙以及各类僧侣等神职人员。藏传佛教的确是渗透进西藏所有的制度和居民中了，形成了一种独特的形式。② 事实上，自从9—11世纪佛教在与苯教的斗争中取得决定性的胜利以来，佛教便无孔不入地渗透到人们生活的各个层面，成为藏族人民文化生活的中心。

（一）轮回说

简单地说，藏传佛教可以归结为一种自律体系，只要人们或佛教徒们按部就班地依照这种体系行事，就可免除一切的过错。诚然，藏传佛教包含着一整套博大精深的价值体系和道德法则，如"四圣缔"、"八正道"、"十戒"、"十二处"和"轮回"等。轮回无疑是藏传佛教中最为重要的学说。轮回最初源自早期佛教的创始人——乔达摩·悉达多遗留下来的理论。他认为，人死之后，其过去的所思所想、所说所讲、所作所为聚集的结果，即因果报应，会投入到另一躯体中，再次在生命的轮回的循环不止中起作用。③ 佛教在西藏地区的传播过程中，这种观念获得了进一步的发展，加入了涅槃和转世等观念，终于形成了当前轮回的学说，又称为"生死之轮"，藏文中则称为"轮回之轮"（Sipaykorlo）或"生命之轮"。

汉传佛教中也有"五道轮回"④ 的说法，五道即天（非天）道、人道、畜生道、地狱和饿鬼界。轮回之轮与藏传佛教的转世观念有关。它认为众生根据自己生前的善恶行为，在五道中轮回转生。生死之轮图主体概说我们在死

---

① （法）爱弥尔·涂尔干著：《宗教生活的基本形式》，渠东、汲喆译，上海人民出版社1999年版，第54页。

② （法）石泰安著：《西藏的文明》，耿昇译，中国藏学出版社2005年版，第169页。

③ （美）孔贝著：《藏人言藏：孔贝康藏闻见录》，邓小咏译，四川民族出版社2002年版，第6页。

④ 汉传佛教中称其为"五趣生死轮"、"五道轮"、"生死轮"及"十二缘起图"等；又有"六道"的说法，即把天道分为天道和非天道，非天被称为"阿修罗"。

后，会经历中阴阶段，然后又投生为另一生命形式，再经历死亡、中阴、投生的不断循环。这便是生命的轮回。但我们并不一定再生为人，可能再投生于五种生命形式中之任何一种，这五种生命形式称为“五道”。生命便是从无始的过去以来，不断一次又一次地死去、投生、再死去、再投生……周而复始，无可逃遁。

在三岩木协乡木协村附近，有一座破旧没落的寺庙——日朗寺（参见图1－13）。日朗寺的规模中等，但以往在三岩具有相当的影响力。然而，自从该寺上一任活佛逝世以后，该寺尚未找到转世灵童，其影响力日渐势微，风头被近年来大兴土木的热克更庆寺盖过。日朗寺当前仅剩下四五名喇嘛留守。寺里除了保留多尊古老的佛像以外，还保存着许多栩栩如生的壁画。据报道人的讲述，这些壁画同样具有久远的历史，至少已存在两三百年。

图1－13　影响势微的日朗寺外观

在这些佛教壁画当中，一幅《生死轮回图》居于显赫的位置（参见图1－14）。该图中一个庞大的神兽以造物主的形象出现[①]，用牙齿咬住一个巨大的转轮，并用四掌徐徐转动，象征把整个世界都控制在掌中的“无明”，用以揭示生死与世界的真义。大法轮以同心圆的形式展现出三种轮辐，即内、中、外圈，其数由内向外为三、五、十二。处于中心圈内的是三种动物——一只青

① 一般称其为转轮圣王或阎摩鬼王。另一种说法是佛教密宗三怙主之一的金刚手。金刚手造像常为单尊愤怒威猛形，狮子头、一面二臂三眼。密宗认为，金刚手之法有无量无边不可思议之功能，能具足大威权，制服诸魔，消灭一切地、火、水、风、空所生诸之灾难，统辖一切金刚护法。

鸟，一条灰蛇，一头黑猪，分别代表欲望、邪恶、无知三种感觉。三种动物之间还存在着某种互动关系：青鸟栖息在愿望树上，树上硕果累累，让人垂涎欲滴；灰蛇盘绕在树干上，仿佛在猎捕那只青鸟；黑猪则朝灰蛇冲去，渴望它能成为自己的腹中之物。欲望、邪恶和无知，实质上就是佛教常说的“三毒”，即贪、嗔、痴。佛教认为，人生有诸多恶业因，其中尤以“三毒”为最，成为产生诸恶业的根本，故又称为“三不善根”，是世上一切苦痛的根源。三种动物居于内圈，表示外部另外两种同心圆所代表的有情世界均围绕着它们不断地轮转循环。

图 1－14　日朗寺的五道轮回图

中圈描绘的是五道。按顺时针方向，天道位于最上层，此处不仅有愿望树的树叶、树干和果实，更有美轮美奂的宫殿，但天神却在与阿修罗（非天）进行着永无休止的斗争；人道位于天道的下方，这里的世界充满了喜怒哀乐，人们在辛勤地劳作，为生存而奋斗，但无时无刻不受生老病死和轮回法则的束缚；再往下的是畜生道，比起上方的人类世界，这里所描绘的世界更为凄惨，互相捕食的兽类们不是被人类所猎杀，就是陷入人类所设置的圈套当中；居于正下方的是地狱道，这里的人在承受着无情判官的审讯，承受着各种难以言状的痛苦煎熬；再往下的是饿鬼道，里面生存着各种各样的游魂野鬼，有吝啬鬼、馋鬼和内外障饿鬼等，这些饿鬼形象丑陋，腹部大如鼓，咽喉细如针，一切饮食到了口边都化成火焰，虽饥饿难耐，却滴水粒食难进。

五道轮回中前二道为善道，后三道属于恶道。在藏族的认识世界里，这种评价标准可从《西藏度亡经》一窥究竟：如有可能，往生到天道（或非天道）是最为理想的选择；退居其次的是人道，属于中等选择；更次一些的是畜生道，应当尽量避免；最差的是饿鬼道和地狱道，只有佛性最差、品德最恶劣的人才会投胎到那里。[1] 因此，除了天道以外，另外四道都绘有大慈大悲的观世音图像，希望皈依佛法的人可以向其乞求祈祷，以求自己的罪孽得以消除殆尽，从而从轮回中脱身出来，进入一个更为理想的轮回之道。

正如时钟身上刻画的钟点数一样，这十二幅图构成一组轮回。转轮的外圈均分为十二部分，里面绘有图画，表示“十二缘起”，即十二种因果关系。这些图画的传统名称分别如下：①“有”，画有一位卧榻中的孕妇；②“触”，画有一男一女在拥抱；③“取”，画有一位男子在摘果；④“生”，画有一个男婴的降生；⑤“受”，画有一支利箭刺穿一位男子的眼睛；⑥“爱”，画有一位男子沉溺于美酒鲜食；⑦“六入”，画有一座空宅，里面有六扇窗户；⑧“名色”，画有一人在划船渡海；⑨“识”，画有一只猴子在回头瞻望；⑩“行”，画有一位陶匠在制作陶器，每种陶器代表一种行为，如身业、意业和口业等；⑪“无明”，画有一位盲人踯躅前行；⑫“老死”，画有一位男子背负一具尸体去埋葬。在这十二幅画中，彼此之间还存在某种承上启下的因果关联，合称“十二缘起链”，用来表示人在一生中的十二个不同的阶段。依照佛教教义，一切事物的生成、存在都依靠其他事物，而自十二缘起脱离开来即是证入涅槃。

在生死轮回图的左上方，画有佛陀的形象，正襟危坐，德相庄严，位于一座如来佛塔之上，表示佛陀早已脱身于生死、六道轮回之外，得道于无苦自在的境界。在生死轮回图的右上方，用藏语写有一段偈文，阐释了皈依佛陀、净身修道与脱离六道轮回的不二法门，大致意思翻译如下：

> 汝当求出离，于此法律中；
> 于佛教勤修，常为不放逸；
> 降伏生死军，能竭烦恼海；
> 如象摧草舍，当尽苦边际。

与康区其他大型寺庙（如昌都强巴林寺）所见的生死轮回图有所不同，日朗寺中的轮回图把天道与非天道合二为一，且居于图左上方的核心位置。非天道亦称为阿修罗道，据说这一道中的众生福报极大，寿命又极长，与天道众生分别不是很大。在阿修罗道中，有一棵如意果树，树身在阿修罗道世界，树顶却延伸至天界之中。历经三十三天的有情，[2] 便尽情享用这树所结的果实，但阿修罗众生却无法享受果实，所以便十分妒忌。阿修罗本来就妒忌心极强，他们不甘天界众生坐享其成，所以便会常常尝试以斧头砍断如意树，这样做对

---

① 莲花生著：《西藏度亡经》，徐进天译，宗教文化出版社1995年版。

② 在“五道轮回”中，由业力构成的庞杂世界里，也有不同的层次世界，我们称为“三十三天”，“有情”指众生，是梵语Sattva的意译。

大家都没好处。但天界的众生只需由上洒下一种甘露，树便会马上重活过来，这只会令阿修罗更加生气和妒忌。与此同时，天道中的有情常对阿修罗世界中的女色垂涎，时常抢夺阿修罗女。由于这些原因，阿修罗便常常向天界宣战。阿修罗道中的有情众生由于好战，其族性特别擅长造各种兵器及大型战争武器。但在与天界开战时，阿修罗由于福报逊色于天道有情，所以往往战败连连，常常被打至遍体鳞伤、肢体断折而饱受痛苦。就地理条件而言，阿修罗在战事中同样吃亏。当阿修罗攻至三十三天时，天神只需关上天闸，阿修罗便无法攻入。但当天界众生要追打阿修罗时，却可以下追至须弥山脚，甚至追入海底阿修罗的世界中心，令阿修罗战士无所匿藏躲避。在体质上而言，阿修罗在与天界开战时也永远是占劣势的。要令天界众生致命，必须把他们的颈椎打断，其他的小伤并不能令他们送命，但阿修罗众生却可能由身体任何一部分受伤而致死。①

另有一种说法认为，在与天道的战争中，非天道有许多人在战争中死去。据说，在天道有一条神泉，在战争中受伤的天道中人来到这里饮入泉水，所有的伤都能马上痊愈。一次，一位来自非天道的武士被杀后，他的流血中涌现出成百上千的武士，他们向天道发起了攻击，使得后者受到了异常残酷的打击。天道国王不得不向阿第佛求助。阿第佛的妻子听到了请求，变成人来到人间。她从国王处得到一头骡子作为坐骑，坐骑上用人皮做成鞍鞯，用大毒蛇作为马勒和缰绳。打败非天后，她用人头盖骨做茶杯，喝了被杀者的血，这样就遏止了非天用鲜血提高士兵数量的魔力。从此以后，阿第佛的妻子被作为一位护法神来膜拜，位置排在马格若玛战神和波旦战神之后。②

（二）宇宙观

除了轮回说以外，佛教的宇宙观也是一个甚有特色的思想。早期的佛教认为，在宇宙的中心处有一座高山，名为须弥山（梵文 Semnru），又称为“妙高山”，形如一座宝塔矗立于汪洋大海之中。随后的佛教进一步发展了这种想象，认为山腰住有四大天王神，山顶上住有三十三天神。须弥山高八万四千由旬③，山根侵入水中八万四千由旬。山上风景秀丽，仁者乐山，智者乐水，美轮美奂的宫殿遍布其中。

《立世阿毗昙论》记载：须弥山四周有七大海、七大山，顺次围绕。山体由风轮、金轮和水轮支撑。须弥山是固定不动的，日月星辰都在此山四周围

---

① 佛教关于天道与非天道的战争记录，参见陈天竺三藏真谛译《立世阿毗昙论》卷第五，电子版。

② （美）孔贝著：《藏人言藏：孔贝康藏闻见录》，邓小咏译，四川民族出版社 2002 年版，第 36 页。

③ 一种佛教的计量单位，一由旬约等于十六公里。

绕。须弥山四方大海中还有四块陆地，称为四大部洲，分别为东胜神洲、南瞻部洲、西牛货洲和北拘罗（俱卢）洲。①

人类居住在南瞻部洲上。南瞻部洲盛产瞻部树，位于须弥山南面威海里。南瞻部洲原为吉祥福地，但由于人类相互争斗残杀，魔怪恶业横行，十善法中仅有的一份也基本消失，人类遭受苦难的煎熬。为拯救芸芸众生于水深火热之中，香巴拉第二十五世法王——威狂轮王对南瞻部洲发动了战争，旨在消灭愚昧无知、狂妄自大的野蛮人。这场正义的战争常常被描绘在藏传佛教寺庙的墙壁上，称为"战场图"。

（三）莲花生大师

在日朗寺《生死轮回图》壁画的右侧，画有一幅气势宏大的战争场面，几十位英姿飒爽的武将骑着高头大马，手举刀剑、盛装待发，马踏祥云之上，人物性格被刻画得活灵活现，各具特色（参见图 1 – 15）。一开始笔者以为，或许这就是藏传佛教的寺庙所描绘的"战场图"吧。然而，经寺院留守喇嘛的介绍，这里描绘的情景实际是莲花生大师入藏后弘扬佛法，一路上降魔伏怪的事迹。这名喇嘛还解释道，日朗寺属宁玛派红教寺庙，莲花生大师一贯是红教供奉的主神，因此该寺不仅保留有莲花生大师的壁画（参见图 1 – 16），甚至还保留了一尊历史久远的塑像，描绘莲花生大师正襟危坐、宣讲佛法的情景。

图 1 – 15　战场图壁画

---

① 陈天竺三藏真谛译：《立世阿毗昙论》，电子版。

图1－16　莲花生大师的壁画

莲花生大师，藏语称白玛洛本，梵名为白玛桑巴瓦，祖籍西印度乌仗那。传说此地有一处名叫达那郭夏的海，海中有一棵莲花树，繁花似锦，其中生有一男孩，名叫莲花金刚。后被因陀罗菩提王收为义子，并登上了王位，但自认不能广益人法，遂于大众部受具足戒。后来他云游孟加，从巴尔巴哈蒂论师出家，遍参善知识、博学显密经教，云游四方，化缘众生。公元8世纪，赞普赤松德赞抑苯扬佛，邀请莲花生入藏，并在其倡议下修建桑耶寺，向君臣25人讲授密宗灌顶等经法，培养弟子翻译经典，打下学习显密经论的坚实基础。莲花生居住于藏达50余年之久，其足迹遍布整个青藏高原地区，留下许多圣迹与传说。笔者在三岩地区的调查期间，至少获知有两处圣迹与莲花生的传说有关。一处在三岩雄松乡冈托村对面的山峦上。那里有一个神秘的山洞，此洞位于悬崖峭壁之处，一般人根本无法爬入。据说莲花生曾在该洞闭关修行长达10年之久，然后云游四方，弘扬佛法。另外一处遗迹留在三岩罗麦乡隆瓦村的达松寺内。传说莲花生来到该寺后，陶醉于当地的美丽风景，认为此地适合建立一座寺庙，一时兴起便在一块大石头上留下了自己的脚印，希望以后此地有所依托。后来，人们在此基础上修建了达松寺。在该寺门口处，依然保留着这块印有“脚印”的石块，受到了当地人的顶礼膜拜。

（四）《格萨尔王传》

陪同笔者一同下乡做调查的贡觉县旅游局局长向巴却含笑向笔者解释道，尽管这里画的是莲花生大师的壁画，但老百姓更愿意相信这里描绘的是格萨尔王和他的三十大将图（参见图1－17）。这种调侃式的解释，不禁让笔者的内心一动。

图1－17　格萨尔王壁画（局部）

在藏区，有这样一句无人不知的谚语：“每个岭国人嘴里都有一部《格萨尔王传》。”《格萨尔王传》是一部反映古代藏族氏族部落社会形成的一部英雄史诗。它不仅描述的是一个人，更是一个神，是当今世界上篇幅最长的史诗，长达100多万诗行。史诗以宏伟磅礴的气势，通过对几十个邦国部落之间的战争绘声绘色的描述，反映了6—9世纪以及11世纪发生在藏区的一些重大的历史事件，并在高原广泛地流传开来。

史诗的主旨内容概括如下：生活在雪域之邦的黑发藏民，遭受深重的苦难；天神发慈悲心，决定派格萨尔到人间，降妖伏魔，造福百姓；于是格萨尔在岭国诞生，之后是赛马称王，救护生灵，除暴安良，安定三界。期间进行了大小战争不下百场，岭国上下，战旗飞舞，刀枪并举，马嘶人喊，慷慨激昂……最后英雄完成了统一大业，功德圆满，回归天界，人民生活从此幸福美满。

一般认为，岭国指的是西藏的康巴地区，甚至有学者认为格萨尔的故乡就在四川甘孜州德格的阿须草原一带。民间传说中关于格萨尔、珠姆乃至其麾下大将的事迹遍布康区和藏北牧区。三岩位于康区的中心地带，《格萨尔王传》能在当地流传开来，原因不难解释。三岩当地与格萨尔有关的事迹同样不胜枚举。例如，三岩过去有18个大型聚落（部落），上为克日乡马扎村，下为戈波乡。当地藏语中，“戈”为门户之意，“马扎”为战袍，相传为格萨尔王所穿。在《格萨尔王传》说唱者的口中，这可是一件非同寻常的战袍，是用世界上最优质的丝和棉纺制而成的，冬暖夏凉，具有抗饿、抗渴、抗疲劳和抗疾病的神力，除了能破除咒语的影响以外，还不畏惧武器的攻击以及能够抵御火、水、风、昆虫和尘土等。后来这件战袍遗留在马扎村，该村亦因此得名。此外，在三岩当地还存在一种说法，认为“帕措”是史诗中总管王绒察根的后裔。《格萨尔王传》中，王绒察根是一位家喻户晓的人物，他总是以“智者”的形象出现，成为格萨尔王不可或缺的得力帮手。每逢岭国内部或与其他邦国进行征战，王绒察根的智慧常常能够使岭国消除矛盾、化险为夷。另外一种说法存在于雄松和敏都当地人的集体回忆之中，他们提到了三岩的另外一个别称——热克。该词与格萨尔王的叔父晁东有关。据说，三岩原是晁东的属地，其下属贺廓被晁东委派管理三岩。当时三岩有三个著名的人物，即加嘎邦登、杰久玛和卡协，他们是亲兄弟。加嘎邦登居住在雄松一带，杰久玛居住在木协一带，卡协居住在罗麦一带，他们的后人在三岩最初发展形成的十八个村落，又称为“热克十八”。在四川白玉县山岩乡与盖玉乡交界地带的盖玉河上，有一块形如印章的大石头，相传是格萨尔王的私人印章。一天，格萨尔王征战来到了三岩，被当地秀丽的景色所吸引[①]，在不经意之间他随身携带的印章掉下马来，后来化为一块石头静静地躺在盖玉河上。

在三岩敏都乡的台西寺，每年藏历六月初一至初十举行为期10天的法会，三岩各乡各村男女老少均过来参加，人山人海，蔚为盛况。当寺院的僧侣集体表演跳神时，法会便进入了高潮阶段，届时该寺的白洛活佛将亲自批挂上场，演绎格萨尔王征战四方的情景（参见图1－18）。三岩民众无不被此吸引，争先恐后地上前接受白洛活佛的灌顶，据说这样可保一年身体安康，诸事吉祥。然而，白洛活佛表示他所演绎的其实并非格萨尔王，而是莲花生大师一路上降魔伏怪、弘扬佛法的事迹。同一种文化现象，何以百姓看到的是格萨尔王，来自寺院方面的说法却是莲花生大师呢？其实很好解释，藏传佛教一贯主张利用一切有用的资源寓教于民，即“事事无碍”的思想。在这里，藏传佛

图1－18　台西寺白洛活佛亲自演绎格萨尔王

① 另一说法是为当地美女珠姆所迷恋。

教（尤其是宁玛派）很好地利用了转世理论，认为格萨尔王其实就是莲花生大师的化身，或者让后者成为前者的保护神，并给他授密法灌顶。这样做之后，就把格萨尔王的传说与佛教的教义和仪轨有机地结合在一起了。

在笔者看来，《格萨尔王传》在三岩是种极具地方特色的文化现象，它对三岩人的精神世界所施加的影响也是极其深远的。首先，《格萨尔王传》是作为一部古老的史诗而存在于藏（康）区的。马克思曾经提出，史诗是人类童年时代的产物，是“同一定社会发展形式结合在一起”的，对人类社会的发展进步起着里程碑般的作用。史诗就像是一面社会的广角镜，不仅反映出史实，更折射出各种社会文化生活。史诗是民族精神的歌者。一个伟大的民族，一定有支撑本民族生存的物质力量，但也不能没有精神力量。不难想象，在一些物质资源特别匮乏的社会当中，这种民族精神的支撑作用将会表现得更为突出与明显。其次，更为重要的是，格萨尔王是作为一名战无不胜的战神存在于三岩人心目中的。在三岩人的精神世界里，战争一直是个无法避免的主题。例如，在他们信仰的原始宗教——苯教中，人是一种非常弱小的生灵，生活中随时要卷入一场人（神）鬼大战，每天都要战战兢兢，安抚好各种鬼怪神灵，才能保证自己能幸存下来。在佛教的五道轮回学说中，即使是投身于列居首位的天道也远非理想，因为天神与非天界之间进行着一场永不休止的战争。对于战争的恐惧，因为敌对帕措的存在来得更加真实和紧迫。概而言之，无论是在精神上还是在实际生活中，危险无时不在，战争如影随形。在此情况下，格萨尔王作为一位征战四方、无往不胜的英雄形象，满足了三岩人内心的精神需求，因此《格萨尔王传》能够在三岩地区流传开来也就不难理解了。

（五）“男本位、女末位”的思想观念

事实上，与格萨尔王相比，帕措才是三岩地区最具特色的文化现象。正如前文所述，历史上的三岩是作为一个相对独立的社会存在的。尽管在相当长的时间里三岩没有国家概念，但一直是个有秩序的社会。帕措，这样“一个以父系血缘为纽带组成的部落群”，可以看作是三岩社会特定的社会、政治和经济组织。由于帕措组织的存在，使得三岩出现了一种井然有序的自治状况。换言之，帕措是以强化父系血缘认同为基础的，这种强化直接或间接造成了两个结果：一是培育出三岩人“大男人主义”情结，一是把妇女的地位搁置在次席。

在青藏高原地区，一直流传着这样一种说法：西藏最彪悍的是康巴人，而在康巴人中，最彪悍的是三岩人。长期以来，三岩人以病死为耻，以刀死为荣。三岩男人的帕措荣誉感有时是需要用生命来捍卫的。在三岩，个人之间如果发生争执，最终须依靠决斗来解决，决斗是这样进行的：双方各自拔刀，相

约站着不动，依次互砍，即你砍一刀，我砍一刀，看谁最先认输。有报道人曾津津乐道地告诉笔者一则故事，当地有两名来自不同帕措的人进行决斗，你劈一刀，我砍一刀，两人最后都砍累了，相约一同喝酒吃肉，酒足肚饱之后又继续进行决斗，最后相互砍死了。尽管笔者对这则故事的真实性有所怀疑，但从中至少可看出一点：这是一种理想的决斗状态，三岩人认为真正的三岩男人应该就是这样做的。他们行事光明磊落，个性豪迈奔放，心胸如高原一样的宽广，勇气如高山一样的伟岸。以往三岩男人嗜刀如命，但随着现代枪支的进入，长刀曾一度被长枪所取代。① 1988 年，山岩乡巴巴村加哥戈巴（帕措）的阿里卜错与同村扑巴戈巴（帕措）的一名成员因为喝酒后，各自吹捧自己的戈巴如何厉害，一言不合下两人同时拔出手枪，同时扣动了扳机，同时亡命，殊为惨烈。生活中的这一真实情景，成为如何当一名三岩男人最为有力的注脚。

帕措的男性成员称为“措巴”，在藏语中为“群员”之意，指成年男性，可以平等地参加本帕措的内部成员会议，并拥有发言权、选举权和投票权等。与三岩的“大男人主义”相对照的，却是三岩女人的“小妇人”形象。女性成员名为“纳加”，在藏语中为“手中之物”之意，为附属物。传统中的妇女地位低下，甚至算不上帕措的正式成员，除了被排斥在帕措内部的政治性议事活动以外，既不能参加盗抢，也不能参加战事。三岩家庭尤其看重男丁，一个女人出嫁后，若接连生了两三个女孩，丈夫有权提出另娶一妻，即组建一个一夫多妻家庭，妻子或妻子一方的帕措对此不能有异议。一般另娶的妻子又以这个女人的姊妹或堂姊妹为佳，这样可避免由于妻子出现了不同的利益中心而产生不必要的家庭矛盾。女人没有继承权，一个家庭假如没能生下男丁，那么这一家就此消亡，房屋家产收归所在帕措集体所有，但帕措其他成员有义务承担起赡养老人的义务。妇女生产期不得靠近火塘、厨房，认为这样会触犯灶神，给家庭带来不幸。妇女临产时还要搬到一层牛羊圈居住，只有在孩子出生数天后才可以搬回屋内坐月子，但也只能找个角落休息，只有等到孩子满月后才能搬回原来的住处。家里来了外人，妇女要准备好食物招待，但就餐时不能与男人一起坐，如果要坐也只能侧身而坐，只有等男人进完餐后才能接着吃，或者另坐一桌进食。女人不能随便触摸男人的头，否则会被认为是不尊敬；更不能向男人吐口水，否则会被认为是莫大的侮辱。男人女人一起进入房子内，女人要礼让男人先爬楼梯。旧时三岩还存在这样一条奇特的习俗：女人在路上遇见男人，要谦恭地弯腰低首避在一旁，否则会被认为大不敬，受到帕措头人的

---

① 骏马、长枪（刀）、铜水缸被称为三岩“三宝”。但 20 世纪 90 年代起，贡觉县和白玉县政府采取非常严厉的禁枪措施，在三（山）岩收缴了大量的枪械，当地人又开始青睐于用刀了。

斥责。

三岩社会存在一种严重的“男本位、女末位”的思想倾向。三岩社会过分强调来自父系血缘的认同，并且因为帕措的存在而达到了无以复加的程度，这样可能产生的社会副产品，就是自动调低了来自母系血缘的认同关系，并且是以不断地降低妇女的社会地位为代价的。这种“男本位”的思想，往往通过经济生产活动中所附加的一系列禁忌而被不断地彰显出来。例如，三岩存在一种“男织女耕”的分工，即男人必须懂得织布的技术活（织布机），决不让女人染指；但是，妇女必须参加耕作，当然，男人也可以参加进来（参见图1－19）。在春耕仪式中，必须是由男子来播种，也必须由男子领着耕牛，妇女只能在后头协助松土，大概是因为当地人认为男人更加身强力壮，这样才能保证所播种的种子获得丰收。

图1－19　三岩男织女耕的生活图景

在牧区中，挤牛奶算是极其常见的生产性活动了。南印度的托达人（Toda）把牛群分为神圣与世俗两种，奶牛便属于前者，男人决不让妇女染指挤牛奶的工作。同样，非洲的祖鲁人也不让女子的手放在牛的身上，甚至连走进牛栏也成了禁忌。有学者认为这是处于古代男牧女耕的分工制，女子只配下田，在牧人的世界里没有她们的一份。[①] 在笔者看来，三岩当地的性别分工，与社会分工制并无必要的关联性，但却与男女的自然属性以及对这些自然属性所产生的心理认同有更为密切的关联。

这种带有明显印记的性别分工，自然引起了笔者的兴趣。当笔者向当地人问起三岩男女的地位为何存在如此巨大的差异时，有报道人提供了一种说法，很值得关注与反思。据说，其实他们并非康巴人，他们的祖先也并非来自金沙江地区，而是来自雅鲁藏布江上游的河谷地区，他们自称为“绒巴”，“绒”在藏语中是河谷的意思，“巴”是人的意思，“绒巴”即居住在河谷里面的人。他们的祖先是灵猴，因此他们是灵猴的子孙。灵猴在转变成为“绒巴”时，受到一位罗刹女的诱惑，受尽了各种各样的磨难。后来灵猴在天神的帮助下，最终修成正果。正是因为罗刹女的缘故，他们认为女人是祸水，因此特别瞧不起女人。此种说法虽无从考证其真实与否，却让人从中看到了与藏族起源有关的印迹。

在藏文史书《西藏王统记》里，记载了一段相当有趣的传说：

> 那普陀山上的观世音菩萨，给一只神变来的猕猴授了戒律，命它从南海来到雪域高原修行。这只猕猴来到雅砻河谷的洞中，潜修慈悲菩提心。正当猴子在认真修行的时候，山中来了一个女魔，施尽淫欲之计，并且直截了当地提出来：“我们两个结合吧！”起初，那猕猴答道：“我乃是观音菩萨的徒弟，受命来此修行，如果与你结合，岂不破了我的戒行！”那女魔便娇滴滴地又说道：“你如果不和我结合，那我只好自尽了。我乃前生注定，降为妖魔；因和你有缘，今日专门找你作为恩爱的人。如果我们成不了亲，那日后我必定成为妖魔的老婆，将要杀害千万生灵，并生下无数魔子魔孙。那时，雪域高原，都是魔鬼的世界，更要残害许多生灵。所以，希望你答应我的要求。”那猕猴因为是菩萨降世，听了这番话，心中自念道：“我若与她结成夫妻，就得破戒；我若不与她结合，又会造成大的罪恶。”想到这里，猴子一个跟头，便到普陀山找那观世音菩萨，请示自己该怎么办。那观世音想了想，开口说道：“这是上天之意，是个吉祥之兆。你能与她结合，在此雪域繁衍人类，是莫大的善事。作为一个菩萨，理当见善而勇为，速去与魔女结成夫妻。”这样，猕猴便与魔女结成伴侣，后来，这对夫妻生下六只小猴，这六只小猴性情与爱好各不相同。

---

① （美）罗伯特·路威著：《文明与野蛮》，吕叔湘译，三联书店 2005 年版，第 39 页。

那菩萨化身的猕猴，将这六只小猴送到果树林中，让他们各自寻食生活。①

这就是在藏区广为流传的“猕猴变人”的传说，从叙述方式来看，它被深深地烙上了藏传佛教的印记，此点正是藏族神话传说的一大特色。至于故事后来的发展和结尾，且看下文：

> 三年以后，那猴父前去探视子女，发觉他们已繁殖到五百只了。这个时候，树林之中果子也愈来愈少，即将枯竭。众小猴见老猴来了，便纷纷嚷道：“我们将来吃什么呢？”他们个个摊着双手，模样十分凄惨。那猕猴见此情景，自言自语道：“我生下这么多后裔是遵照观世音菩萨的旨意，今日之事，使我伤透了脑筋，我不如再去请示观世音去。”想到这里，他旋即来到普陀山请示圣者。菩萨道：“你的后代，我能够抚养他们。”于是，猕猴便遵命于须弥山中，取了天生五谷种子，撒向大地，大地不经耕作便长满各种谷物，这时猴父才别了众小猴回洞里去。众猴子因得到充足的食物，尾巴慢慢地变短了，也开始说话，逐渐变成了人，这就是雪域上的先民。

在《汉藏史集》中，猕猴与罗刹女的故事情节基本一致②；藏族典籍《国王遗教》、《西藏王臣记》和《智者喜》中也散见类似的记载。有报道人却给笔者道出另一种版本：他们的祖先同样来自雅鲁藏布江上游的象雄古国，由于一位王后的变节，他们的国王战败身亡，他们的王国也被灭掉了，族人因此流离失所，被迫迁徙，最后流落到金沙江两岸边的三岩地区定居下来。

如果说第一种说法明显带有神话的成分，第二种说法则带有一定的历史根据。它与赞普松赞干布的王妹有关。据藏文史料的记载，赞普松赞干布建立吐蕃王朝之前，象雄才是青藏高原地区势力最为雄厚的王国。为了达到与象雄国互不侵犯的目的，松赞干布将其妹妹赛玛噶嫁给象雄国王李迷夏。可是赛玛噶在象雄处于失宠的地位，由于嫉妒心作祟，赛玛噶给哥哥送来两件礼物，一件是绿松石，一件是头巾。赛玛噶的用意是：如果哥哥为男子汉的话，就戴上绿

---

① 猕猴变人的故事，在藏族民间广为流传，并记录在古老的经书之中，还体现在了布达拉宫、罗布林卡的壁画之上。那猕猴住过的洞穴，民间传说就在泽当附近的贡布山上，而泽当也因是“猴子玩耍之地”而得名。从近20年来在林芝、墨脱、定日和昌都卡若遗址的发现来看，这些发现与传说基本相吻合。它告诉我们，西藏高原很早便有人类活动。后来，生活在甘肃、青海一带的羌人向西南迁徙，与西藏原来的土著居民融合而发展成为“博”——藏族。参见索南坚赞著《西藏王统记》，刘大千译注，民族出版社2000年版，第30～32页。

② 达仓宗巴·班觉桑布著：《汉藏史集》，陈庆英译，西藏人民出版社1986年版，第69～70页。

松石，让象雄臣服于吐蕃；若无此勇气，就戴上妇人的头巾吧。在王妹的激励和里应外合下，公元644年，赞普松赞干布起兵攻打象雄，最终消灭了象雄国，统一了原来附属于象雄国的十二大部落，吐蕃王国的实力亦由此大增起来。

无论是传说也好，史实也罢，如果要说两种说法有什么共同之处，那就是它们均认为女人是祸水，进而冠冕堂皇地为男人应该当家做主正名。换言之，他们共同维系着一个重要的社会价值观念：三岩性别的社会分工与男本位的思想天经地义，其合理性毋庸置疑，必须严格加以维护与遵守。如果从社会的深层结构考虑，这种男本位思想又与当地的帕措文化休戚相关。由于帕措的存在，械斗无处不在，而械斗的主体是帕措的成年男子。为了增强群体在械斗中的合作与认同感，采用父系血缘认同无疑是件再自然不过的事情。一方面采用父系血缘来认同，另一方面械斗是成年男性的主要生活内容，因此，容易促使三岩人衍生出一种“男本位、女末位”的思想观念，三岩中无时无刻不体现出一种“大男子主义”的情结，有其受社会与政治方面影响的实质基础。

（六）对藏文化的强烈认同

然而，在笔者看来，三岩当前的性别分工与“男为本、女为末”的观念，与其说为三岩男人取得合法的主导地位奠定了舆论基础，毋宁说是与当地居于主导地位的藏族文化建立起的那种强烈的认同感有关。三岩中关于“猕猴变人”的说法，与藏族起源的传说，即使不是同一故事，那也具有同源关系。更有可能的是，三岩人的故事文本，就是在藏族起源的传说的基础上改写的。至于赞普松赞干布妹妹的故事，更是直接与代表藏文化核心地位的政治权力挂上了钩。

事实上，对藏文化所表现出的这种强烈的认同感，在三岩地区并非是孤立的现象。相反，通过与藏族的中心文化建立起某种实质性的联系，三岩人力图共构出一种文化“同质性”，即把自身的区域文化融入一个更为庞大的文化体系当中。例如，在金沙江东岸的三岩地区，由贡觉莫洛镇前往克日的路途中，有一段山体奇石林立、峭壁突兀，其中一处峭壁高处更有一股小泉如小便状涌出，此处即为三岩地区著名的“公主泉”。相传唐代赞普松赞干布迎娶汉地的文成公主，由于旅途遥远，文成公主入藏耗时三年之久，沿途历经了各种艰辛险阻，终于来到了三岩乡的克日乡一带。她看到当地风景秀丽，不禁心中一动，便在此处小解一番。让人啧啧称奇的是，自文成公主走后，山体上便自动涌现出一股清澈透亮的山泉水，源源不断地流下，滋润了山下的花草万物（参见图1－20）。此外，在三岩敏都乡阿尼村，有报道人表示，历史上当地曾存有108座佛塔，后来毁于战乱。据说赞普松赞干布立下心愿弘扬佛法，除了要在藏区24处地方修建24座镇妖寺，另外还要在48处地方修建108座佛塔，敏都乡阿尼村就是其中的一处。另一种说法是，敏都乡西面是马头金刚圣山，东面是金刚亥母圣山，是莲花生大师、益西措嘉佛母、马头金刚及金刚亥母等圣众的密修清净地，两山之间诞生出很多大活佛，尤其殊胜。在金沙江东岸，由盖玉乡进入山岩乡，需要翻越一座海拔高达5 000多米的火龙山，沿路群山连绵，树木叠翠，泉水淙淙，风景奇秀（参见图1－21）。火龙山是山岩乡的神山，传说这里住有21个度母，是个神圣之地，山岩人遇事必来此地赌咒发誓。在火龙山上，有一片红石山，里面有一道天然的石门，当地人曾信誓旦旦地说，当年布达拉宫原本打算要在这里修建的，只是后来发生了变故才被迫取消了计划，否则也没有现在拉萨城的说法了。

图1－20　三岩克日乡的公主泉

图1－21　山岩乡火龙山群山连绵的自然风光

概而言之，物质世界的单调与匮乏，反而进一步强化了三岩人的精神观念。这是一个丰姿多彩的精神世界，它糅合了原始苯教思想和藏传佛教观念，具有鲜明的区域文化特色，并对居于主导地位的藏文化表现出强烈的认同感。在这一精神世界里，三岩人的日常生活无时无刻不在展现出"双重性"——神圣世界和世俗世界。神圣世界代表着一整套的信仰体系、象征符号与价值观念；世俗世界代表着人类生活中与神圣体系休戚相关的种种生活禁忌。两个世界相互作用，互相补充，最终产生了两个结果：一是把人排列于神灵鬼怪的次席，把女人搁置在男人的从属地位；二是在极力展示区域文化特色的同时，力图使自身融入对主流藏文化的认同当中。

第四节　整体稀缺和表现形式

以上是对三岩生态环境与精神世界所做的基本描述。一方面，就三岩的生态自然条件而言，可用"稀缺"一词来概括，具体表现在气候干燥、降水量少、自然灾害多，陡坡多、坝子少、可开垦利用的耕地稀少，精细化程度不高、草场资源紧张等。另一方面，就三岩人的精神世界而言，尽管当地表现出一定的丰富性，但也仅仅局限在宗教性、区域性以及对藏文化的认同三个方面。若从总体来看，三岩人的精神文化生活同样可被认为是稀缺的。

由于文化整体的数量存在严重的不足，三岩人不得不强化当地本来就为数不多的文化主题，因此在单一性方面反而更呈现出丰姿多彩的表象，这是因为社会意识形态与社会经济的发展水平是不平衡的，关于这一点，马克思和恩格斯都有论述①。同理，生态条件稀缺的三岩人在精神文化上也可以表现出众的文化特色。对于这种悖论，可以用爱斯基摩人对雪的概念来解释。与世界上多数的国家（如中国）和民族所拥有的多样化的气候条件不同，爱斯基摩人的气候呈现出单一性特征。爱斯基摩人生活在北极圈内，当地的气候大多与雪有关，因此爱斯基摩人拥有 100 多个与雪相关的词汇，但对于其他气候条件（如雨水、风暴和闪电等），则缺乏相关的表达词汇。

由于三岩的生态环境与精神生活均出现了稀缺的情况，这里将引入一组新的概念——整体稀缺与文化适应加以阐释。两者之间的互动关系，构成了本书的研究主题。

---

① （德）恩格斯：《恩格斯致康·施米特（1890 年 10 月 27 日）》，载《马克思恩格斯全集》第 37 卷，人民出版社 1971 年版，第 490 页。

一、整体稀缺的概念

首先，“整体稀缺”的概念来自雅各布·布莱克－弥乔德于20世纪70年代出版的一本书①。整体稀缺可归纳为在某种类型的社会中，人们能切身地感受到物质和制度上与其生活相关的一切东西完全不具备，不仅数量上不够，质量上也不行。整体稀缺是一组生态、技术和历史因素造成物品与资源的地方性不足的结果，阻碍了个人和团体获取并长期积累财富。因此，整体稀缺抑制了社会分层的发展，以经济差异为基础的权力结构也就不可能建立或形成。由于没有多少财富、地位和声望可供世代传承，一般说来，也就不利于形成有效率的司法与政治制度，由于物质稀缺，社会制度也体现出“贫血”现象，平等的伦理道德便会在社会上大行其道。

“稀缺”这一概念植根于人们的日常生活，既可指可见的有形世界，也可指无形的文化价值观。特权、荣誉、男人气概、生育力、运气，乃至经济领域的成功，均可看作商品，如同土地、水和有效的制度一样，具有供应的限度。人们普遍要求其他的个体不会得到超过“平均份额”的东西，这样就形成了平均主义的观念，对于那些获得了或者想获得超出社会允许的最大量的人来说，这是强有力的道德处罚的根源。

因此，整体稀缺就是永久地感觉现有资源和政治结构不足以满足全体人的最低的有意识的需求。整体稀缺最重要的伴生物是恐惧，担心由于缺少司法保障，个人没有能力抵抗其他人的侵犯，也担心物质的不足导致自身的挨饿甚至生存的困难。因此，人们就要联合起来。最初是基本的家庭联合，后来出现了群体和家族之间的联合。在整体稀缺的条件下，群体联合形成权力的制衡，保证可用资源的平均分配。平均主义的伦理价值观从精神实质方面赋予整个政治以某种平等的模式，完全排除了人际关系占据统治地位的可能性。

然而，这种平均主义思想在应对外界的侵犯时无法持续运转下去，除非有某些大人物出现并引导群体，在执行某些重要决策时赢得大众的支持，并且汇集整个群体的力量追求共同的目标，否则对于政治或经济目标一定不能取得理想的结果。

这种无法避免的趋势可以称为“策略分层”，在任何社会中它都可以作为一种基本的假定，即在两个以上的个人或群体之间，不是合作就是冲突。然而，在冲突中，两者并不是互相排斥的对立方，而是社会持续发展过程中的多极。合作是形成群体的先决条件，但若没有大人物存在，一个群体就不可能持

---

① Black-Michaud J. *Cohesive Force*: *Feud in the Mediterranean and the Middle East*. New York: St. Martin's Press, 1975: 121－178.

久存在；或者，在一个更加复杂的结构中，要出现政治等级才能达成先前设定的目标。因此，合作、冲突和领导权是社会结构的三个基本组成部分。

物质的缺乏与制度的稀缺密不可分。社会制度可能存在各种各样的不足，这是由不同的生态与历史因素所决定的。整体稀缺可归纳为特定社会中，人们认为与生活息息相关的一切现存的物质和社会制度的数量都处于绝对不足的状态。整体稀缺可以分为两个不同的稀缺领域。第一个领域最终形成一种可以看见的物质的供不应求。第二个领域从经验上无法观察得到，这个领域由一些无法用科学方法来证明其稀缺的物质构成。前者具有客观性，可以直接观察得到；后者具有主观性，只有那些身临其境的人才能体会得到。前者可称为生态资源稀缺，后者则可称为社会制度稀缺。生态资源稀缺具有现实性，而社会制度稀缺具有非现实性。生态稀缺可以发生在任何社会的任何时候，只要与物质产品和资源的生产、开发有关，人类的活动就会存在稀缺。只有当生态系统存在一定的紧张程度时，物质稀缺才会构成生计活动的核心内容，它影响到人们本来就不稳定的生计经济的方方面面，对于能使人们更容易生存的社会组织模式具有决定性的影响。只有在出现极端的生态稀缺时，才会出现社会制度或精神的稀缺。两者同时发生的状况，就可称为整体稀缺。这时，社会结构的形式很不发达，自治机构也很少。部分稀缺是指随着物质供应的不断丰富，制度相对地变得复杂多样，使得人们相互之间的关系日趋多样化的状态。

目前，没有田野资料可以精确地说明冲突社会中成员如何设想稀缺性。有少量具体的证据可以说明整体稀缺这个模式并不是一种凭空想象。整体稀缺这个概念是一种试探性的设计，目的是用来解释争斗的某些具体表现。本书使用“整体稀缺”，试图达到两个目的：第一，当笔者谈论争斗是“社会本身的一种机制”时，它能够作为一种理论方式予以说明；第二，它可以用来支持笔者的论点，即在“整体稀缺”的社会中，物质（或现实）的稀缺总会在精神层面产生出许多重要的伴随物，它们对于理解冲突具有重要的作用。笔者要尽力论证的是，这些“精神”的伴随物撞击着为了获取和保持权力、财富、地位而发生的斗争。因此，笔者首先要阐述一下现实的稀缺，或者说是生态稀缺。

（一）生态稀缺

生态稀缺包括土地和水资源的获取，以及人口密度这三个变量。在自给自足的社会中，物质产品的稀缺具有地方性，决定这种稀缺的最重要的因素是历史条件。只有通过分析一定时间与空间范围内的历史和政治压力，才能够理解为何一定的人口会居住在某一块特定的土地上，他们受到的技术限制是什么，以及是否能从外界借用文化要素，并用它来最大限度地开发本地的环境。

毫无疑问，在小规模社会中，生产技术的发展水平很低，缺乏比它更加复杂社会中的农业生产和畜牧技术，这些与生计经济直接相关的技术决定了他们对资源的获取状况。土地、水和人口密度是决定生态稀缺的基本要素，体现了人利用环境的效率。这些社会缺少强有力的制度化的领导权，大家都有平等的思想。

首先，笔者要列举出农业社会的基本要素，表明这样的社会永远没有足够的物质产品来同时满足部落民众的最低需求。

缺乏肥沃的土地是小规模部落定居村庄的共同特征。这些村庄的周围都是大山和岩石，只有在狭窄河谷底部才能找到小块的良田。贫瘠的山地加上粗放的耕作技术，往往使得当地人种植的用于维持生计的农作物产量无法满足基本的需求，每年的收成也变化不定。河谷地带的耕地相对容易耕种，具有更高的收成，通常也是最难寻找的商品。

然而，即使固定地占有了河谷地带的肥沃土地，也不一定能够保证土地的主人就能获得足够的收成，从而满足他本人和家庭的需要。因为河谷地带的土地需要灌溉，栽种的庄稼在收割之前需要持续地浇水，否则碰上连续的干旱就会枯萎和死亡。由于缺少优质的土地，通常就不会有很多的水源，那些人幸运地占有更好地段的耕地，但却要不断地保护他们使用水的权力。

因此，在定居的部落社会中，没有多余的土地和水，一旦出生率上升这种状况会更加剧烈，毫无疑问需要高的死亡率来补偿。最终分析这样的定居村庄，明显与生态稀缺有关的要素是资源与人口的比例。实际上，水和土地的短缺具有一种功能，使得人口压力和技术需求抑制了空间的流动性，促使严格和相对稳定的定居模式出现。

在定居的农业社会中，可利用的土地与水对于产生生态稀缺具有重要的意义。生态稀缺的结果是食物产品的地方性不足，无法满足社会成员的有意识的需求。这种不足大部分是因为出现了过多的竞争者为了控制资源而斗争。换句话说，即使不是很明显的人口密度的下降，也会减缓生态稀缺的状况。即使有偶尔供过于求的特例，也还会有另外一种稀缺——缺乏先进的技术保存食品并通过市场机制转换成财富的形式——来抑制个人和群体的暴富和贫富差距的扩大。在这一点上，生态稀缺渐渐变成了制度稀缺。因为缺少显著的经济差异，不可能在一个群体中有几代人保持对财富的稳定控制，这就导致无法发展出明显的阶级结构，并使得行使特权的制度无法得到进一步的扩散。

（二）整体稀缺与部分稀缺

整体稀缺的条件下社会成员必须合作，部分稀缺的条件下成员可以竞争和冲突，并出现领导权。要分析整体稀缺和领导权这两个常量，必须先分析生态变量，然后才能分析整体稀缺与领导权的结构性含义。

在各种持续的社会交往中，合作、冲突和领导权是不可缺少的组成因素，这三个变量与历史和生态变量一起组成一个社会的模型。领导权是用来缓冲合作与冲突的变量。整体稀缺是一个常量，生态和历史是变量。整体稀缺可以包含在一个总的主题，即冲突和合作的互动之中。冲突意味着采取手段争夺处于稀缺供应的奖励，不同的稀缺类型具有不同的冲突。如果存在“整体稀缺”，必然就会有部分稀缺。将两者进行比较将会得到有趣的结论，能够揭示不同稀缺类型的社会的结构意义。

整体稀缺是指在一定社会中，人们觉得与自己生活有关的任何事情，无论是社会制度还是物质供应，在数量上都绝对地不足。相比之下，部分稀缺明显是指在一定范围内只有一些迫切需要的东西不够，其他方面并不缺乏。

首先分析社会结构与部分稀缺的关系，按照笔者提出的社会模型，合作、冲突和领导权这三个组成要素必须同时出现。开发供应不足的资源时会出现合作，协调合作需要领导，并激发冲突。然而，冲突仅仅局限于看上去普遍存在稀缺的地方，在这些地方合作和领导仍然重要。但是，由于只是部分稀缺，还有很多地方会出现剩余。因此，如果某些个人和群体具有野心或侵略意图，他们就会选择在没有稀缺和冲突的范围内争取最大的收获，这样，冲突就仅仅限于某些事物之上，往往只是涉及社会的部分成员。

笔者提出的社会模型在用于整体稀缺的社会中时，将会产生完全不同的结果。如果人类生活的每一个范围都存在稀缺，针对这些稀缺很明显就会出现合作和领导，有了领导之后就会出现冲突，这些要素就像稀缺一样普遍。在整体稀缺的社会中，不管是在什么时候和在哪个层次上，都没有人可以在系统之外选择，因为合作开发不足的资源是所有人生存的必要条件。由于领导和冲突是合作的必不可少的伴生物，如同合作本身一样，它们将会组成一个强大的、无处不在的责任。整体稀缺使得社会中每一个群体和个人都要普遍地合作，如果要生存下去，就必须最大可能地参与领导权和冲突。在只有部分稀缺的社会中，因为剩余物给人们提供了生存的手段，那些希望将合作义务减少到与社会其他成员保持一致的人，就会拒绝参与领导权的斗争，这与整体稀缺的社会差别很大。

这种结构性对比的结果源自笔者的社会模型，在整体稀缺与部分稀缺这两种情况下，领导权不变，其他组成要素——合作与冲突——的特性和结构则会随着稀缺类型的变化而波动。部分稀缺促进了社会分裂为互相联结的分支群体，他们的兴趣可能会在某一点重叠，但社会成员的兴趣并不一致，因为出现了能够感觉到的剩余，这就给社会成员提供了机会撤退到那些没有冲突和合作必要的空间之内。然而，在整体稀缺的社会中，不可能有这样的撤退，人类活动空间内到处弥漫着合作与冲突。

由于整体稀缺导致了合作、冲突和领导权在整个社会结构中无限制地扩大，因此，争斗是怀有敌意的集团之间建立关系的手段，这样可以将松散的各个部分黏合在一起。在缺乏条件发展出强大君主或集权的地方，暴力的使用产生了一种力量的平衡，并伴随着产生了压制混乱的状态。争斗成功地控制了群体之间的关系，并强迫社会规范的一致。两个群体或个人之间的暴力构成了系统的有机组成部分。可以说，争斗是一种社会控制的工具，是交流和沟通的手段，也是表达临时性统治与臣服关系的语言。

社会的内部结构特征和生态约束导致制度的缺乏。在平等主义思想的表达中，可以发现缺少高度发达的制度和处于生存边缘的危险特征。然而，这种思想的内涵并不局限于个体或群体之间的关系领域，他们几乎延伸到了人类生活的每个方面，抑制任何想要比社区中其他人获得更多物品的想法。这种态度在生态条件不利的地方往往表现得相当典型。

（三）有限利益的设想

福斯特曾对墨西哥的农业村庄进行考察，然后创造了“有限利益的设想”，他用这一词汇描述社会综合体和心理态度，社会成员认为个人的成功势必减少社区中其他成员的成功。这种有限的利益渗透在社会的各个领域，像政治、宗教、法律、经济、医药和民间习俗等都存在这种“认知的模型”。在他看来，整个社会、经济和自然界环境内，所有想要的事物，比如土地、财富、健康、友谊、爱情、男子气概、荣誉、受尊敬、权力、影响力、隐私和生存安全等在数量上都绝对不足，无法满足所有村民的最低要求。不仅好东西的数量十分有限，而且社区内部的人没有办法增加可以获取的供应。诸如土地之类的利益似乎是固有的，如有需要可以被分割和再分割，但是不会增加。①

按照福斯特的观点，某些人的利益就是另外一些人的弊端，他认为这是理解有限利益的关键，这是农业社会的特征，在其他社会也是如此。人们要么合作以使公共份额更大，要么放纵个人主义。福斯特相信有限利益的状况总是喜欢个人主义而不愿意合作，因为容忍领导权的存在必然要求某些人比其他人得到更大份额的有限利益，因而认为合作不得要领，没有人愿意增加利益的供应。

福斯特描述的现象类似于整体稀缺，但将其作为分析工具用于分析墨西哥村庄之外的社会时却并不十分有效。很明显，他提出的假设认为农业社会缺乏

---

① Foster G M. *Tzintzuntzan: Mexican Peasants in a Changing World*. Bostan: Little Brown and Company, 1967: 123 - 124.

合作精神可以归咎于有限利益的心理具有强大的影响力。但现代民族国家在理论上取代了传统的互助模式和集体行动，个人可以通过法律手段抵挡敌人，而在以前依赖于联合结盟和集体身体暴力的恐吓几乎是获得赔偿的唯一手段。

笔者认为福斯特所说的“生活中想要得到的东西”并非随意的事物，它们或多或少都与争夺权力有关，可以将其分成三大类。首先，在小规模农业社会中，土地和财富是一回事，是行使权力的首要的和必备的条件，是权力结构中取得地位的象征，也是个人设法爬上权力阶梯后获得的物质回报。其次，友情、影响力、隐私和安全是最小的先决条件，没有这些东西，个人就不可能获得权力，它们就如同土地与财富一样是权力斗争的目标。最后，男子气概、荣誉和受尊敬也一样，但这些是更不具体的道德价值概念，它们为个人最初参与权力竞争提供了资格。

因此，笔者认为，在自给自足的社会中，整体环境并不一定服从于有限利益的原则。虽说如此，笔者还是大体同意福斯特的观点，环境的本质部分是有限的或者说不够满足人们有意识的需要。笔者在广义上限制这部分环境是社会现状的组成部分——现实的和非现实的、物质的和非物质的（如社会制度）——都与个人和群体之间获取权力的竞争有关。但是，小规模社会的政治权力最终与物质资源的控制有关，行使权力的结果就是比那些没有权力的人获得更多的紧缺物质。因此，有限利益不仅是一种理论设想，更是一种社会现实，那些看起来有限的精神产品是权力的伴随物，实际上也会供应不足。

按照这种解释方式，有限利益与笔者所阐述的平等观念的关系十分密切，它是“整体稀缺”甚为普遍的社会特点之一。科塞认为，冲突的最初原因是供应无法满足需求，极度稀缺的权力带来了稀缺的伴随物——获取和控制财富或生存的能力。在整体稀缺的条件下，群体或个人控制一定比例的可用资源，就会危及整个社会，为了权力和领导权发生不可避免的冲突，绝对不能脱离掌控。因此，荣誉就成了争夺资源的借口。

在整体稀缺的状态下，为了有限的物质利益，冲突转化成为荣誉的冲突，缓和了平等和领导权之间的不和谐性，阻止了物质稀缺在更广范围对适者生存所产生的破坏性。

解释社会结构差异的原因最终可以落到“整体稀缺”这个概念之上。本书假定，“整体稀缺”与“领导权”是两个互相依赖的常量，而且“领导权”是所有社会形态的本质构成之一。“领导权”必然导致社会分层，使得社会成员在资源的获取方面产生差异。“整体稀缺”受到地方生态和历史因素等变量的影响，“领导权”导致的社会分层最终促使“整体稀缺”向“部分稀缺”变化。

科塞提出，非现实冲突的强度“增加了社会结构的刚性”。笔者认为，在不同类型的社会结构中，为了荣誉争斗的频度和强度具有相对的灵活性。

稀缺对社会、对每一个人来说，既是普遍的，又是相对的。说它普遍，是因为不仅人类社会，而且每一个人都普遍地受到稀缺的约束。例如，当今城市中高昂的楼价让普通工薪阶层望而却步，这样，商品房就具有了相对的稀缺性。说它相对，因为对各个不同的人，尤其是对不同的社会来说，受稀缺约束影响的具体形式会因时、因地而有所不同。比如，在每年的春运期间，不管是飞机票还是火车票，往往都是一票难求，但对于不回家过年的人来讲，车票并不具有稀缺性。马克思在他的政治经济学中虽未明确提出“稀缺性”这一预设，但在其理论体系的表述及其基本概念中，稀缺性是马克思政治经济学得以建立的基础。马克思考虑了物品及其生产的四种情况：①有用、稀缺且是劳动生产出来的物品，是正式的商品，其交换价值对于经济分析特别重要；②有用但不稀缺，也非劳动生产出来的物品，其交换价值等于零，因而经济学家可以不理会它们；③劳动生产出来但没有社会效用的物品，不能正式被视为稀缺，因为没有市场需求；④没有效用的物品，也就没有价值，即使它包含着劳动，这种劳动也不能作为真实的劳动来看待，因为它没有创造任何价值，故从主观上看这一物品也是无用之物。[①] 这一关于商品价值两重性的隐性叙述结构也正是庞巴维克所强调的。[②]

唯物史观要求在经济基础与上层建筑的基础上考察生产力与生产关系的矛盾性，寻找推动历史发展和社会进步的动力。因此，“稀缺”这个概念对于政治人类学研究来说是一个十分重要的逻辑环节。同样，边际效用价值论认为：“可以用一个近似而不太精确的方式来说，有用性和稀缺性是决定物品价值的最终因素。”相对于人的欲望与需要而言，直接可用的社会资源是有限的、稀缺的，资源（人力、土地、商品、技术等）是不足的，存在着总少于人们能免费或自由取用这些东西的情形。[③]

二、三岩是个整体稀缺的社会

所谓“整体稀缺”是相对于“部分稀缺”而言的概念，两者都是建立在“稀缺”的理解上，而“稀缺”又是相对于“充足”而言的概念，是充足的反面意思。“整体稀缺”或许可以描述为一种特定的社会前提，为道德的、制度的和物质的条件极度缺乏，尽管空气、阳光、水源不会稀缺。换言之，“整体稀缺”是指一个政治制度、军事制度、道德规范、宗教制约等方面高度缺

---

① 参见《马克思恩格斯全集》第44卷，人民出版社2001年版，第47～54页。

② （奥地利）庞巴维克著：《资本实证论》，陈端译，商务印书馆1964年版，第176页。

③ 陈惠雄：《对稀缺性的重新诠释》，载《浙江学刊》1999年第3期。

乏的社会，近乎等同于人类早期无政府的自然状态。“部分稀缺”则是指人们所感受到的这些与日常生活相关的东西数量上不至于完全没有。

就整体稀缺在三岩的具体表现形式而言，它们具有一种类似于同心圆的层次性（参见图1－22）。

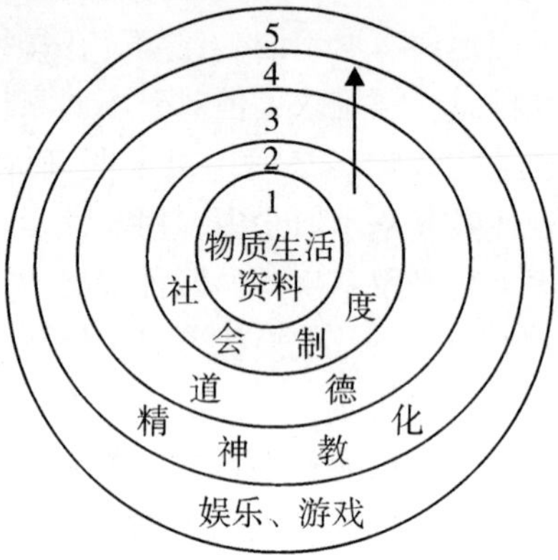

图1－22　整体稀缺表现形式圈

从图1－22可知，物质生活资料作为实体位于底层，社会制度、道德、精神教化以及娱乐游戏等作为抽象的内容依次位于外层；它类似于费孝通所论述的“差序格局”① 的理念。若把三岩社会设想成一潭春水，一石块被扔入水中后，湖面便以该石块的入水处为中心点向四周泛起涟漪。那么，最先受作用的必然是位于中心圈的物质生活资料圈，在此圈的“多米诺骨牌”的作用下，位于外圈受影响的依次为社会制度、道德、精神教化和娱乐游戏等各项内容，并由此不断地扩散开来。以下就这五个方面分别进行阐述：

（一）物质生活资料的稀缺

“整体稀缺”的第一层含义是物质稀缺。肥沃土地的短缺是定居农业社会的共同特征。这类社会的栖息地大多位于多山多岩石的地区，仅有的好土地只能在狭窄的河谷低地找到，或者由于天旱、湖水降低水位，在溪流注入的地方显现出大片的滩涂，那里的三角洲冲积平地能够保证丰收。在某些区域，人们缺乏足够的峡谷地带来养活他们的主干家庭，因此只能从事山地农耕。这样一来，除非灌溉充足，否则在山区种植谷类或其他粮食作物，产量波动很大，入不敷出是常有的事。因此，相对来说，河谷地带更加肥沃，也更容易耕种，这就使得它成为这些社会最为抢手的资源。就三岩的土地状况而言，以往三岩的

① 参见费孝通著《乡土中国》，上海人民出版社2006年版。

土地大多系人民自垦出来的，纯为私有，非有买卖，不能耕种。又佃农极少，唯土少人多，供不应求，所谓“食之者众，生之者寡”。而可垦荒地，亦属寥寥，故土地价值，异常昂贵……。[①] 另一方面，可利用的土地稀少，外加自然灾害的作用，极易使三岩的一些家庭出现入不敷出的情况。例如，1966 年，三岩雄松区所辖五乡总计有 28 户 98 人集体跑到外地讨饭，给区政府造成了负面的影响。区政府在当年的总结报告中分析了原因，除了指出区政府的领导干部工作不得力外，还有天灾人祸（主要是冰雹）以及土地少等原因，其中敏都、阿尼两乡 10 户总计 53 人外出讨饭，而这 10 户仅有土地 66.75 克[②]，平均每人 1.25 克，即使收成再好，也难以维持温饱问题。[③]

然而，即使拥有较多肥沃土地的幸运儿，也不能保证得到良好的灌溉，使自己获得丰收，以满足家庭之需。因为水源是有限的，对水的争夺有时相当激烈，土地所有者必须经常提防他们的水权不受侵害。另一方面，由于大部分定居的农业社会都没有多少剩余的土地和水源，人口出生率却又在稳步提高，死亡率无法完全抵消出生率，使这一情况变得更加严峻。

由于天气恶劣，土地荒芜，食用植物长不出来，狩猎动物大为减少。为了弥补食粮的不足和扩大狩猎与采集地域，同毗邻的社会发生摩擦自然不可避免；无论是作为个人或团体，彼此都要诉诸掠夺他人的猎获物，骚扰他人的采集地，或将他人驱逐出猎场等非常的手段，否则就无法找到一种应对策略，以打开贫乏不堪的局面。生存的苦难程度越高，发生掠夺、偷盗的概率就越大，这也是不得已的事情。[④] 由此可见，在物质生活资料稀缺的情况下，掠夺、偷盗是有可能发展成为一种生存策略的。

可以设想，伴随着掠夺、偷盗规模的不断扩大，社会冲突必将愈演愈烈。冲突令人想起一种供给规律：当两个以上的组织，以竞争的方式获取奖金或双方均稀缺的资源时，冲突就发生了。而当个人的必需品在数量上缺乏时，就造成了稀缺性因素。显然，这是对冲突情境最为明确的比较分析。由此可见，对冲突分类的关键点不是双方是否能达成妥协，而是人类面对特定的稀缺因素时的一种本质性扩展。然而，有许多冲突只是在部分稀缺的情境中实现的，也就是说，被冲突本身的目标所限制。但是，有些冲突是在整体稀缺的条件下实现的，其表现形式是斗争延伸到社会生活的各个方面，世代持续不断。

---

① 羊泽：《三岩概况》，载于赵心愚、秦和平编《康区藏族社会历史调查资料辑要》，四川民族出版社 2004 年版，第 403 页。

② 克为藏区旧时土地计量单位，以 1 藏克（约为 13 千克）种子能够播种的土地作为计算土地的基本单位，1 克土地约合 1 市亩，即约 667 平方米。

③ 雄松区《关于群众外出讨饭问题的检查报告》，资料来源：贡觉县档案馆。

④ （日）丰增秀俊著：《原始社会》，叶渭渠、唐月梅译，中国文联出版公司 1991 年版，第 27 页。

"民以食为天"，对饥饿的恐惧胜过一切恐惧，司法制度对吃不饱、穿不暖的人民是形同虚设的，于是干脆不设，在这种情况下，个人不能保护资源免受侵犯。恐惧是结盟的原始动力，最早是在初级家庭之间，继而在家族之间，进而在世系群之间形成联盟以寻求权力平衡，通过世仇来维系秩序，保卫资源的分配。这样，因果关系可以颠倒过来，一如《武城县志》所说："三岩从前无官管理，是以百姓不知礼仪，即有冤亦无可诉，非互相攻杀，即相互掳掠，彼此报复积久相沿，遂成为抢劫之风……"①

三岩就是这样的社会：第一，许多生产、生活资料都是因地取材，用比较原始的方法制造出来的。第二，许多生活资料严重缺乏，以往主要通过以物易物的方式来获得。例如，1950 年以前，盐、茶、火柴等货物一向被三岩人视为珍品，外来人只要用一盒火柴和少许的盐、茶叶等，就可以换取三岩人较大量的麝香、鹿茸、药材、皮革等贵重物品。第三，当地多年来人口的增长始终保持在一个较低的水平。尽管如此，迫于人口压力，当地很早就存在人口分化的现象，人口迅速在金沙江两岸分布，并由此辐射到周边的地区。第四，帕措内部存在一种"概化互惠型"的经济模式，如帕措内部有义务帮助那些鳏寡孤独、老幼病残的人，"老吾老以及人之老，幼吾幼以及人之幼"；对外则一致推崇"负性互惠型"的经济模式，不惜大动干戈对其他帕措和村落实施抢劫、掠夺，以满足自身的生活需要。

在安全不能保证的社会，家庭分化的强大阻力来自共同防御的需要。主干家庭在小块土地上独立作业，在共同的草场上放牧，由于经济处于劣势，也由于社会上缺乏保障社会安定的强大国家机器（政府、军队、警察、监狱、法庭等），所以人们需要结成血缘集团，当他们聚族而居的时候，村落这类地缘组织和血缘集团便合而为一，形成了帕措。

（二）社会制度的稀缺

一般认为，人类社会最初是由采集—狩猎进入农业耕作，并最终进入国家的。国家是一种最为根本的社会政治制度。早期的国家是以中央集权为特征的等级政治系统，最初围绕大规模的农业生产而出现，最早的国家，如古埃及、巴比伦、古印度和中国等，大约形成于 5 000 ～ 6 000 年前。在国家体系中，一个重要的特征是首领、君主和国王常常利用高压政治和战争来维持他们的政治和经济统治。然而，这还仅仅是一个开始。把人民整合进一个集权统治的官僚体制的，还包括国家发起的宗教、严格管理的军队、互惠、再分配，以及市

---

① 刘赞廷编：《武城县志》，载《中国地方志集成·西藏府县志辑》，巴蜀书社 1995 年版，第 137 页。

场交换（指通过使用货币进行的商品和服务交换）。[1]

在历史上一段相当长的时期内，三岩一直作为化外“野番”而独立存在，从来没有进入过国家。三岩既未长期驻有中央集权的官僚机构，受封建领主和土司的管辖，也没有出现完全军事化的组织制度和参与分配与交换的市场经济体系。

就土地的性质而言，土地属帕措集体所有，各帕措所属不一，由最少数户到最多百余户，所谓“党派复杂，有似内地之哥老会，互为雄长，各不相能，所在械斗时生，到处滋扰”；另一方面，由于土地集中在各帕措手中，这些土地又具有私人的性质，甚至可以包租给佃户管理，即“客民亦可依附（帕措），分耕土地，为之上粮当差，受其保护”。[2]

总体而言，近代三岩一直与国家社会制度若即若离。这里土地制度古老，属帕措或家庭直接占领，土地虽有可自由买卖之说，但一方面价格极其昂贵，另一方面受习惯法的约束，买卖极少。清政府和西藏噶厦政府均进入过三岩，能够象征性地征收粮税，但无法真正行使行政主权。即便如此，在与国家互动的过程中，原本在制度上极其缺乏的三岩，还是引进了不少外来的制度。由于这些制度在社会运作中发挥出一定的功效，因此或多或少地被保留下来，甚至一直延续到今日。例如，至今三岩的一些村子里依然保留着一种名为“储粮会”的互助性组织。当收成不好时，经济困难的家庭可向经济富裕的家庭或富商借粮以渡过小半年的饥荒，等到来年庄稼有收成了，再连本带利还清。三岩中的“储粮会”是这样运作的：每年秋收后由各户拿出 12 斤粮以备他户借贷之需，借粮的家庭等到第二年有收成后把所欠的粮食还清。然而，由于这些借户时常有借无还，储粮会实际出现过名存实亡的局面。有趣的是，近年来由于虫草的价格节节攀升，储粮会又出现了新的现象：第一年由经济困难的家庭向富商借粮，来年可用采集到的虫草来还债。曾有学者指出，向商人借粮按约定每百斤可用一两虫草抵偿，因此有聪明一些的人会卖了虫草还钱，因为这样做更为划算，否则会几倍地吃亏。[3]

从储粮会的运作情况判断，它与汉地立义仓的民间自治行为几乎相同，一种可能是来源于赵尔丰新军进剿三岩时从内地带去的组织模式。早在明万历年间，为了稳定社会，皇帝便下诏要求各地立义仓，粮食问题一时成为人民普遍关心的社会问题，直到雍乾年间义仓仍旧在民间维持。另一种可能则是来源于

---

① （美）卢克·拉斯特著：《人类学的邀请》，王媛、徐默译，北京大学出版社 2008 年版，第 135 ～ 136 页。

② 羊泽：《三岩概况》，载于赵心愚、秦和平编《康区藏族社会历史调查资料辑要》，四川民族出版社 2004 年版，第 403 页。

③ 马丽华：《走出三岩》，载《经济与社会》2002 年第 3 期。

三岩地区自1961年起所开展的具有合作社性质的互助生产活动，即由政府出面贷款2～3个月的口粮给一些生活暂时出现了困难的家庭，或者在春耕前村内部相互借贷种子。互助组的建立对当时三岩的农业生产活动造成了深远的影响，以1961年发布的《雄松乡整顿试点工作报告》为例：全乡当年共建立了农业互助组30个，其中常年组2个，季节组28个，入组181户、818人，全劳303人，半劳218人，辅劳146人，合计占总人口的74.5%，有土地4 543.13克，牛799头，羊961只，铁质农具1 298件，新开垦土地156克，新建一条大型的灌溉水渠3 000余克，把原来的旱地全部变为水浇地，增加牛281头，羊305只，铁质犁尖76个，锄头256把，镰刀319把。①

（三）道德的稀缺

“整体稀缺”是生态学的、技术的以及历史的情况所导致的，结果导致了资源、物资的分布或分配不充分，因此，个人和群体获取财富、长期积累的倾向会受到社会的阻碍。维持平均主义的趋势，反过来又会阻碍社会分层和随即而来的建立在经济分化之上的权力结构。通过减少用于继承的财富以及私人附随物、地位和官职，在道德水准上产生一种公平主义。可见，这种情况完全是由于社会物质与制度的贫乏造成的。对稀缺的认识，生活在当地的男女容易产生一种莫名的恐惧感，害怕有人会富起来；如果有富人出现，就要想办法把他弄穷。因此，物质和制度的匮乏，便从有形的世界拓展到无形的文化价值层面。人们对威望、荣誉、侮辱、男子气概、富足、运气等有了新的看法，这些价值判断一样被视为资源，一如土地、牛羊或者有效的制度一样是有限供给的。当人们凭借力量而不是凭借劳动去争取的时候，冲突也就发生了。为了免于冲突，人们又发明了世仇或“血仇制”，即一报还一报，以暴制暴，理性被邪恶和仇恨所扼杀，道德被抛弃到九霄云外。当社会缺乏道德规诫的风气时，人人做事便不再考虑良心的谴责。这种失去以道德为导向的平权信仰以赋予政治平等性的社会，就是霍布斯所说的“人对人像狼”的类型。

但是，合作、冲突和领导权互为充分必要条件，缺一不可，或者说只要有其一，就必有另外的两个基本要素。而既然有合作，就必然有道德，必然要讲信誉，只不过内容有所不同而已。与此同时，既然有领导，就必然有服从。世系社会不是群龙无首，制度化权威的缺失并不排除非正式领导权的运作。换言之，制度化权威的缺乏并不意味着非制度化权威的缺乏，非正式的首领（酋长、帕措头人等）还是有的，但他们的政治权威是极为有限的，通常不会把这种权威扩展到范围之外。他们的满足感来自于主持帕措会议、决定赔偿的数

① 《雄松乡整顿试点工作报告》，资料来源：贡觉县档案馆。

额，而不是支配帕措成员的命运，他们富有影响力，但不能决定战争或和平，如果他们试图违背众人的意志，把自己的意愿强加于人，就会被帕措所抛弃。作为领导，他们必须是道德的化身，大公无私、勇敢坚定，如此，成员也才能够讲究道德，唯命是从，令行禁止，即使上刀山、下火海，也在所不辞。

（四）精神教化的稀缺

三岩向来没有文化教育，寺庙扮演了普通教育的一部分，生产知识则向父母兄姊学习。赵尔丰“改土归流”后，在三岩雄松设立武城县，又在邻近的贡觉和江达设立贡觉县和同普县，每县设官话小学堂一处，男女生40余人，至民国元年改为县立小学校，推行教育。《武城县志》第七条劝民学习，曰：“男子小时应入学读书。女子小时应入学读书，比男子尤为紧要，盖女子能读书识字，长大出嫁生男长女，彼即可以自教其子女，胜于在学堂多矣。且此时虽设女学堂，尚无女教习，暂时仍用汉人男教习充当，俟将女子教成长大后，即可为女学堂教习，可得修金，则全岩女子无一人不读书识字，岂不美哉。”① 《贡县志》也谈及教育，曰：“可以知道礼义孝顺父母，尊敬长上，和睦兄弟，在外间不但不做违理犯法之事，与人交接和蔼谦恭，能使人人敬服，决无人敢欺侮，且读书有成，上等即可做官，中等可在学堂充当教习，以教本村小儿，下等即贸易营生，与人管账，亦可自养。一家且小儿入学堂后可除自备两餐外，余皆毫无花费，其教习修金以及书籍、纸张、笔墨皆由官出钱办理，不用其家中费一文。一妇女与人苟合，原系可耻之事，而蛮地习俗使然，亦无足怪，唯此后既归汉官管理，自应改从汉官俗。男婚女嫁须凭父母之命，媒妁之言为主，并应一夫一妇，不得一男子而娶数妇人，尤不得以一妇人而嫁弟兄数人苟合。”② 汉族封建统治阶级推行德化，把教育看作万能的，当然是痴心妄想，但从重视精神教化的作用来看，以德化民的出发点是好的，也是三岩由野蛮走向文明所必需的。

三岩人几乎全是有神论者，笃信佛教，他们在寺庙里对菩萨和喇嘛显出毕恭毕敬的样子，他们在械斗和厮杀时则是另外一个样子。诚如诗人艾略特的名言所说：“真正的亵渎——不只是言辞上，而且是精神上——是信仰不彻底的后果。”由此可以怀疑他们精神的教化深度。

早期法律有一种免罚宣誓的制度，利用人们对超自然力量的信仰来处理案件。但在那些处在伊斯兰教和基督教边缘的社会，超自然信仰并没有给伪证或

---

① 刘赞廷编：《武城县志》，载《中国地方志集成·西藏府县志辑》，巴蜀书社1995年版，第137页。

② 刘赞廷编：《贡县志》，载《中国地方志集成·西藏府县志辑》，巴蜀书社1995年版，第115页。

者伪誓设下多少障碍。三岩是个处在佛教边缘的社区，当地人也有一种类似于免罚宣誓的制度，用以解决争端。争端发生需要调解时，调解人会从纠纷双方的父系近亲中选出人证，也就是从那些在世仇中害怕复仇或者可能采取复仇的人中间选出发誓者。但据笔者观察，作伪证的情况经常发生，三岩人普遍信佛教，但他们根本不会对超自然的约束力过度担忧，为小心起见，免罚宣誓仪式总在收获季节以后才举行，因为人们担心少数人对神不敬的念头会给整个山谷带来灾难。

（五）娱乐与游戏的稀缺

长期以来，三岩人过着日出而作、日落而息的生活，既没有扑克牌、棋类、麻将、台球，也没有电视、电影、戏剧、小说、诗歌、散文，一切现代娱乐形式统统没有。但当地的男女有冲动，这种冲动时常会演化为暴力，不仅男性会拔刀相向，甚至女性也会纠打。青少年常在打斗中发泄大男子主义情绪。三岩存有一种“奇特的”风俗，即允许女性侮辱男性，如果某个男性得罪了一群女性，她们会设计把他按倒，扒光他的衣裤，让其一丝不挂地暴露在她们面前，然后人人动手抓捏他的阳具、屁股、脸庞、胸脯，以此获得冲动的满足。

为了控制冲突的发生或者不使其升级，最有效的办法是使争吵双方暂时不知道他们的亲属对事态的反应。否则，只要争吵的人感到有亲属在支持他们，必然会不断提出要求和反要求。任何人都不会轻易地卷入冲突而遭受尴尬，或者陷入受到村里大多数人反对的境地。可见，争吵双方是否能够获得亲友的支持，以及获得多大程度的支持，取决于公众舆论的影响，换言之，血亲集团的支持者是在与舆论保持一致的情形下给予其成员以支持，至于道义上孰是孰非，谁讲真话，谁说假话，都无关紧要。因此，动员舆论是很重要的。三岩有一种帕措讲理大会，让冲突双方摆事实、讲道理，防止事态扩大。

笔者早就萌生了一种期待，想观看讲理大会的运作情况，有一次访问沓罗村，终于碰到一个机会，观摩了两位孔武有力的帕措男人之间的较量。由于诉讼人和旁观者太多，没有一栋碉楼足以容纳，故那次大会在户外的田坝举行。

这两个男子分别是多杰才旦和贡秋次仁，前者组织袭击了岗达村，行动中杀死了皮利亚普帕措的几个成员，后者是皮利亚普帕措的头人。双方的支持者和同情者里三层、外三层地围成一个半圆形，里面有本村人，也有外村人。多杰才旦坐在一个半圆形人群的中央，面对一个更大的半圆形——贡秋次仁和其支持者坐在中央。

当我们到达沓罗村时，多杰才旦已经开始陈述——讲理大会总是让“被告”先发言——他的情绪有些激昂，脸微微涨红，讲得生动、流畅，没有丝毫的胆怯、犹豫和迟疑，同时，他带着演讲家的娴熟技巧，右手举着符木助讲。即使听不懂他的语言，闻其说话的语调，观其得体的手势，视其恳求听众赞成的微笑，也会让人觉得是件乐事。多杰年轻、强健、英俊，脸颊泛红，双眸明亮有神，与贡秋截然不同，后者脸色木然，犹如戴了一副黄色面具，喜怒不形于色。

多杰叙述袭击皮利亚普的经过：岗达村发生了瘟疫，疾病迅速蔓延，已经死了几个人。有人借口是多杰才旦家族带来的传染病祸害了他们，于是抓走了几个男人和两个女人，要求多杰必须支付15头牦牛才能赎回这些被俘者。当多杰和本帕措的同人澄清了携带传染病的指控后，多数族人认为是皮利亚普帕措的过错。多杰觉得本帕措无端受到诬陷，背了黑锅，决定袭击岗达村以洗刷污名。他描述了策划袭击和征召壮丁的过程，强调他本人只是组织者，没有参加袭击行动。他仅对岗达村的俘虏发号施令，并没有杀戮他们，他的同仁杀了贡秋次仁的兄弟，这不是他的初衷。最后他说，事已至此，他愿意赔偿贡秋，并订立友好协议，今后不再兵戎相见，他可以去贡秋次仁家，贡秋也能来多杰家，各自都能得到对方的善意招待。集会上还有一些演说言辞。突然，多杰站起来，宣称要回家去征集赔偿贡秋的牦牛，于是大会自行解散。

几天以后，多杰邀请我们去他家看其支付给贡秋的“偿命金”。贡秋先期到达。多杰拿出了各种值钱的东西，如藏传佛教的铜铃若干个、黄铜做的盘子若干个、短剑一柄、一叠红色的钞票，经过一番讨价还价，贡秋应承下来。多杰还牵来三头牦牛，两头让贡秋牵走，一头用于两人和好仪式的献祭。

争端就这样暂时得到解决。我们愉快地看到两位权力和声望兼有的帕措头人之间发生了严重的冲突，然后用三岩人的方式恢复和平的全过程。然而，这种冲突只是暂时缓和，或许一两代人之后，又会旧话重提。

第五节　文化适应及其方式

综上所述，整体稀缺对三岩人的生存条件乃至社会生活均造成了巨大的影响。在生态环境方面，三岩人必须依靠土地索取食物。然而，由于当地耕地资源匮乏，人们在生活当中时刻面临饥馑的威胁。换言之，三岩人赖以生存的最基本方式是畜牧、采集和耕作技术相结合的方式，这同几千年以前的生产性活动基本一样，当地的食物仍以动植物产品为主，但来自这方面的供给常常出现短缺的情况。

另一方面，植物和动物的生产往往受气候的影响。近两三百年以来，青藏高原东部地区的温度有上升的迹象，全年的气候大多以干燥型为主。无论是农牧产品的生产，还是生活方式的形成，受气候的影响都很大。人类为了适应气候的变化，不得不改变他们的生活习惯和物质需求，这样就使得人类与其所生存的生态环境实际存在着一种关联。除了自然选择以外，这种关联还加入了一个动态的变量——文化。人类往往擅长利用文化对自身的生态环境加以调节，以至于实现一种理想的状态，最终达到生存与繁殖利益的最大化。

那么，人类是如何通过文化对生态环境加以调节的呢？通过以下一则故事，或许能说明一些核心的问题。

西藏首府拉萨在藏语中意为“神居住之地”。据藏文典籍《智者喜宴》的引述：“赞普松赞干布之时，建造了逻些贝哈寺（即大昭寺），此为奉行佛法之始。”由此可见，拉萨作为一座城市，其雏形是以大昭寺的修建为肇始的。

据说，来自汉地的文成公主入藏时，不仅带来大批能工巧匠，更带来内地的佛法。她发现整个雪域高原的地形犹如一个罗刹魔女仰卧，在风水上为大凶之地。罗刹女头东脚西地仰卧，其心脏部位为一湖泊。为了镇压罗刹女的煞气，文成公主向赞普松赞干布建议：在其心脏处修建一座寺院，用来安放释迦牟尼等身佛像。由于寺庙要建在湖泊之上，必须填湖造寺，于是人们用山羊驮着装有沙土的袋子，将整个湖泊填平了，最终建成了今日的大昭寺。

在文成公主的建议下，松赞干布还在红顶山上修建王宫，用来镇压罗刹魔女的心骨。为了镇住罗刹魔女的四肢和关节，松赞干布还在罗刹女的肩、足、肘、膝、掌等地方大肆修建寺庙，最终形成藏族历史上著名的“镇魔十二寺”①，并在附近地区修建大量的白塔、佛像和石狮等。例如，在女魔的左肩修建了昌珠寺，在其右肩修建了嘎采寺。这也是在青藏高原流传甚广的“西藏魔女图”的传说。

对以上传说进行精心的解读，至少能获得四点重要信息：第一，面对不利的自然环境因素，雪域高原的人民并非是听天由命的；相反，他们存在改变自身命运的主观愿望，由此能动地改造着自然。第二，它指明了藏区的民族化进程，该进程是以拉萨被确定为政治文化中心为标志的。这里有必要预先对西藏政治历史进行一番说明。在吐蕃王朝建立以前，西藏大小部落并存，战争频繁，有“十二部落”和“四十个小邦”的说法。公元7世纪，吐蕃第33代赞普松赞干布征服和统一了各部落，建立了统一的吐蕃王国。按照自然地理属性，赞普松赞干布将所辖区域分为“四茹”，包括乌茹、要茹、叶茹、茹拉，后来又增添了孙波茹与羊同茹，并将政治文化中心从雅隆河谷迁到了吉曲河谷，即今天的拉萨河谷。第三，宗教作为一种意识形态，已经成为统治阶级实

---

① 另一种说法是“镇魔二十四寺”，至于各个寺院具体在什么位置大多有争议。

现政权统一需要的“御用”工具。例如，既在拉萨中心地带修建主寺，又在其他的行政区域处修建各所“镇魔寺”，无疑在政治上起到精神统一的作用，完成了对吐蕃王国形而上的建构。第四，这则神话传说在青藏高原地区世代相传，作为一种文化价值观念与知识体系为人们所喜闻乐见、广为传颂。

由此看来，人类不仅要与自然界发生关系，而且时刻都在利用和改造着自然。这一过程往往与政治化、民族化的进程同步，并且不可避免地涉及来自宗教与信仰等意识形态层面的内容。换言之，人们从物质世界的生存经验中获得知识，通过知识来能动地作用于自然环境，并且运用社会化的手段将其传递给下一代。这一进程即人类学所关注的一个核心现象——文化适应，它有别于来自动物有机体对自然环境所做出的自然选择，其生物属性或倾向只能通过基因代码世代遗传下去。文化适应特别关注在特定环境中人类文化与环境的和谐发展，而文化是人类社会特有的现象，是人类为了满足自身的需求而创造出来的物质和非物质产品的总和。由此可见，文化适应是特定的动物有机体在与外界环境的互动过程中，用来调适自身与其关系的一种具体而又明确的文化机制。文化对于物质环境的适应性，主要表现在工具与技术适应、制度适应和思想观念适应三个方面。在笔者看来，这一观念其实还可进一步地拓展。在三岩地区，文化适应的表现形式呈现出三种特殊的维度，分别是帕措、红教和民俗。这三种文化制度紧密结合在一起，构成了一种有机的生态系统。以下就文化适应的这三个方面分别加以阐释：

一、帕措

本质而言，帕措是对当地生态环境的一种制度适应，其基本方式如下：第一，以父系血缘组织亲属；第二，强化性别政治，扬男抑女，通过内部法规与社会舆论等手段，不断强化父系男权的地位；第三，采取外婚制，用婚姻承当与其他帕措结盟的功能；第四，老年人享有较高的地位；第五，通过一套教育方式，保存和传播知识；第六，用宗教信仰来统一全体成员的思想和意志；第七，采用以暴制暴的方式来平衡冲突，维持暂时的和平；第八，用发誓和赔偿来避免冲突升级。

（一）社会意识层面

首先，在社会意识层面上，帕措不是随便由一些人或家庭拼凑而成的，而是完全围绕父系血缘关系组织起来的。在西藏贡觉县，当地除了三岩片的帕措以外，还有贡觉片的锅巴，这是两种完全不同的家庭血缘认同组织，差别之处集中在以下七点：第一，帕措是以父系血缘为认同的，即单系血缘认同，藏语称之为“白色的骨头亲”，而锅巴认同父系和母系血缘，即双系血缘认同，藏语称之为“红色的血亲”；第二，同一帕措内部成员严禁通婚，而锅巴内部的限制没有那么严厉；第三，在帕措里，妇女地位极其低下，不能参加帕措议事会议，不允许招婿入赘，没有财产继承权，只是劳动工具和生育机器，相比之下，锅巴中妇女的地位明显要高出许多，妇女可以成为锅巴成员，可有财产继承权；第四，在一个大帕措中，有小帕措（分支），而在锅巴中，不会因血缘关系而分割为小锅巴；第五，帕措有称号，可世代传袭下去，锅巴一般没有称号，也没有世代传袭的说法；第六，帕措是密集型，既有整体，又有部分，即大的帕措下面还可分裂为小帕措，而且不论财产多寡，相比之下，锅巴的结构为松散型，以财产多寡显示其血缘的亲疏程度，锅巴内部无大小之分；第七，历史上帕措有一段无政府的自治时代，一切事务由帕措头人按照习俗法处理，现在还遗留有用赔偿金解决纠纷的方式，出现命案时还存在“血仇制”，即帕措成员有责任为同一帕措成员复仇，因此有“哪家有人被杀不复仇，就砍那家男人头”的说法，相比之下，锅巴一直处于有政府统治的状态之下，对外丧失功能和作用，1959 年后更是名存实亡，成为亲属的代名词。

此外，帕措的每位成员，都与其他人存在血缘关系或姻亲关系。但帕措与帕措之间的社会关系，并不完全是建立在血缘基础之上的。同一帕措内部可能由于血缘过近而严禁通婚，因此他们必须与其他帕措通婚。由于帕措只认父系血缘，帕措之间并不因为彼此之间的通婚就会加强相互之间的关系。或许正是缘于这一特殊的社会关系链，帕措之间的械斗根本无法终止，三岩也始终未能整合成为统一的国家（政权）。

（二）政治层面

其次，从政治层面来看，帕措的领导是非常松散的。领导决策一般是由帕措头人作出的，但必须经过帕措成员集体的同意。一般帕措头人的选举有一些特殊的要求，如在帕措内部有较高的威信，口才较好，勇武好斗，最好曾杀过人（指仇家）等。但也有一些帕措内部没有固定的头人，遇事由辈分高的长者临时召集成员讨论；如需要集体行动，则由众人临时推举头目，完事后头目的地位自动取消，再无任何特殊的权力；如遇议事发生争议，实行少数服从多数原则。由此可见，帕措内部成员地位相对平等，没有固定的头领，或者说领导者的角色超越了出身，年龄、个人能力以及所积聚的威望，均可能使某一人成为领导者，但这些领导者往往没有无上的权力，无法强令其他帕措成员遵从违背自己意愿的命令。因此，从政治层面上讲，帕措成员具有前部落时期平等参政的特色。

（三）经济层面

最后，帕措的生存与健康发展，有赖于一种特定的经济交换类型，即生存性资源如何在帕措内部进行分配。以往帕措保留有狩猎的行为，所获猎物无论多少一律平均分配。将这种观念延伸开来，帕措偷盗、抢劫而来的财物，同样一律在帕措内部平均分配。帕措与帕措之间若发生械斗，所获得的战利品也需在内部平均分配。械斗或仇杀中杀死对方帕措成员，支付偿命金时需要帕措各户平均分担。若有己方帕措成员战死，对方所支付的偿命金则由死者的家属保留，其他人无权动用；待寻机为死者复仇后，则作为退还给对方的偿命金。帕措组织集体性活动，所需花费物资（如粮食、酒和马匹等）均由帕措内部按人头或户数凑足。平时帕措内部发生重大事情，如遇红白喜事等，也由全体帕措成员共同分摊。此外，帕措成员还要承当起抚恤内部鳏寡孤独的成员的义务。由此可见，帕措的生存性经济活动具有原始公社时期互惠型的特征，是一种能动地适应当地自然生态条件的生存策略。

综上所述，帕措作为一种社会特定的社会、政治和经济组织，是以强化父系血缘认同为基础的。

二、红教

公元 841 年，朗达玛实行了灭佛政策，大量的僧侣被迫逃亡到康区，佛教也进入了所谓的下路“后弘期”。从后弘期至 17 世纪前，宁玛派的僧人大多散居于山中，组织结构比较松散，既没有形成统一的系统教义，也没有建立起固定的权威性寺院。正是这种历史特殊性，反而促使红教在三岩这样的边远地区立足下来，并获得了进一步的发展。

当前三岩金沙江两岸峡谷地区共有 28 座寺庙，除了雄松乡的噶久寺属于白教噶举派以外，其余 27 座全部为红教宁玛派寺院。在西藏贡觉三岩片 6 乡共有红教寺院 23 座，四川山岩乡共有红教寺院 5 座。单从数字而言，红教寺院在三岩地区取得了压倒性的胜利。但在 100 年前，刘赞廷曾对武城县的寺院作出统计：一共只有 6 座寺院和 1 座尼姑庵，其中红教 3 座、黑（苯）教和黄教寺院各 2 座，僧侣总数约 700 人。① 两组数字说明：第一，近、现代在藏区取得强势地位的黄教格鲁派寺庙在三岩的影响力势微，相比之下，红教寺院却呈现出不断发展壮大的迹象；第二，原始宗教（苯教）一直在三岩存在，且持续发挥着影响。

---

① 刘赞廷编：《武城县志》，载《中国地方志集成 · 西藏府县志辑》，巴蜀书社 1995 年版，第 151 ～ 152 页。

相对于原始苯教的信仰而言，宗教作为一种等级更为森严、精细化程度更高的体系，是一种重要的社会控制力量。美国学者麦尔福·史拜罗曾指出，宗教实际满足了三种不同层次的需求，分别为认知需求、实质需求和心理需求。① 按照这三种需求，红教在三岩地区发挥出如下的作用。

（一）满足认知要求

首先，红教满足了精神世界中认知和理解方面的需求。正如前文所述，由于三岩地势险峻、生态环境恶劣、资源稀缺，人们在日常生活中必然碰到许多不尽如人意的地方。红教大力提倡克制、忍让与团结的理念，并提出转世和五（六）道轮回的学说，认为今生的艰辛困苦是前世造成的恶果；反之，如果今生豁达乐观地生活，诚心向佛并积极修炼自我，就能为来世找到一个好的归宿。由此可见，红教为三岩人克服生活中的实际困难提供了精神支持。另一方面，与其他经过宗教改革后的白教噶当派、噶举派，花教萨迦派和黄教格鲁派不同，红教保留了许多古老的教义，与苯教的宇宙观、神灵观、巫术、符咒和护法神等相融合的成分也最多。红教与原始苯教的融合，更多情况下表现出三岩人试图改变自身命运的情况，或者认为不利的生活窘境有时是可以通过人的积极主义行动加以改善的，但必须与各种神灵鬼怪建立起某种程度的“共识”，即相互理解。例如，在三岩地区，苯教万物有灵的原始观念和三界宇宙观根深蒂固，认为居住在三界中的各种神灵鬼怪，有些对人友善，也有些对人施害。至于那些对人施害的神灵鬼怪，有些需要讲好话进行安抚，有些需要想尽办法逃避其影响，还有一些需要实施专门的仪式来消灾解难。

（二）满足实质需求

其次，红教满足了社会和政治生活中的各种实质性的需求，如积极参与解决生活当中诸如祈雨、祈求丰产与安康等社会活动。

1. 政治功能

由于西藏政教一体的势力一直无法成功进入三岩，寺院在某些方面充当起类似于政治组织的功能，作为代理人出面与外部的政治势力斡旋。例如，光绪二十三年（1897 年），三岩人倾巢出劫，东犯巴塘，扰攘大道，为此四川总督鹿传霖委派总兵韩国秀率兵 3 000 往剿，行至察拉寺地方，被三岩人围困，被迫割地议和。三岩地区由察拉寺出面与清政府谈判，最终议定把巴兰格三村划归察拉寺管辖，并请该寺喇嘛为世袭把土千总，另外每年还需俸银四万两，外

---

① Spiro M E. “Religion: Problems of Definition and Explanation”. in *Anthropological Approaches to the Study of Religion*. edited by Michael Banton. London: Tavistock Publications, 1966: 85 – 126.

加青稞 140 藏克[①]，名曰“保路费”，三岩人保证不再对官府的商队实施抢劫。[②]

2. 商品贸易

长期以来三岩地处高山峡谷，地势险峻，当地没有市场经济的概念，但存在商品交换的需求。由于三岩的帕措势力的存在以及外部名声不佳，这些商品交换活动在很多时候主要通过寺院来经营，帕措也不会对其实施抢劫。例如，《武城县志》里记载：“本县土产系售于察拉寺，再由该寺喇嘛输至巴安出售，掉换茶糖杂货运回，销于地方。因本地土人尚为盗匪，不敢出境为商，而汉商亦不敢入境贸易，而售出之货物尚为世界所无者数种，略以记之。”[③]

3. 布施救济

在一个相对封闭的社会里，不仅会出现孤寡老人，而且还会有残疾人，这些人均需要特殊的机构进行看护和治疗，寺院往往能够在此方面发挥重要的功能。当前三岩规模最大、发展速度也最快的寺庙当属台西寺（即热克更庆桑灯林寺），由 1986 年十数人的红教小寺院发展到 2005 年上千人的规模，里面不仅有能容纳数千人的大经堂、菩提八塔、僧尼闭关房、天葬台及僧房，还建有食堂、医务室、敬老院及商店等。2004 年，台西寺总共收养了孤寡老人、残疾人 126 名，其中有无依无靠的年迈老人 116 人，丧失劳动力的残疾人 10 名。[④] 1999—2003 年间，台西寺向三岩周边贫困群众、雄松乡中心小学、敏都乡中心小学布施、捐助达 17 万元的物资，显示出雄厚的经济实力。2003 年，贡觉县实施“天保工程”异地搬迁，台西寺又向每户搬迁户送去 1 000 斤的粮食。

4. 教育教化

鉴于三岩地区是藏区最贫困的地区之一，部分藏族群众有偷盗、打架等恶习，不服教化。大小寺院的活佛均会利用各种场合进行说教，引导藏族群众不杀生、不偷盗、不抽烟喝酒、不打架伤人、多放生、多念咒，积极调解多起乡村之间因争夺草场等引起的宿怨纠纷，使当地民风为之一新。

（三）满足心理需求

最后，红教还满足了三岩人心理层面的需求。一定程度上，心理需求获得

---

① 藏克为西藏民间使用的容器计量单位，1 藏克约等于 13 千克。

② 刘赞廷编：《武城县志》，载《中国地方志集成·西藏府县志辑》，巴蜀书社 1995 年版，第 133 页。此处“俸银四万两”疑原文有误，应为“俸银四百两”。参见四川省民族研究所《清末川滇边务档案史料》编辑组编《清末川滇边务档案》（下册），中华书局 1989 年版，第 790 页。

③ 刘赞廷编：《武城县志》，载《中国地方志集成·西藏府县志辑》，巴蜀书社 1995 年版，第 152 页。

④ 此为 2005 年县政府的相关统计数字，2009 年该寺孤寡老人数增长至 270 余人。

满足，可缓和某些社会场合下所造成的紧张与恐惧心理状况。

1. 葬法

每当有帕措成员离世，对于其他帕措家庭成员都无疑是个极其困难的时刻。诚如马凌诺斯基所言："死人归天后，遭逢此绝大损失的生人，便坠入方寸皆乱的情绪中，这种情绪对于个人或社区都是很危险的，倘若没有丧葬的仪式——这仪式也是普遍存在的——以资调剂，其危险就难以克服。"① 三岩地区存在多种葬式，有天葬、土葬、水葬、火葬、树葬、壁葬、瓮棺葬、二次葬等不一而足，足以构成一所"葬式博物馆"。然而，无论采取何种葬法，红教总是积极地参与进来，在打卦、仪轨和选址上发挥出重要的作用与影响。

2. 协调、盟誓与见证

由于三岩帕措之间械斗经常性地发生和血仇机制的震慑作用，使得敌对帕措成员之间时刻存在着一种紧张的心理状况。此种心理情绪若持续下去，必将危害整个社会的正常运作。因此，缓和敌对帕措之间的紧张关系，调解敌对帕措之间的历史宿怨，以及协商赔命金相关事宜，成为寺院活佛在处理民事纠纷时的一个工作重心，尤其当中立的帕措所做的协调工作宣告失败的时候，活佛在处理敏感问题时往往做到更加中立、更具威信，往往也更令人信服。此外，一旦帕措之间达成协议，一般还要有个盟誓的内容，由双方一起动身前往寺院，在活佛或佛祖的面前立下誓言才算相互认可。

3. 心理安慰

无论是夹坝还是杀人，均有悖佛教的教义与理念，个人的心里也会产生一种内疚感。在这一时刻，红教又可起到"心理咨询师"的作用。例如，红教宣讲"轮回"学说，有效地迎合了三岩民众的心理需要。即便是"杀人越货"之人，平时也会经常把"六字真言"挂在嘴边，或者随时去寺院转经诵咒，期望能为自己所犯的过错赎罪，从而获得心理上的安慰。至于所抢劫得来的货物，通常"以三分之一贡献喇嘛，请念消灾经，以告无罪过"。②

三、民俗

民俗是生活于某一特定地域的民族或人们共同体在长期的历史发展过程中形成的习俗惯制，是依附人民的生活、习惯、情感与信仰而产生的文化现象。民俗作为一种社会文化体系，内容庞大、种类繁多，涉及生活方式中的方方面面；另一方面，它又为民众所创造、享用和传承，不仅成为一种历史文化传

---

① （英）马凌诺斯基著：《文化论》，费孝通译，华夏出版社2001年版，第84页。

② 刘赞廷编：《武城县志》，载《中国地方志集成·西藏府县志辑》，巴蜀书社1995年版，第153页。

统，而且还是民众实践社会现实生活的一个极为重要的内容。就性质而言，民俗具备了三种属性：①传承性，是由时代传袭下来的；②普遍性，是整个的、社会的；③心理性和精神性。[1] 精神性（特别是民族精神）是民俗最为重要的属性之一。诚如孟德斯鸠所言，一个民族的精神不仅由政体形式所决定，而且由该民族全部的生活方式（即民俗）所决定："人类受多种事物的支配，这就是：气候、宗教、法律、施政的准则、先例、风俗、习惯。结构就这样形成一种一般的精神。"[2]

解释民俗，有必要预先了解民俗是在何种情况下产生的，也就是说民俗究竟如何产生于何种社会或团体。每一个民俗团体，都有一个共同持有的文化。这种文化与其他的文化相隔离，自成一个文化系统。在这个相对独立的文化系统之内，作为社会团体的成员，他们所拥有的一切思想、感情、动作与习惯，无不受这种文化所渲染、熏陶与支配。另一方面，这一民俗团体往往又能呈现出一种强大的社会凝聚力，这里有三个条件：第一，民俗是一个民俗团体感情的表现，因为有了这种感情功能的维系，民俗才能够久存不失；第二，民俗是一个民俗团体的幻想，只有有了这种幻想，每一个团体才有它特殊传说的历史和文物；第三，民俗是人人口授、代代相传的东西，是团体集体的行为，是任何人不能够杜撰造作的。[3]

诚如红教满足了三种不同层次的需要，民俗同样起到某种类似于社会"黏合剂"的作用。例如，与宗教信仰相比，习俗法在生活习惯、价值观和社会实践上同样发挥着指导性作用，只不过后者没有前者所拥有的有形的教义、寺院和神职人员罢了。一定程度而言，民俗文化可培育社会团体性，增强社会成员的认同感，塑造成员内部的合作精神。

在日常生活当中，三岩人同样需要面对与"现代人"一样的各种各样的生活问题，即采取怎样的生活方式来解决诸如生计劳作、寻找食物、婚姻与家庭、出生和死亡、冲突与暴力、信仰与宗教、艺术与文化、娱乐与休闲等方面的问题。然而，三岩人解决这些问题的方式却与"现代人"大相径庭，这只能通过文化的差异性而不能通过生物的差异性得到解释。例如，复杂的地理环境与三岩人的生物属性并没有必然的关系，却更多地与文化如何被创造出来，并作为一种文化适应的方式世代相传有关。此外，它还与对生活在金沙江峡谷地区极其恶劣的自然环境的实践性指导有着天然的关联性。尽管恶劣的自然环

---

① 林惠祥：《怎样研究民俗学——在本校潮州学会学术演讲会演讲》，载《二十世纪中国民俗学经典·民俗理论卷》，社会科学文献出版社 2002 年版，第 25 页。

② （法）孟德斯鸠著：《论法的精神》，张雁深译，商务印书馆 1982 年版，第 305 页。

③ 张瑜：《民俗学的性质、范围和方法》，载《二十世纪中国民俗学经典·民俗理论卷》，社会科学文献出版社 2002 年版，第 18 页。

境会产生某些需要，但三岩人的文化实践却同周遭环境没有必然的联系。事实上，住所、服饰、技术器具、语言、经济、政治、宗教、婚姻与家庭，以及艺术、年节、民间体育活动等，均有着更加复杂的社会实践的基础，它们不仅与生产力和生产关系有着密切的联系，而且这种联系由始至终贯穿于各种生活方式当中，呈现出鲜明的民族性特征。换言之，文化可以理解为人类有效适应生态环境过程中发展出来的一整套意思连贯的符号体系。然而，实际生活中人类在处理不同的生态环境，或在处理同一生态环境中不同的具体内容时，总会有意识地选择某些有用的符号来能动地构建自己的文化系统。在此过程中，人类总是无法穷尽与把握现存的所有符号体系，只需对自己认为有效的符号内容加以选择就可以了。因此，这些处于文化界限内的符号所构建出的群体化过程，就是民族性。①

人类能动、有效利用符号构建出各种文化系统的活动，是一个持续不断的进程。在此过程中，新的系统会产生，旧的系统会消亡，但也有一些系统保存下来。能够保存下来并长期存在的系统，足以说明它们是人类在生态适应中最为核心的内容。住所、技术器具、语言、服饰、建筑、婚姻和丧葬习俗、传统体育活动等，都是这种文化系统的具体表现。这些门类繁多的文化系统，均可笼统地归纳入“民俗”的标签之下。

就民俗的种类而言，有学者在结合马凌诺斯基对文化的四分法，以及法国学者山狄夫对民俗所提出的三分法的基础上，将其分为四种。② 四种分类如下：①物质风俗。主要包括生产民俗、商贸民俗、饮食民俗、服饰民俗、居住民俗、交通民俗、医疗保健民俗，等等。②社会民俗。主要包括社会组织民俗（如血缘组织、地缘组织、业缘组织等）、社会制度民俗（如习惯法、人生礼仪等）、岁时节日民俗以及民间娱乐习俗，等等。③精神民俗。主要包括民间信仰、民间巫术、民间哲学伦理观念以及民间艺术，等等。④语言民俗。主要包括民间俗语、谜语、歇后语、街头流行语、黑话、酒令、神话、民间传说、民间歌谣、民间说唱，等等。

在此定义下，本书罗列了三岩人的种种民俗文化与生活，包括了食物、技术器具、服饰、碉楼、婚姻家庭、丧葬仪式、语言、年节、娱乐和民间体育活动等诸多内容；其中的食物、技术器具、服饰、碉楼属物质民俗的范畴，婚姻家庭、丧葬仪式、年节、娱乐和民间体育活动属社会生活民俗的范畴，语言、神话与传说则分属语言民俗和精神民俗的范畴。

必须指出，生活是一个整体，为社会生活服务的民俗同样具有整体性和系

---

① Pandian J. *Caste*, *Nationalism and Ethnicity*. Bombay: Pupular Prakashan, 1987: 1－2.

② 参见钟敬文主编《民俗学概论》，上海文艺出版社 2002 年版，第 3～4 页。

统性。帕措、红教与民俗三种文化制度作为一个系统化的整体，构成了三岩社会现实的三种文化维度。三者交互作用，紧密合作，共同指向同一核心——社会凝聚力或社会团结。犹如在化学世界里碳的分子式一样，一个碳分子是由两组相同的原子组合而成的：一个碳原子与三个氢原子相结合。原子之间的组合方式决定着分子的结构，并使其成为不同元素，最终呈现出不同的物质形态。同理，三岩文化适应的方式有其特殊的结构，该结构与帕措、红教、民俗以及社会团结这四个变量有关。

假设三岩文化适应为一种元素，其“分子式”可表达为 CH_3：这里的三个“氢原子”（H）分别为帕措、红教与民俗；一个“碳原子”（C）指社会团结，它类似于涂尔干所认为的“社会团结”的概念（参见图 1－23）。

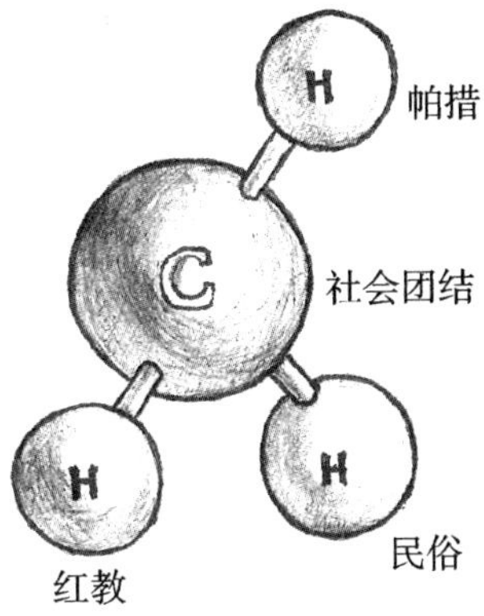

图 1－23　三岩文化适应的“分子式”

在涂尔干看来，社会团结可分为两种——机械团结和有机团结。[①] 机械团结是这样一种社会联结纽带，它通过强烈的集体意识将同质性的个体结合在一起，即大家处于同一种文化中，过同样的社会生活，分享同样的文化价值观；相比之下，有机团结更多是建立在社会成员异质性和相互依赖的基础之上。社会化的劳动分工，至少产生了两方面的后果：首先，它为个人意识和个性的发展提供了间隙，削弱了集体意识；其次，造成了社会各个组成部分之间的相互依赖。在涂尔干看来，正是来自这两方面的后果，为机械团结向有机团结的转化提供了条件。因此，在一般意义上，涂尔干认为正常的社会分工不仅不会破坏，反而加强了人们之间的联系，从而为有机团结取代机械团结提供了条件，为社会类型的过渡提供了基础。诚然，这里也会存在一些实际性问题。例如，这个论断无法回避社会事实所提出的一个质疑——随着社会分工的发展，社会

① （法）埃米尔·涂尔干著：《社会分工论》，渠东译，生活·读书·新知三联书店 2000 年版。

并未如预料的那般实现社会团结的增强。正相反，阶级斗争、社会冲突和各种犯罪行为却在不断地升级并愈演愈烈。对此，涂尔干给出了他的解释：因为反常的社会分工对社会团结产生极大的破坏作用，它破坏和削弱了旧有的集体意识，而新的道德规范却没有如期地建立起来，以致使社会陷入一种病态的失范状态；再者，个人主义的过度发展，将进一步削弱集体意识。

三岩地区的特征是：在特殊地理条件、气候、族群互动、政治上长期相对独立，以及国家无法长期进入的情况下，其社会内部分化为若干个集团（即帕措），同一集团之间具有同质性特征，但不同集团之间又呈现出异质性，且相互依赖的基础程度尚待提高。因此，三岩社会的社会团结，可视作从机械团结过渡到有机团结的一种中间状态。一方面，受帕措和红教两种社会制度的双重作用与调节；另一方面，通过民俗这条看不见的“绳索”来回穿梭、穿插启承，三岩人社会凝聚力或社会团结被不断地强化，以至达到一种无以复加的状态，最终促使三岩形成极具自身特色的族群、宗教与民俗文化。

第二章　帕　措

三岩久在王化之外，遂成蛮野之风，以犷悍为能，以杀掠为事，良懦者谓为无用，转受欺凌，桀骜者遂自称雄，群皆推服。

——刘赞廷

第一节　族源与历史

人类学家博厄斯认为，每个社会都是其特殊历史的产物，要想了解为何这一特定的社会不同于另外一个，关键点就隐藏在特定人群的历史当中。为此，他还特别指出："一个特定的社会和一种特定的文化，更像一个个体的人；如果你想了解这个人，知道他的何去何从，将会为你提供很大的帮助。"① 由此可见，若要对三岩帕措进行更为细致的说明，有必要先弄清其历史与族缘的问题。

一、三岩的历史

关于"三岩"名字的由来，当前主要存在两种说法。其一是说三岩"地势险要"，这一解释与三岩的地势与地形相符：三岩地处金沙江大峡谷两岸，被海拔高达5 000米左右的陡峭高山四面环绕，地势险峻，出入危险。其二是说历史上的三岩人以"剽悍"、"好斗"、"野蛮"和"抢劫"著称，外地人提及三岩人，无形中会产生一种莫名的恐惧之感，所谓"穷山恶水出刁民"，外地人遂以"三岩"一词来蔑称三岩人民。1919年，川军被驱逐出藏，噶厦开始在三岩设宗，第一任宗本见三岩人赤足跣襟，生活简陋，生性好斗，不服管

---

① 转引自（美）卢克·拉斯特著《人类学的邀请》，王媛、徐默译，北京大学出版社2008年版，第19页。

辖，遂将“三岩”这一绰号用于地名，“三岩”由此名声在外。此外，关于“三岩”的来历，刘赞廷还提供了另外一种解读：“以吉池为上岩，雄松为中岩，察拉寺为下岩，总其名曰三岩”①，认为“三岩”是上岩、中岩、下岩三地的总称，这也是金沙江西岸名字的来源，在金沙江东岸则统称为“山岩”。

总之，无论是“山岩”还是“三岩”，或“山暗”、“三暗”、“三崖”、“三艾”、“三芰”和“萨安”等，纯属音译问题，实际上是同一地域概念。由于该地处于历代中央政府与西藏地方政府之间的缓冲地带，历史上“尚不属藏，亦未服汉管”。由于地势险恶、土地贫瘠，恶劣的自然环境迫使三岩人以抢劫为生，并以血缘为根基组织起来一致对外。清史曾记载三岩为：“化外野番，不服王化，抢劫成性，不事农牧。”《清实录》称三岩为“山暗巴系同藏大道”，指的是它是四川与西藏“茶马互市”的必经之道，在政治、经济和军事上具有至关重要的地位。这是因为，康区分南北两路进藏，北路由德格到昌都，南路由巴塘到昌都，三岩都位于这两条要道的中央。为此三岩人屡放夹坝，明火执仗，商旅不畅，深为中央政府与西藏地方政府所患。

穿过历史的烟云，三岩仿佛一直存在于刀光剑影当中。1770—1780 年，三岩人“劫抢达赖喇嘛茶包，并毙护送人等”②，“萨安（三岩）贼匪屡放夹坝，竟于驻藏大臣常住宿之地，劫掠巴塘副土司持玛骡马，实属无法纪”③，这些，都是有关三岩地区较早的文字记录。

公元 1780 年，清乾隆皇帝钦点，四川军与噶厦地方政府进剿三岩未果。④最极端的事件是：“光绪二十三年（1897 年）倾巢出劫，东犯巴塘，扰攘大道，经川督鹿传霖委派总兵韩国秀，率兵三千往剿，行至察拉寺地方，被匪所困，遂割地议和，以巴兰格三村划归察拉寺，并请该寺喇嘛为世袭把土千总宗巴雍中土总。每年薪俸银四万两，外青稞一百四十藏克为保路费，以终其事。”⑤ 清政府恼羞成怒，再次用兵征讨三岩，却无功而返；光绪二十三年（1897 年）前后川、滇、藏边务大臣赵尔丰曾三剿三岩，但都屡屡受折；直到清末宣统二年（1910 年），赵尔丰才联合德格土司攻克三岩，并“改土归流”，设山（三）岩委员会，由此揭开了三岩一段“王化”的历史。

---

① 刘赞廷编：《武城县志》，载《中国地方志集成 · 西藏府县志辑》，巴蜀书社 1995 年版，第 133 页。

② 《清实录》1 095 卷。

③ 《清实录》856 卷。

④ 张其丰著：《清代战事辑要》，吴丰沛编，《西藏研究》1983 年版，第 119、200 ～ 201 页。

⑤ 刘赞廷编：《武城县志》，载《中国地方志集成 · 西藏府县志辑》，巴蜀书社 1995 年版，第 133 页。

二、三岩的族源说

独特的地理位置、恶劣的自然环境和日趋紧张的人地关系，外加某些特殊历史事件的作用，使得中央政府和西藏的地方政治势力无法进入三岩进行有效的管理，三岩由此成为“化外野番”式的“独立王国”。当地人民为生计所迫，屡屡赖以抢劫和偷盗为生，又以血缘相聚集于氏族，保护劳动生产与家庭生活，由此保存很多原始氏族社会的特征。因此，三岩不仅仅是一个地域概念，同时也是一个族群名称。关于三岩的族源，目前主要有四种说法：

（一）土著先民说

青藏高原东部地区很久以前就出现了原始部落群，他们与氐羌人有渊源关系，是藏族的前身。藏东高原也是藏族文明的发祥地之一。

在三岩地区，流传着一个关于“帕族”来源的神话传说①，表明三岩的历史可以追溯到久远的历史，属于藏系先民的一支。尽管神话传说带有臆想的成分，但来自考古学的新发现，却能证实藏族先民在较早的时期在金沙江中上游两岸定居和生活的可能性。例如，1979 年，从西藏昌都县城卡若村出土了石斧、石钺和陶器等器物。考古调查研究工作表明，该遗址属于新石器时代，距今有 4 000～5 000 年。在这个时期里，人类物质文化的主要特征是学会了磨制石器，发明陶器，开始了各种植物的种植和动物饲养。卡若遗址出土的东西基本具备这些特点。另外，卡若遗址还出土了大量的粟粒和谷灰，这说明早在 4 000 多年前，该地就有了原始的种植业，并且已经掌握了适应性能良好、抗逆性很强的粟的种植技术。卡若遗址的先民当时是以农业为其生活的主要来源，狩猎和采集则是不可缺少的辅助手段。需要指出的是，卡若村距离三岩不远，“卡若”在藏语中意为“城堡”，指此地山形险要。三岩人是否是这些族群的后裔，尚待考证，但上古时期，西藏地区形成了许多原始部落群，经过漫长的发展时期，各个部落逐步进入了父权社会；另一方面，部落之间经过激烈的兼并，一些部落逐渐强盛起来，这一点是不容怀疑的。

三（山）岩帕措主要由两大部落群构成：拉入欧谷布帕措和欧恩怕一帕措。拉入欧谷布（“同父四兄弟”之意）自称是吐蕃松赞干布的大相禄东赞的后代，他们在吐蕃动荡时代逃到今四川省白玉县山岩乡劣巴村境内。公元 6 世纪前，欧珠岗桑第 45 代祖先家中有四兄弟——郎德格布、蒙日布、温多打本和欧日布，住在沙马错青戈的德格下村。一天，泥石流吞没了村庄，四兄弟各

① 参见子文（刘伟）著《苍茫西藏》，中国工人出版社 2009 年版，第 11 页。

自逃命，郎德格布逃到德格龚娅地区，成为德格土司的祖先；欧日布流浪到丁果村后，与大哥郎德格布共同组成欧珠岗桑帕措；蒙日布流浪到山岩，凭借险要地形打家劫舍，名震一方，其村寨似老雕盘踞悬崖，故组成霍也帕措（意为“雕”）；而温多打本到巴塘义敦一带，以他的善良和信义，获得周围人们拥护，组成错翁冷戈帕措（意为“众人的拥护”）。这3个帕措本为兄弟，源出一家，因此属大哥欧珠岗桑帕措。帕措最讲父系血缘关系，不分富贵，贫穷皆为一家，称“天下戈巴（帕措）是一家”。

来源于沙马错青戈的山岩人，是纯正的康区原始藏民族。沙马史称扎马，从考古和史籍记载中得知，当时扎马人口密集，是巴塘、白玉、德格人类发源的中心。南宋景定四年（1263年）初，德格家族第29代四郎仁青随八思巴朝见忽必烈，被封为“多墨东本”，他在扎马地方建立“亦思马儿甘军民万户府”，史称“萨玛王朝”或“萨玛政权”，是康区最早的地方政权之一。

在雄松和敏都当地人的集体回忆中，曾提到一个重要地名——热克。他们认为“热克”的来源与格萨尔王的叔父晁东有关。据说，三岩原是晁东的属地，其下属贺廓被晁东委派管理三岩。当时三岩有三个著名的人物，他们是亲兄弟，即加嘎邦登、杰久玛和卡协。加嘎邦登居住在雄松一带，杰久玛居住在木协一带，卡协居住在罗麦一带，他们的后人在三岩最初发展形成了十八个村落，称为“热克十八”。“热克”一词有两层意思，一指“阴险狡猾”，这点是晁东性格的形象描述；另一个说法则是指“常胜将军”，指三岩地区长期混战、胜者为王之意。现在客居印度的藏人仍然习惯称呼居住在白玉、贡觉和山岩一带的人为“热克”。

格萨尔时期是父权制社会的鼎盛时期，当时已经进入了部落联盟的社会发展阶段。关于格萨尔的存在与否，目前有两种说法：一种说法认为此人是虚构出来的英雄史诗人物；另一种则认为他是真实生活在11世纪的历史人物，出生于岭国王系的幼系，属于董氏的分支。董、查是藏族初民的原始氏族与部落群，其族人大体分布在西藏的东西两部。由于部落人口的增殖，原来的氏族发生了分裂。三岩所处地段，应该属于董姓氏族的覆盖范围，其先祖可以追溯到炯拉驵的第三子阿叚祝（阿甲祖），[①] 董姓的阿甲祖作为第一代祖宗，表明吐蕃上古父系氏族开始出现的时间应该是较早的。晁东出生于岭国王系的长系，本身是玛域地区的长官，掌握自己的部落、首邑和属民，三岩地区可能曾是他的属地。

但据雄松当地人讲述，他们的祖先来自德格。大约在六七百年前，为了躲

---

① 大司徒·绛求坚赞著：《朗氏家族史》，赞拉·阿旺、畲万治译，陈庆英校，西藏人民出版社1989年版，第13页。

避自然灾害，他们的祖先从四川的德格沿着金沙江来到三岩定居下来，已经传有十七八代。相传当时人们大都住在石洞里，主要以牧业为主，后来从巴塘人那里学会了种植青稞、加工糌粑，从察雅人那里学会了捻毛线、织毛布和制帐篷。他们勇敢好斗，曾联合一个山沟的人把当地的黑牙哥原始部落的二三十名男子全部杀掉，把对方女子掠来做妻。雄松巴洛帕措的创始人巴洛刚从巴塘来到雄松村时，本村只有 18 户，但没有帕措组织，后来巴洛帕措的子孙繁衍形成了一个很大的帕措。现在巴洛帕措在雄松村有 48 户，岗托村有 12 户。

其他村落也有类似的传说，其族源除了来自德格以外，还有白玉、巴塘以及昌都地区的芒康、察雅县等。例如，在沙玛乡流传着这样一个传说：有一位天神云游四方时，发现这里水土丰美，忍不住动了凡念，落下云头与当地的一位姑娘结成亲，生下三个儿子，三兄弟长大后，各据一方繁衍后代。为了传承上的区别，老大建立了安忙帕措；老二建立了切西帕措，老三建立了扪戈帕措，经过长期发展，逐渐形成沙玛乡的众多帕措。木协乡木协村的拉古帕措则宣称，当年有位白玉喇嘛来到此地，娶了妻并生下了九个儿子，进而发展成为一个部落并称其为“帕措”。但在山岩乡勒巴一带，流传着另外一个版本：很久以前，一个叫发巴的男子携妻子流落到这里，发现这里土地肥沃，就定居下来，垦荒播种。后来又相继迁来杜果、拉却两兄弟和木勒一家，逐渐形成 7 户。田野调查中，木协村中一些帕措认为他们的祖先来自理塘的沙鲁里山一带，几百年前受一场战争的牵连才迁徙到这里。仔细查阅史料，并无这方面的论述。但任乃强先生在考证沙鲁里山历史时，无意中却道出了另一段历史，原意陈述如下：理塘县城曾存瓦砾一大堆，有土人言这里曾为唆啰土酋官寨。明清时唆啰最为强悍，曾征服理化地区。理塘营官被唆啰先后逼走三次。至清代初期，理塘营官企求四川官府发兵攻打唆啰，致使唆啰寨毁国亡，其民纷纷迁徙到理塘和五瓦述即今格木瓦地区。[①] 如果这段历史属实，又由于理塘接近巴塘乃至贡觉和白玉，那么三岩的先民中有唆啰成分并非没有可能。随着人口的增加，土地、水源等成为各户争夺的对象。为了扩大和巩固既得利益，各户成立帕措，以血缘关系来确立势力，逐渐向外发展，形成众多不同的帕措群。

（二）氐羌迁徙说

汉文古籍关于氐羌人的记载是由近及远发展的。氐羌民族最早居住于甘、青地区，从夏商开始陆续向东往中原地区和西南地区迁徙。殷商卜辞中的“羌”是指分布在河南、山西的羌人部落，周朝春秋时的“羌”分布在关中，

---

① 任乃强著：《西康图经》，西藏社会科学院整理，西藏藏文古籍出版社 2000 年版，第 576 ～ 577 页。

“氐羌”是指秦陇巴蜀一带的羌人部落。陕甘的羌人部落在秦国“开地千里，遂霸西戎”后，从东汉一直到隋唐，和汉族的接触一直在河湟陇西、川西北一线，因此，汉文史籍多以为在这一线以西的黄河河曲草原就是羌人的发源地。到隋唐时，汉文古籍才把青海南部、金沙江上游、西藏北部的苏毗、东女国、嘉良夷、羊同、党项等计入西羌部落群之列。后来，吐蕃勃兴，兼并西羌各部，与唐朝争松州，争吐谷浑，争夺安西四镇和河西陇石，很快发展为幅员万里的强邦。吐蕃兴起后，大部分西羌部落并入吐蕃，很快成为吐蕃的一部分。

关于氐羌部落与藏族先民的关系，目前学术界众说纷纭，近年来有代表性的看法有五种：一是认为羌人是藏族的前身，藏族起源于甘、青，吐蕃是河湟羌人首领无戈爰剑的孙子，因惧怕秦人的压迫，便带领自己部落的一部分人迁到西藏雅隆地区，称发羌而发展起来的。① 二是认为吐蕃是由在羌塘发展起来的游牧部落的一部分，南下到雅鲁藏布江流域转变为以农业为主而形成的。② 三是认为吐蕃不是羌族，吐蕃尽管与羌族有密切的关系，但吐蕃不是羌，羌、藏在中国历史上是两个不同的部落。③ 四是从否定吐蕃源于发羌出发，否定了藏族先民与西羌之间的关系，认为“现代藏族中有古西羌人的成分，但绝不可以此来证明藏族源于古羌”，“把古藏族族源硬往古羌人身上拉，这不仅与历史事实相违背，与历史唯物主义观点也是背道而驰的。”④ 五是认为藏族先民与西羌有密切联系，但又有所区别。⑤

尽管氐羌部落与藏族先民的关系依然没有一个准确的说法，但两者肯定有着十分密切的渊源，这点是毋庸置疑的。根据三岩的地理位置可推测，三岩应属东女国和白兰管辖。白兰是古代分布在青海、四川藏区比较广的羌支部落，常与其他羌支杂错相居，它也是附国时期该部落联盟的族系的重要成分之一。白兰之名最早出现于《华阳国志·蜀志》，文中记载：“仅山郡，本蜀郡北部都尉，孝武元鼎六年置。旧属八县，户二十五万，去洛三千四百六十三里，东接蜀郡，南接汉嘉，西接凉州、酒泉，北接阴平、有六夷，羌胡、羌虏、白兰峒九种之戎。”《北史·白兰传》称：“白兰者，羌之别种也。其地东北接吐谷浑，西北利摸徒，南界那鄂。”《新唐书·党项传》载：“又有白兰羌，吐蕃谓之丁零，左属党项，右与多弥接。胜兵万人，勇战斗，善作兵，俗与党项同。”根据这些记载，可以大致勾勒出白兰的地理位置：东北接吐谷浑，东部

---

① 黄奋强著：《藏族史略》，民族出版社1985年版，第4～13页。

② 任乃强著：《羌族源流探索》，重庆出版社1984年版，第40～41页。

③ 马长寿著：《氐与羌》，上海人民出版社1984年版，第32、90页。

④ 韦刚：《藏族族源探索》，载《西藏研究》1982年第3期。

⑤ 格勒著：《论藏族文化的起源与周围民族的关系》，中山大学出版社1988年版，第356～358页。

与党项相连，南邻苏毗，西接多迷。任乃强先生在《四川上古史新探》中道："自玉树、称多以下，金沙江水以东的地面，从来都是乞哈姜盐的羌支部落。也就是白兰羌支派发展起来的许多部落。哈姜盐行销这一地区是旧石器时代开始的事。拥有这个盐地之利从而最先进入氏族社会的可能就叫作'白兰'。他们的主要根据地在今天的石渠县。"①

从贡觉和白玉流传的大量史料及文献、口碑中也有关于羌族的记载。"羌有阿当、用当、沙当、结当四部分"，阿当的意思是"又一个羌"，用当的意思是"进行的羌"，沙当的意思是"地区的羌"，结当的意思是"继续的羌"。从地理位置看，羌阿当大抵生活在新龙、理塘、白玉以及贡觉的部分地区。此外，白玉县、贡觉县乃至三岩的临近地方都曾发掘和出土过石棺墓，这些很有可能是羌人先民的遗留。因此，不能排除三岩人是羌人后裔的可能。据说在六七百年前，最初从德格、巴塘、察雅等地迁徙过来的藏民发现三岩住有一些"土人"，有些山上还保留着这些人曾盖过的旧房子的痕迹，后来这些人不是受到驱逐就是被杀戮掉了。② 如果此种说法属实，则这些"土人"很有可能就是原属于氐羌部落时期的遗民。

（三）阿里来源说

三岩另外一个主要的帕措——欧恩怕一，称其族源来自阿里，自认是古格王朝的后代。60 多岁的多杰翁雄曾做过夏果帕措的头领，他宣称："我们来自雅鲁藏布江上游，来自西藏阿里，那里有金山宝塔。我们的祖先父亲是灵猴，母亲是猴母王。我们的国王是'董'（音译）王子。后来，阿里五兄弟分家，我们这一支没有得到地盘，遂一路辗转东下，直到金沙江边才停下脚步，在此定居下来。"

如果这种说法成立，无疑具有重大的史学价值。史料记载：公元 841 年，吐蕃王朗达玛实行灭佛政策，引起了王室中的一系列动乱，吐蕃王朝最终分崩离析，其中维护佛教的王室后人为躲避灾难，逃到了阿里地区，他的三个儿子又分别在阿里古代的三环地区建立了三个王国，其中三儿子德祖衮在公元 10 世纪前后建立了古格王朝。可以说，古格王朝是吐蕃王室后裔在吐蕃西部阿里地方建立的地方政权，其统治范围最盛时遍及阿里全境，统治中心在扎达象泉河（藏语为朗钦藏布）流域，北抵日土，最北界可达今克什米尔境内的斯诺乌山，南界印度，西邻拉达克（今印占克什米尔），最东面其势力范围一度达到冈底斯山麓。它不仅是吐蕃世系的延续，而且使佛教在吐蕃瓦解后重新找到

① 任乃强著：《四川上古史新探》，四川人民出版社 1986 年版，第 28 ～ 30 页。

② 《三岩社调材料》，资料来源：贡觉县县志编写办公室。

立足点，并由此逐渐达到全盛。

古格王朝的前身可以上溯到象雄国。象雄第一代王赤华赛杰夏日坚时期，象雄分为内象雄、中象雄和外象雄……多康等地为外象雄（即曲多、昌都和安多）。古格是象雄国的一个附属国，王朝的建立大概从9世纪开始到17世纪结束，前后世袭了16个国王。

葡萄牙传教士安德拉德在其17世纪所作的游记中，记录了古格王朝的最后一位国王的命运。他讲述道：当时的王公（国王）是古代吐蕃王朝的远系后裔，他的王国是一个向拉萨大喇嘛（指达赖）进贡的土邦。事实上，就算在自己的国家里，他也只掌握很少的世俗实权，必须服从自己兄长的意志，后者是托林寺的大喇嘛。这位王公素与兄长不合，并为此与他进行过长期的权力斗争，他想到了利用安德拉德的教会势力牵制兄长，结果激发了喇嘛教的不满。事态最后朝糟糕的方面发展，喇嘛们由于自身权益受损，向拉达克王国的近邻求助。1630年，拉达克派出军队向扎布兰进军，最终攻陷城堡，王公也遭到了驱逐。①

但按照三岩人的说法，在古格王朝末年，最后一任古格国王觉达布与拉达克首领森格南加发生战争。森格南加最终攻陷古格王宫，不仅砍下了觉达布的头，还对觉达布的家人实行灭绝政策，从此古格王朝淡出历史舞台，族人也迁徙四方。据说一些逃过了劫难的觉达布的后人带着族人和觉达布的头颅，跋山涉水，历经千辛万苦逃到地偏人稀、山势险要的三岩地区（大约在今天贡觉三岩敏都乡的阿尼村），从此定居下来。当地人甚至还讲述道，觉达布的头骨由其族长世代保存，直到20世纪50年代民主改革前夕才丢失于战乱之中。

（四）青海和蒙古来源说

青海来源说主要认为三岩人来自青海地区的果洛部落，当地人同样以剽悍、好斗、善战、抢劫闻名，因此三岩人继承了这种秉性和生活方式。另一种说法认为三岩人是蒙古人的后裔。元朝统一了中国以后，西藏正式纳入中国的版图。为了加强对西藏地区的统治，元朝召请藏传佛教萨迦派的领袖萨迦班智达、八思巴，封他们为国师、帝师，同时还在藏族地区设置三个宣慰使司都元帅府。蒙古汉国窝阔台时期，曾领兵从秦、巩一路进攻四川，沿途藏族部落纷纷归降。1635年，喀尔喀蒙古却图汉率部征服青海的土默特部，并派军队入藏。在此情形下，扎什伦布大活佛罗桑却吉坚赞与五世达赖商议后决定邀请喀鲁特蒙古和硕特部的固始汗进入青海，成为蒙古势力入藏的开端。

① 参见（瑞士）米歇尔·泰勒著《发现西藏》，耿昇译，中国藏学出版社2005年版，第27～36页。

三、“多族源说”与地域边界

概而言之，以上四说可归入两类，即土著先民说和外来迁徙说。前者表明三岩村落的历史发展久远，后者则说明三岩村落的形成较晚。关于三岩族源的探讨，由于文献材料记载少而零碎，尤其是考古学材料更为缺乏且无系统，所以至今依然难以整理出一个明晰准确的线索。

即便如此，依据现有材料，我们试图对三岩的族源作些推测性的研究。首先，关于萨玛王朝与阿里王朝的说法，不能排除三岩人希望让自己的身份取得合法的动机。其次，西藏很早就进入政教合一的封建统治阶段，但三岩长期属于分散状态，无法实现统一，因此历史上三岩才一直被认为是“化外野番”。最后，三岩人不同的族源认同本身就说明了其来源的复杂成分。因此，我们倾向于认为三岩人有多种来源的说法，即由本地土著（藏族先民）和后来迁徙而来的人群混居而成。根据笔者亲身参与的三岩人体质方面的调查研究，能在一定程度上说明三岩人人种的复杂性，即三岩人的体质特征不仅与中国南方、北方的其他民族有明显的差别，就是跟藏族的其他支系相比也具相当大的差异。[①] 由于历史、地理等原因，这些不同起源以己方的父系血缘为依托，在社会、政治与经济方面建立起各种联系，最终形成各个既相对独立又互相联系的部落和村落群。

此外，三岩还有一个特殊性，即它在地理上处在金沙江——传统上汉藏的地理分界——两岸，在文化上又处于康巴文化的中心，受到汉、藏文化的双重影响。虽然根据清代之初既已定下的汉藏疆界，三岩向来归属达赖喇嘛管理，但是历史上三岩政治既不属于西藏，不受政教合一制度的统治；也不归于康区土司政治的管辖，以至于清末的“改土归流”也是有名无实。1919 年，噶厦政府用兵征服三岩，在雄松设立宗本。1950 年，解放军进入昌都地区，三岩、贡觉分别属于当时加入进来的 13 个宗之一。1959 年 5 月设立了三岩宗，西藏自治区筹备委员会通过了《西藏地区区域的调整方案》，把三岩宗和贡觉宗合并为现在的贡觉县。最初三岩划为雄松、罗麦两区；1962 年又分为罗麦、雄松和木协三区；1988 年三岩撤区成乡，当时分为一区六乡，保留罗麦区；1997 年又更名为三岩区，下分克日、罗麦、沙东、敏都、雄松、木协六乡。换言之，时至今日，三岩又被国家行政制度重新分割，隶属两个不同的行政体系，一部分隶属四川，一部分隶属西藏。

那么，三岩传统上的地域边界究竟在哪里？据三岩人普遍的说法，其范围

---

① 何国强等：《三岩藏族体质特征研究》，载《人类学学报》2009 年第 4 期，第 408 ～ 417 页。

大致如下：北起莫扎与江达县接壤；南到戈波，今属芒康县境；西以董达山为界，贡觉县建县前此为贡觉与三岩两宗的界线；东跨金沙江，直抵今四川省甘孜州白玉县的萨玛一带。如今该地界范围已经分属三个县管理，唯一在地名上能够证明此处历史上曾是三岩的仅有白玉县的山岩乡。三岩与山岩的语音差异，估计是四川方言记音上的出入导致的。20 世纪 80 年代，今贡觉县所辖沿金沙江以西 6 乡（克日、罗麦、沙东、敏都、雄松、木协）仍然被合并成一个区统一管理，时名三岩区，直到 20 世纪 90 年代才被取消。

虽然三岩很早就有人类活动，但是在建制意义上进入国家政府的直接政治管制却是晚近的事情。这与其处于汉藏之间的特殊位置有关。因为地势险恶、易守难攻、交通不便等诸多自然原因，以及国家政治策略在康巴的渐次铺展等诸多社会与政治原因，在藏族早已进入国家之时，三岩却始终与国家若即若离。

早在元朝，三岩一度以国家授权下的地方土司、头人管理的方式进入国家的政治体系之中。这种国家式的间接管理一直持续到清末的“改土归流”才告结束。(参见表 2 - 1)

表 2 - 1　三岩建制沿革表

时　间	建　制	说　明
1263 年	万户府	元世祖封赐德格土司二十七世祖索郎仁青为“多麦东本”（万户府），于今四川省白玉县萨玛乡建立萨玛政权。不久即迁出三岩
明崇祯朝	那达本	白利土司于上三岩罗麦设那达本
清乾隆朝	三岩分治	分属于德格土司、巴塘营官、贡觉营官
1897 年	千户	清政府封下三岩察拉寺喇嘛土千户
1911 年	武城县	隶属打箭炉厅
1918 年	改三岩宗	隶属昌都
1950 年	昌都解放委员会三岩分会	成立过渡性的昌都解放委员会三岩分会，保留宗建制，隶属昌都
1959 年	贡觉县	西藏工委决定改宗为县，与原贡觉宗合并为贡觉县。同年 10 月成立贡觉县人民政府。金沙江以西划为罗麦、雄松两个区，以东划归四川
1962 年	设区	将原有两区划为罗麦、雄松、木协三区，隶属贡觉县

第二节　基于血缘的社会群体

以上仅对三岩的政治组织——帕措的族源、历史与地域性做了一些简短扼要的说明，由此获得一个大体的理解。下面再从血缘关系入手，以期获得更为准确的认识。

一、从血缘关系的基础到人群关系的行为模式——帕措

如前文所述，乔治·福斯特针对墨西哥辛祖坦农村的经济提出“利益有限论”的模型。[①] 他以特定群体的认知指向及其与当下条件之间的关系为主旨，强调辛祖坦地区农业为主的经济模式受到有限的自然资源条件的限制，指出辛祖坦人的思维方式是对利益有限的一种想象。这种基于自然环境限制导致的世界观影响着辛祖坦人的行为。因此，生活在农业村落中的辛祖坦农民，将其周围的社会、环境、经济等——如土地、财富、健康、友谊、爱、男子汉气概、荣誉、尊严、影响力、权力、安全等几乎生活中需要的一切——全部视为处于其绝对数量不足以满足村民最低需要的状态。与此同时，辛祖坦农民又无力扭转这种局面，以直接提高有效的食物供给。因此，辛祖坦农民建构了一种与现实相左的封闭体系，其中，个体或家庭只有在牺牲他者利益的情况下才有可能提高自己的地位。社会的平衡即这些体系之间的平衡状态，而个体或某一个群体试图获得更多的利益则必然会打破这一平衡，使社会处于分裂的状态。与此相类似，三岩人在传统的血缘关系基础上发展出依据人群关系的行为模式，这种血缘关系即三岩人的“帕措”。

总体而言，三岩的人群分布依赖于自然环境决定的地理条件，三岩的人群组织原则同样适应这种基本自然环境的结果，本质上即不同人群根据特定原则组织起来处理资源分配。这是一种典型的文化生态学的思维方式。

目前，诸多学者亦赞同群体认同是一种资源竞争的结果，2007 年马来西亚的族群认同危机就是一个很好的例证。相关理论还可以王明珂的研究为例。王氏继续了巴斯开始的族群边缘的研究，将族群边缘描述为一种变动的建构，回避了根基论与工具论的论争，同时要求研究者为民族或族群进行一个中心—边缘的界定。[②] 故他在批评与选择根基论与工具论的同时，将民族视为以“文

---

① Foster G M. *Tzintzuntzan*: *Mexican Peasants in a Changing World*. Boston: Little Brown, 1967: 384.

② （挪威）弗里德里克·巴斯著：《族群与边界》，高崇译、周大鸣校，李远龙复校，载《广西民族学院学报》（社会科学版）1999 年第 1 期。

化亲近性”（cultural nepotism）为根基，以“集体记忆”与“结构性健忘”（structural amnesia）为工具，来凝聚及调整人群以适应现实资源之争的人类社会结群现象①。王氏认为：“每一种社会结群，似乎都在资源竞争下设定边界以排除他人，并在状况改变时，以改变边界来造成群体认同变迁。”② 由此可见，土地资源的危机必然会对三岩人的身份认同产生作用。而目前发现的最早、最普遍的三岩人的社会结群现象就是帕措。

但是，马文·哈里斯已经指出：“除非人们处于政治压力之下，否则他们将一如既往地使投入产出保持在报酬递减点之下，其手段是限制生产能力的扩展；没有人会情愿地多工作少报酬。”③ 进入国家之前，三岩人面对环境与人口的限制选择了帕措这种文化手段解决自身面对的危机，人口所具有的巨大生产能力从而被文化限制在环境许可的范围之内。

三岩人经常会提到“热克十八百户”。“热克十八百户”在三岩本地语言中称为“热克架学就杰”，“架学”即“百户”，“就杰”即“十八”。“学”这种群体划分的标准在康巴社会具有悠久的历史。早在部落社会的形成阶段，人们就开始逐步走出基于血缘的氏族群体，面对外面广大的社会世界，这也正是马克思所谓的原始国家开始形成的阶段。就康巴社会而言，对这一阶段的记忆集中保留在格萨尔王英雄史诗之中。史诗中讲述了格萨尔统治的部落国家——岭国的社会结构，一个存在明显政治权力中心的社会制度。从国家形成的历史阶段论的角度来看，格萨尔时代的岭国应该处于从原始氏族社会向部落社会过渡的阶段。这一阶段以血缘为基础的氏族势力仍然在社会中发挥重要的政治作用，岭国的社会结构，就是以格萨尔所属的氏族为核心联合其他血缘群体后形成的一个部落国家。关于岭国部落的社会结构，刘立千认为它大体上和现代藏北草原的牧部很相似，基本结构是学、错（措）、第等。他还进一步解释道：“学，意为分支，措意为众聚，第或第巴意为部署，均是部落的代词，不过有大小之分而已。它们的分别是，学指一个氏族的分支，这种组织带有血缘关系，可能包含一个民族部落的两支或几支之一；措是指几个氏族聚集的小集体；第是别的氏族或部落来依附另一部落构成的集体，往往有领属关系。……比较大的组织称为‘果’。一个大的部落包含很多牧户，如上千户就称为‘董果’（董即千）。”④ 可见，“措”应该是部落社会时代的产物。

---

① 参见王明珂《过去、集体记忆与族群认同：台湾的族群经验》，载于《“认同与国家：近代中西历史的比较”论文集》，中央研究院近代史研究所编，中央研究院近代史研究所1994年版，第249～275页。

② 王明珂著：《华夏边缘——历史记忆与族群认同》，社会科学文献出版社2006年版，第41页。

③ （美）马文·哈里斯著：《人·文化·生境》，许苏明译，山西人民出版社1989年版，第56页。

④ 刘立千著：《刘立千藏学译文集·杂集》，民族出版社2002年版，第97页。

政治人类学提出部落社会处于传统政治制度的非中央集权系统的模型（参见图2－1），认为在社会形态进化的阶梯上，部落社会处于更古老的群队社会和较先进的酋邦社会之间，其特征为：第一，粗放农业和畜牧业；第二，有作为首领的“头人”，但没有绝对的权力；第三，单系亲属关系构成社会的基本结构；第四，土地与牲畜在血缘体系内为集体所有；第五，没有正式法律；第六，萨满信仰。[①] 因此可以推测，进入国家之前的三岩峡谷必然具有众多部落社会的特征，其中最主要的当属其父系血缘群体帕措。

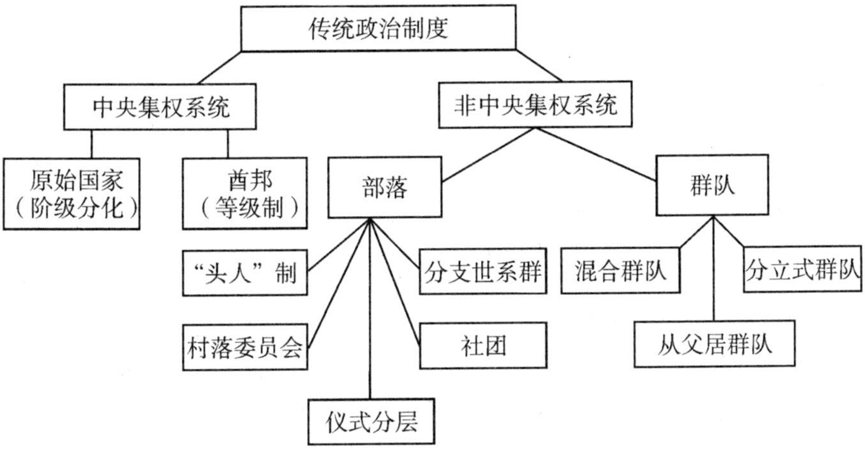

图2－1　传统政治制度的分类

二、三岩血缘群体的划分

三岩峡谷中，血缘群体的划分与刘氏所言略有不同。个体之外，三岩峡谷的基本构成单位是根据血缘关系组成的人群，三岩本地语言称之为“学”、“仓（冲）”、“布（冲）”（三岩语言中“仓”、“冲”、“布”混用）、“帕措”、“果巴”。

1．学

关于“学”的解释，三岩人的说法与刘立千的研究不同。“学”是最基本的社会单位，意指生活在一个房子（康尔）里且相互之间有血缘关系的一群人。基本上以一代人的夫妻关系为核心，其上可能有男方的父母，其下则是儿女。在现实生活中以一栋房子作为明显标志。生活在房子里的人即为一个“学”。“学”类似于汉族的主干家庭。所不同的是，因为三岩人存在一妻多夫与一夫多妻的婚姻制度，所以“学”的婚姻形式并非全部是实行一夫一妻制。

① 参见董建辉编著《政治人类学》，厦门大学出版社1999年版，第36～40页。

2. 仓（冲）

“仓（冲）”是若干个“学”的总称，“仓（冲）”之下各“学”之间通常会有亲属关系，在现实生活中往往体现为一簇彼此连接的房子。各“学”之间有血缘关系，但是这种血缘关系可能已经非常疏远。有的仓（冲）已经没有较近的共同的血缘基础。而且，即使可以在向上若干代内寻到一个共同的祖先，一般一个仓（冲）也并不能覆盖这一祖先之下的血亲谱系内涉及的全部成员，普遍的情况是3～5个“学”共居一处。

3. 布

“布”是三岩人对更大地理范围的一种血缘关系的称谓，但是这种范围是相对的。“布”可以指“仓（冲）”里的各个“学”的总和，也可以包括那些虽然在居住的位置上彼此相距较远，但仍然具有血缘联系的不同的“学”。通常“布”的成员都会聚居在一个地理空间之内——至少人们认为应该这样居住，这样的空间称为“宗巴”，即村庄，但宗巴之内生活的并不仅仅是有血缘关系的人。“布”与“仓（冲）”不同，其关键的差异在于对血亲关系与地理空间的不同态度，前者强调血亲关系是建构群体的前提——尽管很多“布”的成员间的血缘关系是不能通过回忆建立的；后者根据成员现实的居住地情况建构群体，距离较近的若干“学”即可形成“仓（冲）”，当然也有很多“仓（冲）”的成员迁徙到三岩以外居住。所以三岩人总是在特定的情境下选择性地使用“布”与“仓（冲）”。例如，当人们在讨论自己帕措的时候，他们会说：“我们帕措有多少个布”，“某某布的人不行”，“某某布的人总是打败仗”；而当人们在讨论自己的村庄的时候，他们会说：“我们宗巴有多少个帕措”，“某某帕措有多少个仓（冲）”，“某某仓（冲）去年到哪个地方打冤家了”。但是，“布”与“仓（冲）”在一定意义上又是相同的——在超出“学”的范围之外，两者基本是相等的概念，今天的三岩人通常会将它们混用。当然，混用情况的增多，也与频繁而大规模的移民搬迁工程有关，搬迁导致原先的村庄整体迁移，造成很多既有的根据地缘关系建构群体关系的概念日益失去其实际意义。

4. 帕措

“帕措”可由“冲（仓）”构成。事实上，大部分“帕措”都由数量不等的“冲”组织起来的。“冲”与“冲”之间在血缘上是种平等关系，即彼此维持一种血缘上的兄弟关系。如前所述，“帕措”一词被当地人解释为：“帕”，父亲；“措”，一个体系（这一点与刘立千的研究相符），所以“帕措”就是指同一个父亲及其后代子孙，即一个父系的血缘共同体。当地人以及一些学者强调，只有三岩有帕措，藏族其他地方的人都没有帕措，这也是三岩热克引以为傲的一点。其实如前文所指出的，在地理范围上三岩是一个变动的范围，今天的三岩仅仅是历史上三岩的一小部分；而且，随着战争与人口的迁徙，帕措已经遍布藏东社会（康区），今天的林芝、察雅、芒康、江达、白玉都有帕措的存在。这种局面不全是由于国家的移民搬迁政策造成的，其实历史上这样的迁徙早已存在。虽然当前我们无法统计出三岩之外的帕措数量，也无法获知他们具体的迁徙路线与原因，但是从当地人对帕措的解释中，我们还是感受到历史上存在着持续移民的事实。

5. 果巴

三岩有"帕措"也有"果巴"。关于"果巴"，有报道人给笔者提供了三种解释：

> 第一，有一种白头鹰，体型较秃鹫小，其名为"果"，"果巴"就是帕措的意思，实际上不叫"果巴"，叫"果帕"，"帕"就是帕措。果是一种吃肉的老鹰，与天葬的鹰不同，它的头上是白色的。我们说"夏果干布果"，意思是白头鹰飞过的地方有我们的帕措，它尿尿的地方有我们的帕措，但没有这个鹰的地方很少。
>
> 第二，从四川新隆的果荣地方，来了一个叫作扎西雄堆小伙子，他不知道自己的祖先，只知道德格土司来源是四川新隆的果荣，因此他认为德格的后代就是他们的果巴。扎西雄堆到了盖玉，与当地人结婚，老大、老二、老三当喇嘛；老四、老五、老六种地；老七、老八、老九当土司。三岩人就是这九个儿子的后代。
>
> 第三，有一个果巴，果就是圈，巴就是人，这个果巴就是几户圈圈的意思。这个果巴里，木协的衮巴，沙东的果麦，敏都的阿尼，江东的色巴、巴巴都有，但是这些果巴都是父系的。贡觉的果巴中男女全部是亲戚才算果巴。三岩没有这样的果巴。

因而，"果巴"不能被视为与帕措同等意义上的血缘人群的划分，它可以理解为一种发展到一定阶段后的帕措群体对于自己所处情况的认识，即由于迁徙到各个地方，但人们在记忆中仍然保存着对帕措的认同。今天的三岩帕措已经不仅仅存在于现在的三岩六乡，在三岩周边地区我们也可以发现帕措的存在。不过就血缘结构来看，这些帕措可能由于迁徙，已经处在谱系记忆中的血缘体系的边缘，所以他们更愿意称自己是有"果巴"的人。当然"果巴"也有自己的祖先。以巫果帕措为例，我们可以对其加以进一步的分析。据来自巫果帕措之下拥巴布的报道人讲述，巫果帕措的四个"仓"有自己的祖先（即巫卡）。但是在原因不明的情况下，巫卡的四个儿子分家了，他们各自的后代就形成了拥巴布、那那布、木杰布、贵杰布。但是这位拥巴布的报道人只能回忆自己"学"的四代血缘谱系（其中包含了他本人及其子女的两代），并不能回忆

"学"的最早祖先与"布"的最早祖先的血缘谱系。报道人洛松给笔者讲述了一个传说：

> 传说巫卡有三兄弟，老大嘎扎旺堆、老二嘎拉提美、老三巫卡。三兄弟也不知道因为什么分家了。大哥就是后来的夏果帕措的祖先，二哥也是夏果帕措的祖先，但在白玉县的色巴村，巫卡就成为果巴的祖先。

记忆的中断现象在三岩十分普遍，究其原因应该是多方面的：其一，正如集体记忆理论指出的，人们在回忆过去的时候，往往也在进行着选择性的遗忘；其二，三岩人虽然有自己的方言，但是没有自己的文字，又鲜有人重视学习藏文的书写系统，识字者寥寥无几，因而没有家谱之类的东西流传下来，单凭仪式传承与口头文学，记忆中必然会有丢失的部分；其三，不能排除三岩人为了寻找更大帕措的支持而修改自己的记忆，通过建构想象的血缘关系，而成为大帕措的成员。但即便如此，帕措始终占据着三岩峡谷社会结构的关键位置，影响着三岩人的行为选择与身份认同。

尽管报道人的回忆存在遗忘的部分，然而果巴与帕措形成的几个基本转折点却被清楚地保存下来，即第一代三兄弟分家，各自形成自己的帕措。各分支帕措在其共同的血缘记忆中知道各自祖先之间存在兄弟关系，于是这两个帕措就合起来成为果巴。所以归根结底，果巴仍然是帕措，而且准确的说法应该称这些有兄弟关系的帕措所组成的果巴为"果帕"。由于人们可能已经无法回忆起巫卡三兄弟父亲的名字，于是就以巫卡三兄弟为这个果巴的共同祖先，但是其下的两个帕措仍然记忆着自己各自的祖先①。

帕措固然是一种血缘群体，但是站在身份认同的角度却可以将其理解为三岩人非常重视的一种血缘身份。在三岩语言中，"帕"意指父亲，"措"意指一个体系②，所以"帕"、"措"联用意指一个父系。帕措实际上是一个相对概念和绝对概念的混合体。汉语中有一句俗话"远亲不如近邻"，这句话用在三岩也是比较适合的。在三岩人的意识中，血缘上的接近应该与空间上的比邻成正比。这样，帕措就成为一个绝对意义上真正的血缘共同体。在这个意义上，帕措可以被简单理解为氏族。村庄总是在帕措的统治之下，但是实际上人们经常提到的帕措不是一个血缘与地缘都比较紧凑的群体，所以人们才开始讲

---

① 三岩临近的几个地区也有一种群体称为锅巴。他们的锅巴与三岩的果巴不同，最基本的区别在于血缘继嗣的根据不同，三岩的果巴仍然与帕措一样采用父系传承，而其他地区的锅巴采用父系和母系的双重传承体系。实际上这种锅巴仅仅标志一群具有亲属关系的人。

② 参见刘立千著《刘立千藏学译文集·杂集》，民族出版社2002年版，第97页。文中刘立千指出"错（措）"是指几个氏族集团的小集体。后世学者往往根据刘氏的解释将帕措理解为一个比较固定的群体。

述有关果巴的记忆。正是那些因为各种原因或是搬离三岩，从而离开自己的帕措，或是搬进三岩，离开原先帕措的人们仍然愿意认同自己的帕措身份，借此以获得现实与精神上的利益，人们才发明了“果巴”这个概念。果巴实际上就是表达这样的意义：分散到各地的帕措成员仍然知道自己虽然在空间上远离帕措本身，但是在血缘上依旧认同自己的帕措身份。因此，三岩帕措有血缘与居住两重含义，拥有不同河流山谷的每个帕措被高山峻岭所分隔，他们可以互相获得妻子和嫁出女儿，在复仇时，复仇集团的扩大也会跨越地理上的分隔，使帕措获得新的成员。

三、帕措的形成

帕措由“学”构成，“学”是三岩人观念中最小的人群单位。理论上任何一个“学”都可能成为一个帕措，因为随着时间的流动，同一个“学”的兄弟会分裂，其子孙也会再分。这样最初的这个“学”就成为后代子孙的帕措。但是如果这样，今天三岩峡谷就应该存在大量的帕措。然而实际上，帕措总是会有一个相对稳定的边界，现实生活中就表现为人们可以通过帕措区分彼此的不同。要了解一个帕措究竟是如何形成的，我们至少需要在两个方面就一个特定的帕措（夏雅帕措）进行调查：其一，帕措组织结构；其二，帕措谱系结构（参见图2－2）。

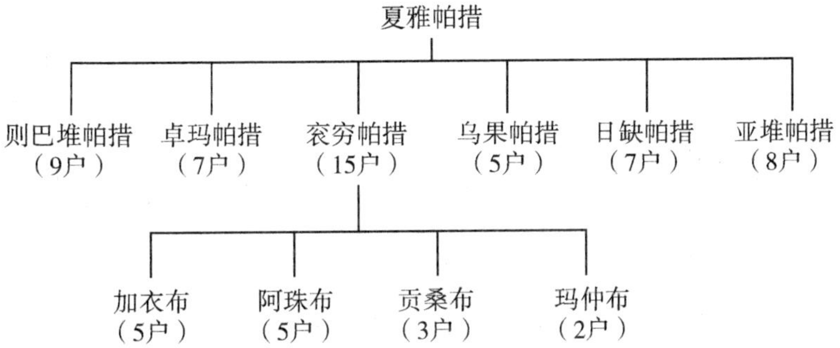

图2－2　三岩夏雅帕措结构图

图2－2提及的夏雅帕措目前共有59户，其中有8户已经迁出三岩，剩下的51户主要聚居在贡觉县的雄松、木协两乡的加卡、岗托、岗松、夏雅等村。夏雅帕措的老人在讲述自己的祖源时，将自己的祖先与藏族的猕猴神话联系起来：

> 藏族人起发于父亲猕猴，与罗刹女生下6个猴崽，即穆布董、阿江珠、莫扎嘎董、色穷扎、瓦查瓦德、麦。其中色穷扎是我们帕措的祖先，色穷扎的后代是扎益西次登，其后代是热克美通达杰，他有4个儿子，从

大到小分别叫达杰益西、阿乃杰秋（可能是罗麦人的祖先）、雄松加嘎、嘎规卡修。此4人开始形成了热克架学就杰（热克十八百户）。热克十八帕措中，最勇猛的在上有果麦（沙东）帕措，中有巴尼秀松（雄松三个帕措的总称），下有罗娘格规帕措。

另一方面，帕措本身存在裂变的可能，大的帕措可以衍生出一系列子帕措，子帕措又可继续衍生出下一级的子帕措，反过来说，小帕措需要寻找靠山使别的帕措不敢欺负自己，就集合成大帕措。

以欧恩怕一帕措的世系为例子（参见图2－3）①。欧恩怕一，意为“4个儿子的父亲”，欧恩属于父帕措，岗得、厦戈、安帮、迫切都是子帕措；这4个子帕措下面又繁衍出下一层的子帕措。某种程度上，大多数的帕措都可以追溯到父一辈的帕措——欧恩上来。另外，帕措虽然为一独立的经济单位，大的有几十户上百户，小的有几户十几户。它们虽然有大小之分，但一律平等，各自为政，彼此之间有亲属关系而无领属关系。

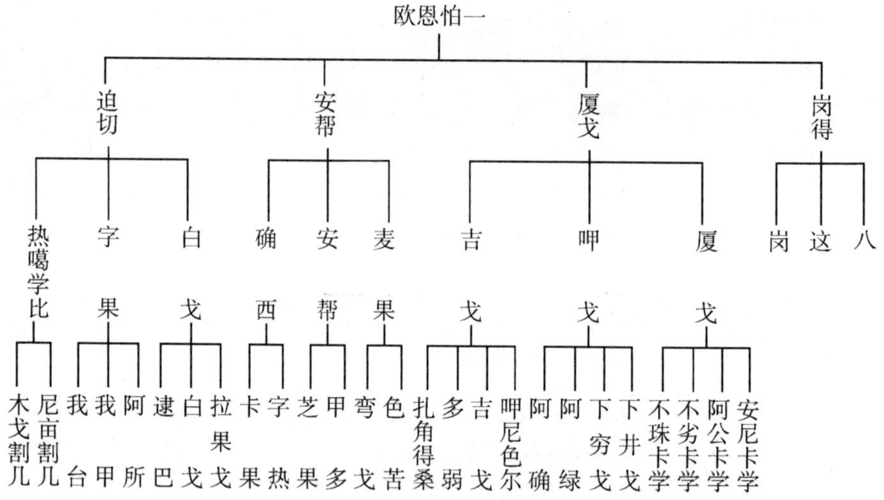

图2－3　欧恩怕一帕措世系

通过分析夏雅帕措可以发现，在谱系的源头处血脉的传承总是一个父亲传给一个儿子，直至第四代出现三兄弟，即夏杰多杰、安登多杰、仁增达香多杰，其谱系相应出现分裂。其后的血缘谱系也并不是每一代都有血缘分裂的情况，总是若干代之后才会出现血缘的分裂，而每一次血缘分裂都会导致血缘谱系的扩大。在夏雅帕措内部，所有在时间上具有几代人的传承路线，在血缘范

① 本图根据三岩本土学者范河川先生所提供的资料制作而成。

围上具有裂变的部分都可以称为“帕措”或者“布”（布是一个介于学和帕措之间的血缘群体），而帕措和布的区别也仅仅局限在传承时间（几代人）与谱系裂变的出现上。那些传承时间较长，出现裂变较多的支系都有可能被称为“帕措”，例如，安登多杰的 4 个儿子布珠、阿桑、续略、熟堆布形成了阿登凯卓帕措，由 27 户组成；而夏杰多杰的 3 个儿子日略、阿桑、布缺却没有形成一个共同的帕措。从系谱上看阿桑与布缺兄弟各自的发展并不长久，仅仅形成了布；只有日略的后代发展起来，形成了夏雅帕措。试想，如果阿桑与布缺兄弟各自的系谱能够延续下去，则同样会与日略一样形成帕措。人们经常宣称自己是哪个帕措的，实际意味着他们是属于哪一个父系的。所以，帕措之所以会出现，是由于它可以明确人与人之间的关系。一个庞大的血缘谱系涉及成员众多，在没有文字的情况下，人们只有通过记忆确定自己在系谱中的具体位置。上述白马康珠能够回忆起如此庞大的谱系也是其成为头人的一个先决条件。

帕措这种划分谱系的方式，无疑有助于满足区分父系血缘这种需要。但是在夏雅帕措的亲属结构图中也可以看到，并不是每一个在系谱上存在一定时间与空间范围的分支都成为一个帕措。实际上，如果所有这样的分支都成为帕措，会使区分父系血缘变得更加复杂。所以，在“学”与“帕措”之间才出现了“布”的概念。现实生活中，“布”可以是“学”——事实上它最初就是个“学”；同样，“布”也可以是“帕措”，因为至多它也只能发展成一个“帕措”。之所以存在“学”、“布”、“帕措”的不同概念，是由于在人们的记忆中有一些强大的“学”始终不能消失，而这其中一个最主要的原因在于对在世的诸多兄弟而言，他们的父亲是一个无法在记忆中抹杀的存在（其原因也可能与三岩的血仇制度有关）。最初人们会称呼自己是哪一个“学”的，即是哪一个父亲的子孙，当这个“学”经过几代人后谱系分裂、人口增加，“学”就成为“布”。再经过若干代的传承，在一个父亲之下出现了更多的“布”，则原先的“布”就成为“帕措”。

由此看来，在不同的父系血缘谱系之间，帕措是一个界限分明的群体，而在同一个父系血缘谱系内部，帕措则是一个相对的概念。一方面，在人们的记忆中，谱系最早的祖先之下的子孙分属于不同帕措，这些帕措当然可以有一个共同的名称，这样形成的群体就是“果帕”（果巴），在这个层面上各个帕措彼此界限分明；另一方面，帕措内部存在各种现实的问题，诸如分家、结婚、械斗、仇杀、财产继承等，这些现实的需要又迫使三岩人不得不在内部采取变通的策略。因此，如何理解既界限分明又相对模糊的帕措，就必须考虑到帕措制度的现实功能。帕措的功能在于促成局部地域的相对稳定，形成村庄之类的小空间里政治权力的集中，同时在整个三岩峡谷的层面上，始终维持着以分散为基本特征的若即若离的社会关系。按照功能主义的观点，正是因为社会的需要才产生了帕措制度，帕措制度也只有在其实践行动中才能显示既界限分明又相对模糊的特点。但是笔者目的不在于研究帕措这种独特文化现象形成的历史，而在于寻找三岩峡谷变迁的过程。帕措的存在实质是三岩人社会身份的一个基础，三岩人讲述的三岩峡谷的变迁实际上也体现出国家在不断地试图重新解释该地的社会身份体系。

综上所述，三岩人的家庭与社会关系完全是以父系血族为基础的。那么，帕措究竟是属于氏族还是宗族呢？主张后者的居多，如西藏自治区人大常委会《关于严厉打击“赔命金”违法犯罪行为的决定》（以下简称《决定》）就提到“封建宗族势力”；四川省甘孜藏族自治州白玉县县志编纂委员会也有此提法，却罗列了氏族的理由。经过认真的思考，笔者认为帕措（戈巴）应当是保留于阶级社会的氏族残余，理由是三岩土地贫瘠，交通封闭，没有雄厚的经济基础推动血族向宗族发育。除此而外，还有来自组织上的证据：氏族是以“群体内外”的血缘观念为基础，强调“祖先定向”的组织原则；宗族是以个人的谱系网与群内亲疏远近的规则为基础，强调“自我定向”的观念。① 帕措（戈巴）主要带有氏族的成分，成员对血缘关系的认同体现了重质不重量的态度，一族人不论相隔多少代，互相间的权利义务基本相同，这是血亲复仇的基础。宗族的裂变较为明显，需要区分亲疏，而族谱和祠堂则是定亲疏之标志。公元 841 年发生的朗达玛灭佛事件，促成佛教向边远山区扩散②，三岩获得了佛教带来的文明，然而在 1 100 多年的时间里，人们都没有形成以族谱记亲疏的习惯，加之经济条件限制了祠堂（含祖先牌位）的出现，帕措（戈巴）难以成为宗族。

四、三岩苯教与血缘群体的整合

另一方面，三岩中苯教与血缘群体的整合也是个甚为重要的话题。众所周知，部落社会的另一个显著特征即萨满信仰，在藏族社会这种萨满信仰即古老的苯教。与其他藏族社会一样，三岩早期的宗教意识崇尚万物有灵观念。这些包括了精灵观念、自然崇拜、鬼神观念的早期宗教萌芽，现在看来仍然不能以宗教名之，因为它们往往缺少后来人为宗教的完善教规、教义以及僧伽群体。这些较为原始的信仰都体现在藏族社会的苯教信仰之中。苯教是藏族早期社会的原始宗教，直到松赞干布统一西藏地区时，苯教仍然是吐蕃王朝的国教。随着苯教的发展，后来出现了保持原有苯教杀生祭神、巫师崇拜等特点较多的黑

---

① 何国强著：《政治人类学通论》，云南大学出版社 2011 年版，第 187 页。

② 石硕：《达摩灭佛对佛教在藏区传播趋势的影响》，载《青藏高原的历史与文明》，中国藏学出版社 2007 年版，第 240 ～ 256 页。

苯和与佛教融合较多的白苯。

苯教在三岩地区最早出现的时间现已难于追溯，但是三岩人承认历史上曾经出现过苯教信仰。因为文化的传播，从三岩周边族群的信仰情况中亦可以推测彼时三岩苯教的发展情况。《隋书》对“女国”（“东女国”，今西藏昌都一带）所作记载，已约略记述了公元6世纪时德格一带早期苯教的宗教活动：“俗事阿修罗神，又有树神，岁初以人祭，或用猕猴。祭毕，人山祝之，有一鸟如雌雄，来集掌上，破其腹而观之，有粟则年丰，沙石则有灾，谓之鸟卜。”

《德格世德颂》和《唐书》亦记载，公元7世纪末，德格土司家族的先祖噶·东赞去世后，其子孙专权，势大遭嫉。圣历二年（699年），赞普器弩悉弄设计诛钦陵及余党2 000余人，钦陵弟赞婆及侄子莽布支率部奔唐，噶·东赞之孙赤松顿布则携子阿尼绰巴白（苯教名僧，亦作阿尼降巴摆）避难到今康北地区，世代在“旦麻”（原邓柯、德格）一带传衍苯教，并繁衍了德格家族一支。

史料又载，公元8—9世纪之间的赤德祖赞、赤松德赞、赤德松赞、赤祖德赞执政期，吐蕃王朝均奉行“兴佛抑苯”的宗教政策，以至西藏地区不少苯教徒为避迫害而向东迁徙，来到今康北一带，使德格地区的苯教势力相应地得到较大发展。康巴因而成为藏传佛教回传的一个策源地。藏传佛教的初创兴起，导致佛苯之争，其结果以佛教胜利告终，苯教的高僧大多向边地康巴转移，由此为康巴苯教建立了最初的根基。藏传佛教前弘期的朗达玛灭佛，又促使佛教向康巴渗入，进而与先期传入的苯教结合，开始形成白苯与黑苯的分流。①

直至宋代以后，在格萨尔史诗中仍然可以见到大量关于苯教巫术的描述，可见苯教当时在康巴地区仍占绝对的优势。11世纪以后，随着宁玛派、噶当派、噶举派、萨迦派依赖强大的政治权力的支持，相继传入康巴地区并获迅速发展，苯教的势力大为削弱。元初，萨迦派成为康巴地区主要的宗教僧团组织，通过固始汗与白利土司的战争，确立了自己在此地的统治地位。这就致使苯教势力范围进一步缩小，集中分布于今西藏江达县西邓柯、四川省的石渠县和德格县东北部一带。公元7世纪所建的德格县中扎柯境内的登青寺声望享誉整个西藏，是仅次于西藏俄日寺的苯教最高学府、康区的苯教主寺。这些地区与三岩一样高山峡谷纵横交错，也适于苯教苦行僧的修炼。

古代苯教多采取父子传承、师徒传承的方式传承，此种做法与宁玛派（红教）的结合程度最高。早期的苯教徒大都结婚生子，在家修行，没有寺庙。西藏的第一座寺庙桑耶寺直到公元7世纪才在唐帝国的帮助下兴建完成，

① 刘先毅：《藏传佛教的特异区域》，载《藏传佛教与社会主义社会相适应研究论文集》，中国藏学研究中心宗教研究所编，中国藏学出版社2006年版，第279～284页。

此前的苯教徒尚没有形成具有僧团组织特征的群体。在家修行的苯教徒，实际上就是巫术的祭司。他既是家庭中血缘群体的核心，同时也是家庭的领袖，可以利用苯教的巫术保护家庭成员的安全。彼时的苯教徒实际上与北方的萨满教徒都在做着同样的事情，即灵魂出窍、沟通人神、操演巫术。在三岩语言中，称这种操持佛教之外的巫术的人为“莫玛”或“哈怕”，“莫玛”为男巫师，“哈怕”为女巫师。有人曾这样描述“哈怕”在三岩的职能：“‘哈怕’是宗教职能的履行者，是原始宗教的核心。大部分由女性担任。不是通过‘征服’死亡而获得神的能力的帮助，是以灵魂出窍，解答疑难问题，或占卜凶吉为主要职责，是担任生死两界的传话人，是洞察过去、现在和将来的人间神人。”①

事实上，苯教在三岩人日常生活中发挥过重要的影响。例如，100 多年前在金沙江两岸就有两座规模不小的苯教（黑教）寺院，有僧侣总数达百余人；当地以人皮、人心、人手、人之天灵盖、人之大腿骨为之特品；又“以活人皮为贵，死人皮次之，如有女子肤白嫩者为珍品，此种人皮售于喇嘛，作为符，具能致人死，销路极广；其人手者先以用盐将余血浸净，上涂酥油背阴凉干，以紫草合一种药料扎裹，俾使指甲不能脱落，用金银镶其伤处，喇嘛用之密中作法，能以驱祟招鬼，凡黑教皆用之……”②

然而，随着宗教的迅速发展，宁玛派（红教）却成为当前三岩的主要宗教信仰，三岩人的很多神圣事件都交由寺庙完成，而很难再见到“哈怕”的身影，“哈怕”也仅仅存在于一些老人们的记忆之中了。三岩人有一个关于《创世纪》的传说：“在一个相当遥远的年代，三岩有了一个男人，他从太阳落下的西方赶来一群大山，围在金沙江边，建起自己的家园。他的三个儿子叫他帕罗扎，帕就是父亲。大儿子吉觉玛学会了父亲的巫术占卜，后来成了三岩罗麦人的祖先；憨厚的二儿子加盖邦丹只会种地喂牛，他后来就是三岩维松人的祖先；三儿子阿盖卡学神勇好斗，他住在木协，以后就是三岩木协人的祖先。”③

传说终究不是历史事实，但是三岩人的记忆中所有出现在三岩的事象必然都与这里的血缘体系有关。这是一则关于三岩帕措来源的传说，传说的结尾以

① 范河川编：《父系原始文化的活化石：山岩戈巴》，四川大学出版社 2000 年版，第 16 页。

② 刘赞廷编：《武城县志》，载《中国地方志集成·西藏府县志辑》，巴蜀书社 1995 年版，第 134 页。

③ 参见西藏自治区贡觉县地方志编纂委员会编《贡觉县志》，巴蜀书社 2010 年版，第 636 页。三岩给外来的他者留下的印象总是原始落后，所以目前虽然关于三岩的公开出版物日渐增多，但都专注于讲述这个时间上的他者，没有人将其作为空间上的“我们”看待。然而这种偏颇却留下了诸多关于三岩原始落后的证据，这些都是三岩峡谷传统的宗教信仰与风俗习惯，其中很多与苯教的巫术有关。如马丽华著《藏东红山脉》，中国藏学出版社 2007 年，第 67 ～ 84 页；子文（刘伟）著《苍茫西藏》，中国工人出版社 2009 年版，第 23 ～ 44 页等，都对三岩古老的苯教残留现象有所介绍。

三兄弟根据自己的父系血缘结成帕措告终。可见对于三岩人而言，巫术的历史与帕措的历史一样长久。传说也告诉我们彼时巫术是在父亲与儿子之间传承的，这种血缘谱系与宗教传承的结合，也被后来三岩宗教发展的历史和事实所证明。

另外，从由生态环境决定的三岩关于土地的一系列技术看，苯教的信仰模式与传承方式也适应了三岩峡谷的实际需要。作为文化核心之外的其他影响社会的要素，苯教本身并不会与人群的技术因素直接关联，但却会受到其制约和影响。众所周知，藏族的历史上苯教最初并没有形成僧尼群体，苯教寺庙的形成也处于一个晚近的历史阶段。两者的发展都是受到佛教的影响而在各地逐渐形成的。长时间没有形成脱离生产的宗教僧尼人员，正是苯教适应三岩文化核心的表现。脱离了生产的僧人，无疑会成为三岩文化核心排斥的对象。这是因为，一方面，土地能够负载的人口规模有限，任何新进入三岩的移民都会增加对土地的需求；另一方面，脱离生产的僧人不仅给土地增加了负担，而且需要三岩人能够生产出足够的剩余产品来加以供养。

至于苯教，尤其是早期苯教没有僧尼群体，其在血缘内传承的特点有效地回避了上述的两个方面。首先，没有僧尼群体，也就意味着不会形成一部分脱离生产的僧人，这样就使土地的负担得到缓解；其次，宗教的谱系与世俗的血缘谱系叠合，不仅不会给三岩峡谷增加新的人口，而且也不会在另一个层面上增加土地的压力。其实，诸如苯教、宁玛派等这些缺少政治力量支持的教派，在整个藏区都受到其他教派的排挤。因此，也只有萨迦派、噶举派、格鲁派这些拥有政治权力支持的教派，才能在人口众多且资源丰富、交通便利的地方发展；也只有在三岩这样的偏僻地域，苯教、宁玛派等这些被排挤的宗教群体才能获得生存的空间。由此看来，我们很难坚持一种传统的观点，即认为宗教完全可以实现整合社会的功能，宗教在三岩的发展始终没有完成这种社会整合的功能。从这个意义上讲，三岩社会在社会制度方面存在缺乏的情况。

站在全藏区的视角来看，在人口较多的地区所发展出的寺庙与宗教群体，并不能仅仅归结为它们可以有效整合当地的人群。通常情况下，这些宗教力量之所以能发挥实际的统治功能，在于它们受到了世俗政治权力的支持，从而成为整合地方社会的手段。至于在像三岩这样缺乏世俗政治性整合力量的人群中，宗教的整合功能可以说微乎其微，甚至连自身的发展都受到了威胁。最初出现在三岩的苯教，正是因为符合三岩峡谷的特殊情况才得以在三岩获得发展，即它在强调血缘群体在社会运行中作用的同时，没有试图建立起任何超越血缘群体的其他社会群体。因此，就三岩的个案分析而言，苯教最初进入三岩时，并不是以后来教派传播的方式进行的，而是依赖迁移而来的新移民本身。这些既是家长又是祭司的三岩人，将苯教带入了三岩。在最初的三岩社会中，很少发生血缘群体与宗教群体的冲突，三岩人的社会身份也不会遭遇自宗教的威胁；相反，他们的社会身份由于受血缘群体为核心的作用而得到强化。此时，血缘群体中的核心——阿爸，同时控制着世俗和神圣两方面的权力资源。因此，苯教最初传入三岩，其整合功能所指向的并非作为地缘的三岩峡谷，而是居于社会核心地位的血缘群体。

第三节 跨越血缘的政治团体

帕措不仅是个立足于血缘关系的社会群体，而且还是个在政治上相对独立的政治团体。诚如拿破仑·查冈所言："当前地球上鲜有未知的部落存在，能与他们进行'初次的接触'……，当这些部落社会永久地消失，遗留下来的仅仅是一些报道人的回忆录而已，这些人也许能够复述出一些重要的事件与事实，但他们无法表达出存在于一种主权独立的原始文化当中的那种生活特质，其成员坚信自己是世上唯一的人群，即使存在其他的人群，与其相比他们也不过是人性败坏、种族低劣的复制品而已。"① 可以说，正是这种政治独立性，使得三岩的个案具备了开拓人类学与政治学研究领域的重大学术价值。

一、帕措的骨系认同

然而，帕措作为一种行之有效的政治制度，一个首要的社会功能却是体现出一个团体中人与人之间的一种二元关系，并使得处于这些关系中的任何两个人的行为在某种方式上均受到社会习惯的规范。② 事实上，"帕措"一词本身就是一个带有亲属制度烙印的词汇，"帕"指父亲一方，"措"指聚落之意，帕措指"一个以父系血缘为纽带组成的继嗣群"，也就是藏人传统观念中的骨系。"帕措"是在三岩西岸的称谓，在东岸一般称其为"戈巴"。两者名异而实同。无论是帕措还是戈巴，都存在一个根本的前提，即它们是基于血缘性的组织。众所周知，原始社会的各类组织——原始群、胞族乃至氏族，无一不是以血缘（含直系和旁系）关系为纽带组织起来并发生联系的。基于共同的血亲发展而来的群体，往往拥有共同的原始心理和集团意识，从而创造出共同的族群意识，具体可体现为祖先崇拜、父子关系、财产观念等。

在藏族社会与家庭结构中，骨系无疑是种非常重要的亲属观念，藏语中称

---

① Chagnon N A. Yanomamö: the Fierce People. New York: Holt, Rinehart and Winston, Inc., 1983: X.

② （英）拉德克利夫·布朗著：《原始社会的结构与功能》，潘蛟、王贤海、刘文远、知寒译，中央民族大学出版社2002年版，第55页。

为“如巴”，即以父方论血统、以父方居住为基本准则；与骨系相对的则是“虾”，即把姻亲关系的母方血缘关系称为“肉”。传统观念认为，骨系是“以人身上从顶骨到踝骨的骨头起名，一个骨头的名字，即算是一个血脉系统的传统名字，故称‘骨系’”。[①] 从金沙江两岸众多的族源传说可知，三岩人的先祖均为兄弟若干，即同属于“一根骨头的人”。也就是说，骨系代表了一个共同祖先的继嗣群，它对当地的影响不仅体现在同一骨系成员之间的亲密性与认同感，更多体现在通婚禁忌当中：同一骨系内部的男女成员相互间严禁通婚，否则要承受严厉的惩罚。这种惩罚机制，又可具体表现在道德和实质两种层面：首先，从道德层面上看，骨系（氏族）的禁婚期限一般为7代，如果没有超过该限期也就打破了通则，据说后代的脑袋会“开裂”；[②] 其次，从实质层面上看，帕措同族内部严禁通婚，若有成员违反，可视情节的严重，或将其驱逐出本帕措，或撵往异地，或处以挖眼、割鼻、割耳等刑法，严重的还可判处死刑[③]。

诚然，关于帕措所实行的外婚制，还有另外一些附加的条件，例如：婚前严厉禁止发生性行为，否则将引发帕措之间的械斗；结婚通常以父母包办的形式进行，但婚前也会征询当事人（特别是女子）的意见，如果有一方坚决反对也不会勉强；与外帕措有血仇的不能通婚；帕措之间男女通婚必须征得各自帕措头人的同意；两个帕措进行联姻，仅允许嫁女出去和行夫方居住，严厉禁止女婿上门，等等。

一定程度上，帕措的存在强化了三岩人对骨系的认同。同一帕措内部严禁通婚的原则，必然导致当地实施外婚制具有更为广阔的空间，这也是帕措获得持续生存的一个必要前提。从这个意义上讲，三岩人的婚姻关系都是在不同帕措之间进行的。然而，由于帕措是由同一父系血缘的男子组成，女子并不认为是帕措成员，而且女性地位天然较男性低，当不同帕措之间发生姻亲关系时，即一个帕措把自己的女儿嫁给另一个帕措的儿子时，虽然家庭之间还是会相互确认为亲属关系，但并没有增进两个帕措之间的联盟，双方依然可能因各种纠纷产生激烈的矛盾。一些人类学家所认为的姻亲关系在社会亲属结构中所起到的整合作用，如爱德华·泰勒认为的“不是嫁出，就是灭族”（marrying out or being killed out）的说法，[④] 或列维·斯特劳斯所认为的，“在外婚制中，通过

---

① 中国社会科学院民族研究所西藏少数民族社会历史调查组著：《黑河县桑雄地区阿巴部落调查报告》，中国社会科学院民族研究所油印本1964年版，第158页。

② （法）石泰安著：《西藏的文明》，耿昇译，中国藏学出版社2005年版，第85页。

③ 判处死刑的情况非常罕见，田野调查中没有收集到相关的案例，但有报道人坚持这种说法的正确性。

④ Tylor E B. “On a Method of Investing the Development of Institution; Applied to Laws of Marriage and Descent”. *Journal of the Royal Anthropological Institute*, 1889: 245 – 272.

互相交换妻子可以创建两个不同群体之间的社会联盟关系”的论断,[①] 在三岩地区的表现并不十分明显。

在藏区其他地方，姻亲关系中母方血缘关系称为“肉”，它是父系血缘的有力补充。通过父系与母系等双系血缘，每户人家都能够最大限度地扩充自己亲属成员数量。此外，藏区还存在一种“玛巴”婚（即上门女婿），也是一种受到社会认可的婚姻形式。此婚不仅可以增加一个家庭成员的数量，而且使得家庭财产得以传承下去。然而，在三岩地区，由于存在根深蒂固的“骨系”观念，父方居住的原则，家产只能由男性成员继承的财产制度，女子低下的社会地位，以及敌对帕措之间的紧张关系等因素，使得玛巴婚的实施受到了遏制，因此当地行玛巴婚和女方居住的情况异常地罕见，就算有上门女婿，也会被帕措内部的成员想尽各种办法将其赶走。例如，1959 年，敏都乡敏都村夏果帕措拉玛珍与外帕措青年其美次仁自由恋爱结婚，其美次仁入赘女方所在地生活和居住，夏果帕措势力头人四朗拉吉、洛追等人屡屡以“妇女没有继承权，不准在父母所在地生活，并要收取房费、地皮费”为由威逼其美次仁夫妇，致使其美次仁无法在该村生活而出走；到了 1989 年，其美次仁的儿子白玛丹增又被逼迫搬出了该村。1993 年，帕措势力的四朗拉吉、洛追、圆丁、丹其四人又以同样的借口，将与外族人结婚成家的另一名妇女以及家人强行赶出了敏都村，并拆除该户房屋，平均房料出售款 3 200 元，平均每人分得 800 元。

二、帕措也是跨越血缘关系的政治团体

（一）跨越女性的血缘关系

从这个意义上讲，帕措既是一种基于血缘关系的社会群体，也是一个跨越了血缘关系的政治团体。这种跨越血缘关系，首先表现在跨越了女性的血缘关系。正如本书第一章所陈述的，三岩社会存在一种严重的“男本位、女末位”的思想倾向。当地甚至有这样一句谚语：“山和水，马和牛，木柴和火焰，宝石和石头，男子汉和妇女辈，虽然同类，优劣各异。”此话形象地说明了男女在帕措之中迥然不同的社会地位。在帕措内部，几乎没有女人的地位，女人没有继承权，不能参加帕措会议，就算参加也没有发言权，一般也不参与战事，除非敌人打到了家门的要紧关头才动手帮忙；此外，女人也不能参加帕措所举行的重大仪式。当一个帕措女子嫁入另外一个帕措，她被称为“纳玛”（媳妇），该称呼在当地藏语中还有“附属物”之意。一个女人出嫁后，如果接连生了两三个女孩，男方有权提出另娶，女方帕措不得有异议。女人嫁入另一个

---

① Levi-Strauss C. *The Elementary Structure of Kinship*. Boston：Beacon Press，1969.

帕措以后，绝不允许与外人私通，如果发现，若对方帕措势力小，则要铲除第三者；若对方帕措势力大，则要求对方赔偿牛、羊等经济损失，恢复名声即可。若妻子与外人私通后怀孕，则等孩子出生后再解决纠纷。如果所生的为男孩，一般由男方帕措抚养，该男孩长大后专门给其修缮房屋并划给土地；如果生下的是女孩，一般不给她修缮房子，但可给点衣服、牛羊等，15 岁或以上时她可决定出嫁或出家当觉母，但这些均要通过召开帕措会议来决定。

如果两方帕措由于个人或集体利益发生械斗，一方帕措有义务把敌对帕措的所有男性及其子嗣全部杀死，以防另一方的男人采取“血仇制”进行报复。1990 年，敏都乡阿尼村人卓约赤列与本乡人其米次仁一道在拉萨合伙做生意，因事发生纠纷。其米次仁提出回到三岩再解决，卓约赤列理解为双方回到三岩进行决斗。由于双方分属不同帕措，其米次仁的帕措规模比卓约赤列的要大，卓约赤列决定先下手为强。于是他按约定时间提前两天赶回三岩，在必经之路的山口设下埋伏。其米次仁在回来的路上被击毙，同时遇难的还有他的两个儿子，年龄分别为 8 岁和 4 岁。而杀死两个幼小儿子的目的，就是为了做到斩草除根，防止其米次仁的儿子长大后以“血仇制”复仇。此后，卓约赤列约上 2 名本帕措成员流窜到三岩的附近山区，以抢劫为营生。这一凶杀事件上下惊动，公安部指定昌都地区公安局定期破案。1995 年 1 月 12 日，昌都公安局获知卓约赤列回到敏都阿尼村中，特别成立“1·12”小分队，组织 24 名干警对其实施抓捕，为此付出 3 名警员牺牲和 4 名警员负伤的代价。这次抓捕行动采用了爆破和火攻，卓约赤列家的房子——一座“碉堡”式的建筑，遭受严重的破损，现在则蔓草丛生，成了残垣断壁（参见图 2－4）。

图 2－4　卓约赤列家的房子成为了残垣断壁

此外，如果一方帕措有女儿嫁入另一方帕措，而自己的女儿这时又恰巧怀孕，该帕措的成员还有义务把有自身帕措血缘关系的女儿以及她所怀上的孩子杀死，以防生下的是男孩并在未来实施“血仇制”。因此，这种关系不仅跨越了女性本身，更是跨越了由于妇女通婚所建立起来的亲属关系，即通过母系来追认血缘的关系。例如，2007 年，四川山岩乡 A 戈巴曾经杀死了 B 戈巴中的一个男子，双方产生了仇恨，B 戈巴蓄意复仇，但发现 A 戈巴势力在不断增大，其中有一个帕措头人 C 在 A 戈巴中发挥着重要作用，B 戈巴经过商定，由 C 的外甥（属 B 戈巴）用枪把他打死。为了遵循自己戈巴的决定，这位年轻人含着泪水亲手把自己的舅舅杀死了。

（二）跨越帕措内部男性的亲属关系

其次，跨越血缘关系还可表现在跨越帕措内部男性的亲属关系，即突破了“学”、“仓”、“布”等层面。由于三岩存在“整体稀缺”的情况，物质资料、社会制度和道德观念等方面的匮乏，容易引发帕措之间的矛盾。由于帕措是以家庭为单位的，这种矛盾甚至可发生在同一帕措的内部，即“学”的层面。为了维系同一帕措成员之间的关系，帕措主要通过一年内的两次聚会来调节人际关系，参加聚会的无一例外均为帕措内部的成年男性。一次是藏历五月至七月期间（一般选在藏历六月十五），帕措要在附近的神山上聚会 5 ～ 7 天，名曰“耍坝子”，期间全体成员举行赛马、射击和摔跤比赛，并对优胜者给予奖励；一次是在过冬期间（时间不定），聚会地点转移到帕措头人的家里，家住遥远的地方每户可派一人过来，附近的家户每户除了留下一人看家以外，其余全部集中，聚会的开支由每户平均分摊，或由帕措头人视各户的经济条件指定一个可以接受的数目。聚会期间，大家摆酒席、唱歌、跳锅庄舞、追忆历史、宣讲形势、处理纠纷。例如，山岩乡的夏锅戈巴规定，内部成员发生吵架时每次罚款 200 元，打架一次罚款 600 元，钱物由无理的一方交付给有理的一方。由于一年内有两次聚会，同一帕措的“学”之间的绝大多数小摩擦、小矛盾便可在无形当中给化解掉了。然而，当不同帕措之间出现了利益争端时，这种跨越血缘的关系便可跨越同一帕措内部“学”的层面，进而提升至“仓”和“布”的层面。

诚如前文陈述，帕措在三岩地区的分布具有不均衡性。有的帕措集中分布在一个自然村，多者上百户，少者几户，人数亦多寡不一，如雄松乡缺所村的多吉帕措仅存在于缺所村，人数不到 100 人。有的帕措到处都有，零散分布于整个三岩地区。例如，下三岩的拉哥帕措在木协、野古、拉巴等村均有人户；云朱帕措成员不仅分布在三岩的宗巴、曲新、当学等地，而且散布在芒康县的朱龙巴和四川的巴塘县内；罗麦乡的念达帕措不仅分布在本乡几个村，还分布在贡觉县贡觉片的则巴乡和拉妥乡等地，甚至还有几户分布到察雅、樟木和林芝等地；朱嘎东布帕措目前已传有9代，在贡觉三岩木协乡有68户，芒康县戈波乡有17户，支巴乡有13户。

就帕措的势力而言还存在大小之分，如旧社会时期势力最大的是念达帕措，主要分布在罗麦乡龙瓦村，其中的小帕措则在全三岩均有分布；第二大的是德若帕措，主要分布在阿旺乡的琼固牛场、木协乡的下龙念村；第三大的是壅忠帕措，分布在木协乡的宗巴村、拉妥乡的宗巴牛场、沙东乡的阿江村以及敏都乡的敏都村，其所属下帕措在芒康、江东都有。目前在三岩众多的帕措中，最有势力和影响的帕措有：雄松村的巴洛帕措和更甲帕措，上洛娘村的祥萨帕措，下洛娘村的得若帕措，宗巴村的朱云帕措、南格察热帕措、宗堆卧兑麦帕措和果坝林穷阿多帕措等。在四川省白玉县的山岩乡，戈巴的分布情形与三岩帕措大体相同。例如，山岩乡的下哥戈巴是当地规模较大的戈巴，有100多户，分布在山岩乡、盖玉乡，以及贡觉、理塘、巴塘等县。下哥戈巴下面还可分为9个子系统，即俄来德巴、色哥、自热、拉鲁、贡宗帕、不来、不宗、阿贡、作备。这9个小戈巴相对独立，遇到大事，则由总戈巴首领统一指挥和协调。所谓势力最大、最有影响的帕措或戈巴，主要有三个衡量标准：一指户数多，人数多，势力强大，外来帕措不敢欺负；二指本帕措或戈巴内部有不怕死、敢于参加械斗和复仇的青壮年男子；三指本帕措或戈巴中有口才出众、能鼓动成员组织复仇和械斗的头领，或是曾参与过远近闻名的械斗事件，或是曾经杀过人，又或是曾和外部政权势力（如西藏噶厦政府）相抗的人。

另一方面，由于历史纠纷、草场问题和抢劫杀人所造成的世仇，不同村落却又经常性地发生群体械斗事件。例如，在民国时期，山岩乡的夏锅戈巴同位于河西岸的拉学帕措发生了一次大型械斗，主要原因是草场纠纷与世仇，双方各纠集上百人参加械斗，互有伤亡共18人，最后拉学帕措不仅将夏锅戈巴的民房烧毁28座，最残忍的是将被逮去的两人捆在树上，抢去无关紧要的部位，用刀将身上的肉一块一块地割下，活活整死。① 在1955年的上半年，三岩宗共发生械斗案件7件，共死17人、伤5人，其中最为严重的是东达村的械斗事件，死11人、伤2人，先后调解三次，最后一次由于杀人者方——扎觉帕措不愿退回强占物资而中止调解，因赔不起命案而怕报复，又怕政府用武装镇压，该帕措13户全部逃到巴塘县贾应村去了。② 又如，1963年6月，宁静（现芒康县）戈波区支巴乡扎拉村与雄松区康泊乡当孝（党学）两村因泽金龙沟草场的历史纠纷发生了群体性械斗，双方互有人员伤亡，经过县政府调解后

① 《1974年山岩乡：关于批准党员统治书、戈巴问题的调查报告》，资料来源：白玉县档案馆。

② 《三岩宗1955年第一、二季度工作总结》，资料来源：贡觉县档案馆。

双方的冲突才有所缓和。[①] 再如，1997年9月，贡觉县夏日、龙瓦特两村爆发群众性械斗事件，也是因为草场的纠纷问题，由于帕措势力的存在，使得两村的冲突不断呈现出升级的趋势。

一方面，帕措的势力在地域上呈现出零散状分布的迹象，另一方面，村与村之间由于草场等问题所发生的械斗却又以帕措为单位经常性地发生，这样就可能会面临一种两难选择：两个村落之间爆发群体性的械斗事件，若对方的村子中有自己的帕措成员，他们该面临何种的选择呢？究竟是在地域上支持自己的村子，还是在血缘上支持自己的帕措呢？这一问题引起了笔者的研究兴趣。

经过调查访谈获知，由于村落的形成受帕措制度的影响很大，表现出聚族而居的状况，一个村子往往由一个到数个大帕措组成，彼此之间往往有血缘关系，可以追溯到三代乃至数代以前。因此，当村子之间发生矛盾，一般是一个村的一个或数个血缘亲近的帕措联合起来对抗另一个村子的一个或数个帕措的联合，这样的情况比较常见。然而，如果A村夹杂有B村的帕措成员，则要具体情况具体分析。一般来说，因为当地遵循严格意义上的外婚制，居住在同村的不同帕措往往具有姻亲关系。但如果双方之间所爆发的械斗来自血仇，则居住在A村的C成员有义务帮助B村的本帕措来对抗自己村的D帕措，否则当自己家庭发生问题时，来自B村的本帕措就不会对其加以保护。若两村的冲突主要来自草场纠纷，械斗发生以村子为基本单位，则A村的成员C成员可选择保持中立，即不参与本村的D帕措对抗B村的本帕措的械斗。从这个意义上讲，由于地缘关系和村落的集体利益的影响，帕措内部的男性血缘之间的亲属是可以被跨越的，这种跨越了血缘的关系，可在一定程度上突破到“仓”和“布”的层面。

（三）提升到族源的层面

再次，这种跨越男性血缘的关系，还可跨越同一帕措内部的“仓”和“布”的级别，进而提升到族源的层面。诚如前文所述，三岩存在多种族源的成分，来到三岩的时间也有先后之分，这样必将导致一个问题：由于当地土地和草场等自然资源极其有限，先来定居的人与后来迁徙过来的人将面临怎样的紧张关系？答案自然不言而喻，为了争夺地盘，械斗与复仇必然是解决问题所采取的惯常性手段。也许正是由于械斗与战争经常性地存在，这些不同来源的族群强化了原来藏文化中的骨（父）系概念，进而演变成为当前的帕措与戈巴的组织和形式。事实上，同样的政治团体在金沙江两岸的称呼却各不相同，

---

① 《关于宁静戈波区支巴乡扎拉村与雄松区康泊乡当孝两村因泽金龙沟草场纠纷的情况报告（初步调查）》，资料来源：贡觉县档案馆。

恰好说明了当地曾经存在过不同族源的复杂情况；经常性的械斗与仇杀，最终促使当地的人群在河的东西两岸分化为两大定居群落，其中一支被迫搬迁到金沙江的西岸居住，并以帕措和戈巴各自命名。

山岩乡山岩村夏锅戈巴的头人多吉翁堆就其族源提出自己的看法：他们的祖先从遥远的西方迁徙到山岩，当时山岩已经有人在此定居。为了能够在当地立足下来，他们的祖先在山岩当地修建房屋，开垦荒地，种植庄稼，并和当地人发生过多次激烈的械斗。为了争夺地盘，他们联合起来与当地人在沙玛地区血战一场，最终取得了胜利，由此获得在当地居住的资格与权利。当时本地已有戈巴组织存在，其祖先来到山岩的时间要更早一些。多吉翁堆还认为，他们的祖先属于欧恩戈巴，原来的当地人属于欧谷戈巴。

据本地学者的研究显示，目前四川白玉县的戈巴主要由两大部落组成，分别为拉入欧谷布戈巴部落（简称欧谷）和欧恩怕一布戈巴部落（简称欧恩）。关于欧谷部落的来源，据当地一种传说，是吐蕃王松赞干布的大禄东赞的后代，由于战乱逃亡到四川白玉县沙玛乡、山岩乡一带，传衍黑教，积聚力量。至于欧恩部落的来源，根据其内部戈巴成员的说法，是来自西藏的阿里地区，与那里的古格王国有关。欧谷部落与欧恩部落各自统辖着许多小一级别的戈巴或帕措，双方先后发生过多次械斗，连年征战曾使当地许多的村落变为废墟，两大部落也在历史的风雨中瓦解成众多小戈巴群体，相互之间还不断地发生分化、兼并与灭亡的情况。目前，金沙江两岸存有大小戈巴或帕措 90 余个，总计 3 万余人。过去欧谷部落以白玉县山岩乡的劣巴村为中心，分化出的戈巴有各巴、正真、崩牙、松果、拉确等；欧恩部落以贡觉县三岩地区的瓦尼村为中心，分化出的小帕措有自戈、迫戈、饶呷、加戈、达巴、普巴、夏戈等。按照上、中、下三岩的划分，欧谷在上三岩有劣巴、然翁、罗麦、雄松、沙东、色德、色麦、八学等村；在中山岩，欧恩有瓦尼（梅多）、那巴、郎格、当拖、西巴、甲阴等村。在不同的械斗、争夺地盘的过程中，欧谷与欧恩这两个部落经过相互的兼并和融合，现在已很难分清彼此了。①

就以上的说法而言，这里先不考证其正确与否，但认为三岩内部历史上曾发生多次械斗，级别和组织均高于当前帕措或戈巴的说法并没有太大的问题。由于当地存在资源紧张的状况，为了争夺有限的土地和生活资料，一些帕措或戈巴联合起来对抗另外一些帕措或戈巴，或者早先到来的帕措或戈巴联合起来对抗那些后来进入山岩地区的人，促使后者被迫联合起来对抗前者，历史上这些事情均有可能发生过。这些所谓的“部落联盟”，可能存在这样一种情况，

① 参见范河川编著《父系原始文化的活化石：山岩戈巴》，四川大学出版社 2000 年版。又见税晓杰、范河川、杨雅兰编著《发现山岩父系部落》，中国青年出版社 2007 年版。

即不具备血缘关系的一些群体，完全可以为了同一目的联合起来，或是假托拥有共同的祖先和血缘关系，或是另外编撰出一套大家均认可的族源传说，以营造出一种强烈的群体凝聚力，以便对抗外来威胁的需要。从这一层意义考虑，帕措完全可以跨越自身所确立的直接的父系血缘关系，进而上升到族源的层面。

（四）上升到地缘的层面

最后，这种认同血缘的亲属关系可以被完全跨越，进而上升到地缘的层面。地缘的说法实质指“地缘性”，所谓“调子不离乡，各有各的腔”，“非我族类，其心必异”。例如，长期以来中华民族就是一个土地观念和乡土意识极强的民族，崇尚封闭的心理无所不在，地缘封闭性又是中国社会文化的一个特色。在原始社会末期，每个以地缘关系为纽带组织起来的部落，都是一个独立的地缘文化圈。他们有着共同的信仰（共同的图腾、部落保护神等），说着共同的语言，分享共同的历史传承和原始文化（故事、史诗、神话、传说等）。“亲不亲，故乡人。”地域同一，往往是人类感情、密切人际关系的一个重要的因素。相同的地理气候条件，共同的生活体验，频繁的相互接触，容易促成相同的文化心理认同，进而强化人与人的关系，甚至可以超越血缘认同的程度。

在三岩地区，情形莫不如此。相同的生态环境，紧张的人地关系，以及稀缺的物质生活资料，不仅培育出三岩人吃苦耐劳的鲜明个性、勤俭持家的生活习惯、团结忍让的合作精神，而且从地域上培育出三岩人“家园”的观念。这种家园的观念在很大程度上与当地的土地资源有关。在三岩人的眼里，家园不仅仅是个可以遮风避雨的永久性或临时性居所，而且还包括整个帕措或戈巴的土地。由于帕措和戈巴的存在，当地有许多的土地是以公共占有的名义存在的。土地属于帕措和戈巴里的所有成员，所有成员也属于帕措和戈巴所占有的土地。每个帕措或戈巴均有自己的土地，以血亲“帕措”或“戈巴”为单位，以家庭的形式占有，邻近的帕措或戈巴成员也知道此情况，在进入对方帕措或戈巴的领地或使用其资源时，均要预先征询土地所有人的同意，否则将引发械斗。例如，山岩乡乐巴村现有住户 64 户，分属 6 个不同的戈巴，其中显己戈巴和阿尼戈巴的势力最大，很久之前就有“显己戈巴占地，阿尼戈巴占水”的说法，其他戈巴使用显己戈巴和阿尼戈巴的土地或水资源时，均要向这两个戈巴交纳土地或水的使用费。以往所交纳的费用并不使用货币，而是采用实物相抵的方式，如以粮食、酥油、牛羊或其他货物来折算价格。

由此可见，“家园”的观念在三岩人的脑海里已经根深蒂固。任何入侵者胆敢踏上自己的家园，都要为此付出沉重的代价，甚至会因此而丧命。“天下戈巴是一家”是当地一句广为传颂的习语，可以说是这种观念最好的诠释。但凡有外部势力进剿三岩的时候，这句话又能促使三岩人团结起来、一致对外。当三岩人跨越了血缘的认同，以地缘的方式联合起来，“三岩”便成为了一个让人油然生畏的政治团体，具体表现在当地“无酋长，以抢劫杀人为雄，历不属藏，亦未附汉，官之野番，邻封患之，而无法制止”。①

三、日趋认同的政治团体

由于在政治上三岩具有相当的独立性与自治性，反而赋予了三岩人特殊的政治地位。历史上的三岩名为“扎西热克西巴”，即“化外野番”之意，表明当地既没有头领，也没有王法，“热克”在当地藏语中是“胜者为王”的意思，实际说明当地存在一种“群雄割据，各自为政”的政治局面。有学者将其状况比喻为内地的春秋战国时期，“由于山岩地险人悍，又分散，大的部落很难实现统一，形成一呼百应的局面，年复一年在排外、封闭的环境中不停地混战、械斗。有些大一些的戈巴眼看就要实现统一大业，而其他稍大的戈巴便会积极展开外交斡旋，组织统一步伐，制造内乱，使得统一梦想化为泡影，前功尽弃”。②

事实上，这种分化而治的政治局面，在藏区的一些地方并非孤立的现象。19 世纪末期至 20 世纪初期，英国人自从入侵印度以后，就开始觊觎中国包括西藏在内的整个西南地区。康区地势复杂，长期以来又为大小地方土司所瓜分控制（参见图 2 - 5）③。这种分裂而自治的政治局面，实质对三岩的政治团体（帕措）造成了深远的影响。

美国人类学家罗伯特·卡内罗（Robert Carnerio）认为地理环境的局限性，如山脉、海洋和沙漠对人类的阻隔，将促使一个社会不得不通过强化自身的内部（制度）获得进一步的发展。④ 但就三岩的实际情况而言，单凭特殊的自然生态条件，如地处高山峡谷、与外界隔绝、资源有限等条件，还不足以造成三岩帕措制度的产生，这里还有政治因素所起到的催化作用，即在三岩外部有多种政治势力并存，如西边有强势的西藏噶厦政府，东边有大小不一的巴底土司、明正土司、甘孜孔萨土司、巴塘土司、瞻化土司和德格土司等多种政治势力。

---

① 刘赞廷编：《武城县志》，载《中国地方志集成·西藏府县志辑》，巴蜀书社 1995 年版，第 133 页。

② 税晓杰、范河川、杨雅兰编著：《发现山岩父系部落》，中国青年出版社 2007 年版，第 152 页。

③ 本图在 1938 年商务印书馆印制的《袖珍中国新地图》一书中西康省的地图的基础上加工而成，当时西康省还没有正式成立。从此图我们可以看到，当时刘文辉规划的西康省疆界还包括了今西藏自治区的昌都等地区，但据史料记载，到 1939 年西康省成立时，刘文辉实际只能控制到地图上金沙江以东的地区，金沙江以西的土地多为西藏噶厦政府所控制。

④ Carnerio R L. “ A Theory of the Origin of the State”. *Science*, 1970（169）: 733 - 738.

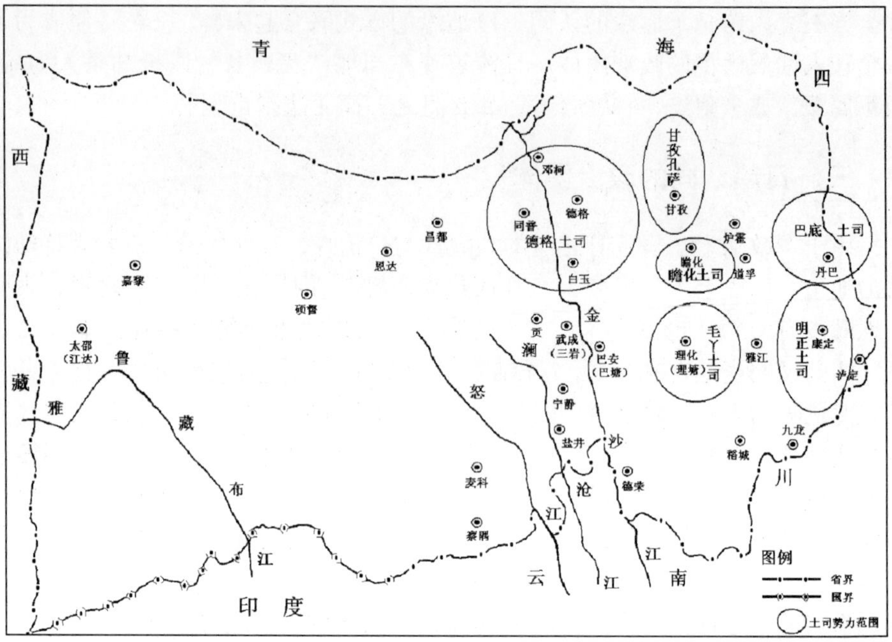

图2－5　1938 年西康省地图

各种政治势力有各自的势力范围，彼此之间又不断地相互挤压，在此种错综复杂的政治形势下，三岩向外发展的政治空间已微乎其微。外部政治环境的局限性，起到类似于卡内罗所提及的“地理环境的局限性”的作用，促使三岩人转向于强化自身的血缘认同关系，最终导致了帕措制度的产生，并由此增进了自身的社会凝聚力。由此看来，三岩帕措制度不仅与当地特殊的自然生态条件有关，更与并存于西藏西部（康区）的各种错综复杂的政治势力有密切的关联。

另一方面，康区长期存在大小地方土司分化而治的政治局面，实际已经影响到清政府对西藏所进行的有效的行政管理。时任四川建昌道道员赵尔丰有感于此，上奏朝廷，提出《平康三策》，力主改康地为行省，“改土归流”，设置郡县，在四川、西藏各设巡抚，设立西三省总督。赵尔丰的奏折获得了批准，他也开始了在川边长达七年的戎马生涯，完成了对大部分康区的“改土归流”，加强了清政府对康区的统治，安定了边疆地区，有效地遏止了英人势力进一步渗透中国西南地区的企图。正是在这一大背景下，1910 年，赵尔丰的部将傅嵩炑联合德格土司多吉僧格发动了征剿三岩的战役。

面对外部战争的威胁，三岩各帕措与戈巴可以立即抛弃原来父系血缘认同的原则，联合起来保卫家园。时任营官刘赞廷记录了此次战事的殊烈程度：“此次兵分五路并进，该匪于各隘口分途迎拒，凭高下击，我军仰攻，殊未得势。傅嵩炑激励将士，猛攻直上，前者虽仆，后者继登苦战，三昼夜夺其要隘十数处，唯山峦重叠，该匪亦处处设卡，虽屡败奔而仍敢退守阻抗，不肯投诚，盖意在死拒也。”① 清军凭借先进的武器和人数上的优势，“转斗两月余，大小数十战”，最终取得了战事的胜利，“卒能使野番畏服输，诚纳款辟地，纵横千余里，收丁口二万余人”。赵尔丰在三岩设治后，划分区域，设置头人，规定赋税，修建学校，建立马站制度等。②

此后，三岩一直与国家存在某种若即若离的关系。例如，1911 年，辛亥革命爆发。民国期间，西康省建制，三岩为武城县。1917 年，西藏噶厦政府曾派兵攻占三岩，沿其旧制，改设宗本。三岩众多的帕措曾不满噶厦政府的统治，一度联合起来驱逐宗本，当地又恢复到以往自治的状态。在昌都二十八宗之中，土地一般不是为寺院占有，就是由噶厦政府或土司和贵族直接或间接占有，唯独三岩宗例外。三岩宗的部分寺院土地已经出现了封建占有的形式，有的寺院还使用农奴，但都没能在全宗内实现政教合一的统治。

1932 年，《岗托条约》签订以后，位于河东山岩地区的烈巴、色巴、巴巴三村划归四川白玉县府管辖，三村始向民国政府纳粮交税，同时还必须向德格土司支差。1935 年，烈巴、色巴、巴巴三村组织了 600 多人对抗德格土司，拒绝支差。德格土司派兵 1 000 余人，在边军的支持下，平息了武装抗差事件。但 1940 年前后，三岩人武装暴动事件再次发生，这一次德格土司无暇顾及。三村又变成化外，不受治理。

概而言之，帕措内部的血缘关系是可以被跨越的，这种跨越呈现出阶梯性特征，不仅女性成员的血缘与亲属关系可以被完全跨越，男性的血缘认同关系同样是可以被跨越的，上升的空间可以突破到“学”、“仓（冲）”、“布”、族源乃至地缘的层面。综上所述，三岩的帕措不仅是个基于血缘的社会群体，更是个跨越血缘的政治团体。

第四节　帕措的结构与功能

作为一种政治制度，帕措内部不仅具备一定的组织结构，而且在社会、政治和经济等层面均发挥着重要的功能。马凌诺斯基在《文化论》中提出：“人体首要的需要得到有效的满足，它迫着任何文化产生种种基本的结构：营养方

---

① 刘赞廷编：《武城县志》，载《中国地方志集成·西藏府县志辑》，巴蜀书社 1995 年版，第 133 ～ 134 页。

② 刘赞廷编：《武城县志》，载《中国地方志集成·西藏府县志辑》，巴蜀书社 1995 年版。

面的'军需处'、两性交接及传种的制度、防御的组织及日常生活的设备。于是我们可以说，人类有机体的需要形成了基本的'文化迫力'，强制了一切社区发生种种有组织的活动……。"①这也就是人类学功能学派著名的"文化需要说"。在该学说中，马氏提出了"文化迫力"的概念，认为它是一种集体的需要，是以牺牲个人兴趣及倾向为代价，从而使个人服从于集体的共同的目的和利益——"需要"，这种迫力无异于生理上的需要，人类生存亦有赖于文化的维持。为此，马氏还特别提出"文化迫力"的三种外在表现形式：经济组织、法律组织和风俗教育。②

在资源稀缺的地方，这种"文化迫力"表现得尤其明显，它的一个直接结果，是促使三岩当地群体增强自身的凝聚力，最终形成帕措来面对困难。关于帕措的结构，笔者不像马氏那样简单地认为它具有一定的结构，一经形成便具有相当的稳定性。事实上，帕措的政治和社会结构可分为两种：一种为静态，另一种则为动态。静态的结构具有相当程度的稳定性，因此相对容易把握；动态的结构则须考虑生态环境、人口统计、婚姻与家庭组织形式、经济因素、宗教文化以及内外部的政治势力等诸多变量的相互作用，情况要复杂许多。

一、帕措的静态结构

下面先来描述帕措静态的社会与政治结构，主要从帕措的规模、帕措的组织结构、帕措的头领及议事规程、帕措的械斗与协商四方面展开。

（一）帕措的规模

先说金沙江东岸的山岩乡的大体情况。1940年，时任四川白玉县县长羊泽曾记载金沙江东岸的三个村庄的大致情况，他认为："约在百年以前，由河西迁移来此，开田荒地，聚族则居，号为锅巴，亲戚连为一气，客民亦可依附，分耕土地，为之上粮当差，受其保护。每一锅巴，管辖数户或数十户不等，党派复杂，有似内地之哥老会，互为雄长，各不相能，所在时械斗时生，到处滋扰。"③严格说来，"戈巴"和"锅巴"或"果巴"是不同的，前者与"帕措"等同，指父系；后者则是指父母双系的血缘，"果"指同一棵树结出的果实，通过联姻不断传承延续，直系血亲和旁系血亲都可以成为果巴成员。这样看来，果巴显然要比帕措的规模要大。

---

① （英）马凌诺斯基著：《文化论》，费孝通译，华夏出版社2002年版，第26～27页。

② 同上书，第47～50页。

③ 羊泽：《三岩概况》，载于赵心愚、秦和平编《康区藏族社会历史调查资料辑要》，四川民族出版社2004年版，第403～405页。

山岩乡过去没有出现过三大领主，只有大小戈巴 22 个，囊括了 90% 以上的农户。每个戈巴由一至数名有威信的人任首领，对内管理事务，对外代表本戈巴利益。由于全乡没有一个统一的政治组织，只是在各个大的自然村中有 2 个大队长（相当于甲长），10 个小队长（相当于保长），大队长三年一换，小队长三月一换，一般是采取轮值的形式，而这 12 个大小队长，分别管理本村的党建事务。[①] 民间争斗不断，戈巴之间的械斗连年发生。到 20 世纪 50 年代头几年，全乡依然沿袭传统，发生纠纷以后，按照习惯处理，至今也没有抛弃这一做法。

山岩乡现下辖八学、色德、色麦、然翁、劣巴、当托、西巴 7 个行政村和巴巴 1 个自然村。乡政府驻地在八学村，海拔 3 600 米。山岩乡与白玉县的其他地区一样，位于横断山脉以内，这里为多山地区，山高坡陡，河流众多，地形复杂。

1974 年，四川白玉县曾对盖玉区做过一次人口统计调查，获知“盖玉全区有大小帕措 89 个，分布在 22 个核算单位，平均每个生产队有 4 个帕措组织，多的达 8～9 个。全区参加帕措的有 841 户，占总户数的 75.08%，3 370 余人，占总人数的 70% 强”。在沙玛乡，“帕措户数占到了总户数的 98.8%，人口占到 98%”。而在山岩乡，“帕措户占总户数的 94.8%，人口占 90% 左右”。[②] 2006 年，有文献显示山岩乡 7 村共有大戈巴（帕措）17 个，290 多户。[③]

下面接着再说金沙江西岸帕措的大体情况。这里帕措的分布主要集中在贡觉县三岩片的六个乡，由北向南依次为克日乡、罗麦乡、沙东乡、敏都乡、雄松乡、木协乡。2001 年以前六个乡又分为三个区管辖，即罗麦区、雄松区、木协区。三区六乡共有 49 个行政村，95 个自然村。每个大小不同的村庄，少则一两个帕措，多则五六个帕措。小帕措仅有几户人家，20 人左右，大帕措有五六十户，数百人。例如，雄松乡的巴洛村有 3 个大帕措——卡帕措、可可帕措和马洛帕措。三大帕措本来属于三兄弟，三大帕措下又衍生出 8～9 个小帕措，分布在另外几个村子里。沙东乡的雄巴村有 5 个帕措，分别为安得、田果、交戈、来诺和阿森，组织规模都差不多，有 20～30 户。阿香村有 4 个帕措，分别为：玛德果，9 户；则果，4 户；阿久果，14 户；阿卡果，9 户。有的帕措还跨村、跨县，分布在不同的村落和地区。如下三岩的拉哥帕措，在木协、也左拉巴等村都有人户。云朱帕措成员不但分布在三岩的宗巴、曲新、当

---

① 《山岩乡今后改革意见》（1959 年），资料来源：白玉县档案馆。原文语病和用词错误较多，这里有所改动。

② 当时的山岩乡隶属盖玉区（乡）。资料来源：四川白玉县政府相关统计报告。

③ 钱均华著：《男人国：川藏边境原始部落漫记》，上海人民出版社 2006 年版，第 227～230 页。

孝等地，而且散布在芒康的朱巴和巴塘县境内。朱嘎东布帕措已传有9代人，在木协有68户，芒康县戈波17户，支巴13户。

新中国成立前夕，一份对三岩帕措基本情况的调查统计显示，三岩地区有35个村或牛场，共有87个帕措，其中上三岩有20个帕措，24个头人，403户，1 799人；半区有8个帕措，14个头人，176户，700人；中三岩有24个帕措，25个头人，418户，1 700人；下三岩有35个帕措，42个头人，406户，1 830人。①

1985年，《人民日报》记者刘伟来到三岩三区做调查，当时他记录了三岩还有47个帕族（措）。② 1991年4月，根据贡觉县的调查显示：按照现在的区划，三岩六乡共有61个帕族（措），其中的51个属原来的三岩宗，康泊、郭莫两村的4个归属芒康县，克日乡的6个隶属德格土司。③ 2000年，贡觉县政府曾对三岩10户以上的帕措做出统计，查明三岩片六乡39村共有50个帕措，涉及940户、3 205人。④ 2006年8月，贡觉政府再次对三岩帕措做了一次摸底调查，查清三岩六乡共有55个帕措，1 196户，8 600人。⑤

（二）帕措的组织结构

在三岩，没有任何有名义的组织形式，只有可以理解为议事会的——由各户家长组成的群议会，凡事头人与他们共同协商处理，原则上少数服从多数。头人的议事会行使仲裁权，多是依习惯法为本。⑥

三岩帕措基本以村落为势力范围的核心，其组织结构大体呈三级“金字塔”型。（参见图2－6）

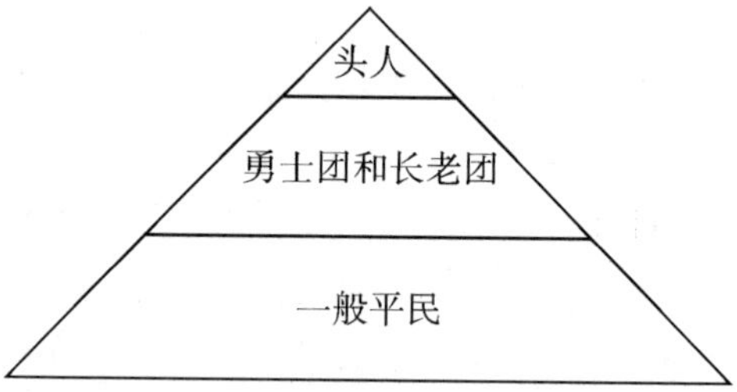

图2－6　帕措组织的内部结构

① 参见附录1。

② 子文（刘伟）著：《苍茫西藏》，中国工人出版社2009年版，第12页。

③ 《中国县情大全·贡觉县》（1991年4月），资料来源：贡觉县档案馆。

④ 相关数字参见附录2。

⑤ 1997—2006年期间，贡觉县政府多次在三岩组织搬迁，三岩总人口跌至万人以下。资料来源：西藏贡觉县政府相关统计报告。

⑥ 参见段清波《西藏贡觉三岩之帕措》，载《考古与文物》1990年第1期。

第一，处于顶端的是帕措首领，也叫作帕措头人，人数可以是 1 人，也可以是 2 ～ 3 人；如果帕措规模庞大，又有大头人与小头人之分。帕措头人主要靠公平竞选产生，所有帕措成员均有资格参加选举。帕措头人并不是终身任命的，一旦上了一定的年纪，就要让位给更有活力的接班人；然而，在让位的过程中，上一任的头人可推荐或指定一位接班人，但需经全体帕措成员的讨论最终决定。例如，山岩乡夏锅戈巴的头人为多杰翁堆，他能当上现任头人是由上一任头人、他的亲叔叔白马仁青亲自指定的，并获得了全体帕措成员的一致投票通过。另一方面，由于帕措成员均有平等参政的权力，帕措头人并无太多的特权，既无法积累财富，也不会增加自己的政治权力。换言之，充当帕措头人不仅是一件费力不讨好的差事，而且也不会给当事人带来实质性的利益。然而，由于所有帕措都对本族的兴衰怀有强烈的荣辱感和责任感，都愿意为自己的帕措任劳任怨地作贡献，无偿服务，所以每个帕措总是能够找到合适的人选来承担起帕措头人的职责。新确定了本帕措头人的人选，要举行一个简便的仪式，把象征本帕措权力的“圣物”（如飞镖、经书、家谱、佛像等）交接到新首领的手中，从此由他来保管，直到下一任首领选举产生。

第二，位于中间的是勇士团和长老团成员。勇士团由成年和青壮年男性组成，具体负责抢劫、盗窃、械斗、防御、保卫等事务；长老团一般由曾担任过帕措头人的年长者和部分威望较高、口碑较佳的老人组成，主要为内部的重大决策提供咨询与参考意见，并对帕措头人和勇士团的行为进行监督。勇士团和长老团是一个帕措的中坚力量，他们成员人数的多寡，最终决定该帕措的规模与势力的大小。本帕措男子年满 15 岁就可加入勇士团，并根据其个人的能力在勇士团内进行排名，排名越靠前者个人的威望就越高，甚至可被选为帕措头人；另外，当有威望的勇士团成员达到了一定的年龄（一般 40 岁以上），自然就转为元老团成员。

第三，位于下层的是一般平民。这部分人不能参加帕措的抢劫、盗窃和械斗等活动，包括家里行动不便的老人，无法嫁出、被迫成为住家觉母的女儿，残疾人以及妇女和未成年的儿童（15 岁以下）等。

此外，帕措成员必须遵守帕措内部的习惯法，主要包括以下九条：

（1）成员只以男性计算。凡男子自出生之日起便是帕措成员，称为“措巴”，稍为懂事（一般满 14 岁）即开始参加帕措内的会议，但直到满 15 岁才有投票权，并正式参与讨论对外的谈判与械斗，商讨战利品及抢劫物资的分配、对无男性家庭财产的继承，解决帕措内外的纠纷。

（2）女性是男子的附属品，称为“纳加”（藏文中意为“手上的东西”，指附属物），既无婚姻自主权也无财产继承权。女性可以算作帕措成员，但不能参加帕措会议，就算参加也无议事权。到了一定年龄，由帕措会议商讨其婚事，成为帕措间联系或结成同盟的纽带。婚后的地位由生男生女决定，如不能生男孩或孩子，可以由帕措安排其夫再娶。女子丧偶，由帕措安排某男去接管她和全部家产，女若私奔而生有男孩，帕措有权要回儿子并负责赔偿一定损失了结，有时还会引发械斗。

（3）帕措内无固定的领袖与办事人，一切事务由帕措会议裁决。帕措内有一名“名誉”首领，他的产生无须选举，是靠平时办事有魄力、有胆量、能说会道，受到了大家敬重而自然产生的；他的地位并不固定，也不能享受特权。帕措内大小事务都由措巴共同商定，有分歧时采取少数服从多数的原则。

（4）土地、牧场、农具等生产资料一律归帕措集体所有。以往一些帕措以抢劫、偷窃为主要生计，谁偷抢越多就越受到尊敬，但在分配所有收获品时一律平等。如帕措间逮获偷盗者，被逮方的帕措要按所盗物品的 3 ～ 9 倍赔偿。同样，在狩猎中所获得的猎物也一律要平均分配。

（5）每个成员必须全力维护本帕措利益，严守秘密，不得向外泄露内情，否则视为反叛，将受到迫害或被开除。在帕措间发生械斗或纠纷需要赔偿对方损失时，一切费用由全部成员分摊；若得到赔偿，除受害者家中留下 1/3 外，其余也由全体成员平均分配。

（6）帕措有为其成员复仇的义务，必要时可采取“血仇制”。但凡男性成员，从小都要接受维护本集团利益的教育；帕措全体成员有义务把遗孤养育成人，并教导他日后一定要复仇雪恨。

（7）内部纠纷由帕措会议解决，内部发生械斗则处以罚金，由无理一方支付给有理一方，全体成员都有爱护养育子女、赡养老人的义务。

（8）帕措采取严格的外婚制，盛行一妻多夫制婚姻，内部成员禁止通婚，与外帕措有“血仇”的不准联姻，最基本的联姻为女嫁男娶，女子婚前不得随意发生两性关系，婚后严禁通奸行为，如有违反，处予逐出家门或断腿之刑。

（9）内部有严密的道德规范。鼓励盗抢和睚眦必报的复仇行为，有“男人不抢窃，不如守灶门”和“哪家有人被杀不复仇，就砍哪家男人头”等说法，如不遵守，则可视情节轻重处予相应的惩罚。此外，主张有难同当、有福同享的思想，同一帕措内的人相互视为兄弟姊妹，走到哪里都要互相支援，患难与共。

概而言之，帕措联合周围的势力形成一个帕措父系血统的家族群体，内部的世系按父系计算，财产由男子继承，父权在家庭中有至高无上的权利。另外，帕措内部发展出种种的制度与禁忌，根本目的在于保证与强化这种“父权制”的权威与持久性。

（三）帕措的头领及议事规程

首先，帕措不分大小，都有自己的头人，这些头人是在长期的社会活动中自然形成的。他们不但是骁勇善战的主帅，而且是处事果断、巧于用计的军事指挥员。头人的作用主要是在械斗纷争中表现出来，例如，在纠纷械斗时能出主意、想办法，在解决纠纷时能讨价还价，在械斗中能亲自参加，冲锋陷阵，而且不怕死、不退却。但决定大事项时，头人须按大多数人的意志行事，不能独断专行。在帕措内部，帕措头人一般要反戴羊皮帽，这是区分头人与一般成员的主要标志，通过服饰来加以表达。

至于充当帕措头人的条件，一是出身于本帕措中具有悠久历史的家庭，年龄一般在40岁左右；二是有口才，能言善辩；三是有组织才干，在带领本帕措进行的械斗中表现突出；四是诚实可靠，处事公道，深孚众望；五是经济上有一定的实力。头人没有名额的限定，有的帕措有一两个头人，也有的有两三个头人。这些头领一般由民主推举产生，不称职者可随时除名，有才干者可以世袭，如朗年村的嘎日帕措头人已连续传到了第13代。有的帕措头人被藏政府委任为地方头人，还可借政府的势力维护其在帕措中的地位和声望。举行民主选举时，头人的能力必须让众人信服，一般获得参加会议的帕措成员一半以上的选票（按人头一人一票计算）才可当选。若有两人以上的“候选人”，则需要进行竞选演讲，主要项目有：①背诵家谱；②讲述本帕措的家史和征战史；③竞选对手之间的口才展示，即以相互对说的形式展示个人通过使用对比、类比、比喻等形式，发挥出辱骂对方的“才干”。一般平时善战、好斗、能抢、善辩的人会占据上风，这是因为他不仅有能力提供本帕措的生活必需品，而且在介绍自己的能力时可以振振有词，从而获得族人的喝彩和拥戴而当选。

头人是帕措的最高行政长官和对外发言人，其职权主要包括：①对内根据情况决定每户应承担的各种摊派；②对内根据血亲远近和财产多少分配每户应承担的“赔命金”；③在遭遇天灾人祸时，对内动员捐钱捐物，扶危济困；④对外组织策划血亲复仇械斗；⑤对外代表本帕措协商“赔命金”。

头人与本帕措成员之间是一种相互尊重的平等关系，没有统治与被统治的关系，成员之间一律不分贵贱、尊卑。成员不向头人承担任何义务，头人没有个人特殊的权利，不占有任何财产，同样承担“赔命金”，血亲复仇时必须冲锋在前。如果有多数帕措成员持有异议，头人也可以随时更换。

其次，关于帕措内部集会议事的规程，在三岩地区基本上大同小异。以一次帕措内部某个成员被害并打算为此复仇的集会议事为例：

（1）本帕措中，每户必须有一男性家长参加集会。

（2）在集会时，由被害人的兄弟或儿子把被害者的血衣拿出来，没有男性公民时，由其家属拿来。

（3）把血衣展示在参加集会的帕措成员面前，让大家仔细察看，分清是枪伤、刀伤或为其他伤。经过分析，确认致命伤的部位并认定凶手，进而激起愤恨，萌发复仇的意念和动机。

（4）商量复仇的办法，明确分工，如谁去杀人，谁去抢财产，谁去抢牲畜，谁去烧房子等。

（5）宰牛吃肉，喝酒盟誓。

（6）褒贬在械斗复仇中的英雄和懦夫。参与械斗打死人者被尊为英雄豪杰而受到表扬；在械斗中缩头缩脑或被他人欺侮、唯唯诺诺者则受人讥笑。

此外，遇有天灾人祸，需要本帕措共同救济时亦要提交议事会商量。

最后，帕措内部还有一套不成文的行为规则，世代相传。其主要内容是：

（1）逢年过节必须在有山神的地方集会，熏烟祀神，头领讲经，喝酒盟誓。

（2）不准偷盗和抢劫本帕措内的财产。

（3）帕措内建房要聚集在一起，不允许私自脱离本帕措。

（4）成员必须忠于帕措的利益，不得对外泄露帕措内部研究的事情。否则视情节轻重，处以驱逐出帕措，挖眼、割鼻、割唇、割肉、断手、砍足等酷刑。

（5）以能抢窃、凶悍、善斗为荣，常以抢劫数量的多少来确定本人在帕措中的地位，故有“男人不抢窃，只能守灶门”的说法。

（6）同帕措男女不能通婚，否则将被驱逐出帕措或撵往他地。

（7）女人无权继承家业，若夫死则由帕措派人接管此女与其家业。

（8）本帕措内不准吵嘴斗殴，男子不得支持和参与妇女间的口舌之争。

（9）不做有损本帕措尊严和声誉的事情，如不允许乞讨，但可以抢劫。

（10）在对外复仇的械斗中要冲锋陷阵，必要时男女都要出动，但一般不杀害妇女，否则会被耻笑。

（11）本帕措全体成员共同承担杀人赔偿的费用。

（四）帕措的械斗与协调

首先，不同帕措之间的械斗会经常性地发生。事实上，械斗已经成为了三岩人日常生活中的一部分。械斗复仇的引发一般有三个方面的原因：一是历史上延续下来的旧恩怨；二是发生有损本帕措声誉的两性关系等事情；三是日常生活中偶发的琐事，如酒后失言、斗殴称强。第一种称为“普卡”，即由于男方原因所产生的争斗，即血仇；第二种称为“姆卡”，即由于女性原因所产生的争斗；第三种统称为“则莫果”，即除了男女关系之外的各种引发争斗的原因。

帕措以人众枪（刀）多者为强，虽有大小之分，但互不隶属，各自独立。本帕措中很有威望的头领，对其他帕措没有任何的约束力。帕措之间只有势力之大小、经济贫富之不同，不存在依附和从属关系。在有些特殊的情况下，一个帕措内部可以分为两个帕措，但对外为了显示自己的势力则统称是一个帕措。有些情况下，几个帕措可联合起来向另一个帕措或另一个帕措联盟复仇。例如，新中国成立初期，山岩乡劣巴村梅哥帕措与着戈下桑帕措因为争夺女人引发械斗，双方僵持不下，各有伤亡；后来梅哥帕措投靠松果帕措，着戈下桑帕措投靠拉确帕措，双方再次发生械斗。经过月余的鏖战，最后松果帕措获得胜利，着戈下桑帕措全体成员被迫逃往江西（即三岩）避难，拉确帕措则与松果帕措讲和，松果帕措烧毁了着戈下桑帕措的 7 所房子。

械斗时，还有一些象征性的表现。每个帕措都有自己统一的鲜明的标志，以区别于其他帕措的成员。如木协阿比次登帕措成员留有八字胡；东达村次仁帕措成员的头发穗上带有红绸布条；敏都益西帕措的标志在鞋带上。行为上，如甲方拿斧头在乙方一户大门口砍一斧，算是挑战；乙方去对方大门口回砍一斧，就算应战，一场械斗就此开始。有时帕措之间的械斗可持续很长的时间。例如，木协乡跌尔帕措和达穷帕措打冤家长达百年之久，一直持续到 1954 年才结束，双方在多次的械斗和仇杀中一共死了 250 多人。又如，山岩乡的松果戈巴与木勒戈巴从 1939 年一直打到 1947 年，双方损失惨重，死 20 多人，毁房 50 多间，许多人倾家荡产，流浪他乡。

帕措间既有纷争和斗争，又有联盟和团结。联盟的目的是为互相声援支持，壮大对外械斗的力量。有时两个帕措之间虽有矛盾，但如果存在共同的利益也可以合为一体一致对外。如泽达的桑米尼帕措和主东尼朗帕措，对外是一个帕措联盟，他们有时还联合上、下朗年的祥萨帕措和得若帕措一致对外。联合的方式是由双方头领喝血酒盟誓，或者共同寻根问源，找出原来都是同一祖先后代的线索，以此强化相互的关系。

极个别小的帕措因户少人寡，势力单薄，而被大帕措兼并，称为“差罗”。有的村庄也有不是帕措的家户，这些家户因怕被当地帕措和外来帕措凌侮，必须依附其所在村庄的帕措，并尽帕措的义务。这样当他们受到侵害时，所依附的帕措才肯出力帮助。

帕措的每次械斗活动都有一套完整的仪式。当某人或某家被外帕措的人欺侮或者遭到抢劫，他便请本帕措的男女老幼集会喝酒，乘着酒兴把被害情形详细诉说，请求本帕措的人帮他复仇。年长者多主张调解，少壮派则多力争械斗。最后，由头领根据少数服从多数的原则决定行动。

每次实施复仇前都要商量具体的行动方案，并具体分工，明确责任，到时各尽其责。由于械斗复仇的预谋和准备是秘密进行的，复仇的行动是在对方毫无防备的情况下，出其不意攻其不备，因而出击一方往往必胜。若首次复仇没有达到目的，还有再次复仇的可能。但这时就由主动变为被动，因害怕对方来报复，只能集体居住在一起，不敢单个行动，以防不测。在这种情况下，还可请人在中间调解，实行缓兵之计，待对方毫无戒备时，再次突击行动。

其次，械斗往往具有社会危害性，如果持续时间长、械斗规模大，将严重影响到人们正常的生活秩序。有鉴于此，处理好帕措之间的矛盾与械斗的协调工作，对于当地人而言是一个意义重大的政治事件。解决械斗的途径，一是邀请其他帕措头人（或宗教领袖，如寺院活佛等）出面调解。二是发生冲突的双方中有一方主动求和，由理亏或战败方赔偿给获胜方总数多达 27 件的物品，按照好、中、差共三套每套 9 件来计算；如果胜方接受这些物品，意味着械斗暂时得到了解决。然而，失败的一方总是重新积蓄着力量，并将战死者的血衣等物收藏起来教育后代，提醒他们长大以后早日复仇。因此，短暂和平中往往潜藏着新的危机，新一轮的械斗又即将爆发。

至于协调赔偿金问题，也是一件十分烦琐的事情。多年来的械斗使得当地就受伤和死亡都有一个大致的赔偿价格。但赔偿金要由双方协商，并共同邀请一个彼此都能信任的中间人（有时有威望的喇嘛也充当调解人）出面斡旋。协调时双方共选一地方举行会议（时间可持续数天乃至数周），在中间人的监督下，双方帕措头人就赔偿金问题采取用石头投票的方式（一块石头代表一定的物品数量），以决定一个能让双方都感到满意的数额。如果其中一方就金额的问题迟迟未能表态，中间人有权前往（或派人到）这方家人中做思想工作。在此期间，中间人甚至要与其同吃同住，对方也有义务负担中间人的伙食，直到这家人最后同意为止。

诚然，赔偿金也会存在“以大欺小”的情况，即大帕措能够获得较多的赔偿，小帕措获得的赔偿则要少许多。例如，1940 年，沙东乡雄巴村的田果帕措前往阿香村的玛德果帕措抢劫牲畜，由此导致械斗。最后玛德果帕措死亡 2 男 1 女，田果帕措也死亡 1 男。田果帕措自恃人多势众，要求对方赔偿各种牲畜和物品，总价值六七万元。可以说，这六七万元只是当时一条性命的价格，新中国成立初期该命价除了牲畜和物品外，还应该包括 1 ～ 3 万元的现金，时至今日，该命价已翻了数倍之多。例如，1994 年，由外来的格欣活佛牵头，在罗麦乡朗岩村，朗岩帕措和德若帕措就 30 年前的血仇商议赔偿金，最后双方议定给死者赔偿土地 10 余亩，牲畜 12 头，瑟珠 4 个，价值 4 000 元的粮食和炊具，另外赔偿现金 4 万多元，总价高达 50 万元。

二、帕措的动态结构

必须指出，以上描写仅涉及帕措的内部结构。这是一种静态的结构，部分反映帕措作为一种政治组织的理想状态，却无法说明帕措时刻处于一种动态的调试过程当中。帕措械斗与协商，实质就是一种动态的结构，是对整体稀缺的生态环境的有效适应，且一直居于变动轮换的状态之中。若无法对这种动态的结构加以把握，则无法说明帕措的实际运作情况，也不能对社会变迁进行有效的解释，更谈不上就其未来走向作出正确的判断。

（一）钟摆理论

事实上，关于帕措之间的械斗与调解，用埃德蒙·利奇所提出的"钟摆理论"可以得到很好的阐释。利奇主要对缅甸的克钦人[①]进行研究，他的理论主要解决这样一个问题，即社会是否是稳定的和具有内部一致性的呢？实际上这是一个关于社会发展的动力是什么的问题。利奇发现，在克钦社会的氏族集团间的亲属制度和政治活动中，存在着三种制度模式，其中有两种互相对立：一种是贡劳制（gumlao），是一种讲究人人平等的均权、无政府主义制度；另一种是贡萨制（gumsa），是一种存在等级差异的制度。第三种则是能对贡劳制和贡萨制共同施加压力的掸人政府制度，是一种类似于封建专制的等级制。在掸人政府制度的作用力下，克钦社会制度呈现出一种动态的状况，时刻在贡萨制和贡劳制之间进行钟摆。[②]

必须指出，婚姻制度和亲属制度在其中发挥着重大的作用。例如，贡萨制采取的是与下层阶级或地位较低的人通婚的体系（高层妇女外嫁到下层），名为"墨尤—达玛婚"；与此相反，掸人政府制度则采取与上层阶级或地位较高的人通婚的体系（低层妇女外嫁到上层）。贡劳制中，婚姻是一个封闭的圆圈，每个人都应该遵循对姻亲所持有的义务，妻子之间的交换是平等的，任何一个氏族都不能享有优先于他者的绝对权利。贡萨制中，由于位于高层的男人把自己的姊妹外嫁到下层的成员中，姻亲之间的关系转换为一种主导与从属关系。随着聘礼从新郎家流入新娘家，位于高层的男人潜在的妻子数虽然逐渐减少，但所积累财富却在不断增加。由此可见，就参与交换的人而言，财富与地位相比显得更为重要。这样，亲属制度、阶级分层、历史和意识形态便组成一种复杂的社会结构，它们共同构造出一种动态的关系。在此基础上，利奇进一步提出了"社会转变的理论"，构想出转变的三种动力：一是物质环境或生态学上的动力，二是政治环境或政治历史的动力，三是英雄人物的动力。[③]

---

① 国内称克钦人为景颇族。

② Leach E R. *Political Systems of Highland Burma: A Study of Kachin Social Structure*. The Athlone Press, 1964/1954.

③ 同上书，第 228～229 页。

龚佩华曾对国内的景颇族进行过长期的研究，她认为利奇所提出的三种动力的理论有一定的道理，但作为完整的社会制度变化的理论则有明显的缺陷。在她看来，利奇忽视了克钦社会本身不断生产的活力，这种力量来自广大克钦人强烈的生存意识、开拓意识，以及对生活的追求。社会生产力的发展使得他们从原始社会演变为贡萨制社会，贡萨制社会的政治制度与农村公社的两重性相适应，当私有制完全确立时，贡萨制必然被贡劳制所替代。“墨尤—达玛婚”的实质主要是借联姻在血缘上建立一种长久的舅甥关系，以便相互间在个体力量不足时得到对方的帮助。当生产力得到较大的发展时，舅甥血缘纽带的作用完全被纯经济利益关系所代替。所谓贡劳制回复到贡萨制，是因为新兴的贡劳头人在与旧贵族的斗争中失败，或因新兴的财富贵族发展成为独裁者，即使回复到贡萨制，也只是存在一个旧的躯壳，其实质已经发生改变。① “由于利奇没有从古姆萨②社会的内部去寻找演变的根本动力，没有从历史上去了解古姆萨制度之产生、形成和演变的全过程，当然也就不能分清古姆萨制度的原生态和演变形态，因而也不可能了解演变的真正动力。”③

由此可见，对克钦人进行研究，利奇和龚佩华均强调人的主观能动性作用，无论是英雄人物还是人们群体自身，都是推动社会进步的动力来源。然而，从三岩的实际情形出发，由于受生态环境与社会环境的双重作用（即整体稀缺），三岩社会也处于某种钟摆状态之中，此钟摆状态更多地与帕措作为一种政治制度居于生产关系的层面有关。一般而言，三岩社会的钟摆可分为内部与外部两种。

首先，三岩社会内部的钟摆，主要是在帕措之间不断地发生械斗与协调的转换（参见图2－7）。

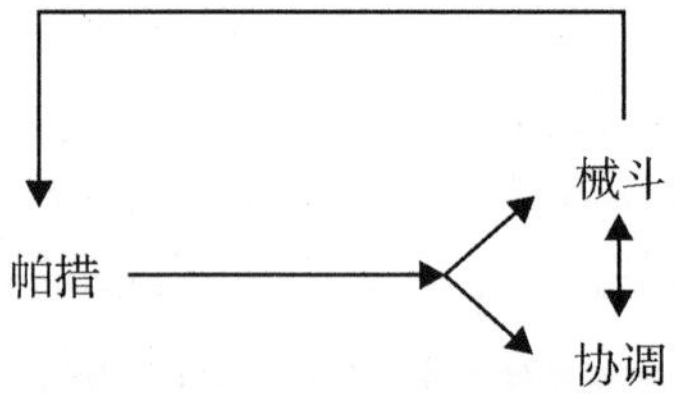

图2－7　三岩社会内部钟摆结构

长期以来，帕措这种组织形式是在无政府的状态下自行发展的，直到20世纪50年代“民主改革”以前依然发挥着重要的社会功能，其影响保留至

① 龚佩华著：《景颇族山官制社会研究》，中山大学出版社1988年版。

② 古姆萨制度指贡萨制，两者译名不同，内容相同。

③ 龚佩华著：《景颇族山官制社会研究》，中山大学出版社1988年版，第152页。

今。可以说，帕措的形成，归根到底离不开特定的生态环境、历史、经济、亲属制度和宗教等因素的作用。由于恶劣的生态环境所施加的文化迫力，三岩内部的人际关系不断地强化，进而上升至仅以父系血缘来认同的程度，最终形成了帕措制度；另一方面，又由于当地资源紧张、生活资料匮乏，因此不可避免地引发各种形式的政治冲突（如草场冲突、盗抢、血仇等），而解决冲突的动力来自帕措的实力大小。那么，帕措之间的械斗与协调究竟如何有效地运作呢？正如前文所述，帕措内部可分为若干个等级，如“学”、“仓（冲）”、“布”等。例如，当处于“学”级别的子帕措安尼卡学和色苦之间发生纠纷时，如果彼此不能解决问题，它们可联合各自所属的上一级的“仓（冲）”帕措夏戈和麦果来加强自身的力量；如果在这一层面上问题依然未能解决，还可以再上溯到更高一级的、属于“布”级别的帕措夏戈和安帮。通过这种方式，械斗的规模不断扩大。当涉及全体帕措的根本利益时，所有的帕措又以欧恩帕措的名义团结起来一致对外，这也是当地所宣讲的“天下帕措（戈巴）是一家”的说法得以成立的理论基础。由于帕措之间存在既联合又分离的关系，大小帕措之间的械斗，其规模与频率总能够控制在一个适当的范围内，一方面，帕措之间由于悬殊的实力使得问题很快得到暂时的解决；另一方面，又能保证械斗不至于过于频繁而使得日常的生产劳作无法持续下去。这是因为三岩帕措之间的械斗，归根到底并非决定性的争斗。究其原因，在于争斗不外乎其生存本身的一种契机而已，多数斗争是零星地、不充分地进行着，未及分出彻底的胜败就一定程度上彼此分离或中立了。①

其次，三岩社会外部的钟摆，主要发生在帕措与生态环境及社会文化（整体稀缺）之间的相互转换。与内部的钟摆相比，外部钟摆的情形要复杂许多，涉及四个层次的相互作用关系，分别：①生态系统；②生产力；③生产关系；④上层建筑（参见图2－8）。

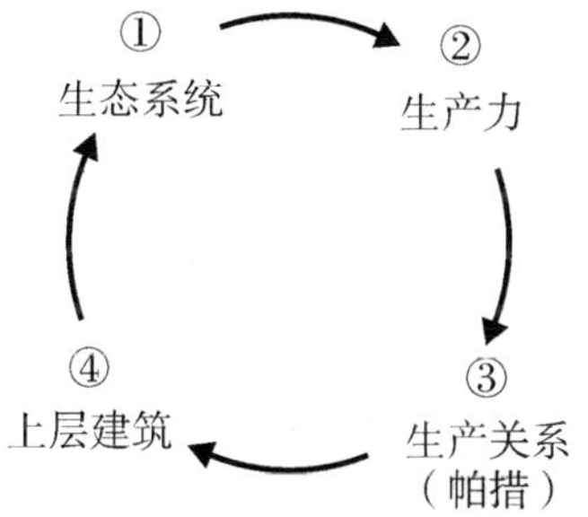

图2－8　三岩社会外部钟摆结构

四个层次的从属关系如下：生态系统限制生产力的发展，生产力又限制生产关系，生产关系反过来主导生态系统与上层建筑。就三岩社会的具体情形而言：首先，相对恶劣的生态环境限制了三岩社会生产力的发展；其次，与生产力相适应的，是三岩人发展出帕措这种社会与政治的组织形式，并使其成为一种生产关系；最后，帕措作为一种生产关系一经形成，必然对作为上层建筑的家庭、政治、宗教等要素施加反作用力，进而能动

① （日）丰增秀俊著：《原始社会》，叶渭渠、唐月梅译，中国文联出版公司1991年版，第52页。

地适应与改造着生态环境。在涉及四种层次的循环式的钟摆过程中，帕措无疑居于核心地位。从这个意义上讲，促进三岩社会演变的根本动力，实质来源于生产方式对生产力的能动性适应与反作用力。

（二）帕措的社会功能

事实上，对三岩社会外部的钟摆所做的描述，已经涉及帕措所承当起的社会功能。在笔者看来，帕措最为重要的一个社会功能，是对生态环境与社会文化发挥出一种制约性的作用，是对生态环境的有效适应。

1. 人口调节

首先，这种制约性功能体现在它调节着三岩社会的人口总数。正如前文所述，三岩的生态条件可以用“稀缺”一词来概括，具体表现为气候干燥、降水量少、自然灾害多、可开垦利用的耕地稀少、精细化程度不高、草场资源紧张等。可以设想，三岩仍然处于原始社会“刀耕火种”的生产阶段，有限的自然环境所能承受的人数必然有限。然而，三岩社会中经常性发生的械斗，实质承担起一个调节人口基数的社会功能：一方面，不断有帕措成员在械斗中死亡；另一方面，一些帕措惧怕血仇，不得不集体搬迁到外地，从而减少了潜在的家户数。例如，民国时期，金沙江东岸山岩乡的赖莫戈巴与另外一个戈巴发生了械斗，赖莫戈巴死亡 12 人，从此元气大伤，仅剩下 2 户。又如，1932 年，山岩乡门哥戈巴色克家族联合本戈巴的壮年男子偷窃日噶戈巴热邦家的牛，被日噶戈巴的人发现，双方随即发生了械斗，日噶戈巴的头人热噶杜下被打死，后来经过协商，门哥戈巴赔偿了热噶杜下的命价以及一切损失。日噶戈巴经过一年多的准备，对门哥戈巴实施突袭，杀死门哥戈巴 2 人，抢走门哥戈巴全部的重要生活物资，并将其族人赶到了义敦一带。由此可见，从人口统计的意义上考虑，以上两方面的因素均能有效地减少三岩当地的人口总数，使得当地的自然环境与人口承受数维持在一种动态的平衡状态当中。

2. 血缘认同

其次，这种制约性功能还体现在三岩社会的血缘认同上。从社会层面考虑，帕措绝非随意的一些人或家庭拼凑而成的，而是完全围绕父系血缘认同为原则组织起来的。换言之，帕措的每位成员，都与其他人存在血缘关系或姻亲关系，但父系血缘的关系显得尤其重要。同一帕措内部可能由于血缘过近而严禁通婚，因此他们必须与其他帕措通婚，但帕措与帕措之间的社会关系，并不完全是建立在血缘基础之上的。由于帕措只认父系血缘，帕措之间并不因为彼此之间通婚而巩固相互之间的关系，因此帕措之间的械斗始终无法终止下来。另一方面，外部械斗时刻存在于人们的意识当中，反而强化了帕措内部的群体凝聚力，最终确定以父系血缘为认同依据的社会组织。如果说帕措械斗在调节着三岩人口的总数，使其与生态环境建立一种动态的平衡，这种调节可能源自于一种社会性的无意识结构；那么相比之下，帕措内部的血缘认同原则明显是一种主动性的社会意识存在。

3. 经济影响

再次，这种制约性功能在三岩社会的经济生活中同样发挥着深远的影响。由于三岩当地盗抢成风，械斗随时爆发，“血仇制”的阴影又时刻压抑在人们的内心，再加上宗教观念的影响，周转流动的世界在三岩人的眼里不外乎是人生的一次短暂的轮回而已。这种主观性的思想认识，不自觉地促使三岩社会的社会财富快速转移和消耗。如果把人们的经济生产活动分为正常的与非正常的两种，则非正常性的经济项目已在总体经济收入中占据一个相当大的比重。三岩人尤其看重的财富主要是土地、牲畜、刀枪、马匹等。获得财富的主要途径有三种：一是盗抢；二是婚礼的嫁妆；三是赔偿。

第一，土地一般为集体占有，虽然可在内部买卖，但价格昂贵，仅在一些特殊的场合（如作为自己女儿的嫁妆），一个帕措才把原属自己的一份土地赠给另外一个帕措。

第二，牲畜既是牧区的生产资料，也是生活资料，发生在三岩社会的械斗大多与牛、羊等牲畜或草场的纠纷有关，就连商谈赔偿金时也要用牲畜来进行折算。然而，牲畜是一种最容易受破坏又难以恢复的生产资料，处理得不好就会造成严重的破坏和损失，给人民的生活带来伤害和不稳定的因素。

第三，刀枪数量的多寡，总体上反映出一个帕措的实力大小。如果一个帕措拥有的刀枪（特别是枪）多，就会在无形中形成一种威慑力，使得其他帕措不敢轻易对其实施盗抢。因此，大量的财富用于购买刀枪，无论是枪支还是钢刀，均须从外地购入，甚至还有人专门跑到国外（印度、缅甸、越南等地）去购买枪支。据民间的说法，三岩基本上家家户户都有枪或曾经持有枪。一份拟自 1962 年的登记表显示，三岩地区 82 个大小帕措 681 户，总计拥有钢枪 196 支、火枪 246 支、战刀 943 把、马 200 匹。① 据金沙江西岸敏都乡干部的描述，2005 年，乡政府曾突击收缴枪支，一天之内在乡里就缴获了各类军用枪支近 60 支。这些足以表明三岩拥有刀枪的情况究竟达到何种程度。

第四，在三岩这样的高山峡谷地区，马匹主要充当交通工具，一般不从事畜力劳作。如果两个帕措相互发生械斗，马匹数量的多寡往往决定一个帕措在机动性方面能否拥有优势；然而，饲养马匹也是一项耗资颇大的项目，不是一个家庭随意可以承担得起的。值得指出的是，本帕措成员外出抢劫，养有马的家户有义务提供马匹服务，并可按照自己“参股”获得一定的盗抢回

① 《帕措情况登记表》（1962 年），资料来源：贡觉县档案馆。

报。综上所述，三岩的主要财富体现在非正常的生产活动上，既不稳定，也易于发生丧失、转移、消耗，这无论是对于个人还是社会，都是极其不稳定的因素。

大量的财富基本消耗在非生产性的项目上，这对三岩社会造成了一个直接的后果，即不利于社会财富的积累。事实上，三岩社会已经出现正常的生产活动无法支撑非正常的生产活动消耗的情况，入不敷出是经常的事，三岩家庭中无口粮、缺口粮达数月之久的情况也时有发生。例如，1964 年，三岩地区九乡①内部发生借贷口粮总量达 235.5 藏克，涉及 148 户，解决 120 户 616 人，其中特别困难的有 46 户达 146 人；② 1966 年，三岩雄松区经社贫代会摸底核实，当地无口粮或缺粮的共有 169 户 584 人，其中无口粮的有 38 户 58 人，缺粮两月的有 19 户 51 人，缺粮一月的有 120 户 485 人。③ 1965 年至 1966 年期间，三岩的一些村子发生过多起集体外出乞讨的事件，甚至还出现了饿死人的情况，引起了贡觉县人民政府的高度重视。④

一方面，财富不是用于生产资料的再生产，而是用于非正常性消费，另一方面，家庭经济生活出现入不敷出的状况，一个可能的结果是促使三岩人铤而走险，外出实施盗抢，以解决自身“有机体”要生存下来的首要需求，由此形成了恶性的循环，甚至养成“吃一天找一天”的生活惰性。一些当地的乡干部指出，三岩地区的贫困户数在贡觉县名列首位，一些家庭干脆依靠政府的救济款度日，“等、靠、要”是他们给人留下的初步印象。一方面，社会生产落后，生活资料匮乏，另一方面，盗抢又成为了风气，生活没有保障，三岩长期处于贫穷落后的局面，整个社会处于极不稳定的状态之中。

由此可见，本来三岩地区生产力水平就极其低下，加上大量的资源耗费在非正常性生产上，没有建立起生产资料再生产的良性循环，生产受到了很大的影响，连基本生活所需的口粮都出现了短缺的情况。为此，盗抢成为了非常规性的生产活动项目，这明显是三岩人解决生计所想出的一种权宜之计。另一方面，三岩人们为了生活下去，势必要依靠血缘关系和亲戚之间的帮助，同时要求具有原始公社时期平均主义与互惠型特征的经济模式长期存在，落后的生产生活习俗促使三岩社会在民国时期的社会经济长期处于萎缩的状态之中，这也是帕措能长期存在下去的基础。因此，帕措通过偷盗、抢劫而来的财物，需要在内部平均分配，帕措与帕措之间因械斗所获得的战利品，也需在内部平均分

① 三岩地区九乡分别为上缺所、下缺所、阿尼、雄松、岗托、木协、拉巴、康泊、拉则。

② 《1964 年三岩地区基本情况统计表》，资料来源：贡觉县档案馆。

③ 《雄松区关于安排群众生活情况报告》，资料来源：贡觉县档案馆。

④ 参见 1966 年《关于群众外出讨饭问题的检查报告》、《关于罗麦、克日、从昌、沙东四乡群众外出讨饭的检查报告》、《关于对木协乡饿死人情况的调查报告》等，资料来源：贡觉县档案馆。

配，这些平均主义的做法之所以在三岩社会盛行也就不难理解了。诚然，帕措族人还有相互帮助的义务，如帕措组织集体性活动所需花费的物资（如粮食、酒和马匹等）均由帕措内部按人头或户数凑足；平时帕措内部发生重大事情，如红白喜事或支付因械斗而产生的赔偿金时，费用也由全体帕措成员共同分摊；此外，帕措内部成员还要承当起抚恤无父的孤儿和无儿的老人的义务；等等。

4. 政治影响

最后，从政治层面来看，帕措内部的领导权显得非常松散，帕措成员具有前部落时期平等参政的特色。帕措头人由集体选举产生，一般不能世袭，担任帕措头人有一些特殊的要求，如在帕措内部有较高的威信，口才较好，勇武好斗，曾杀过人等；即便如此，他们也无法使用权力来强迫其他帕措成员遵从违背自己意愿的命令，人们也没有必须绝对听从他的安排的义务。总体而言，帕措内部成员平等参政的特色，明显受到经济因素的主导性作用。由于生产力低下，非正常性生产又占据了很大的成分，社会不稳定因素居多，社会财富无法积累，不可能出现多余出来的财产以供消费。例如，在克钦社会中，一个富有的世系头人经常要为整个村子举办盛大的节日盛宴，由此说明他在社会政治生活中发挥着重要的影响力，他也因此被认为与神灵世界有着更为密切的联系。头人的世系也与其他的世系群被区分开来，因为他能通过追溯自己的祖先，进一步密切自己与神灵之间的联系。因此，具有均权主义性质的贡劳制渐渐演化成为具有等级差别的贡萨制。① 相比而言，三岩社会本身就没有多少剩余财产，帕措头人利用财富增强自己威望进而实现世袭制的途径根本无法实现，因此，三岩社会迄今还保留着前部落时期平等参政的特色。

概而言之，作为一种经济、政治和文化制度，帕措一经形成便具备一定的结构与功能。首先，就帕措的结构而言，它可分为静态的和动态的两种。静态的结构具有相当的稳定性，动态的结构时刻处于一种钟摆的状态。钟摆又可分为两种——内部的与外部的。内部的钟摆涉及械斗与协商和帕措之间的关系，外部的钟摆的情形要复杂许多，涉及生态系统、生产力、生产关系、上层建筑四个层次的相互作用关系。由于内外部均发生钟摆的情况，三岩社会的内部获得持续发展的动力，因此一直居于某种动荡的状态之中。其次，就帕措的功能而言，它体现出一种制约性作用，无论是在人口统计、社会，还是在经济、政治等方面，均有效地制约着三岩社会获得进一步的发展。从这层意义上讲，帕

---

① Leach E R. *Political Systems of Highland Burma: A Study of Kachin Social Structure*. The Athlone Press, 1964/1954.

措既是一种强化群体凝聚力、促使社会发生变迁的内在动因，又是一种制约着社会获得快速发展的社会力量。

第五节 “血仇制”的原理

如前文所述，帕措内部的动态关系表现在械斗与协商之间发生了钟摆，本节集中关注这种钟摆状况的内在动因，即“血仇制”的运作原理以及存在根源。由于“血仇制”的存在能在无形中产生一种威慑力，促使械斗之后的涉事双方总在协商工作上很快就能达成一致。

一、血仇与调解

一般来讲，引发械斗复仇的原因，一是历史上沿续下来的旧恩怨；二是发生了两性关系等有损本帕措声誉的行径；三是日常生活中偶发的琐事。一般械斗之后，容易导致结怨双方的复仇行为。如果复仇涉及两代或以上的家庭成员，则可称为“血仇”。血仇在三岩的语言中称为“帕夏累”，意译为报父仇。血仇的基本意义在于维护父系亲属关系的权威，同一帕措内若有一人被杀害，此仇非报不可。三岩峡谷的血仇不是帕措之间相互以消灭对方为目的的报复，实际上随着帕措势力的发展，小帕措一般不敢与大帕措发生正面的冲突，而大帕措之间也往往形成势均力敌的均衡态势。理论上讲，很难发生某一帕措被彻底消灭的情况；当然，不能排除历史上曾有个别帕措在此类的冲突中消失了身影。

血仇仅仅针对帕措内部成员发生作用，是不同血缘群体之间的一种实际联系，虽然也有因为女人引出的血仇，但是最终仍然要归结为某个帕措成员的死亡，才可以将血仇转化为整个帕措的责任。普里查德亦指出，血仇作为一种血缘群体之间的“结构运动”对以血缘为基础的村落社会发挥着重要作用，“每个社区都通过某种方式同一个宗族联系起来，结果，社区中所有不属于该宗族的成员都在政治关系上被同化进这个宗族中来，从而，这种政治关系常常以宗族价值观的形式表达出来”①。在普里查德看来，血仇正是这样的一种方式，将地缘群体与血缘群体紧密地联系起来。然而，三岩的情况却有所不同。以三岩地区盛传的德村与雄松村的血仇为例，据说这是一起发生在一两百年以前的

---

① （英）埃文思·普里查德著：《努尔人——对尼罗河畔一个人群的生活方式和政治制度的描述》，褚建芳、阎书昌、赵旭东译，华夏出版社2002年版，第184页。

冲突（也有说几十年前的），今天生活在雄松村与德村的三岩人已经不能准确说出最初发生冲突的原因，而仅仅能说出报复血仇的经过。

据说，民国时期，一个丢失羊羔的人承诺要是一个牧羊人帮忙找到羊就赠送他一发弹壳。当牧羊人找到羊后，这个人不但违背了他的诺言，反而说要“给他五个手指”（手指扣动在扳机上）。当时，牧羊人只有让这件事情不了了之，但是之后遇到这个人，就会一再让他兑现诺言。这个人再次并不友善地拒绝了他，继而立刻被盛怒的牧羊人所杀。不幸的是，杀害事件发生时正是一个耍坝子的季节，许多帕措成员正在草地上聚会。很快，死者的兄弟，包括同一个祖先继嗣下的所有男性向杀人者的兄弟寻仇。1 小时之内，14 个男性便因为一发弹壳相继丧生。由于两个村庄是邻居，双方不断发生冲突，很多人在日常劳动的时候被对方的人偷袭丧命。最严重的时候，甚至双方没有一个男人敢在白天离开康尔（三岩碉楼）。如前文所述，三岩境内到处是高山峡谷，缺少坝子（平地），人们只好自己在山坡上开垦荒地，并将康尔建筑在自己的土地之中。高大的康尔实际上既是现实生活的基本空间，又是有效的作战防御工事。站在康尔内可以俯视整个村庄的田野，一旦发生战争，三岩人就躲在康尔里，利用墙壁上事先留下的枪眼监视四周的动静。此时，两个村庄的康尔里随时都有人在枪眼的另一侧观察着村庄的动静。因为帕措的血仇不牵扯女人，除非女人身怀六甲，考虑到生下的可能是男孩，才不得不将女人杀掉，所以，日常的生产活动——砍柴、背水、种田等只好全部由女人进行；男人们唯有躲藏在家中，等到夜晚出来活动。由此可见，所谓的血仇并非意味着绝对发生在帕措之间的冲突，因为如果冲突达到帕措的层次，空间上接近的两个村庄必然发生集体性的械斗和战争，不可能持续不断地进行这样的暗杀行动。

对这一血仇事件的记忆，之所以被三岩人保留至今，除了血仇使得彼此的暗杀行动一直延续到并不遥远的 20 世纪 50 年代这一时间上的原因以外，还因为其中有一个年轻人的“英雄”行为得到三岩人的普遍认可。据说当时这个年轻人的父亲不久前已经在一次仇杀中失去了生命，他和几个兄弟商量后决定自己挺身而出，维护尊严。经过反复考虑，年轻人趁夜溜出自己的康尔，进入仇人所在的村庄。他成功地躲开了对方的监视岗哨，直接来到仇人的房下。但是高大而坚固的康尔，使他没有办法采取自己预先计划好的行动。于是，年轻人藏在这个康尔的楼下。康尔虽然比较坚固，适于作战需要，但也是生活的空间，因此也存在漏洞——康尔的厕所。康尔的厕所设置在三楼或二楼，一般伸出康尔建筑，下面悬空，粪便直接落在一楼的外墙角。因为宗教的原因，三岩人虽然经营农业，却并没有收集肥料的习惯——他们认为人的粪便有毒，不能用来种植庄稼，所以粪便随意处置。而且，三岩的具体环境也不适合汉族地区常见的粪肥处理方式的实施。前文已述，由于三岩土壤多石、水源珍贵、没有平地、气候寒冷，不适合建造化粪池以集中粪便进行发酵，更不利于毒气的排放；这样的环境反而令粪便易干，使其更适合通过土壤与风化自然消解。因此，厕所之下实是一块普通的平地，虽有粪便少量堆积，却不会形成汉族所习见的粪池，平时这里也一样可以作通路。年轻人就躲在粪堆旁边的草丛之中，就这样等了几天几夜，终于有一日，年轻人看见仇人如厕，立刻在草丛中开枪射击，一枪命中，完成了报仇的使命。事成之后，年轻人立刻飞奔回村，宣布胜利的消息。当然此后血仇并没有消失，仇杀依然继续，据说不久年轻人也在一次偷袭中被对方杀死。

可见，在三岩人讲述的关于这一血仇的故事中，年轻人关心的并不是帕措的利益，而是自己的父亲被何人所害。因此，他并没有站出来组织整个村庄同一个帕措的人一起向敌人发起进攻，而采取了个人主义的“英雄”策略，独自完成报复血仇的使命。

从结果看，任何一种纠纷一旦变成血仇关系，也就宣布了没有尽头的战争的开始，对三岩人而言，血仇与世仇没有差别。这一点有别于努尔人的社会，努尔人的宗族裂变支结构决定了其个别裂变支的血仇需要通过各种方式转译为整个宗族社区的世仇。三岩峡谷一定程度上也可以理解为一种裂变的结构模式，但是三岩峡谷并不需要任何文化策略来完成对个别支系上的血仇向整个血缘村落的世仇的转变。三岩人认为，报复血仇首先是个别家系内部的事情，所以每个三岩人都知道一定要保证血缘的延续，因为一旦某一代人不能报复血仇，血仇就会自动传给下一代，如此不断传承直至成功报仇，从而在裂变支意义上的每一个支系上，血仇经过时间自然转变为世仇。

三岩人的血仇总是弥漫着某种个人主义的气质，即一人或数兄弟一起找仇家寻怨，这一过程是不会牵扯到帕措力量的。这也从另一个角度说明，血仇仅仅局限在血缘谱系的个别分支之中，这一分支实际上就是三岩峡谷最小的血缘结构，帕措对这种血仇或世仇并没有绝对的义务与责任。目前还没有发现某一个帕措与其他帕措存在整个帕措意义上的血仇的案例。这与帕措体系似乎存在某种矛盾，因为任何一个最小规模的谱系都有发展成为帕措的可能，这样祖先的血仇既然总是传给子孙，逻辑上应该出现帕措之间的世仇。

解释这种矛盾的出现需要考虑三岩特殊的经济模式。严重依赖于自然环境的三岩经济，很难生产出足够满足人口迅速扩张需要的产品，因此由最小的血缘谱系发展成为帕措的过程总是非常缓慢的。而且，一旦帕措发展起来，并且规模日益扩大，则其成员必须离开原先的聚居点向更远的地方迁徙，只有不断开拓新的生存空间才能解决人口与土地间的矛盾。血缘关系从而必须面对地理空间的挑战，因此帕措的关系面临因为地域迁徙造成的弱化的危机。所以，可以聚居生活在一起的小型的血缘关系才对三岩人具有现实的意义，从而血仇得以有效限制在聚居生活的血缘体系之内。

由此可见，由于血仇机制的存在，促使帕措械斗与仇杀被控制在社会许可的一定范围之内，也使得相互之间的协商与调解成为了可能。由于复仇本身是一种对可见利益的毁坏①，因此每次解决纠纷的直接目的都在避免出现复仇。而来自对方复仇的压力，则是保证一方接受调解的重大原因。调解的直接目的在防止复仇，而复仇则保证了调解得以成功进行。因此，复仇和调解相互约束，相互影响，交替对社会进行控制，达到稳定秩序的结果。没有调解，就会出现要么强势的一方在这一时期崛起，要么弱者引入外来权威的现象。没有了复仇的震慑力，私下解决刑事纠纷就难以维持。尽管复仇本身增加了纠纷，但是从另一个角度来说，也促进了纠纷的解决和抑制。复仇重新分配社会力量对比，赔偿则重新分配社会财富。因此，调解就必须尽可能使复仇只是一种威胁而不是实际发生。中间人必须努力保证双方接受裁决结果，避免复仇出现。当地人在调解中一般采用如下四种手段：

第一，调解结束后双方当事人在中间人小组面前赌咒，发誓不再复仇，这是以中间人的威信和权威来维持的形式②。如果任何一方反悔，矛盾就会转到中间人和不守信者之间。中间人小组有权在经济上处罚这一方，要求其向中间人支付多达几万元的赔偿。

第二，让双方到神山、神水、湖泊、寺庙和玛尼堆这些看起来永恒的东西旁边，对着它们赌咒、发誓。当地人认为，如果一方反悔，则厄运就会降临到这个不守信者和他的家庭成员身上。

第三，将双方各自的头发取下一缕，包好后写上名字，由中间人交到附近的寺庙，由活佛或喇嘛保管，若一方反悔，活佛和喇嘛会对所保管的头发念经诅咒，在周围的村落宣传和责备复仇者，让其身败名裂。此外，不再向这一方

① 但这并不意味着复仇只有消极意义。毁坏社会财富，或一定程度上毁灭某些原有社会关系的行为，未必是一种非理性的行为，反而有可能有利于整体社会。典型的例子如经济危机，资本家宁愿毁灭生产过剩的东西也不愿将其用于慈善捐赠，原因在于毁灭这些产品反而总体上维护了社会财富。早期民族志的研究中，也发现有一些人群周期性地毁坏积累起来的财富，来换取其他一些利益，如博厄斯发现美国西北海岸的印第安土著人举行一种"夸富宴"，以看似非常浪费的方式，把他们所拥有的大量的物品和财产都拿出来消耗光和扔到海里。

② 张永和把赌咒、发誓列为"另类规范"，认为它们在社会中起到的作用并不亚于主流的法律规范，实际上起到了主流规范的作用。参见张永和著《信仰与权威——诅咒（赌咒）、发誓与法律之比较研究》，法律出版社2006年版，第14页。在三岩地区，赌咒、发誓是常见的形式，在纠纷解决中也经常使用。

提供宗教服务，他生病时也不提供帮助。①

第四，一方如果在调解之后反悔复仇，在对新一次的伤害进行调解时，这一方必须支付比上次更多的赔偿作为反悔的惩罚，有时候甚至是上次价款的两倍。

这里并没有体现出在对汉人社会的研究中常见的，乡土社会的秩序维持主要依靠年长者的权威、伦理说教、成员内化的道德规范、服从于传统的习惯以及社区舆论的压力。尽管这些控制手段在中间人调解纠纷中或多或少有所反映，但都不是主要方式。对复仇的畏惧是赤裸裸的表现形式，在中间人主持下的调解也体现为对复仇的防止。

长期以来，这些帕措或私人之间的矛盾是通过反复的相互复仇和高额的调解赔偿交替控制，来达到相对的社会平衡，并且总体上稳定社会力量对比，维持社会秩序。② 当然，这种平衡是相对的，复仇尽管存在制度化的一面，但作为一种私力救济，很多时候是难以约束和规制的，任何一方的冲动都会使复仇超出应有的限度，引发更严重的复仇产生，这一点是调解所难以完全解决的。总体来看，三岩的复仇和调解虽然形成一种相互支持、相互限制的状态，但在微观层面上，复仇一直存在并且没有太大改观，调解本身有时也沦为形式。在这个基础上，复仇和调解也变得符号化了，一定程度上纠纷双方会利用复仇和调解来作为一种工具。例如，一些小的帕措通过强调一定要复仇来增加在调解中谈判的筹码；一些打算将来复仇的帕措假意接受调解，但又暗自把对方给自己的赔偿金原封不动保存下来，准备将来复仇之后向对方赔偿之用；更有甚者，一些家庭把争斗的血衣刀具用以警示后代一定要伺机复仇。这些都表明，尽管宏观上社会是平衡的，纠纷也得到调处，但是复仇和调解依然缺乏规制和约束。虽然三岩人毫不怀疑它们的有效性和合理性，但是其不利的一面也体现得淋漓尽致。

---

① 当地人常常请喇嘛到家里念经，每年都要超度已故的人，发生意外事件、遇到不好的兆头、生病、举行婚丧仪式等都要请喇嘛做法事。如果生病，惯常的做法是先请喇嘛打卦，确定医治的方式，再进行医治。所以活佛和喇嘛这些宗教人士在当地人生活中扮演不可缺少的角色，失去他们的信任和帮助，对当地人来说是一个严重的惩罚。

② 格拉克曼在有关非洲未开化社会的个案研究中对纠纷的性质有类似的见解，在那个非洲部落中，各种各样的大小组织基于亲属关系或地域关系组成，人们处于“在同一个组织中是友人，在别的组织的则是敌人”的社会关系中。各组织的联合和纠纷不可分离地密切结合，而纠纷则以“公然争论”的形式为习惯，并导致了仲裁制度的产生。在各种社会关系和价值体系的影响下，社会在很长时间里形成了特定的社会秩序。这就是著名的“反目之中有和平”的结论。参见 Gluckman M. *Custom and Conflict in Africa*. Oxford：Basil Blackwell，1955.

二、血仇制存在的根源

关于帕措血仇制存在的根源，从法学、人类学的角度出发，可做一些阐释性的工作。众所周知，法是对人的基本权利（生存、财富、自由、平等、互助等）的意志表达，任何违反法意的行为都会给他人带来损害，从而遭到制裁。社会通常有两种制裁：一是迫其（施害主体和其亲属）接受同样的痛苦，即他做了什么，就让其承受什么，如果他褫夺了人家的生命、财产、妻儿，也迫他尝试一番；一是迫其拿出财产或劳役来修复遭到破坏的社会关系，这么做有时是施害主体及其亲属的主动要求。前者属于压制性制裁，据此产生刑法，后者属于赔偿性制裁，民法以此为基础。① 三岩社会虽然地处偏远地区，但那里并非无法无天。探讨血族与仇杀的根源，可以窥视法的本质和维持秩序的古老形式并存的局面。

宣统二年（1910 年）十月，随军文书刘赞廷记录了武城县的物产。1939 年夏，白玉县县令羊泽实地考察河东岸的色巴、巴巴、劣巴三村，撰文说土地珍贵，"食之者众，生之者寡"；又说人民析产分居，各娶一妻，"生齿日繁，大有人满为患"的感受，② 情况堪忧。

2008 年，笔者率队前往三岩从事田野工作，有学生描述了河西岸三岩的经济景况：耕地少（人均不足 1 亩），牲畜人均不足 4 头，生产的粮食仅够吃半年，另一半靠牲畜和采集。近年虫草和野生菌的收购价上涨，人均年收入仍较低。③ 三次记录跨越百年，情形不改，不禁使人发问："土地贫瘠，生产力低下，没有外部支援，怎么会产生复杂的社会组织呢?"雅各布·布莱克-麦考德在《内聚力：地中海和中东的世仇》一书中创立"整体稀缺"的概念，笔者觉得有必要借用此框架来加以阐释。

在社会生活中，我们经常看到稀缺的现象，当生存受到威胁时，条件接近于"乌有"的时候便有此感受。所谓生存条件可分三种：物质上如土地、收益、财富等，制度上如婚姻、生育、安全、自由、公平等，精神上如荣誉、美感、运气等。三种需求都不够，是"整体稀缺"，只够满足一两种，是"部分

---

① Durkheim E. "On Law". in *Law and Anthropology: A Reader.* edited by Sally Falk Moore. Malden: Blackwell Publishing Ltd, 2005: 41 - 42.

② 羊泽：《三岩概况》，载于赵心愚、秦和平编《康区藏族社会历史调查资料辑要》，四川民族出版社 2004 年版，第 403～405 页。

③ 陈洲：《金沙江畔三岩的纠纷解决机制研究——社会控制规范化的一个视角》，中山大学硕士学位论文，2008 年，第 8 页。

稀缺”。[①] 反之，三种需求都满足了，为“充分富足”，只满足了一两种，为“局部富足”，上述概念揭示了社会风气与生产方式之间的关系，例如，“温良恭俭让”代表“仓廪足”的社会，“铤而走险”代表整体稀缺的社会。

三岩酷似一个整体稀缺的社会。首先，因生态脆弱、技术落后和外力支援不足，阻碍了个人与团体获取财富的途径，使社会分工凝滞，经济基础薄弱。例如，家家食不果腹，一年产的粮仅够吃半年，新中国成立后一直依靠政府救济、靠着向村里的储粮会借贷口粮渡过小半年的饥荒，男女老幼几乎终年赤身裸体，只在下身系一块布兜遮羞，仅有的衣物也只在外出时才舍得穿。其次，社区没有明显的权力差异，既然难以获取财产、地位和声望，那么其传递也就明显不足，使用与传递的制度也建立不起来。最后，物质资源的缺乏必定引起人们对挨饿受冻的恐惧，又因缺少制度保障而担心仅有的一点东西为他人所掠夺，甚至人身受到侵犯，这就促使人们以亲属关系为纽带组成血族，攻守同盟，提供安全，在血族基础上形成村落，进而形成区域单位，进行权力制衡，以保证资源的平均分配，排斥特权，产生平等的政治伦理观，因此，精神生活不可能丰富，只能使人清心寡欲。这就是三岩血族与仇杀的根源。

整体稀缺的条件创造了血族的适应机制，但三岩又是个以父系血缘为认同的亲属式的社会，个人与血族互为支点，与讲究地缘和契约的国家式社会区别开来。三岩表现出五个方面的基本特征：

1. 男性为血族之本，女性为血族之末

男孩出生之日起便算作本血族的成员，15 岁行成年礼，之后可配刀[②]，参加族中聚会，商讨战事及抢劫物质的分配、战败后的赔偿等大事。为了保存家庭劳力，免除代代瓜分家产之虞，血族鼓励兄弟共妻。女孩婚前看作家庭成员，少数终身不嫁，与父母兄弟合住，在家修行，称阿尼，因其对家庭贡献大，人到中年便具有较高的地位，甚至兄弟也要听她们的话。但是家庭大事由男子说了算，妇女只是劳动与生育的工具。娶入的媳妇要做好几件事：一是生男孩，二是做家务、服侍丈夫，三是协助家庭生产，搞好亲友邻里关系。刚娶入的妇女还不算夫方的血族成员，当其生了儿子，儿子长大后才被夫方血族成员认同。要是她无嗣，其胞姊妹（或从姊妹或表姊妹）嫁给原夫，替她生育。血族间通婚完全是外婚制的需要，与结盟或和解无关，有隙（甚至有世仇）的血族间也通婚，但不会消释旧仇，也不会缓和以往的矛盾。比如，甲 1 和

---

① Black-Michaud J. *Cohesive Force*: *Feud in the Mediterranean and the Middle East*. Basil Blackwell, 1975: 160－177.

② 三岩男子人人配刀，首先是实用之需，可砍树枝、灌木，可防身，可切肉［当地有吃生肉（风干内）或熟肉两种吃法］；其次是装饰之需。各县政府因担心屡屡出现伤人事件，进行刀具管制，不准带刀入公共场所。

乙1是两个和户头，甲乙是两个有隙的血族，甲1和乙1分属于甲乙，其中甲1的女儿嫁给乙1的儿子，甲1和乙1两家成为姻亲，在血族层面看来，此事只意味着家庭关系的改善，血族的仇恨不会冰释，故乙1的儿子（亦是甲1的女婿）在血亲复仇时同样成为甲族的袭击对象。反过来说，乙族不会袭击甲1的女儿，因为女性不计入血亲范畴。妇女起不到缓和冲突的作用是女性没有社会地位的表现。女性不能在血族会议上议事，也无权继承产业（不动产）、名号（如房名）。这些东西传男不传女，若无男性，则由本血族在集体讨论的基础上，安排同族男性继承。西藏许多地方，妇女通过嫁奁和召赘从本家继承财产，这种情形发生在缺乏男性继承人的家庭，让一位女儿留在本家，收养一个男孩给她作丈夫。三岩（如宗西乡及其周围的村落）则不允许召婿入赘，于是妇女完全丧失继承权。

2. 同血族内部的权利义务、道德责任相等

同血族内部的权利义务有如劳动合作、严守秘密、血亲复仇、托负孤儿或父母（养育孤儿和赡养受害人的父母）。道德责任有特殊的评价标准如“男人不抢劫，只能守灶门”，谁偷抢最多谁就受尊敬，偷抢得来的东西平均分配，狩猎中所得也一律平均分配。通过复仇洗涮污名是天经地义的事情，当地有这样的一句俗语：“哪家有人被杀不复仇，就砍哪家男人头。”平时，族中成员婚丧嫁娶，费用和劳务由全体成员平均分担。械斗中获得的战利品大家均分，需要赔偿时，其费用也由全体成员共同分摊，若打死人，对方赔偿的抚恤全部由死者家属保存，待寻机为死者复仇后作为退赠对方的抚恤费。禁止内耗，即不准偷盗、抢劫、杀戮本族人，违者受罚。

3. 血族无常任首领，年龄级团体起重要作用

遇事由辈分最高的长者临时召集会议，每家派一名男丁参加，决议时少数服从多数。议事程序大致为：陈述事实→调动情绪→商量措施→确定实施方案。帕措如遇突发性的重大事故，或在逢年过节时举行祭拜山神的活动，均要召开全体帕措会议。如需集体行动，则由众人从中年人中推举出临时的头目，事毕该头目地位自然消失。秉性好（果断、勇敢、组织能力强、讲信用、有口才等）的中年人任头领，处理日常事务，主持血族会议。老年人给头领做顾问，协助裁决重大事项（如男女婚配、农牧业、人事方面的问题）。青少年承担袭击、抢劫与防务的重任。

4. 血缘与地缘组合成有生命力的单位

大的村落包含若干小村。每村鲜有单一血统，通常是几个血族杂居，或者说一个大血族往往分布在几个村落，甚至跨江而居，故一个地缘单位便容纳了几个血缘单位。大村落的头人藏语称“欧巴”或“协欧”，汉语称“百户”或“百户长”，承担村庄公共事务，辖背盐者、勤杂若干，由血族各家轮流派任。小村的头人称“更保”，也由血族派人轮任。

血族无独立公产，村庄的公地（道路、荒地、草场、溪流等）各户均可使用。村庄使血族融为一体，是共同利益所在，大家都要参与捍卫。依照复仇原则，“每个人都可能被认为是责任者，就是说，每个人都可能用自己的生命抵偿家庭其他任何成员所犯的杀人罪”①。依照村庄原则，家庭、财产和血族相混合，远亲不如近邻，同村互为责任人，一人受辱，群起而攻之，共济、共庆也以村庄为单位。

5. 血族规模不一，互相统摄

血族大者五六十户，上百人；小者几户，十几人至几十人不等。原则上血族无论大小都要讲究平等，事实上大欺小、强凌弱不可避免，而弱者向强者复仇也很常见，强者之间也会出现竞争，一时难分高下。由于人人配刀，买枪者渐多，一有纠纷，动辄抽刀开枪，经常酿成命案，只要一方动了刀枪，对方一定报复，输家必须赔偿，甚至徙走他乡，赢家也须提防。故输赢是暂时的，或者说几乎没有赢家。弱小者为求安，经常采取认同方式并入强者，强者也乐于履行收养的义务，通过庇护弱者扩大力量，此乃血族自相统摄的又一原因。有时认同和收养采取整体方式，即一个血族全体并入另一个血族。

血族虽然经常处在分离与整合中，但其常量基本维持不变。白水秃岭、蛮荒之地的人们生存的驱动力特别强烈，游牧民族的血性潜移默化地加剧了他们的生存竞争。人的行为准则是环境塑造出来的，三岩未有制裁捣乱分子的习惯法，夹坝（抢劫）风气盛行，多为团体行动，抢人者除当场受伤或被击毙外，甚少有被擒受审的。事态的发展视被抢者有无力量（或后台）而定，如是汉人，当场不能抵抗，事后又无力缉办，唯有自认晦气。如被抢的人在当地有背景，定要追回失物，否则纠集乡党，图谋报复。故清末至民国时期，村庄间、“千户”间常因人民互相抢劫，演成械斗，变为世仇。

三、三岩的本土调解机制

在整体稀缺的社会，“强 = 理”是一部分人的信条，宗教（先苯教，后佛教）并未教化人们放弃这一点。法制社会视为罪恶的行为（凶杀、抢窃等），血族视其为美德。例如，关于杀人，无论是纠纷中无意引出人命，还是故意杀人，包括同态复仇——出了命案后，血族同仇敌忾，一致对外——你杀我群一人，我夺你群一命（女性除外），或者是变本加厉，杀一个够本，杀两个赚一

---

① （德）马克思：《马·柯瓦列夫斯基〈公社土地占有制〉一书摘要》，载《马克思恩格斯全集》第45卷，人民出版社1985年版，第311页。

人，把上代人的怨仇转移到下代，使对手害怕[1]。这都是受本能驱使，貌似非理性，实际上是有理性的，精心设计、遵循规则，复仇与威慑并存就是证明。任何社会都有“捣乱”分子，对其是讲道理，还是以其人之道反治之，由此可以看出社会的文明程度。三岩人是不讲仁慈的，必要时不惜联合血族，诉诸极端手段洗涮污名[2]，使对手不敢轻举妄动。利用这种“急刹车”的机制，使颠倒的社会秩序有所恢复，己群的安全有所保证。

穷人不可能从他人做的错事中获得公平，唯有自我救助，以私力解决纠纷——这是蛮族人视复仇为正义的理由，阶级社会也没有否认这一点。差别在于蛮族的公权隐藏于社会之中，未交给一个常任机构，因此有公权等于没有，出现纠纷时，现成地利用“以暴制暴”和“赔偿”的机制。当公权日益脱离全体人时，便进入阶级社会，国家代为执行惩罚的救助出现了，这就是法制，它剥夺了自救的权利。三岩长期只有第一种机制，廉价有效，形成惯性，公权救助机制在特定的环境中成本高、效率低，人们一时难以接受，此乃三岩社会治安的症结所在。

由此看来，冲突是社会的原动力，但冲突不能无限地升级，否则会引发秩序的崩溃，故社会需要某种机制来中止恶性循环。三岩有一种沿用至今的本土调解机制，民国时期，有人将其叫作“说官司”；近 20 年来，引入了国家机制；最近十来年，出现了一种创新的机制。以下分别加以说明：

1. 传统的样式

该样式可简化为“调解（仲裁）……赔偿（发誓）……复仇”的公式。理解时应该注意三点：一是程序性，即纠纷出现后先是调解（包含着仲裁），调解成功则赔偿（包含着发誓），调解失败则复仇；二是功能性，三因素当中，调解为程序之第一步，为赔偿或复仇的中介，而赔偿与复仇起着法制社会的民法与刑法的作用；三是公式中沟通三因素的连线是虚线“……”而非实线“——”，表示调解不具有成功之必然。

调解是公式的先导。不同血族成员之间发生了纠纷，未到白热化程度，就会有和事佬出来了。只有多次调解无效的纠纷，人们才袖手旁观，让其纠缠。当和事佬的人，过去是喇嘛、活佛、千总、头人，现在是乡村干部，外加喇嘛、活佛，当地称之为“巴巴”，有声望者，为双方所信赖。巴巴小组一旦构成，便张罗活动，双方息鼓罢战，在指定地点支起帐篷，宰牛杀羊，招待巴巴。谈判时，巴巴在甲乙两方的帐篷间穿梭，把各自陈述的损失和提出的要求

① 前两者可视为“仇杀的开始”，后者可称为“仇杀的延续”或“世仇”（隔代仇杀）。

② （美）鲁思·本尼迪克特著：《菊与刀——日本文化的类型》，吕万和、熊达云、王智新译，商务印书馆 1990 年版，第 101 ～ 103 页。

传递给对方，如有宿怨，借此总清算。故一场官司，常半月至月余，协议结果，力求公平，双方损失可互相抵销，如一方损失过大，则抵销之后的剩余加倍计算就是赔偿的数额，当场议定，调解乃结束，和事佬辛苦一番，例由两边赠送金钱或牛马以作报酬，[①] 因此，当巴巴的人有吃有拿。下面是一段笔者的田野亲历。

2005 年 10 月，白玉县山岩乡色得村卧列戈巴的成员阿宁与加果戈巴的成员阿松酒后发生争斗，阿宁在阿松后脑勺上挥了一刀，造成三指宽的一道创口，血流如注。两人被劝开后，阿松愤愤不平，扬言："等着瞧!"阿宁则不冷不热地回敬："随便你!"

几天后，色巴村村民泽翁多吉听说此事，马上串联了本村布量戈巴的成员泽仁扎西、劣巴村松果戈巴的成员松安（此人是山岩乡干部），三人前往色得，在该村又召集了果优戈巴的成员桑朱，四人组成巴巴小组。

调解小组先去受害方阿松家，先是严肃地指出打架的无聊和报仇可能产生的严重后果，继而放缓口气安抚阿松，表示会尽可能替他向对方索取赔偿，足够他请喇嘛念经消灾，请小工照料生活，还有剩余。经过连续两天的思想工作，阿松终于同意不再复仇，愿意接受赔偿，但未提出具体数额。接着，巴巴小组去到加害方阿宁家。阿宁是个玩世不恭的人，其父深知儿子爱惹是生非，于是积极配合调解，言必称四位长者的德行，保证会认真考虑他们提出的要求。加害方的工作很快结束了，四位巴巴开始讨论赔偿事宜。为了避人耳目，特地躲进村中一户人家的小楼合计。巴巴小组认为阿宁应该支付请喇嘛、请小工及医药等费用共计 5 000 元，还要额外补偿这道伤口给阿松带来的痛苦 8 000 元——此系泽翁多吉提出的，理由是阿松伤及颅骨，令人怜悯。

阿宁称只有 5 000 元现金，于是巴巴小组再次开会，决定由加害方将本家的两头耕牛（值 6 000 元）、一匹母马（值 2 000 元）和一床优质毛毯（约 1 500 元）折合成 8 000 元赔偿。基于加害方毫发无损，巴巴小组有意压低了物价。从给阿松的额外补偿到压低阿宁的物品折价这两件事，可以看出巴巴的调解不纯粹是折中，而且贯彻了仲裁的原则，以显公平。

鉴于支付赔偿后，阿松不愿发誓永不反悔，巴巴小组特地敦促他写下保证书，承诺不再复仇，否则就要将到手的 13 000 元退还给阿宁。为了避免"赔了夫人又折兵"，阿松照办了，白纸黑字，签字画押。于是纠纷即告解决，双方各自支付每位巴巴 200 元作为酬劳。

---

① 李中定：《康区的习惯法》，载《边疆通讯》1942 年第 1 卷第 1 期。

刚才未提押金一事，因是特例[①]，但它同样体现巴巴制度的运作（参见图2－9）[②]：如果纠纷中死了人，杀人者不必抵命，可借财物来抵偿。这样做有时是加害方主动提出，有时是受害方要求，于是财物具有赔命金的性质。三岩有“命价”或“血价”一词。某血族的成员被杀，赔偿的数额根据受害人的出身、地位而定。出身是前定的，地位则以受害人在世时博取的功名、能力等来衡量。名望包括能说会道、乐善好施、掌握人心等。等级高的死者，赔命金多，反之则少。赔命金形式上体现为牛羊、茶叶、铁锅等，这些是足值的“货币”，在当地广为流通，很少用纸币，因为纸币经常贬值。如果杀人方名望较高，或者说其地位较高，被杀方名望较低（地位较低），那么赔命金的计算会出现名实差异，例如，一头牦牛，2004 年市价值 2 000 元，如果某次械斗中有 1 人被打死，双方商定赔命金为 10 万元，杀人方照价要给 50 头牦牛，因杀人者名望高，一头牦牛则按 3 000 元计算，即多算 1 000 元，故只赔偿 33 头牦牛。反之，名望低的人杀死名望高的人，计算赔命金时则不会增值。通常出了命案，血族头领赶紧调解，达成赔偿协议，及时履行，于是事态得到平息。如果协议不成，则再行报复，其法或行暗杀，或诉诸战争，结果仍不外成仇与讲和两条途径。成仇则双平，讲和则赔命价了事。但被杀一方是不甘心的，“血债血偿”的古训在起作用，血族给青少年播下了仇恨的种子，教育他们“先下手为强，后下手遭殃”。社会需要械斗塑造硬汉，激发斗志，培养愈挫愈勇的气概。一代人相安无事，难保下一代人不翻旧账，因此协议是管不了多久的。

---

① 为使调解顺利，使裁决得到执行，巴巴要求双方交出一些财产（誓金、押金），以此作保，调解结束后，胜诉者取回扣押他的钱财，败诉者的钱财充公。诉讼双方为讼案先存给裁判一笔钱，裁判持有这笔钱就掌握了裁判权，败诉方的押金将用于执法，尤其是用于公祀（在神灵面前发誓），并包括强制执行。故后来法学家将此惯例看成司法戏剧化的起源：两名男子扭斗，一人从旁经过而加干预；争论双方向他诉说情由，并同意他做裁判，他的处理是败诉一方除放弃有争议的东西外，还要支付公证人（裁判）一笔钱，甚至要支付胜诉者一笔钱。这笔誓金到底是多少，在古罗马为双方讼产价值的1/3，在三岩为1/4。

② 采自中山大学2008届硕士研究生陈洲的学位论文《金沙江畔三岩的纠纷解决机制研究——社会控制规范化的一个视角》第18页的示意图。

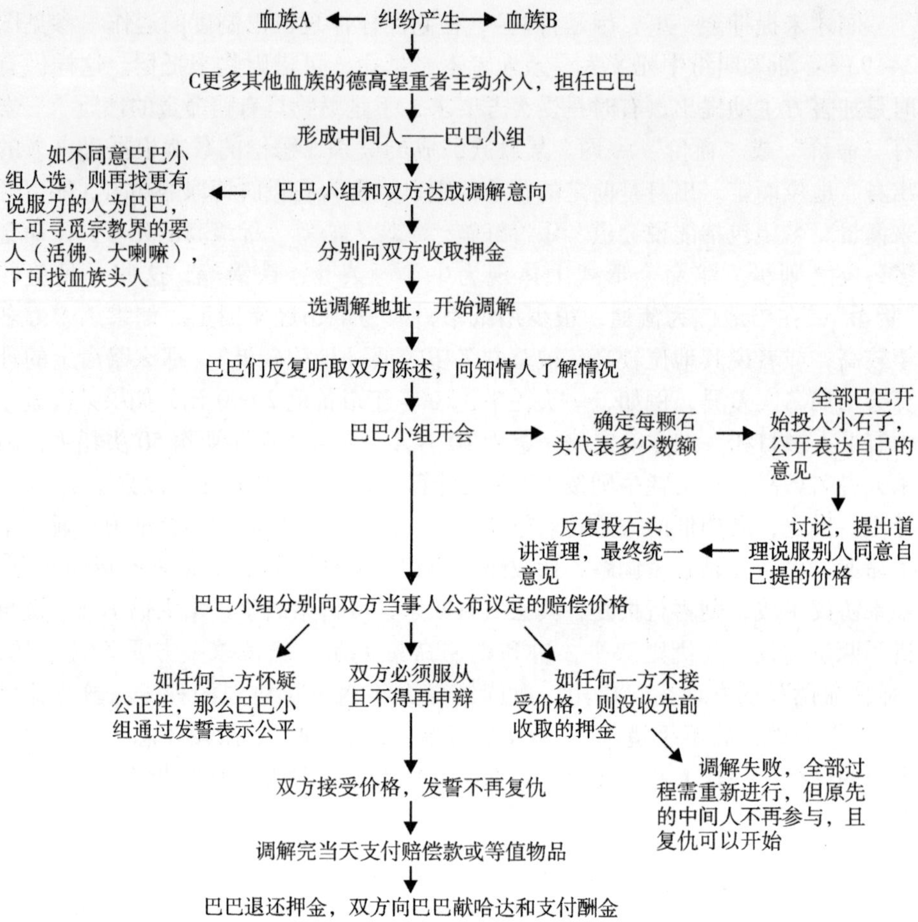

图2-9 巴巴运作程序图

2. 现代的样式

一个社会无论如何界定，从某种观点来看，自身总是一个政治组织单位；从另一种观点看，它同时又只是一个更大的社会（一个规模更大的政治体系）的一个环节。因而，任何政治单位的稳定性，必然受该单位所隶属的那个大系统所配置的权力结构及其变迁的影响。①

元末（1368年），康区设立了土司制，时德格土司仿照吐蕃的“十五条法典”规定了命价的赔偿，三岩人间接地受到影响。雍正四年（1726年）始，达赖的宗本在三岩推行噶玛政权制定的“十六条法典”，第九条规定了命价：

① （美）李区（利奇）著：《上缅甸诸政治体制：克钦社会之结构研究》，张恭启、黄道琳译，唐山出版社1999年版，第257页。

人分为上、中、下三等，再各分为三，例如，上上等为赞普，其命高贵无价，下下者为平民，其命只值草绳一根。宗本、大喇嘛、血族的头人可任审判员。轻微的民事刑事案件，不告不受理，严重的刑事案件，如杀人、偷盗、抢劫和危害统治阶级利益的案件，不能隐瞒，要交由宗本处理。宣统元年（1909年），赵尔丰在德格颁布“改土归流”章程，明确规定“杀人必须偿命，听官审断，自能为之剖白，断不准私自赔银了案”，以及“凡人夹坝抢人，拿获即予正法”等词讼。[①] 宣统二年（1910年）十一月三十日，他在三岩告示，列举章程12条，化民惩戒，如设立衙门申理冤抑；禁止夹坝、复仇；设学堂，免乌拉（瑶役）；完粮纳税；等等。[②] 宣统三年（1911年），赵在盖玉审结两起村民告更保案，为流官判案之始。民国三十年（1941年），白玉为司法县，羊泽兼理司法县长，从此建立了现代法制。1956年，白玉县人民法院成立。1974年，贡觉县人民法院成立。江达、芒康、巴塘也先后成立了县人民法院。在20世纪50年代，政策高于法律，实行“多调查、少判决”的方式，鼓励按照传统风俗习惯调解民事纠纷，中心是解决好血族与血族之间的纠纷，把问题解决在基层。“文革”至20世纪70年代，法制向下渗透仍然是极其有限的。20世纪80年代逐步恢复法制，禁止以赔偿方式私下结案。21世纪以来，法制对传统的碰撞日益增强。

以上说明三岩受封建法典的影响，断断续续达600余年，有些条规已内化为当地风俗。至于现代法制，从民国时期算起，与三岩接触不过百来年，若以公路修通后，警车、制服、手枪、手铐等法制符号来判断，乡下仍很少见到，更无法庭和监狱，偏僻山村杀死一个人，县里的探员3～4天才能赶到。近几年县政府在乡里设置司法协理员，主要职责是调解，而非巡回办案。有些乡至今无派出所，设立派出所的乡政府警员也很少，只有两个人，还是汉人，不会讲藏语，难以展开工作。因此，现代法制在传统面前显得十分羸弱。2006年10月的一天，白玉县盖玉乡发生群殴事件，该乡派出所驻盖玉，出警范围覆盖三乡（盖玉、沙玛和山岩），到沙玛30公里，距山岩70公里，后者几乎全是山路，小车要走3个半小时。当日，派出所接报，即派3人赶赴现场，警员无法控制事态，反遭人夺枪，所长急中生智，向天空鸣枪，不料不法分子拔刀围攻，所长击伤袭击者，率警员杀开血路撤离到派出所，紧闭院门坚守，同时请求县公安局火速增援。两个班的武警赶来解围，卡车载着他们在90公里的

---

① 四川省甘孜藏族自治州白玉县志编纂委员会编：《白玉县志》，四川大学出版社1996年版，第364页。

② 参见刘赞廷编《武城县志》，载《中国地方志集成·西藏府县志辑》，巴蜀书社1995年版，第135～139页。

林区路上颠簸了3个小时，武警在盖玉驻扎的两个月时间，和派出所联合抓捕了一些“捣乱分子”，对当地人造成威慑。事态平息之后，所长调离岗位，去向秘而不宣，避免他遭到报复。

三岩地旷人稀，农牧民一年忙到头，遇有争讼，谁都不愿跑远路去县城。贡觉县法院自成立到1980年，6年间接到的民事、刑事讼状仅十来宗。20世纪90年代中期，到法院告状的三岩人有所增加，多数是不服巴巴裁决的讼者，不满以赔代罚的行为，为了出气去法院讨说法。诉讼者不懂得现代判决既有惩罚，也有赔偿，因此只求对施害方量刑。法院判决之后，受害人回去了，在家乡照样接受肇事人或其家属的赔偿，这么做等于否定了法院的判决，有时受害人或其家属主动提出赔偿要求，否则就要报复，这就割裂了赔偿和惩罚的关系，他们不了解赔偿也是一种惩罚，把法院看作实行惩罚的主体，把血族看作实行赔偿的主体。有时施害方这么做是被迫的，主要是害怕对方报复。2000年以后，当地人逐渐懂得后一层含义，通过法院索赔的人多起来。

农牧民发生的争讼主要采取传统方式在基层解决。民主改革之后，基层有了新政权，人民公社成立后，出现“一大二公”的生产关系，纠纷与赔偿减少了。分田到户以后，生产关系改变了，这些东西复活起来。20世纪最后20年，贡觉县三岩片的6个乡共发生30起杀人伤害事件，死亡19人，伤残11人，均与财产有关。通过巴巴制度控制事态，解决的方式也离不开财产——共赔偿土地103亩，牛马522头（匹），现金75.9万元，物品17件。同一时期，县政法机关却没有接到这么多重大的案件。主位①观点对此的解释是，巴巴制度及时有效，缓解了社会矛盾，减轻了公检法机关的压力，如果依赖法律，取证困难，处理周期长，成本也不低。客位观点认为，老百姓主要不是从效率考虑（这是荒唐的，实际上老百姓最讲效率），而是从血族利益考虑，有时故意掩盖命案；巴巴制度不能保证公断，而是看人说话，以血族实力决定赔偿数额，并且存在敲诈勒索行为，要是受害方势力大，便会趁机抬高赔命金，否则以报复要挟，杀人方即使在被敲诈的情形下，为了自身利益，也不会告到法院；当双方实力相当时，如果一方敲诈，一方拒绝，仇杀有可能重启。客位观点呼吁终止民间机制，引入外来的救助机制。2002年7月，西藏自治区人大常委会通过的《关于严厉打击“赔命金”违法犯罪行为的决定》尤具代表性。

上述两套互相排斥的评判标准显示出两套救助机制的不相融。法制因有国家作后盾，敢跟传统风俗叫板，枪打出头鸟：1996年11月，贡觉县法院以敲

① 主客位法是人类学常用的一种研究方法。主位指调查者在研究中能充分考虑各种客观因素，进行理性的分析。客位指调查者应主动学习被调查者所具有的地方性知识和世界观，置于被研究者的立场，去了解、理解和研究问题。

诈勒索和抢劫合办三岩敏都乡夏果帕措的头人——罗追的罪行，判处有期徒刑16年，剥夺政治权利4年。判决书称，1989年、1993年，罗追伙同他人敲诈勒索，总金额达6 200元。传统风俗面对法制的汹汹来势，唯有施以太极推手，依靠乡土性、亲和力、效用性的特点吸引民众，决不肯退出历史舞台，即使鱼死网破也在所不惜。1994年，为了消除一桩30年前的仇杀隐患，格钦活佛参加在罗麦乡朗岩村主持朗岩帕措与德若帕措的赔偿公断。这两个帕措本为乡亲，事件发生后，德若搬到木协避难。经多番商议，巴巴小组决定让朗岩帕措拿出十余亩土地、12头牦牛、4对瑟珠（天珠）、一些粮食和炊具（两项共值4 000元），折价4万元给德若帕措。木协、罗麦两乡的政府闻讯前来制止。德若帕措没有得到偿命金，翌年制造了一桩血案，杀死朗岩帕措4人。①

3. 综合的样式

2002年7月，西藏自治区第七届人民代表大会常务委员会通过了《西藏自治区人大常委会关于严厉打击“赔命金”违法犯罪行为的决定》，其中特别指出了“帕措”这种“封建宗族势力”在操纵“赔命金”，要求坚决打击帕措势力。自治区（省级）法制机关给“赔命金”胪列了一连串污点②，指出巴巴操纵“赔命金”，要求坚决打击。此种做法表明，西藏自治区政府对传统的协调机制基本采取了否定的态度。但是公检法机关没有那么多人到基层，不准民间协调，积案必然增多，结果导致官民对立，最后只得以“雷声大，雨点小”来收场。

乡政府是国家神经的末梢，是传达上级“雷声、雨点”的管道，承担着国家物质援助、经济补贴、技术传播、清查社区异己分子的任务，因此对乡民的震慑与吸引作用都是很大的。巴巴的活动收敛了，胳膊毕竟拧不过大腿！同时乡政府又是下情上达的管道，群众有什么诉求经常来找他们。因此，乡政府处于上下两个压力的中介。乡政府的人员一年到头待在乡下，县政府的人员也要经常下乡，他们都很了解实际情况。血族间发生的纠纷，绝大多数倾向于私下解决，如果没有明显的优点，这种机制可能一直持续下去吗？他们看到巴巴以仲裁委员会的角色介入，软硬兼施，给纠纷双方施压，使谈判由此前的漫天要价、各说各断变为以某种习惯和案例作为协商的基础，促其达成“合意”，这对不断改变策划、得寸进尺的当事人将是有效的限制。巴巴小组对于当事人双方和纠纷解决机制十分熟悉，因此，无论从理性上还是从感情上都被当事人视为支持者，同时也是现代法制的强劲对手。

---

① 《贡觉县政法委工作报告》（2000年），资料来源：贡觉县档案馆。

② 如“违法犯罪、干预司法、损害群众利益，危害基层的政权建设、经济建设和局势稳定，严重破坏了社会主义法制的统一和尊严，是对国家司法权的严重侵害”。

重要的是，虽然政策法令三番五次地禁止私下调解纠纷，但屡禁不止，因为貌似简单的纠纷带有盘根错节的社会原因。三岩天高皇帝远，血族势力强，若无群众基础，政府就要失去支持。贯彻政策法律应该注重原则性与灵活性的结合，以务实的态度把强劲对手变为亲密战友，变阻力为助力。国家的代理人从"单打一"的窘境中退出来了，血族精英也学会从大局考虑。官民各让一步，谋划出一种介于政策法令和传统样式之间的新机制，它发生在基层，如果是跨乡的纠纷，则上升到县，如果是跨县的纠纷，则上升到行署，采取三结合（民间要人、有责任的乡政府、有关的上级单位）的方式组织人员协调。请看下面的一个例子：

扎西泽仁是敏都乡敏都村人，40 岁，在阿多帕措中辈分较高，因见多识广、能说会道、办事公道而任该血族的首领。这些品行和特点使他为乡政府所赏识，并介绍他入了党，培养提高政策水平，村民推选他当上村长。这样一个官民都看得起的人物，民间找他做巴巴，乡政府也乐得顺水推舟，让他在调解中尽量贯彻政策和法令，并随时向乡政府报告。

2004 年，敏都乡那学帕措的家户泽日得遗失了一个打酥油茶的电动搅拌机（市场价格 300 元），在得知有人将其卖给潘撒帕措的泽扎西后，要求后者归还遭拒，纠纷由此产生。扎西泽仁召集了雄果村潘撒帕措的吉美、敏都村潘撒帕措的根多和阿尼戈巴的甲巴，四人组成巴巴小组调停。他们先到泽扎西家看了搅拌机，询问事因。泽扎西承认明知销赃仍然购买，但拒绝认错，拒绝透露窃贼的信息，也不愿意归还赃物。巴巴小组当即让泽扎西选择，要么披露窃贼的身份，要么承担窃贼的罪责——归还原物，再罚与原物同等价值的物品（金沙江对岸的赔偿标准是 9 倍）①。在反复劝说下，泽扎西仍不讲出窃贼是谁。于是巴巴小组商议，要泽扎西归还原物，再赔一个新搅拌机给泽日得。由于泽扎西当天买不到搅拌机，决定让其用一床毯子和一床被子代替。调解结束，巴巴小组没有收佣金。

这个案例沿用了传统框架来解决纠纷，但出现新的生长点：一是赔偿价格与过去相比大为下降；二是整个解决过程都在乡政府的视野中，而不是像过去一样完全撇开乡政府；三是调解的内容受到政策法令的影响。

几年间，综合的样式带来治安的转变，默许私人解决纠纷，巴巴获得参与权，政府获得监督权，国家权力在向下渗透时建立了权威。不过这种合谋的行为始终不能浮出水面，因为没有法理地位，只能静悄悄地干，民间与官方都不愿意声张，以免这点权利被上面收回去。由于扎西泽仁式的人选难以物色，故

---

① 红（山）岩乡党支部、工作组：《山岩乡关于戈巴组织问题的调查报告》（1974 年 4 月），资料来源：白玉县档案馆。

有不少发生在乡政府眼皮底下的纠纷鲜为人知。

概而言之，三岩帕措内部发生了钟摆的情形，内在动因来自血仇制在其间有效地运作。“血仇制”存在的根源，来自三岩社会发生了“整体稀缺”的状况。分析三岩的血仇的机制与根源，能为法律的历程提供民族学的证据。如果把社会控制无限延长的线条划分为三段，上述三种规则依次各占一段，法律是最后的线段。在三岩，我们看到了三种情形的混合。边陲之地保留着一些特殊的文化，历史上关系紧密的群体利用血缘组织开辟出社会控制的地方性知识，使其获得效益的最大化。我们必须清楚地认识到：这种知识世代传承，即便国家法制没有完全进入，三岩也是个秩序井然的地方。

第六节　教育、人格和成年礼

一、教育

“血仇制”的原理和自身所产生的震慑作用，有赖于家庭所承担起的教育功能的维持。当三岩帕措之间发生了械斗且导致有人员伤亡时，一些家庭往往把争斗后的血衣与刀具保存下来，警示后代一定要伺机复仇。帕措内的男性成员从小受到“一个措巴一只手”的教育，内部十分团结，一人有难，由全帕措成员共同承当。由此可见，教育在文化传承过程中能起到关键性作用。100年前，赵尔丰派遣傅嵩炑攻克三岩，在设治武城县之后，有感于当地无王化之风，乃兴办学堂，普及现代式教育。《武城县志》曾留下当时的文字记载：

> 三岩之野蛮，由于子弟之不学，则不明道理，不懂不知王法，不分善恶，不知趋向。且既设汉官管理，而与汉官语言不通，文字不识，全凭通事传译，一有错误则汉官之意不能口达，百姓之情汉官不能知，官民隔阂，于尔等大有不利。本大臣是以于蛮地所到之处，必先设学堂，以期语言相通，于民有益。
>
> ……
>
> 本县在设治之初，学务局派劝学委员周极涵来此勘查，以雄松、口他、党河、溪萨四处各设官话小学堂一所，由县署督催，百姓建筑学舍工竣，招生开学。乃人民以子弟入学认为当差时，周极涵在萨东，勒令开学，慢无应者，即迫头人洛登按户清查，凡六岁以上十五岁以下者一律入学。人民闻之，皆闭户匿藏。周怒以马鞭击洛登之首，误伤其目，眼珠爆

裂，洛登急赴县署鸣冤。周恐待罪，密函赵使，伪称头人洛登患同百姓复叛，现以相抗开学。赵使即令统领凤山、知府傅嵩炑携兵二千重新申讨，至时见百姓安静如常，始知为周极涵一人所为。而百姓见大兵复来，惊惶异常。凤统领等招之安慰云：此次重来，系为开办学堂，恐其尔等有所阻碍。百姓闻之，即时集聚学生四百余人开学，周极涵责革管押。时人讽之曰：欲要读书，必达周公之礼。传为笑柄。至民国元年，因学费无着，仅留雄松一堂学生，常十余人至二十余不等。①

以上的文字记录虽然一鳞半爪，但多少也反映出与教育相关的几个重要的问题。第一，当三岩进入国家的视野之后，国家将现代式教育当成“教化”的重要工具，其理论依据是：“由于子弟之不学，则不明道理，不懂不知王法，不分善恶，不知趋向”，如果一个人出于落后的生活方式而无法接受教育，就会继续过以往蒙昧的生活，不利于政府实行有效的行政管理。第二，国家开展教育的方式，采用了“迫力”的方式，勒令“凡六岁以上十五岁以下者一律入学”，促使三岩民众误以为子弟入学实为当差，由此才发生了相抗开学的“周极涵事件”。第三，从“即时集聚学生四百余人开学”到“民国元年，因学费无着，仅留雄松一堂学生，常十余人至二十余不等”，这些足以说明：传统方式的教育在三岩依然占据着主导力量，如果没有获得外部力量（如政府）方面的强有力支持，现代教育进入三岩的进展可谓举步维艰。如果说第一个问题反映出一种汉文化语境下的“民族自我中心主义”的倾向，第二、第三个问题则体现出三岩的传统教育所遗留下来的强大力量。这种传统教育方式与现代社会的教育有所不同，不仅认为知识应为全体民众所拥有，而且强调了言传身教、口耳相传的知识体系在培养儿童和青少年人格方面所起的关键性作用。

事实上，任何民族的教育不外乎两方面的内容：其一，传授谋生的本领；其二，是最重要也是最难的，那就是培养儿童、少年、青年男女的道德、智力和宗教观念，以维护社会的稳定和团结。② 关于第一个内容，它涉及个人的生存能力；就第二个内容而言，它不仅涉及个人如何培养出人格，而且与其如何成长为最终受社会认可的社会成员有关。

众所周知，世界所有的生物有机体为了生存，必须适应自身的环境，这就要求它们的行为能够最大化地利用周边的环境，一方面以便寻找食物，避免危险，另一方面确保自己的种群能够繁殖下去。为此，这些生物有机体不得不借

① 刘赞廷编：《武城县志》，载《中国地方志集成·西藏府县志辑》，巴蜀书社 1995 年版，第 37 页、第 151 页。

② （德）利普斯著：《事物的起源》，李敏译，陕西师范大学出版社 2008 年版，第 214 页。

助某些生物属性，发展出具有适应性的行为模式。像其他的生物有机体一样，人类也在不断地进化他们的身体与行为特征，使得自身得以繁衍生息。如果说大多数的生物利用自然选择来适应周边的环境，那么人类与自身的环境之间还要附加另外一个过程加以调节，即文化。关于文化，人类学家泰勒最先给出了一个经典的定义："据人种志学的观点来看，文化或文明是一个复杂的整体，它包括知识、信仰、艺术、伦理道德、法律、风俗和作为一个社会成员的人通过学习而获得的任何其他能力和习惯。"① 社会人类学也认为，文化具有一些普遍性特征，主要包括：第一，文化是共享的；第二，文化是通过学习获得的；第三，文化建立在符号的基础之上；第四，文化是个有机的统一整体；第五，文化是动态的。②

以上观点均强调了学习与教育在文化中所扮演的重要功能。简单地说，人类通过文化来调节自身的环境并有效地解决生计问题。然而，文化并不能像一些动物的生物性一样可以世代地传递下去，文化需要社会成员不断地学习，才能从一个人传递到另一个人，并从上一代人传递到下一代人身上。为了社会成员能够学习文化，首先需要社会具备一个能够有效传递信息的系统，其中就包括了语言。其次，还需要社会提供可靠的方法，传授儿童一些社会认可的行为规范，使其最终成长为一个合格的社会成员。由于成年人的人格很大程度上有赖于自身成长过程中的生活经历，儿童抚养与教育的方式在塑造他们后期的人格中同样扮演着重要的角色。

二、人格

所谓人格，是指个人在思考、感觉和行动时表现出与他人明显不同的方式。人格与社会的教育方式（尤其是儿童和青少年时期）存在着密切的关系。就三岩人的人格而言，他们呈现出一种矛盾式的双重性。例如，在一些人的笔下，三岩人具有勤劳、勇敢、合作、温顺、谦让等优良品质；③ 然而，由于三岩人世代以夹坝与盗抢为生计，内部又存在永不休止的械斗与血仇，三岩人又容易给人留下残暴、狡黠、贪婪、愚昧、富有侵略性等印象，"问以前劫掠之事，直认不讳，杀之不惧，驱之不去，两目灼灼，盖杀人越货尤不知之违法也"④。但也有人指出了这种性格的双重性特征："按三岩野番性慷爽、无狡

① （英）泰勒著：《原始文化》，连树声译，上海文艺出版社 1992 年版，第 1 页。

② Haviland W A，etal. *Anthropology：The Human Challenge.* Belmont：Wadsworth，2005：348 - 356.

③ 参见马丽华《走出三岩》，载《经济与社会》2002 年第 3 期；税晓杰、范河川、杨雅兰编著《发现山岩父系部落》，中国青年出版社 2007 年版。

④ 刘赞廷编：《武城县志》，载《中国地方志集成·西藏府县志辑》，巴蜀书社 1995 年版，第 153～154 页。

诈，抢劫之事直认不讳，刑而不逃，可以纵囚归狱有太古之风焉。”① 又如，“雄松农民实验场未数年间竟成一模范之县，当西军中营管带顾占文攻此于仔他，获悍匪数十人，奉命斩于军前，顾释之未杀。至民国元年，顾占文为西康省都督，藏番东侵，围困巴安三岩，闻之自动调聚男女民兵数千赴援以报不杀之恩。解围后，奖之不受，犹云西康业已建省，焉容藏番滋扰，住一日凯歌而还。民国十年，西康内乱，汉官自退，遂以自立至今，不服藏管，以待内附，似此三岩尚有太古之风，犹非野人也”②。

诚然，三岩人所展示出的这种矛盾性人格，并不为三岩人所专有。例如，拿破仑·查冈在对南美洲亚马逊地区的雅诺玛莫人（Yanomamö）的研究中，同样指出该民族的人格具有两重性：一方面黩武好斗，青睐于用暴力来解决争端；另一方面又腼腆羞涩，内敛文静。③ 一定程度上，三岩的人格与鲁思·本尼迪克特在《菊与刀》一书中对日本国民人格所作出的分析何其相似。在该书中，本尼迪克特用“菊”与“刀”来比喻日本国民的矛盾性格，即日本的民族文化具有双重性，如爱美而黩武、尚礼而好斗、喜新而顽固、服从而不驯等；在此基础上，进一步分析日本社会的等级制及有关习俗，着重指出日本幼儿教养和成人教养的不连续性是形成双重性格的重要因素。④ 鲁思·本尼迪克特受训于美国现代人类学之父弗朗兹·博厄斯，后者致力于研究文化与性格的关联性，早期的研究成果促成人们更好地理解不同人类社会中关于性格形成、思想、行为与情感发展的各种进程，形成了文化人类学中著名的“文化与人格”学派。

事实上，关于文化与民族性格之间的相关理论，《文化模式》一书才是鲁思·本尼迪克特的代表作。在此书中，本尼迪克特区分了三种不同的社会模式与民族性格，即新墨西哥的普韦布洛人、美拉尼西亚的多布人以及美洲西北海岸的已经消失了的克瓦基特尔人。普韦布洛人的民族性格属于“阿波罗式”，强调温文尔雅、循规蹈矩、团结合作、和睦相处、爱好和平的伦理观；相比之下，居住位于平原地带的多布人和克瓦基特尔人则属于“酒神式”，他们不仅生性多疑，性格暴躁，而且大多具有暴力的倾向。关于普韦布洛人所表现出的“中庸之道”，本尼迪克特认为与该民族尽力在避免使用暴力和药物有关。相反，多布人和克瓦基特尔人之所以表现出某种“暴力倾向”，与他们经常性地

① 傅嵩炑：《三岩投诚记》，载《西康建省记》，成文出版社 1912 年版，第 83 页。

② 刘赞廷编：《武城县志》，载《中国地方志集成·西藏府县志辑》，巴蜀书社 1995 年版，第 154 页。

③ Chagnon N A. *Yanomamö: the Fierce People.* New York: Holt, Rinehart and Winston, Inc., 1983: X.

④ （美）鲁思·本尼迪克特著：《菊与刀——日本文化的类型》，吕万和、熊达云、王智新译，商务印书馆 1990 年版。

从事战争与使用暴力有关。此外，他们还大量地使用药物、酒精与举办盛宴，这些行为在一定程度上也在助长这种性格的形成。①

博厄斯的另一名弟子——玛格丽特·米德在导师的倡议下，前往波利尼西亚的萨摩亚研究萨摩亚人的青春期问题。米德在萨摩亚停留长达 9 个月的时间，重点访谈当地三个村子总计 68 位萨摩亚少女。她的研究结果表明：与美国本土社会截然不同，萨摩亚青少年在青春期内并不必然存在叛逆的心理，因此成年人与青少年的冲突并非由基因所决定的。她把两个社会的差异归咎于不同的文化体系，由此产生不同的文化性格。此外，萨摩亚价值体系中一贯强调集体与合作精神，而这些价值观来自萨摩亚人抚育儿童方面的习俗，与萨摩亚人家庭结构有密切的联系。②

概而言之，无论是鲁思·本尼迪克特还是玛格丽特·米德，她们的研究均已表明：一个社会群体的价值与伦理观，足以影响到这一社会的民族性格。换言之，民族性格首先是由文化塑造而成的，通过研究这一社会成员的民族（族群）性格，自然也就理解了这一社会的整体文化。由此可见，要理解三岩社会的总体文化，有必要先对三岩人的个人性格乃至群体性格进行全面的剖析。另一方面，作为社会成员的个体能否有效地运作，还取决于自身的性格能否与社会有效地接轨。因此，探讨社会成员的族群性格乃至民族性格便具有重大的意义。然而，关于社会成员的族群性格，其塑造的过程往往与这个社会的总体文化特征密切关联。

文化从一个人传递到另一个人，或从上一代人传递到下一代人身上，这一过程称为“儒化”（enculturation）。家庭是一个社会成员进行儒化的首要场所。诚然，其他的家庭成员也在其中扮演着相当重要的角色。至于他们究竟在其中扮演怎样的角色，取决于这一社会的家庭结构，它对家庭成员的人格形成施加了影响。不仅“学什么”对于个人在其性格塑造上具有举足轻重的作用，而且“如何学”所发挥的作用也尤其重要。许多来自人类学的研究显示，儿童早期的生活经历，往往会对其成年后人格的形成具有重大的影响。

例如，一项对居住在南非卡拉哈里沙漠地区的菊霍希（Juhoansi）人的研究表明，一个社会的经济结构有助于构造抚养孩子的方式，这种构造反过来会对成年人的人格形成影响。③ 菊霍希人是布须曼人（Bushman）的一个分支，后者曾广泛地分在非洲南部地区。传统上的菊霍希人，其经济模式以迁徙性的

---

① （美）鲁思·本尼迪克特著：《文化模式》，何锡章、黄欢译，华夏出版社 1987 年版。

② （美）玛格丽特·米德著：《萨摩亚的成年——为西方文明所作的原始人类的青年心理研究》，浙江人民出版社 1988 年版。

③ Haviland W A, etal. *Anthropology: The Human Challenge*. Belmont: Wadsworth, 2005: 407 – 408.

采集—狩猎型为主，然而近30年以来，许多菊霍希人被迫定居下来，开始饲养牲畜、种植庄稼，并不定期地从事一些具有工薪性质的短期性劳务。这种传统型的采集—狩猎型生活方式特别强调男女之间的平等地位，绝少容忍男女中出现一方统治或欺辱另一方的情形。菊霍希男人表现出与女人一样的温和性格；相反，菊霍希女人与男人一样活力充足、自强自立。相比之下，在那些采取永久性定居生活的菊霍希人的村庄中，男人与女人的性格开始呈现出迥异的情形，而这种情况为西方工业化社会所认可的男人与女人应当具备的品质。

在菊霍希人的传统社会里，新生儿自呱呱坠地起，便受到母亲长达数年的持续性的照顾。一个新生儿与另一个新生儿之间的间隔一般为4～5年。当然，这并不意味着母亲会经常性地与新生儿待在一起。例如，她们有时会到野外采集野果，这时就会把孩子留在家中由孩子的父亲或其他家庭成员照料。由于这些家庭成员有男性，也有女性，因此孩子在婴儿期已经习惯了有男性与女性成员的陪伴。

另一方面，菊霍希人的父亲角色并不具备权威性。这些父亲也会花费不少时间来照看自己的孩子，他们会纠正孩子的一些不良行为，但极少采用严厉或惩罚的方式来让孩子顺从、听话。因此，菊霍希青少年在成长的过程中畏惧父亲的权威并不比畏惧母亲的权威来得更多。事实上，一个淘气的孩子并不会受到过多的责罚，一般大人将其带走就可以了，或让其参加一些更加安全可靠的活动。此外，孩子无论男女，均不会被安排参加家庭劳作，他们更多的时间是与自己年纪相仿的玩伴待在一起，由此形成大小不一的年龄组。因此，在菊霍希人的青春期中，两性之间并无太多的差异。

然而，在那些定居下来的菊霍希人的村庄中情况可就大不相同了：妇女需要花费大量的时间待在家中，既要从事家务，准备家庭的食物，又要照看小孩。与此同时，成年男人待在外面的时间要多许多，从事农田劳作、种植庄稼、饲养牲畜，或者做一些短工。因此，孩子接触父亲的机会要比接触母亲的机会少许多，这样容易在父亲与孩子之间形成隔膜。由于外部工作所造成的距离感，再加上男人对外部世界的广泛认识，以及由于参加短工所获得的现金收入，均有助于强化男性在家庭中的权威性与影响力。

在村子的家庭内部，性别模式的铸造从较早时就已经开始。女孩子长到一定的年纪，就要学会照看自己的弟妹，以便让母亲拥有更多的时间来处理家务。来自这方面的需求限制了女孩子外出的机会，既要求她们把更多的时间和精力用在家里，还要求她们学会听从家长的指令，做事也更加小心谨慎，处理他人的需求时能更加认真细致。相比之下，男孩子无须照料自己的弟妹，即使偶尔被家长委派什么工作，基本上也是一些外出跑腿的活计。由此可见，女孩的活动空间受到了很大的限制，她们受训在行为上做到温顺谦让；男孩的活动空间则被无限地扩大，他们逐步学会去扮演成年男性在家庭中应当发挥的主导性角色。

以上对人格的研究成果足以说明，无论是个人性格、群体性格，或是民族性格，均与儿童和青少年的抚养方式有密切的关联。这种抚养方式又可分为两种：依附型（dependent training）与独立型（independent training）。[①] 依附型的抚养方式强调个体在社会化过程中应当更多地考虑到集体的利益，试图将自己融入集体中，必要时可牺牲个人的利益。这种模式主要与主干家庭的结构有关联，常见于以农业为主导经济的社会当中，有时也可见于由若干个家庭组建而成的狩猎型群体中。人数较多、规模较大的主干家庭具有重大意义，因为只有这些家庭才能提供足够的人力来耕作农田、饲养牲畜，甚至从事一些能够给家庭带来收益的短工。此外，依附型抚养方式还借助其他一些有效的方式来引导个体的社会化进程，如互相帮助和纠正个体的某些生活行为。一方面，它能给个体提供最大化的援助；反过来，个体也在尽量为集体贡献自己的绵薄之力。例如，大人对儿童不仅过于放纵，而且给予更多的关爱，特别是在有意地延长婴儿的哺乳期上。哺乳期一般可持续 3 ～ 4 年，在必要的情况下甚至还可适当地延长。反过来，孩子自懂事起便要学会帮助大人干一些家务活，甚至在父母不在场的场合下帮忙照料自己的弟妹。另一方面，它时刻纠正个体的一些“不良”行为。例如，如果年轻人身上表现出一些被社会认为是自私自利与过分索取的行为，就会受到大人的严厉责备；相反，大人更多地希望孩子们听话懂事、合作团结、互相帮助，从而更好地服务于家庭整体的利益。

相比较而言，独立型的抚养方式更加注重培养年轻人的独立和自立的个性，并在个人成就上有所建树。这种模式主要与核心家庭有关联，常见以商业、工业化和后工业化为主导经济的社会当中，后者把独立性和个人成就作为衡量一个人是否为成功人士的特质，此点对于男性成员而言尤甚。独立型的抚养方式同样需要借助其他一些有效的方式来引导个体的社会化进程，其中就包括消极与积极的因素。一方面，从消极的因素上看，婴儿的哺乳期大为缩短，多数情况下通常采用奶粉取代母乳。婴儿较早就开始训练自己摄取食物，甚至要自理大小便方面的事务。此外，婴儿一般拥有自己的私人空间，多数与父母亲分开来睡。与前工业化社会相比，婴儿获得家长照看与关注度明显要少许多。家庭中兄弟姊妹的数量并不多，即使家中有数个兄弟姊妹，照看自己弟妹也并不必然是一个年长孩子的家庭职责，而这一方面的工作通常由从外界聘请

---

① Whiting J W M, Child I L. *Child Training and Personality: A Cross-cultural Study*. New Haven, CT: Yale University Press, 1953.

的保姆来完成。另一方面，从积极的因素上看，孩子展现个人的意愿、自信，甚至进取心，往往会受到家长的鼓励与支持。无论是在学习上，还是在未来的职业生涯中，这些孩子很早就懂得：在这个社会中，不是胜利者就是失败者，但社会只认可前者，而与他人开展公平竞争则是个人应当具备的品质。总之，在现代社会的教育方式下，孩子很容易发展出强烈的个人主义倾向，集体荣誉感要淡化许多。

那么，在三岩这样一个以传统农业为主、畜牧业为辅，外加盗抢风气盛行的经济模式中，又会对青少年和成年人的人格塑造形成怎样的影响呢？在笔者看来，与这种经济模式相适应的，首先是三岩特殊的家庭结构。就家庭结构而言，三岩社会至少呈现出五个特征：第一，行从父居制，以父系血缘为认同基础；第二，强调兄弟之间的感情，兄弟共妻制是强化兄弟之间感情的一种婚制；第三，关注家庭（族）荣誉感；第四，提倡采用主干家庭；第五，财产由家庭的男性成员共同拥有。以上五个家庭特征，均在儿童的涵化过程中起到了潜移默化的作用。

其次，在对儿童和青少年的抚养方式上，在婴儿期更多地表现出依附型的特征，但自青春期始逐步呈现出独立型的特征，也就是说三岩社会中同时具备了依附型和独立型两种抚养孩子的方式。按照三岩当地的传统观念，虽然婴儿是父母的骨肉，是由父亲的“骨”、母亲的“肉”构成其身的，但是在他成年之前，所形成的生命个体却是与父母完全无关的新人。这种认知体系的形成，大抵与藏传佛教所提倡的轮回观念有关。按照此种轮回概念，当一个人去世以后，要进入一种中阴状态，然后才进入五（六）道轮回当中；至于转入何种境地，取决于这个人生前的业力。[①] 婴儿出生后的头一个月内，通常要请当地的活佛过来给孩子行第一次的灌顶礼，赋予婴儿生命的力量[②]。这一仪式要在清晨举行，除了请喇嘛念经以外，还要举行一个简洁的煨桑仪式，以清除孩子出生后给家里带来的不洁净之物。此后还要连续念 12 个月的经文，共计 13 个月，人们认为这样才算念满了一周年。所念的经文基本相同，主要有《嘎解》、《然巴》、《普巴》等。其作用是祛除疾病和灾难，保佑孩子健康快乐地成长。每次念一部经即可，但具体念哪一部，需要喇嘛当场打卦确定。所请喇嘛、扎巴的数量视家庭经济情况而定，一般四五个即可。另外，与内地“本命年”的说法相似，三岩同样以十二生肖来标示年龄。三岩人很重视他们的“本命年”，在这一年还有一个专门的念经仪式——“呷觉”，同样需要邀请喇嘛过来念经。在当地藏语中，“呷”是障碍、疾病、困难的意思，“觉”是纠

① 莲花生著：《西藏度亡经》，徐进天译，宗教文化出版社 1995 年版。
② 当地人按照虚岁计算年龄，小孩在娘胎内就被视作生命的开始，一出生便是 1 岁了。

正的意思。“呷觉”就是祛除病魔、健康成长的意思。

当给新生儿特意举办的第一次煨桑仪式顺利地结束以后，亲朋好友才可登门造访，并带来礼物庆贺。到了适当的时候，父母还要把新生儿带到附近的寺院并请活佛给孩子命名，据说这样做婴儿才能获得神的庇佑，健康快乐地成长。给婴儿命名无疑具有重大的社会意义，因为它认可了婴儿出生的权利，从而确立其合法的社会成员的身份。

婴儿自出生以后，一直由母亲负责照顾，甚至连外出劳作都会将其背在自己的身上，可谓寸步不离。到了晚上，婴儿也会与母亲睡在一起。每逢孩子有生理需要或大吵大闹而无法入睡，母亲总是适时地为其哺乳。这一时期可持续到婴儿长大至2～3岁。此时孩子不仅掌握了一些基本的生活词汇，而且逐渐具备了自我意识。正是这种自我意识，在孩子的涵化过程中扮演重要的角色，因为它开始让人为自己的行为负责，学会与不同的人交往，并承当起一系列不同的社会角色。此外，三岩人从来不体罚婴儿，如果孩子有什么淘气的行为，至多也是采用恐吓的方式加以纠正。例如，笔者在三岩从事田野工作期间，从多家的入户访谈获知，除了以往引用三界中“鬼怪”的概念来恐吓孩子外，“赵尔丰”在近代竟然也发展成为其中的一个“怪物”的名称。例如，每当婴儿吵闹不休，母亲就会在其身旁不停地安抚，一边口中念念有词：“孩子不哭啦，不哭啦！赵尔丰要来了！赵尔丰要来了！”何以赵尔丰竟然也成为了“怪物”？或许与赵尔丰曾在康区和三岩进行过血腥的镇压有关。当然，此种做法也常见于其他的民族地区。例如，西非潘格威男子或较大的孩子在房子外面挥舞吼器发出声音，对孩子说是“吃小孩的”精灵“埃比本古”来了，让他们从小就对那些不可知的神秘力量有所了解；齐佩瓦印第安人也用到相似的方法，他们用“熊要抓了”之类的话来吓唬孩子，有时将一只旧鹿皮鞋穿在木棍上，从外面伸进帐篷好像熊真的来了，使得那些“小犯人”大为惊慌；[①] 霍比人在教育孩子时，也会用到“卡其那”这个传说中的食人怪兽来恐吓那些不听话的孩子。[②] 以上诸多民族的教育做法，虽然形式有所差异，但是目的可谓殊途同归：既达到寓教于人的目的，也使得孩子不会与自己产生过大的距离感。正是这一时期母亲对孩子的精心呵护，不仅强化了孩子与母亲的联系，而且也为孩子初期人格的形成奠定了坚实的基础。在此之后，父亲以及家庭其他的成年男性陆续加入了抚养孩子的行列。由于三岩大多以主干家庭为主，当地又盛行一妻多夫制婚姻，一个家庭内部可能会出现好几个父亲，这些男性成员

① （德）利普斯著：《事物的起源》，李敏译，陕西师范大学出版社2008年版，第215～216页。

② Queen S A, Habenstein R W, Quadagno J S. *The Family in Various Cultures*. Cambridge: Harper & Row, 1985: 46.

不仅经常给孩子带来礼物，而且还会带他们去外面游玩。可以说，通过众多成年男性成员的“言传身教”，孩子在其成长的过程中无疑会深受影响。

再者，由于三岩一直存在一种“男本位、女末位”的思想观念，这种“大男人主义”容易导致孩子对父亲产生崇拜的心理倾向。在儿童时期的最早阶段过去以后，男孩会模仿父亲的劳作、捕猎、战争等行为。这是一种自然形成的英雄崇拜。他们会制造出属于自己的小工具和武器，其形状很像父亲使用的工具和武器，其中就包括了木制的刀和枪；此外，他们还聆听有关自己家族与帕措的事迹与传说，培养出强烈的家庭（族）荣誉感。女孩则向母亲学习做饭、打酥油、挤奶、拾牛粪、砍柴火等行为。她们最初只是把这些活动当作游戏，后来则将其作为专心致志去做的工作，逐步掌握了作为一名家庭妇女应该掌握的所有的生活知识与技能。通过这些刻意的模仿，孩子逐渐培养出自己的谋生技能，使自己最终成为一个合格的帕措成员。

此外，由于三岩社会存在整体稀缺的情况，互惠型的经济模式早已嵌入到当地社会文化生活当中。例如，当帕措集体外出抢劫或偷盗获得食物或生活物品，均要在内部实行平均的分配，孩子自懂事起就已获知家庭或家族内部相互依存、相互帮助的重要性。因此，在这一时期内孩子表现出任何有悖于家庭团结的行为，均会受到家长的严厉责备。然而，当孩子进入了成年期并能为自己的行为负责时，他们又被寄予厚望，即个人能够积极进取、自立自强，勇于去外部冒险与探索（如实施偷窃与抢劫等活动），通过自身的努力为家庭带来实际的收益，最终为整个帕措提高声望。

概而言之，来自婴儿期与成年期两种截然不同的抚养方式与社会文化模式，直接造成了三岩人在人格上的双重性。此外，匮乏的自然资源、频发的械斗、“血仇制”的存在，以及“男本位、女末位”的思想观念，必然强化一名成人三岩男子在个性上最终具备勇敢好斗、坚毅冷漠、深思熟虑，以及富有侵略性等品质；这就与以往受社会所认可的个人应当表现出温顺听话、团结合作、相互谦让的个性形成了鲜明的反差。

由此可见，三岩人在青春期前后，个人性格逐渐呈现出不同的特征，所扮演的社会角色也有所不同。从另一个角度上看，表明社会对个人所扮演角色的期待发生了混淆的情形；此外，三岩的社会群体由于帕措的存在，虽然一贯以严厉的群体约束力而著称，但它也在一定程度上默许甚至助长这种角色混乱情形的产生。

英国人类学家玛丽·道格拉斯从个人与群体的角度出发，探讨社会形态与仪式行为的关系，并在此基础上提出了著名的“群格”理论。[①] 道格拉斯认

---

① Douglas M D. *Natural Symbols*. New York：Vintage，1973.

为，社会形态可分为“群”（group）和“格”（grid）两个向度来加以阐释：群一般是带有明显界限的社会群体，指如何明确定义个人的社会地位是否处于一个有界线的社会群体之内或之外；格概指社会中个人与他人交往的准则，包括角色、类别、范畴等。她还认为，群与格还可在不同的向度发生交互作用，由此形成一个类似于数学中关于象限概念的社会境遇图（参见图2－10）。

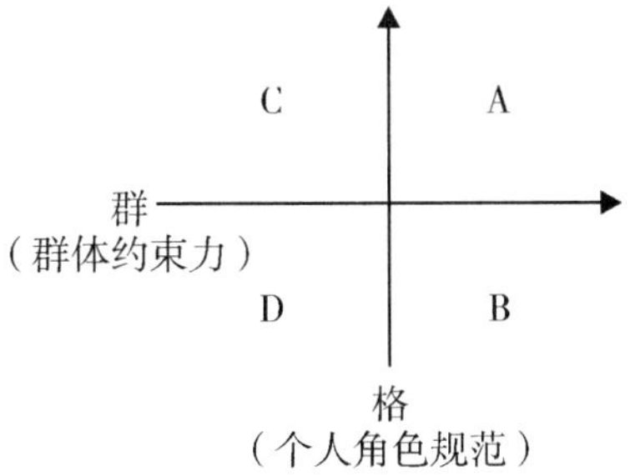

图2－10　群格向度四象限图

在图2－10中，横轴代表群的向度，由左至右顺着箭头所指方向，群体所形成的约束力逐步增强；纵轴代表格的向度，由下至上顺着箭头所指方向，个人与他们交往互动的准则逐步严格。群与格两向度纵横交叉，形成了A、B、C、D四个象限。A象限代表一种社会其群体约束力很强，同时个人角色的规定亦极其严格；B象限代表一种社会其群体约束力依然很强，但个人角色的规定相当松散，甚至发生了混乱的情况；C象限代表一种社会其群体约束力很弱，群体界限模糊，但对个人角色的规定极其严格，重视人际交往与互动；D象限可视作A象限的对立面，代表一种个人主义倾向极重的社会，在这样散漫型的社会中，社会约束力与个人角色的规定都极其松懈，几乎是一种没有组织的社会。①

按照道氏的理论，A象限的社会因为群的约束力很强，个人角色的规范严格分明，所以是一个非常讲究形式化的社会，传统的中国汉族社会可算作其中的代表。相比之下，B象限的社会属于群体约束力很强而个人角色规范模糊者，三岩社会可划入这一范畴之内。这种类型的社会由于群体约束力很强，所以非常注重社会群体界限的存在，内外的区分泾渭分明，我群与群外的分野极其明显。另一方面，由于在社会内部个人角色规范的模糊性与不确定性，促使对群体界限内外的重视，内部的混淆不清与困境，都怀疑是外来敌人所致，因此敌我界限分明，内部意见发生分歧时，就怀疑是外敌的唆使所引起的内奸，

① Douglas M D. *Natural Symbols.* New York：Vintage，1973：83－86，169－173.

所以清扫内奸、抵御外敌是这类社会的特征，道格拉斯称其为“社会卫生”（social hygiene）的社会。①

综上所述，由于帕措制度的存在，三岩社会的群体约束力表现极强，这是一种基于父系血缘为认同依据的约束力，能对个人产生强大的作用。另一方面，由于三岩社会内部的个人角色规范呈现出两重性特征（如表现在人格上），导致了这种社会非常注重社会群体界限的存在，注意区分我群与群外的差别。从社会宇宙观的投射上看，表现出善与恶两种势力的对立与抗衡；在思想意识上，则认为一切外来的不利因素都应该清除。因此，三岩人的族群性格在总体上表现出一种自我保护意识下的侵略性特征，此点或许与藏族的民族性格和文化传统有直接的关联。彼德王子曾经描述藏族的民族性格：“内在的残忍性，甚至于封建时代的虐待狂，表面上都成为了藏族性格的组成部分。”②可以说，三岩人的人格特征是藏族民族性格的缩影，除了独特的家庭抚养方式在其中扮演着重要的角色以外，它还与当地特殊的自然环境和社会制度（特别是帕措）有关，其中与侵略性有关的群体性格特征，在一个长期处于整体稀缺的社会中表现得尤其明显，特别是该社会的约束力极强，不同集团的成员长期处于相互敌对的状态，且械斗又在频繁地发生。

三、成年礼

必须指出，三岩人的个性从早期的温顺型转型到以侵略型为主要特征，并非一蹴而就的，其中还存在着一个过渡阶段。处于这一阶段的孩子们开始觉得大人们对他们的态度发生了变化，有些过失行为不再得到大人的原谅或纵容，但有些大人才有资格参与的行为却又不让他们去做。他们失去了以往作为孩子所能享受的种种特权，又被排除在成人所享受的权利之外。例如，如前文所述，三岩帕措采用的是直接的民主制，而不是世袭制，每位帕措男性成员均有参政的义务，但帕措中只有 15 岁以上的男性才可出席帕措成员大会，15 岁以下虽然可以参加会议，虽算帕措成员但没有选举权和投票权。因此，在成长的过程中，处于 13 周岁至 15 周岁之间男性就会处于一种矛盾的时期：既被剥夺了未成年期的各种自由，但又未被赋予作为成年男子应该获得的权利。

可以说，实现由未成年人转向成年人、或由不成熟转向成熟的，是一种名为“成年礼”的人生仪式。它在三岩人双重人格的转型过程中，扮演着极其重要的角色。成年礼是为承认年轻人具有进入社会的能力和资格而举行的人生

① Douglas M D. *Natural Symbols*. New York: Vintage, 1973: 140.

② Prince Peter of Greece and Denmark, H R H. *A Study of Polyandry*. The Hague: Mouton, 1963: 457.

礼仪，是个人由个体走向社会的必经之路，标志着个体具备成年人应当拥有的能力与社会地位，同时享受作为成年人应当获得的各种权利。一个人经过漫长的儒化过程后，逐渐走向成熟，脱离了亲人的养育、监护，开始享受所在集团和社会所赋予的权利与承担起相应的义务。在这个时候，人们要举行一系列的礼仪，来纪念当事人完成了由不成熟走向成熟的阶段，这种礼仪就是成年礼。

成年礼是一种普遍存在的文化现象，许多民族和部落至今依然保留着许多隆重的成年仪式。当这些民族的男孩女孩发育成熟时，要举行盛大的仪式将他（她）们纳入成年人的行列。例如，在汉族传统文化当中，一直有“二十弱冠”的说法。古代男子20岁算成年，行庄重严肃的“加冠之礼”，以示成人。至今客家人在为孩子举行成年礼时，还保留有一个名曰“上号牌”的重要仪式，即由舅舅为外甥取“字”或曰“表字”，要求舅舅在外甥结婚时取好字，请画师或有文化的先生题写在“锦字画”[①] 上，等外甥成亲，舅舅来贺时一并送赠，挂在祖堂或私房正厅的中堂，并要在拜堂前当厅作赞恭贺外甥成丁及新婚之庆。广东省潮汕地区至今保存着一种名为“出花园”的成年礼仪式。在揭阳的普宁市，孩子无论男女若长到15岁，就要举行“出花园”仪式。普宁人认为小孩自小生活在花团锦簇、莺歌燕舞的花园里，生活充满了天真烂漫的童趣。然而，到了15岁，孩子的言行思想都到了一个转折点，从此告别无忧无虑、懵懂无知的年代，步入致学上进、谋事创业的人生历程。“出花园”仪式一般定在农历七月七日即乞巧节。选择这一天寓意孩子将来巧妙处世、足智多谋。孩子“出花园”时应拜阿婆（床脚婆、公婆母），阿婆在当地不仅是民间文化中一位和蔼可亲的阿婆妈，更是一位地方保守神。据说，孩子的“胆识”便是在这位阿婆的调教和护理下与日俱增。若是位男孩，除了拜公婆母外，还需到神庙祭拜老爷。经过了“出花园”仪式，孩子便获得了成年的地位，可以在饭桌上要坐大位。[②]

在传统的基诺族社会中，当一个男孩子满16周岁时要举行成人礼。一般对当事人（将要举行成年礼的男青年）事先保密，待暗中做好一切准备工作后，到时用突然袭击的方式，将该青年劫持来会场参加仪式。劫持受礼者的任务是由“饶考”[③] 的成员来实施和完成的。按照基诺族的习惯法，劫持时当事人若逃跑，则要遭到石块和棍棒的袭击，负伤咎由自取。在成年礼上，当事人

---

① 俗称“风景画”，画的内容多为龙凤呈祥或喜鹊登梅、花开富贵等，且多嵌锦、福、双喜、红桃心等字样。

② 普宁市民间文艺家协会编：《普宁民俗礼仪》，社会科学文献出版社2010年版，第28～29页。

③ “饶考”是基诺族社会中的成人未婚青年组织，属于成人社会的一个群体，只有举行过成年礼之后才能加入该组织。

还要接受母亲赠予的装有烟盒、槟榔盒的精制通帕，母亲要亲手把这通帕挎在儿子的肩上。通过这种成年仪式，当事者从此加入成年未婚男子社团，同时确定了他在村寨社会分层中的地位，作为村寨的正式成员和卫士的角色也得到了神和人们的承认。① 至于女孩的成年礼，则因寨而异，有的也存在类似男子成年礼仪式的突然劫持，有的则没有，但都要接受父母的赠礼——全套农具和成年衣饰。②

瑶族人也很重视成年礼。瑶族男孩长到12岁后，即可举行“度戒”仪式，他们认为，只有经过了“度戒”的男子，才能被承认是盘古王的子孙，也才有权接受师父的香火，受到族人的尊重。③“度戒”仪式分为烧香、正式度戒、度师和度道等几个程序，期间当事人还要接受诸如“上刀山”、“过火炼”、“睡阴床”、“跳高台”等多种危险的考验。以“跳高台”为例，云台由4根4米多长的木柱摆成正方形，一边扎以横木作梯。受戒者在师公的带领下登上云台，等师公念完戒词后，受戒者要团身抱膝，勇敢地从台上翻至云台下那张铺有稻草的藤网，跳落中可以表演一些精彩的翻腾动作，以展示自己的骁勇，也象征所要经历的人生历程。受戒者刚落下，下边的人就拉起藤网一齐用力旋转。此时，四周欢呼声响起，赞扬孩子的勇敢无畏，祝贺又一个瑶山汉子走入了社会。④

台湾卑南族的少年在12岁或13岁的时候开始进入“少年会所”，在“少年会所”期间，禁止与女性讲话，禁止饮水，禁止吃肉，一天只能吃一餐，晚上去不为人知的地方练习跑步、歌舞，动作不对或者精神状态不好都将受到鞭打重罚，时间共计7天，在此期间还要为老人捕鱼，供其食用，并接受老人的训示。⑤

藏区很多地方长期保留佩刀、挂枪的习惯，三岩便是如此。腰刀是农牧民生产、生活的必需品，也是一种防卫武器，当地人特别喜爱，尤以男子为甚。腰刀藏语称为“打久织”，长短不一。一般说来，男子所佩之刀长些，打斗时不易吃亏。刀子的长度从手柄至刀尖，有2尺半（1尺≈0.33米）、3尺长的，也有1尺半长的。女子佩刀较短，约7寸（1寸≈3.33厘米）。诚然，藏区中女子佩刀的现象并不多见（主要在牧区中），更多具有装饰的作用，不是表示这名女性为已婚妇女，就是意味此人具有一定的社会地位与威望。

但在三岩，一个男孩长满15周岁时，便要邀请喇嘛过来为他举行一个正

---

① 杜玉亭：《基诺族男子成年礼仪式简论》，载《云南社会科学》1989年第6期。

② 金少萍：《基诺族传统社会中的未婚青年组织》，载《中南民族学院学报》2000年第1期。

③ 晏红兴：《瑶族成年礼——度戒》，载《今日民族》2003年第6期。

④ 戴庞海：《成人礼的类型与特征》，载《河南科技大学学报》（社会科学版）2006年第5期。

⑤ 同上。

式的宗教仪式，从此以后他被看作成人，身上可以佩带腰刀（参见图2－11）了。这种活动就是一种成年礼仪式。举行“配刀礼”后，当事人就要在帕措中尽成年男子的义务了，这时他被称为“措巴”，意为帕措中的一员，帕措会议他要参与，在对外械斗中，就要冲锋陷阵了。在藏族社会，成年男子身配藏刀是历史上传承下来的习俗。在康巴地区，人们常说，真正的汉子没有女人可以，但是另外两样东西必不可少：一是马匹，另一样就是腰刀。过去，帕措间的械斗比较普遍，藏刀是帕措成员出门必须携带的武器。“佩刀礼”无疑是帕措文化的一个重要组成部分。由于三岩人极其看重腰刀的价值，常常以金银镶之。正因为如此，在枪被三岩人广泛地使用之前，长刀与骏马、藏白酒一道被誉为三岩的“三宝”。关于三岩人所使用的钢刀，傅嵩炑曾有过形象的描述：“钢刀长三二尺，宽一二寸，或以铁为鞘，或以皮为鞘，鞘上间有饰以金银珠玉者，刀锋甚利，虽快枪亦能砍断。”继而他讲述了一名部下与持刀藏人的事例，前者所持的九连发快枪被后者的刀所砍断。①

图2－11　腰刀是三岩男人作为帕措成员的象征

无独有偶，日耳曼人也有佩刀习惯。他们不论做公事或私事，常常携带着武器，在举行仪式时他们用武器做出信号来表示他们的意见，如果不同意，便

① 马大正主编：《民国边政史料江编·第25卷》，国家图书馆出版社2009年版，第462页。

表示轻蔑，如果同意，便一齐敲击长枪。当一个人长大，有力量携带武器的时候，他便被领到一个委员会授予一枝长枪和一把盾牌，从那时候起，他就是成年人了。过去他是家庭的一部分，现在他是共和国的一部分了。①

成年礼仪式可分为五种类型，分别为开导型、考验型、标志型、装饰型和象征型。② 就三岩的“佩刀礼”而言，应当属于标志型的一种，其目的在于表现出区别，即它作为一个族体的“标记”，用来区分一个亲属群体与其他亲属群体的差别。在三岩帕措的阶层社会中，则表示一个三岩人由一般平民（即儿童）加入到勇士团的行列（参见图 2 - 12）。

图 2 - 12　刚刚行完“配刀礼”的三岩少年

阿诺德·冯·格内普（Anold van Gennep）提出了“通过仪式”（the rites of passage）的概念，并把它们分为三个阶段：分离、过渡和整合。③ 所谓“通过仪式”，就是帮助个人通过种种生命过程中的“关口”，使之在自己的心理上以及与他人的关系上能顺利达成。④ “通过仪式”实质就是各种人生仪式，成年礼无疑属于其中甚为重要的一种。考察三岩人的成年礼，它同样具备分

① （法）孟德斯鸠著：《论法的精神》，张雁深译，商务印书馆 1982 年版，第 298 页。
② 伊力奇：《“成人礼”的来源、类型和意义》，载《中央民族学院学报》1986 年第 3 期。
③ Van Gennep A. *The Rites of Passage*. Chicago: the University of Chicago Press, 1960.
④ 李亦园著：《说仪式》，载《宗教与神话》，广西师范大学出版社 2004 年版，第 37 页。

离、过渡和整合等三种特征：

1. 分离

分离的作用在于割断刚刚成年的人对家庭的依赖，使其对家庭的忠诚转变为对帕措的忠诚，并进一步加深对帕措族群的认同感。这种分离往往需要一些象征的手段来加以表达。例如，居住在非洲刚果地区的科达人（Koda），刚刚获得成年人资格的年轻人在成人礼上要全身涂成蓝色。当地认为蓝色代表死亡，全身涂成蓝色则代表着儿童时代的“死亡”，而代替的则是作为成年人的“新生”。玻利尼西亚的提冠皮恩人（Tikopian）在为即将成年的男孩举办“成年礼”时，会在受礼人的身上涂满像血一样的姜黄和椰子油的混合液，以象征该男童“已死”。翌日，男孩的亲属开始服丧。在这期间，他们还会为“死去的”孩子不断地哭喊。同样，在三岩地区举行“配刀礼”，象征以往一个懵懂无知的少年的死亡，意味着一个新的“措巴”加入了勇士团的行列。

为即将成年的帕措成员举行“配刀礼”，在帕措内部属于头等大事，必须认真对待。每年藏历五月十五，帕措全体成员须到邻近的神山举办一场隆重的煨桑仪式。煨桑仪式一般持续3～5天，“配刀礼”便在这时期内完成。举行“配刀礼”时，在帕措全体成员的目光注视下，由帕措头人亲自将一把新的腰刀递到受礼人的面前，受礼人躬身接受。在族人的吆喝簇拥下，受礼人将其佩带在身上，标志自己成为“勇士团”的一员，并且亲自参加随后举行的射击、抱石头和跳锅庄舞等各种文艺活动。举办这一仪式时，还要邀请寺庙的喇嘛前来念诵专门的经文，预示着受礼人在灵魂上也完成了人生洗礼。由于三岩当地信奉五道轮回和转世的观念，认为孩子在未成年前其魂魄还没成长健全，处于一种极其不稳定的状态，因此孩子随时可能遇上生命的危险。如果孩子在未成年前①去世，一般经喇嘛打卦实行树葬②，寄望孩子能够早日投胎，重新做人。因此，从分离的象征意义上看，三岩人的“成年礼”不仅意味一名成年人与未成年人（参见图2－13）的彻底脱离，而且在精神上也认为当事人具备了作为一名成年人应当具备的成熟与健全的魂魄。

---

① 一般认为在14岁前，特别是13岁。当地认为13岁是孩子的一道坎，这一年是孩子最容易得病和遭遇不幸的一年。

② 关于树葬在后文的民俗篇中有专门的论述。

图2－13　尚未成年的三岩儿童

2. 过渡

过渡阶段也可看作是一种蜕变期。在这期间，要对接受施行“配刀礼”的少年进行某种形式的测试，以确定他已经具备了成为成年人的资格。这种测试的目的，是通过某种紧张的磨炼，给当事人留下终身难忘的“铭记”，并且使得那些刚刚成年的人获知，即使他们已经成年，但地位还很低下，帕措头人和长老团成员在他们身上行使权利，他们不可拒绝。例如，非洲以游牧为生的库族（Kung）的年轻人必须分别杀死一只雄性和雌性的大型动物才可获得认可，从而成为真正的男子汉。动物被杀死之后，还要分别在青年的胸口、背部和手臂上割开一道垂直的伤口，然后从被杀死的动物身上取出油脂，与草药混合，涂抹在伤口上。伤口愈合后留下的伤痕便成为成年男性身份的永久象征。台湾先住民赛德克族要求年轻人必须成功猎取一具头颅回到村寨，这样才有资格在自己的脸上留下“文面”的印记。猎首成功者的手掌必留有血痕（呈血红色），这是辞世后灵魂要回到祖灵身边无可取代的烙印。只有经过“文面”的人，才能被视作真正的男人，往生后才能跨越“彩虹桥”，回到祖灵的身边。

同样，帕措内部需对那些刚刚步入成年人行列的少年进行测试，一般要求他们独自完成一次抢劫或偷盗的任务，以检查他们是否具备了作为帕措成员最基本的谋生本领。这种盗抢的任务，既可由帕措头人或长老团委派，也可由自己独自策划和实施。然而，如果这名少年还肩负着家族的“血仇”重任，则由帕措召开集体会议后决定具体的复仇行动方案，只有完成了“血仇”的人，才能被帕措接受为真正的成员。例如，2007 年，四川山岩乡两个戈巴发生了械斗并一方戈巴有一名重要成员死亡，该戈巴经过召开帕措大会，决定由一名刚完成成年礼的年轻人用枪杀死另一戈巴的头人，尽管这位年轻人与那位戈巴头人是甥舅的关系。这名年轻人所展现出的勇气和能力，最终获得该帕措内部的一致认可。此后每逢该帕措有重大的行动，均可见到这名年轻人活跃的身影。

3. 融合

融合是成年礼的最后一个环节，指回归日常生活的阶段。这时，经过了成年仪式洗礼的少年不仅社会地位得到了提升，他们的身份也会得到重新认定。通过加入属于自己年龄组的社会团体（即帕措的勇士团），当事人确定了自己在帕措社会分层中的地位，自己作为正式的帕措成员不仅经受了帕措内部的考验，而且最终获得族人的承认。诚然，刚开始时他的社会地位还很低，不仅需要聆听帕措头人和长老团成员的意见，还需要经历更多的磨炼，慢慢地积累生活经验与社会威望，同时锻炼好自己的口才，最后才有可能成为一名让族人信服的帕措头人。

关于成年礼，瑞士科学家斯佩塞曾作出甚为精辟的解释，他认为，原始人举行成年礼的重要意义在于允许被接纳的年轻人分享部落中的重要的食物。①从这一个意义上讲，一名三岩少年通过成年礼最终融入自己的帕措组织，成为了处于帕措核心阶层——勇士团的一员，不仅可自由参与帕措组织的各种重大活动、获得在帕措大会上的选举权和被选举权等权利，而且还可获得分享帕措内部重要的食物的资格。

值得注意的是，三岩社会中的成年礼是以男性为中心的，女孩迈入了性成熟和成年期，既不会举行类似于男孩的隆重仪式，也不会像藏区的其他地方一样举办特殊的仪式或采用一些明显的标志来加以区分，例如，到了成年年龄的藏区女孩，要举办盛大的成人仪式，受礼人不仅要请别人帮忙梳理头发，还要邀请喇嘛过来诵经祈福，然后戴上家里最珍贵的珊瑚项链和耳环，在同伴的陪伴下一起唱成年歌；② 或者在藏历的正月初三，要改变其发式和佩带头式，并且在发辫上反扣上各式大小不一的银碗，名为戴“敦”；③ 或者在 15 岁左右时要将头发编成独辫盘在头上，表示自己未婚。④ 然而，这并不意味三岩女孩没

---

① （德）利普斯著：《事物的起源》，李敏译，陕西师范大学出版社 2008 年版，第 219 页。

② 尚义、索南吉：《贵德藏族女性成年礼仪述略》，载《青海民族学院学报》（社会科学版）2009 年第 3 期。

③ 仇保燕：《藏族姑娘的成年礼戴“敦”》，载《民族大家庭》1999 年第 2 期。

④ 刘勇等著：《鲜水河畔的道孚藏族多元文化》，四川民族出版社 2005 年版，第 72 页。

有一个类似的成年礼仪式，只是不在更多的场合下宣扬而已。事实上，三岩的女孩子在15岁以前是不留长发的，基本上一年剪一次；但是如果她年满15岁，就有留长发的资格。留有一头乌黑的秀发，是三岩青春少女的骄傲，同时作为她成熟的标志，意味着她从此可以谈婚论嫁了。

三岩女孩发育成熟后，一般以开导型的教育为主，即在她们的“初潮”之后，开始由母亲或祖母“授以妇道”，指导少女如何去过婚后的生活——生育和抚养孩子、操持家务等。这时母亲往往把自己身上最为珍贵的红珊瑚项链或用红绳穿起的瑟珠、宝石佩带在女孩的身上。诚然，与男孩子相比，三岩女孩子的成年礼无疑黯然失色了许多，这点可能与当地长期存在的“男为本，女为末”的思想有关。此外，帕措的存在也在一定程度上压制了女性采用某种具有张扬性的仪式。例如，以往各帕措之间为了争夺漂亮的、刚刚迈入成年人行列的某一帕措的女子，经常会引发械斗事件。为了避免这种不必要的争端，一些帕措会尽量掩盖女孩的实际年龄，甚至不惜将一些长相漂亮的女子送到寺庙去当觉母，这样就在不知不觉中淡化了女孩子行成年礼的重要性。

社会学家埃里克·埃里克森（Erik Erikson）认为，人格的发展有一个在生理上预先设置的机制，而人的全面发展可分为八个阶段，其中处于12岁至20岁年龄段的年轻人，其社会化的最大挑战是获得属于自己的社会身份（identity），即回答“我是谁?”、“我要去哪里?”等诸多问题。几乎所有的年轻人在致力于建立这种社会身份的过程中，都会经历一些困惑，这种挑战的压力往往会让人心力交瘁。①

对于三岩社会的男青年来说，他们经历具有分离、过渡和融合特征的成年礼仪式之后，希望在自己的身上能展现出一名成年男子应当具有的集体观念和勇敢精神；对于三岩社会的女青年来说，她们经过家长的“开导式”教导，希望在自己的身上展现出女性持家有道的可贵的品质。从这一方面考虑，三岩社会的成年礼的社会学意义，集中体现在其传统的教育性之上。

---

① Curry T, Jiobu R, Schwirian K. *Sociology for the Twenty-First Century*. Upper Saddle River: Nancy Roberts, 2004: 82.

第三章　红　教

(1)
为善一方悬玉屏，慈航普渡妙无形。
行经阁上凭栏望，老僧犹在分金亭。

(2)
千里人为佛一尊，西天怯住在山村。
慈航渡上连环套，不让当年宝二敦。

(3)
女娲炼石补胡天，留待灵犀大道传。
无父儿孙君莫笑，佛门不禁人逃禅。

(4)
眉如秋月骨从峦，破头那知暑与寒。
留得莲台千佛在，世人当作画图看。

——刘赞廷

第一节　三岩的宗教特色

西藏被人们称为宗教之邦，是因为喇嘛教、喇嘛寺院和喇嘛已经渗入到西藏的一切事物之中。可以说在西藏任何事物都是以宗教开始，并以宗教而告终，因此在西藏喇嘛居于绝对的统治地位。① 长期以来，西藏集政教于一体的政权在三岩地区缺失身影，国家和地方政府的统治亦很少成功进入峡谷地区，

① 柳升祺著：《西藏的寺与僧（1940年代）》，中国藏学出版社2009年版，第48页。

在这样一种“国家未进入之前”的自然状态下，帕措反而发展成为主导三岩人社会生活的政治化制度。因此，不能说宗教在三岩完全占据了统治的地位，但若想进一步了解三岩人的社会生活状况，以及三岩的风俗、传统、文化、历史以及帕措制度下的社会、政治和经济关系，就有必要先把握三岩宗教的整体性特征。

三岩宗教具有鲜明的特色，如浓厚的宗教氛围、独特的宗教发育土壤以及系统化的苯教和藏传佛教文化等。一如其他的藏区，三岩时时处处都弥漫着一种宗教主义的氛围，主要体现在以下四个方面：一是存在根深蒂固的自然崇拜；二是鬼魂观念与鬼神崇拜形成风气；三是盛行占卜、巫术和盟誓等迷信活动；四是出现了系统化的苯教和佛教文化。此四项无不蕴藏丰富的宗教内涵：自然崇拜包括对天上及地上各种自然对象的神化和崇拜、图腾崇拜、生殖崇拜、土地神崇拜、家神崇拜、山神崇拜等；鬼神崇拜包括对各种鬼怪神灵的崇拜和仪轨，以及在鬼神崇拜中产生的灵魂观念及由此演变而来的各种占卜、巫术和盟誓活动等；还有就是发展到极致的苯教和藏传佛教文化体系。三岩具有浓厚的宗教文化氛围，100 多年前，刘赞廷参观完当地的察拉寺后曾题诗留念，此诗可视为其中的真实写照：

为善一方悬玉屏，慈航普渡妙无形。
行经阁上凭栏望，老僧犹在分金亭。[①]

一、自然崇拜可追溯到初民时万物有灵的原始信仰

即使身处边陲之地、高山峡谷内的三岩人，也认为世界上存在一种神秘的无处不在的“力”，此观念类似于马来人和玻利尼西亚人称之为“玛纳”，易洛魁印第安人称之为“奥伦达”，阿尔衮琴印第安人称之为“曼尼陶”的东西。三岩人认为自己的身边会有无数的精灵，它们始终与自己的命运、希望、活动密切相关。这些精灵无论善恶，隐身于月亮、太阳、星辰、森林、树木、河流、高山、石头、动物中的神灵，都会一直陪伴在他们的身边。由于对外界事物的本质和结构几乎一无所知，他们只能以自身为尺度来衡量事物，赋予事物同人类一样的习惯和感情。例如，流传于三岩的许多神话传说，无不体现出一种物我同一的思想，其特点是将人类完全融于自然当中，使得自然、神、人处于同一的基础之上[②]。

---

① 刘赞廷编：《武城县志》，载《中国地方志集成·西藏府县志辑》，巴蜀书社 1995 年版，第 155 页。

② 关于神话的相关论述参见第四章。

1. 图腾崇拜

在三岩人的宗教生活中，图腾崇拜、生殖崇拜占有重要的地位。图腾崇拜认定，在某些人类群体或特殊个人与自然界某些类别或种属的动物、植物或无生命物体之间，存在着一种或多或少的亲密关系；对这种关系的确认导致了特定社会群体的形成，也导致了把人类群体与相应的图腾联系在一起的种种仪式。[①] 据悉，三岩社会中几乎每个帕措都有自己的图腾，这些图腾有的是猴子，有的是虎，有的是豹，有的是熊，有的是雕；与雕相关的戈巴（帕措）数量比较大，似乎都有血缘关系。[②] 例如，欧恩怕一帕措认为自己的祖先是由灵猴变来的；霍也帕措则认为自己的祖先是雕。一些三岩人至今仍在自己的家门上悬挂鹿头或鹿角以祈求消灾免难，认为鹿角具有再生的能力，能使该家庭人丁兴旺，这点可视作一种图腾崇拜的遗存。

2. 生殖崇拜

生殖崇拜是三岩人的另一个特色。三岩人把生育的意义看得尤其重大，由于男女生殖器是生育的基本条件，生殖崇拜自然而然地成为三岩人原始崇拜的重要内容。正因为如此，他们将自然界中的一些山峰、石柱、山洞分别象征男女生殖器加以膜拜。例如，在雄松乡的三山——勒宗山、勒久山和扎岩山的河谷中央，矗立着一座小山丘，形如男性阳具；扎岩山的正面有两个洞口，上下排列，上洞形如妇女肚脐，下洞形如妇女的生殖器。在当地人的眼中，这里一直是生殖崇拜的圣地，如果夫妻不能生育子女，或家里想要生下男嗣，就要相约在这里转上一圈，据说往往能达成心愿。再者，三岩地区还保留着一种古老的习俗，藏语称之为“别卓洪”，意为“砍伐青冈枝以获得丰收”，其实是种带有交感巫术性质的仪式活动。这种习俗发展到后来，妇女们结成一群，可将一个陌生男人团团围住并对他动手动脚，甚至可将他的衣服全部脱光，还可随意玩弄他的生殖器，被围困的男子却又不能生气。“别卓洪”习俗可视作三岩妇女的一项特权，也是当地生殖崇拜的一种社会反映。

3. 年（山）神崇拜

此外，当地存在一整套完善的年（山）神的概念，是一种源于自然的原始宗教形式。在藏族群众传统的信仰体系中，“年神”是一种在山岭峡谷中游荡，在石缝、森林中安家的神。“年神”所附的多是人世间的死物，它既保护着人民，也能给触犯它的人带来灾害。“年神”又可分为“白年神”和“黑年神”。“白年神”居于天空，于是有日、月、星、云、虹等“白年神”；居于地

---

① （美）约翰·B. 诺斯、戴维·S. 诺斯著：《人类的宗教》，江熙泰等译，四川人民出版社 2005 年版，第 27 页。

② 范河川编著：《父系原始文化的活化石：山岩戈巴》，四川大学出版社 2000 年版，第 45 页。

下的为“黑年神”，于是有山、崖、石、海、水等“黑年神”。三岩当地每个村子都有自己的神山，里面居住着“年神”。在三岩人看来，自己的祖先与周边的大山具有某种密不可分的联系：自己的祖先从西方赶来了一群大山，死后其灵魂依然停留在神山上。因此，三岩人每路过一个山头，都要虔诚地念其咒语。每逢藏历初五和十五，便是煨桑和转神山的好日子。神山里的一土一物都十分神圣，不能有丝毫的损伤，否则会触犯“年神”，给自己或家人带来灾难。此外，当地还存在种种的禁忌，目的在于尽量避免触犯“年神”，从而影响庄稼的收成。例如，经过神山时严禁大声喧哗；神山的一草一木未经许可不得随意砍伐；神山的水源不可随意污染；婚礼不可在夏、秋季举行，否则会触犯神灵；等等。

藏历每月十五日是帕措的祭典之日，名曰“熏烟节”，其中又以藏历六月十五日的那次最为隆重。据说，旧社会这种祭典曾十分盛行，在帕措头人的召集下，帕措全体男性成员都要到固定的神山上点燃松柏枝，升起浓烟，祈求一年内诸事如意、幸福安康。祭典时，先把柏树枝堆成一堆或几堆，然后由专人点燃，大家围绕烟堆祈祷，请喇嘛过来诵读经文，并向天空鸣枪或高声吆喝，希望山神能够接受熏烟及众人的祈祷，保佑帕措成员战无不胜。祭典时要带上很多酒和各类食品，由每家预先按一定的数量配齐，祭典完结以后，帕措成员便聚集在一起豪饮至酩酊大醉，黄昏时才返回。当然，当前对这种祭典活动的要求已日渐松散，在某些村落里此种祭典活动甚至已经消失在人们的集体记忆当中。

4. 土地神崇拜

崇拜土地神可算是另一种自然崇拜的表现形式。土地神就是居住在地上的神，是土地的主人。它掌管地上一切植物和生物，包括花、草、果树和各种生物等。在春耕前夕，耕牛未下地之前，三岩的一些村子会选上一个吉祥的日子到地里用柏树枝熏烟，并向四周洒一点青稞，象征性地用锄头在地里挖上几口，表示春耕就要开始了，希望土地神能够保佑。每当修建一座新的楼房时，都要事先征得土地神的同意，认真做好祭祀仪式和提供贡品；在搬运尸体的时候，尸体严禁触及土地，否则会触犯土地神，给牲畜和庄稼带来祸害。

5. 家神、灶神崇拜

此外，三岩还普遍存在家神、灶神的崇拜，这或许是在土地神观念上进一步发展而来的信仰系统。“家神”是保护帕措成员自身家庭的神，它不仅保护家庭人丁兴旺、防止厄运产生，有时还可充当战神和财神的角色。“灶神”可以看作家神的一种，但它所负责的范围要比家神小许多。三岩碉楼又名“康尔”，一般分为四层（参见图3－1）①：底层畜养牛羊；二层住人，同时也是三岩人主要的生活空间；三层为佛堂，也可招待家中来的贵客；顶层则作为晾台和煨桑的场所。家神和灶神设在楼房的二层（参见图3－2），灶神居于家宅的中心，庇佑一个家庭诸事如意、幸福安康。无论家神还是灶神，都象征着圣洁、神圣与光明。例如，前文讲到三岩孕妇在临产时，其羊水和血迹是绝对不能玷污房间与火塘的，也就是说不能触犯安置在二层的家神和灶神。正因为如此，三岩的孕妇在生育孩子的时候，都只能选择在一楼的牲畜棚生产。孩子生下数周之后，母亲才可搬回二层居住。据说，除了避免玷污家神和灶神以外，这样做还因为妇女在牲畜棚生产不容易造成难产，大概是牲畜都能在这里顺利生产的缘故。此外，妇女生产时，男人是不能在场的，否则会被认为触犯家神并招致不幸。

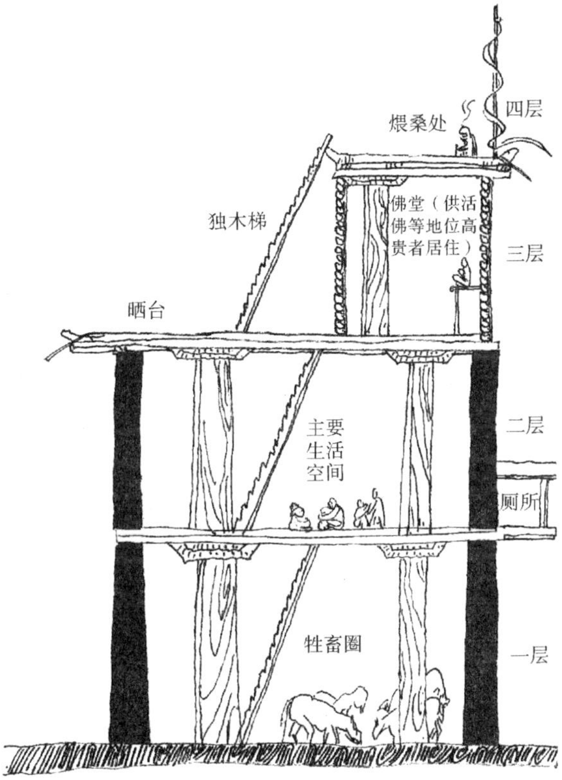

图3－1　三岩民居的内部空间

① 本图依据笔者田野调查与任乃强先生的《西康图经》中对西康的高碉的素描绘制而成。参见任乃强著《西康图经》，西藏藏文古籍出版社2000年版，第250页。

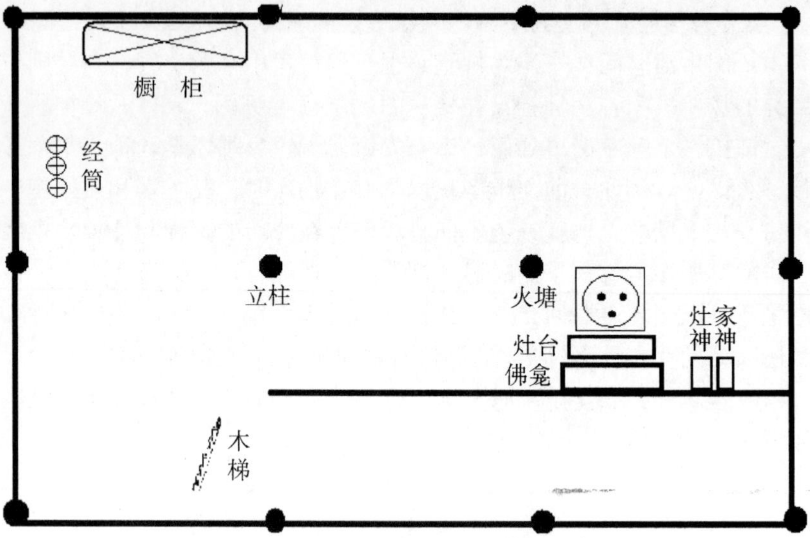

图3－2 三岩民居的二层空间图示

二、鬼魂崇拜和系统化的丧葬习俗

出现鬼魂崇拜和系统化的丧葬习俗，与三岩人长期固存的原始灵魂观有关。在农业社会中，容易发展出一种思想，认为人虽然死去，但其灵魂不灭，依然能够脱离人体而继续过活人的生活，如汉人社会中就有“视死如视生”的概念。这种思想得到进一步的发展，就认为有的鬼魂上天成为神，有的鬼魂集中在阴间生活，有的鬼魂则在世间游荡找不到归宿，经常危及家人和族人的安全。对鬼魂崇拜思想的发展，导致处理、埋葬和保存尸体的方法成为一套日益讲究的细节。可以认为，丧葬习俗的确定与流行，与其说是为了死者的利益，毋宁说是为了防止那些因为意外死亡或某些超自然力量导致的“偶然事件”而不幸死去的人，在人们不注意的时候回到社会中来恐吓或伤害活着的人。这种死人会因为嫉妒而报复活着的人的观念，贯穿于人类原始社会到文明时期的一切葬俗中。①

这些鬼神作祟的观念，从帕措所实施的众多葬法中得到了加强性的说明。总体看来，三岩的葬法复杂、形式多样，除了其他藏区普遍流行的天葬、火葬、水葬、土葬、二次葬、合葬等葬式以外，还有独特的罐葬、壁葬和树葬等，数量达12种之多②。至于采用何种葬法，一般援请巫师或喇嘛用打卦的

① （德）利普斯著：《事物的起源》，李敏译，陕西师范大学出版社2008年版，第302页。

② 三岩的丧葬习俗在第四章有专门的论述。

形式来决定。人死后停尸三日，丧礼期间还要“做七”，点酥油灯和守灵等，以超度亡灵。家庭经济条件较好的，要请喇嘛到家中念经超度四十九天，经济条件差的给寺院送去布施即可，虽不需做足四十九天，但至少“头七”、“三七”、“七七”是一定要请喇嘛过来念经的。

1. 天葬

天葬在四五十年前还甚为流行，这也是被三岩人认为最为“体面”的葬法。天葬要由活佛或喇嘛来主持。一家若有人死亡，家人用绳子将尸体按婴儿状捆绑，避免尸体沾地后发生尸变，然后与喇嘛一道前往指定的天葬台。当尸体到达天葬台后，喇嘛随即围绕在尸体的周边，开始坐诵念经，其中由一名喇嘛吹响一个由人的胫骨做成的号角，秃鹫听到号角的呼唤，马上聚集在附近。经咒念完以后，由负责天葬的喇嘛或帕措成员持刀开始解剖尸体，他们会根据不同的对象和性别，采用不同的刀法对其尸体加以划割，肢解下来的部分陆续扔给秃鹫食用。秃鹫食完骨肉以后，还要拾起骨头捣擂成粉状，加入糌粑后喂给秃鹫食用。如果连骨带肉都能被秃鹫食罄，说明此人福气甚隆，否则证明此人罪孽深重。在以往的三岩地区，如果骨肉仍有剩余，家人有义务将其食尽，表示替亲人赎罪。自从三岩的森林遭受严重的砍伐以来，秃鹫的生存环境大为恶化，导致秃鹫的数量剧减，天葬也一度遭到了弃置，原因是喇嘛无法唤来秃鹫，天葬自然无法实施。近些年来，国家在三岩地区大力实施“天保工程”，封山育林的工作大有起色，秃鹫的数量也呈现增长的趋势。在白洛活佛的主持下，敏都乡于1998年在台西寺后山上新建了一个大型的天葬台，并成功唤来了秃鹫，三岩又恢复了天葬的葬法，此举受到了三岩人的热烈欢迎。

2. 火葬

火葬是藏区的常见葬式，但三岩的火葬与其他藏区不同，它可算作一种二次葬。真正意义上的火葬仅适用于僧侣或当地德高望重的人，一般百姓不宜采用，否则会招致天灾人祸（如天打冰雹），危害庄稼的生长与牲畜的繁殖。三岩人很少单尸火葬，人死后也不是马上火化，而是将尸体捆成一团，呈婴儿状的坐姿放入一木箱内，木箱用灶灰调泥进行密闭放于室内，等到帕措内部或村子里已存放两个或以上的尸箱后，才一起抬至村子特定的“度垒”（公墓）进行火化。火葬和二次葬有紧密的联系。火葬之后的骨灰，可分开和着泥巴做成“擦擦”放入玛尼堆中，既可撒入金沙江中，也可撒在鲜花盛开时的草场或风景优美的悬崖下，甚至可托人带到邻近地区的著名寺庙里。

笔者在雄松乡的下加村调查期间，发现了两例行二次葬的情况。一例的死者是一个女孩（12岁左右），去世后尸体被塞进一个木箱里，放在一层的内角处，上面还压有一块刻有经文的石板。另一例的死者是户主的父亲，50多岁时去世，家人把死者的尸体放在碉楼二层与三层之间的隔棚处，并用木板和墙壁做成箱子形状，尸体放入箱内，箱上还放置了一个用泥土捏成的牦牛头作为供奉。据报道人讲述，这两具尸体日后还要请喇嘛打卦，以选择合适的时间将其尸骨抬到村子的“度垒”处进行火葬。

3. 水葬

经喇嘛打卦适合水葬者可实行水葬。在金沙江两岸有多处水葬点，入水处以有螺旋纹的地方为佳。行水葬时视打卦的情况来处理尸体：如果尸体无须肢解，则将其衣服脱光后抛入水中，任其漂流，又以迅速沉入水底为好，意为死者不会眷念生者，为了便于让尸体沉入水中，有时可给尸体绑上一块大石头；如果尸体需要肢解，则由专人持刀把尸体分割成小块，再把骨头捣碎后与糌粑搅拌成团，然后抛入水中。在整个丧葬仪式上，都需请喇嘛过来念经超度。

4. 土葬

土葬是三岩甚为流行的葬法，无论是老年人、正常死亡的人或是凶死的人，经过喇嘛打卦以后均可实行土葬。帕措一般都有固定的墓地，名为“度垒”。人死后在家停一日，然后用白氆氇衣服裹好，埋葬在“度垒”内，上面竖一经幡，上方再放置一块刻有六字真言的石板。若干年后①，把尸骨挖出放在用木柴搭成的“井”字上焚烧成灰。因为春、夏、秋季多有雨水，焚烧尸体适宜在冬季举行。实行火葬之后，还要用一小撮骨灰和成“擦擦”放在墓地中；如果有骨头未燃烧成灰，还要用石块将其砸成粉末状才行。

5. 树葬

树葬是三岩人特有的葬式。在罗麦乡，如果小孩未满 1 岁去世，则要举行树葬，即把死婴用布包裹后放在木箱子里并挂在特定的树上，任其跌落腐烂。在金沙江西岸，树葬的葬法并不怎么流行，仅在克日乡和罗麦乡的交界处有一个专门的葬址。但在江东（白玉县山岩地区）那边，树葬的做法已经成为了风气，山岩乡一共有 5 处树葬点，一般未满 15 岁的小孩死后要实行树葬。树葬时将小孩的尸体装殓于木箱中，然后用绳子系挂于枝叶茂密的大树上，让其自然腐化。树葬的选址十分讲究，宜选择在丁字路口、两河或多河的相汇处，且树木须枝高叶茂，象征人丁兴旺，后继有人。在罗麦乡，如果小孩死亡时年龄为 1～2 岁，则可实行陶葬，即把婴儿尸体放置于陶罐中并埋入公墓。实行陶葬的尸体不再实行火葬。

6. 壁葬

在三岩地区，如果德高望重的老人（一般 70 岁以上）在寿终正寝之后，可采取壁葬，但此葬法现在已极少采用。当地人认为老人的尸体是财源和运气的象征，为保住运气不外溢，用盐水擦洗老人的尸体，用酥油将五官堵塞，请

① 时间长短不定，短则 1 年，长则三五年，但一般不超过 10 年。

喇嘛诵经作祈祷、超度。然后将尸体以坐姿装入木箱或罐中，以灶灰调泥，封住棺盖或缝口，在顶楼的墙边掏出刚好容纳下尸箱或尸罐的小洞，将尸体放进洞内，然后垒起石头或土砖，堵住洞口，用灶灰调泥，封住墙缝，再用牛粪糊墙面，防止裂缝。据时任贡觉县副县长陈新华给笔者的讲述，他在三岩下乡工作时曾在一户人家的墙壁中发现过若干处壁葬，并摄影留念。

三、巫术、符咒、占卜和盟誓

（一）巫术与符咒

各种巫术、符咒、占卜和盟誓活动笔者在三岩时有所耳闻。由于自然崇拜和鬼神观念的长期存在，容易给三岩人的认知世界造成一种后果，即认为一切事物，无论它们是否具备生命的特征，都具有某种巫术的力量和性质。这种巫术的力量，不仅源自那种存于自然状态之下无处不在的神秘的“力”，而且在很大的程度上左右着他们的思想和行为。例如，他们往往将生活中所遇见的一些原因不易理解的现象——如厄运、成功、死亡、疾病、雪灾、冰雹、泥石流、地震等，都归因于事物本身所具有的巫术的力量。此外，三岩人还认为，当遇到“神魔”的势力时，只能出现吉凶两种预兆，这是由每个人的业力造成的：出现了吉的征兆，自然需要感谢自己获得了神灵的眷顾和恩赐；如果出现了凶的征兆，就要好好地反思自己的行为是否存有不妥当之处。然而，他们又认为，生活中出现凶的征兆往往居多，这是因为“神魔”的本质是邪恶的，其活动方式取决于人类对他们的行为，它们应当受到人们的崇拜和供奉。为了达到某种趋吉避凶的心理需求，人们通过每天举行煨桑仪式，召请“神魔”下界接受供品，从而使得祈愿者平和、心满意足和欢欣喜悦。与此相关的仪轨和神咒也追求两种目标：一是幸运、福利、吉祥、长寿、健康、资财、克敌制胜等；二是排除贫穷、疾病和早亡等。这种在生活中影响和利用“力”以实现趋吉避凶的努力，就是巫术。

实施巫术有两种对象：一种是针对自然的巫术，一种是针对人的巫术。①

1．针对自然的巫术

针对自然的巫术主要为了获取食物，这也是最为古老的巫术之一。为了获取充足的食物，有必要取悦于动物、植物和自然的力量，如太阳、雷电、雨水等。特别是雨水，对长期居于干旱之地的农业能否有收成具有重大的意义。因此，祈求雨水的巫术活动对于当地居民而言是十分重要的。祈求雨水要举行适当的仪式，其核心的内容是模仿雨的形状，如让水在地上流；或像澳大利亚的

① （德）利普斯著：《事物的起源》，李敏译，陕西师范大学出版社2008年版，第2～7页。

某些部落那样，切开静脉抽血；或到处撒羽毛以象征云；或将一些小石英晶体撒向妇女，妇女们用树皮护着身体避雨。① 在三岩地区，祈雨仪式一般设在临近村子的湖上举行，大概是因为湖里的水比较充裕的缘故，这里也被认为是鲁（龙）神居住的地方。湖在当地被称为“措”，是附近某位山神的妻子。例如，罗麦乡罗麦村附近，就有一个经常进行祈雨的场所，名为纳日措（参见图3－3）。一旦气候干旱、庄稼青黄不接，帕措头人和长老就要在此摆好奶汁、糌粑、茶叶等各式供品，竖起风马旗，敬奉哈达，请来巫师或喇嘛在此举行祈雨仪式，并念颂专门的符咒或经文，请龙神（王）开恩降雨；还要熏酥油焦烟及松柏香枝镇风，消除下雨之五障，促成下雨。此外，三岩当地还有一种“迷信”的做法，即将荞麦、麦子、青稞杆与松柏枝、蛇皮、黑沙棘捆绑在一起，内放用泥土做成的吉祥物悬挂在靠近火塘上方的立柱旁，以祈求家庭殷实、吉祥安康。他们认为，荞麦、麦子、青稞杆是人的日常食物，点燃松柏枝煨桑是对神灵的祭祀，蛇皮、黑沙棘则被认为具有镇压妖魔鬼怪的功效，内置泥土做成的吉祥物意为承载万物的大地，从而达到天、地、人、神、鬼的联合与统一，最终达到和谐美满的状态。

图3－3　纳日措是三岩人求雨的圣地

雹和霜是危害农牧业生产最常见的灾害。当地人认为，它们由神来主宰，统称为“热”，下面还分管13个小神，分别为拉、鲁、珍、木、的、甲热、则热、行吉、列行、森波、益打、玛木、梯绒。这些大小神心胸狭窄，最易动怒，其中的典型表现就是结霜和打雹。为了保护农牧业的劳动成果，对这些小

① （德）利普斯著：《事物的起源》，李敏译，陕西师范大学出版社2008年版，第3页。

神不能将就，只能通过作法来震慑其威。三岩的寺庙里有专门负责驱雹祭霜的喇嘛，会施行一种预防冰雹袭击的法术，同样可视作是种针对自然的巫术。每当天降冰雹，或者见到打雹的预兆，这名"驱雹"喇嘛就要进行一种专门的仪式：他一边口中念念有词[①]，一边手持木刀，以舞蹈型的动作指挥冰雹的方向；或用一种名为"俄多"（放牛羊用的抛石绳）的法器，装上"擦擦"（一种用红泥做的小佛像）或一些圆锥体的法物，击向空中，以阻击冰雹下落。如遇见冰霜，则一面念经，一面熏树枝，烧一种经过特别配制的药物，使得天空出现浓云，从而阻止霜的降临。近年来贡觉县政府在三岩的一些主要村子安装了人工防雹机。由于它们在使用后收到了一定的功效，"驱雹"喇嘛举行的法术活动已有所收敛。

2. 针对人的巫术与符咒

如果说针对自然的巫术具有积极的一面，那么针对人的巫术则具有消极的成分。用于人的巫术，或许源于人类表达感情的各种姿势。例如，当一个仇人逃走了，或许由于种种的原因不能对他复仇时，我们会下意识地握紧拳头。原始人也会表现出同样的情感反应，而他们一般都携带着武器，因此，他们下意识地做出惩罚敌人的象征性动作就更为强烈。如果不久以后对方正好病倒或死去了，他们便自然而然地认为是那种姿势所致。一旦这种因果关系形成，人们便会认为那种象征性的惩罚举动能致使自己所憎恨的人生病甚至死亡。于是，人们开始有意识地使用这种姿势和行为以期毁掉所恨的人，"人身巫术"便产生了。[②]"人身巫术"进一步发展，出现了诅咒或具有诅咒性质的巫术，这些巫术实施起来不仅简单方便，而且不容易被别人察觉。

有研究表明，"人身巫术"在长期敌对的人群和部落当中颇为盛行。[③] 三岩由于帕措的存在，又由于各帕措之间长期敌对，因此"人身巫术"大行其道。三岩地区流传着一个"阿妈石"的传说，里面描述的主人公就是利用符咒将自己的父亲给咒死了[④]；在木协乡那哥帕措的族谱传说中，发生了一个侄子打坐念咒经诅咒自己叔叔的情况[⑤]。2001 年 3 月 7 日，木协乡下罗娘宏达村发生火灾，21 户房屋付之一炬。起火时间是在上午 11 时，当时全村的成年人都下地施肥去了，各家只留下老人与小孩，所幸全部逃离无一伤亡。此番起火的原因一直未能查清，一种分析是常卧在灶塘里的猫带了火种窜进柴草堆中，引发了大火。待在地里干活的人望见烟火后迅速赶回村里已为时已晚，虽然大

---

① 一般要念一本名为《增多》的经文。

② （德）利普斯著：《事物的起源》，李敏译，陕西师范大学出版社 2008 年版，第 4 页。

③ Chagnon N A. *Yanomamö: the Fierce People*. New York: Holt, Rinehart and Winston, Inc., 1983.

④ 故事情节参见第四章。

⑤ 子文（刘伟）著：《苍茫西藏》，中国工人出版社 2009 年版，第 19～20 页。

火仅仅烧了一个小时，但凡能燃烧之物皆成为灰烬。按照旧时的说法，一个可能的解释是：这必定是由于仇家施咒引起的火灾。①

由于“人身巫术”具有攻击性，一些防御性的机制便应运而生了，与“人身巫术”的攻与防有关的事物亦成为了三岩人生活的一个主题。例如，一个三岩人的唾液、头发、指甲，以至于衣服碎片、所用武器的零件等，都可作为主人——他的灵魂或精神的一部分，对这些东西诅咒可以使主人遭殃，因此必须谨慎处理，不可随意乱放，特别是不可落入敌对帕措成员的手中。又如，一个新生婴儿的胎衣，必须带到一个外人不知道的地方偷偷埋放。给孩子取个有“法力”的名字也是一种惯常的做法。三岩人认为，请寺院的活佛来给孩子命名，可有效地防止敌人利用巫术对其攻击，保证他们今后能够健康、快乐地成长。据说在各种名字中，取个蕴藏吉意或与佛教有关的名字“法力”更强。因此，对三岩人大量出现以下的名字我们不应感到惊讶：丹增——主宰圣教、执掌佛教的人；丹巴——佛教、圣教；群培——兴法、兴教；土登——佛法；次称——持戒；衮秋——三宝；金巴——布施；卓嘎——白度姆；多杰——金刚；才让——长寿；丹炯——护法、护教；卓玛——度母；央金——妙音；拉姆——仙女；达吉——佛法昌盛；平措——圆满；扎西——吉祥；德吉——幸福；索南——福德；齐美——无死；等等。当孩子长大以后，无论男女都要在胸间佩挂一个护身法物——“呷乌”，内装有佛像的照片，或是经活佛加持过的经文、藏草药和护身符录等。当地人认为，佩戴“呷乌”可驱邪护身，灵者符咒不能侵、枪刀不能伤。

藏历每月五日，帕措要举办集体祭典，同时还举行一种特殊的舞蹈祭典仪式，由巫师身披牛皮不停地跳舞，其间要将小孩子放在一个小木箱中。不管孩子在里面如何地哭泣、挣扎，巫师都一边念出咒语，一边不停地比划，直到仪式做完才把孩子放出来。据说此种做法是为了取悦山神，让山神保佑族人战胜邪恶、疾病和挑战敌人。②

（二）占卜

如前文所述，三岩人认为遇到神魔的势力时只能出现吉凶两种预兆，如果能预先获知这种征兆，知道自己今后的吉凶祸福，就能在心理上占据优势。此种思想导致占卜术在三岩地区颇为盛行。三岩流行的占卜术多种多样，有鸟卜、梦卜、线卜、箭卜、色子卜、青稞籽卜、念珠卜、骨卜、石卜等。③ 由于

---

① 马丽华：《金沙江畔有三岩》，载《作家杂志》2003 年第 2 期。

② 范河川编著：《山岩戈巴》，四川大学出版社 2000 版，第 39 页。

③ 同上书，第 49 ～ 52 页。

帕措的存在，三岩人以帕措组织为依托，大量从事打劫、偷盗等活动，贡觉、江达、巴塘等邻近地区无不受其侵扰，却又无可奈何。以往帕措成员外出打劫时，还有一种刀卜的做法，即由一名帕措成员（通常是这次活动的组织者）拔出自己身上的腰刀，“以刀掷于空中，落地时看刀尖向于何处，即为吉地”①。

在以上提及的诸多占卜术中，以念珠卜最为常见，一般要请寺院的喇嘛来完成。用念珠占卜也有多种形式，一种常见的做法是：将念珠合拢在双手内来回搓捻，随便取出一节，反复推拿 13 次，最后以该节所剩珠子的数目取吉凶，如剩余 1 粒为“卡色”，表运气好；剩余 2 粒为“康拿”，表运气很差；剩余 3 粒为“西得”，表运气一般差；剩余 4 粒为“么打”，表运气一般。

笔者在罗麦乡的达松寺调查期间，曾请该寺的喇嘛现场演示如何用念珠占卜（参见图 3－4）。进行占卜时，喇嘛先让求占者下跪，预先告知所求之事，然后先向三宝请愿，同时将一串念珠放在两手掌心，任意抓住两手拇指和食指之间的那一段念珠，然后从这段念珠的两端开始，每次数 3 个，同时念诵一段专门用来占卜的经文，占卜的结果取决于念完该经文后所剩的念珠数目，最后按卦书释意，得出吉凶。

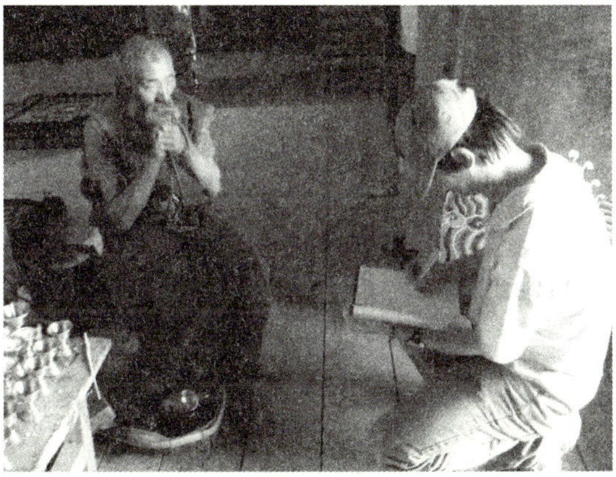

图 3－4　达松寺喇嘛向笔者展示用念珠来占卜

（三）盟誓

盟誓即“赌誓发言”，是一种以口头形式实现民间仲裁、解决纠纷的契约形式。深厚的自然崇拜、神灵崇拜信仰根基，以及在民众生活中发挥积极作用

① 刘赞廷编：《武城县志》，载《中国地方志集成·西藏府县志辑》，巴蜀书社 1995 年版，第 153 页。

的宗教信仰体系，是藏族的盟誓得以发挥作用的前提条件。藏族的盟誓具有极强的宗教适应性和宗教依附性，体现出社会控制手段的宗教、道德、习惯法、法律的多元一体性；在因果报应机制下，神的佑护与惩罚的辩证统一，使得神罚上升为维护秩序与正义的替代机制，疾病、灾害等与神罚的人为联系，不仅彰显了神罚，同时还具有教育和预防功能；因果报应、不能违背誓约的观念与偶然的"神罚"事件的验证，从正反两方面强化了民众的守约意识，具有预防纠纷、防止犯罪、醇化诚信民风的重要作用。①

一方面，国家政权在三岩地区长期缺失；另一方面，自然崇拜、神灵崇拜信仰又在三岩地区根深蒂固，盟誓在三岩的日常生活中同样发挥出巨大的作用。盟誓在三岩主要存在三种情况：第一，接纳非本帕措血缘的男性加入，如一个外来人或雇工经过一段时间的考验后，通过帕措会议，令其当众盟誓效忠本帕措，遵守帕措内部章程，然后大家相互敬酒，他就合法地成为了本帕措成员；第二，评断是非曲直，以是否敢发誓为界，若都敢发誓，曲直就不了了之；第三，两位分属不同帕措的人发生了争执，但后来得到和平解决，就要相约来到当地的神山或圣泉前下跪，发誓以往的事情无论孰对孰错就此了断，双方此后都不可再提此事，否则天地难容。

作为三岩人共同的神山，乃布神山是一个经常用来赌誓的场所。在雄松乡的那日山上有一股泉水，名曰"玛布琼果"，此处被当地人认为是来自乃布神山的圣水，这里也是三岩人相约起誓的地方。据说雄松乡的缺所村以前曾建有108座佛塔（现已毁灭），那里也是一个重要的起誓圣地。此外，木协乡的"嘎日琼果"、罗麦乡的"阿洛琼果"也是村民相约发誓的地方。重大盟誓活动和起誓神判一般由德高望重的活佛参与和主持，在寺院等神圣的宗教场所里面进行，以解决两个帕措之间所发生的重大争端，缓和双方由于血仇制所造成的紧张气氛。

四、系统化的苯教和藏传佛教文化

1. 苯教文化

三岩较早出现了系统化的苯教和佛教文化，并且渗入到人们社会生活的方方面面。西藏地区很早就在原始信仰的基础上产生了苯教（黑教）。公元6—7世纪时，苯教从卫藏传入康区并流行开来。康区著名的苯教寺庙，有德格的丁青寺、昌都的孜珠寺和金川广法寺，最早者距今已有2 000多年历史。在三岩的周边地区，如白玉、石渠、色达、丹巴和新龙等地区，还保存有不少苯教寺

① 牛绿花著：《藏族盟誓研究》，中国社会科学出版社2011年版。

庙。受其影响，苯教在三岩地区拥有深厚的群众基础。有文献指出，在唐圣历年间（公元699年），赞东禄长子赞悉岩为逃避政治迫害，以苯教教徒的身份逃到康区“旦麻”地区传演黑教，其遗址大致在现白玉县萨玛乡一带。[①] 刘赞廷在《武城县志》中也记载当地以“人皮、人心、人手、人之天灵盖、人之大腿骨为之特品”。又曰：“据彭错云，以活人皮为贵，死人皮次之，如有女子肤白嫩者为珍品，此种人皮售于喇嘛，作为符，具能致人死，销路极广；其人手者先以用盐将余血浸净，上涂酥油背阴晾干，以紫草合一种药料扎裹，俾使指甲不能脱落，用金银镶其伤处，喇嘛用之密中作法，能以驱祟招鬼，凡黑教皆用之；其人心者系用杀人凶犯之心，合淫妇之阴毛，私生子之胎衣，另加各种宝物共研细末，画符佩带，能避刀枪水火及一切灾难，亦可延年益寿；其天灵盖大者，可制成念珠，小者盛水或青稞列于神前，为供器；其大腿骨作为喇叭，大者为寺中乐器，小者为笛，喇嘛用之天葬，剖尸喂乌临时吹之，其声如牛鸣，鹰雕即至，藏人呼为哄筒。”[②] 无论是人皮、人心，还是人手、天灵盖和大腿骨等，这些物品均与苯教的巫术具有莫大的干系。诚然，苯教经过与藏传佛教长期的对抗和同化以后，早已转化为藏传佛教中的一个派系。

2. 藏传佛教文化

另一方面，三岩地区较早就有了系统化的藏传佛教文化，有固定的寺庙、信徒和神职人员。100多年前，三岩就存有不同派系的寺庙，除了黑（苯）教寺庙以外，还有红教（宁玛派）和黄教（格鲁派）寺庙，所属的僧侣人员，少则一二人，多则几十、数百人。刘赞廷记载了当时三岩寺庙的总体情况，摘录如下：

白日根寺在本城黄教喇嘛一人
南格寺在南格村红教喇嘛五十余人
色热寺在宗巴村红教喇嘛六十余人
察拉寺距城东南二百里黄教喇嘛四百余人
郭觉卓贞在堆达村女尼五十余人
渴清寺在萨东黑教喇嘛七十余人
热热寺在色巴村黑教喇嘛四十余人
俄热寺在亚巴村黄教喇嘛二十余人[③]

---

① 范河川编著：《山岩戈巴》，四川大学出版社2000版，第113页。

② 刘赞廷编：《武城县志》，载《中国地方志集成·西藏府县志辑》，巴蜀书社1995年版，第152～153页。

③ 同上书，第131～132页。

众所周知，康区是藏传佛教后弘期“下路宏法”的发祥地，藏传佛教中密宗色彩最浓的宁玛、噶举等派肇兴于此。其中宁玛派俗称红教，是最古老的藏传佛教教派，公元8世纪传入康区。12世纪初，西藏宁玛派大成就者藏登作畏公布，派其亲传大弟子、出生于德格县的噶·当巴德西回到康区宏传宁玛教法。1160年，噶·当巴德西在白玉河坡境内建成噶托寺。清初，又有白玉寺、竹庆寺、协钦寺三座宁玛派大寺相继建成。这几座宁玛派大寺在康区又有许多的属寺，辐射面甚广，影响很大，三岩虽处于高山峡谷地区，亦在其势力范围之内。除了黑（苯）教和红教以外，黄教自宗喀巴实行宗教改革以来，于明末清初时期逐渐成为压倒一切势力、集政教于一体的格鲁巴集团，在三岩地区的势力一度有扩张的迹象。例如，在下三岩距武城东南200里的察拉寺（现属芒康县戈波乡），曾有黄教喇嘛400余人，是三岩当时规模最大、人数最多的寺庙。

这些寺庙虽地处穷乡僻野，却能拥有为数众多的僧侣，可以料想，它们必定要从临近的村子中吸收大量的村民作为扎巴成员。村子里还存在为数不少的“住家”扎巴，他们平时参加帕措的生产劳动，休闲时则待在家里念经修行；一旦村子或帕措中有念经、佛事等活动，他们就要过来帮忙，并能根据自己的服务收取一定的报酬。此外，当地盛行一妻多夫婚制，很多妇女由于无法加入到婚配市场只好出家当觉母（女尼）。即便如此，选择出家与否，无论男女都要基于本人的意愿。当地的人们都以家中有人出家为荣，认为这样做会给家人带来福祉。另一方面，由于三岩存在势力大小不一的帕措，一些小帕措主动将自己帕措的一些妙龄女子送入寺庙中出家，防止其他势力较大的帕措为了争夺她们而引发械斗。正因为如此，当时这些寺院周围常常聚集多达700名的女尼（觉母），她们中“有组织者矮屋蓬居，无组织者沿门托钵，亦有与人为奴者，系无寺名。盖岩人历行乡夫制，女子竟为被弃之物，故削发为尼。富者依其父母，贫者入寺苦修，亦可生子，名曰天赐行，以为常也”①。例如，“雄松尼庵一所，有女尼数十人，藏人呼女尼为‘觉母’，生有子女，名曰‘天赐’，为人轻视”。有诗为证：

女娲炼石补胡天，留待灵犀大道传。
无父儿孙君莫笑，佛门不禁人逃禅。②

① 刘赞廷编：《武城县志》，载《中国地方志集成·西藏府县志辑》，巴蜀书社1995年版，第132页。

② 同上书，第155页。

3. 帕措与宗教的结合

三岩以帕措为社会和经济生活的主要组织形式，当地彪悍的民风和以盗抢为生的生计方式，与传统的藏传佛教文化相结合后，便产生了一些特异的文化现象。例如，一些寺中尚保留着一种与佛教教义相违的祭祀活动，如山岩的尼根寺要举行杀牛、羊等牲畜祭祀佛或先辈的活动。僧人素以能偷抢、善战、凶悍为尊，住寺的僧众中，多数长辫俗衣，半天念经，半天饮酒，有时边念边饮，念完经出门已烂醉如泥。又如："唯有崇信佛教，凡出劫时，以刀掷于空中落地时看刀尖向于何方，即为吉地。"再如："见客商往来必先将人置死，而后越货，往有杀人不得一物者。而所抢之物以三分之一贡献喇嘛，请念消灾经，以告无罪过。"①

受帕措制度的影响，一些寺庙甚至把持了当地的商业经营。例如，"本县土产系售于察拉寺，再由该寺喇嘛输至巴安出售，掉换茶糖杂货运回，销于地方。因本地土人尚为盗匪，不敢出境为商，而汉商亦不敢入境贸易……"②

一些寺庙的宗教领袖还积极参与当地的政治活动，并对三岩的社会历史发展产生了深远的影响。例如，刘赞廷曾详细地记载了当地一位宗教活佛参与到三岩政治活动的事件，并由此获得了崇高的声望："察拉寺主教喇嘛吉根降曲，性豪爽，相貌魁梧，自设治后邻村控告三岩以前抢劫掠虏之事系由察拉寺主持以为巢穴。吉根知之，挺身指赵使（赵尔丰）自首，谓三岩尚为野番，掠虏之事人所共知，犹非喇嘛所能禁止。为省执经引导，劝其为善，今闻邻村控告，莫问是非，特来领罪受首，以解众怒。赵使壮其语，勉之，凡以前之事，既往不咎。由此无人不知吉根喇嘛其为人也，称为'活佛'。"有诗为证：

千里人为佛一尊，西天怯住在山村。
慈航渡上连环套，不让当年宝二敦。③

4. 宗教的传说与胜迹

三岩地方不大，但寺庙数量众多，当地有关宗教的神话传说更是不胜枚举，每一座山都有一个动人的故事，每一泓水都有一个美丽的传说。例如，在前往克日的路途中突显奇石林立、峭壁突兀，其中一处峭壁高处有小泉如小便状涌出，据说是文成公主入藏传教时在此小解后，形成此泉。而在罗麦乡的达松寺前有一块大石头，上面赫然印有一个足印，据说是莲花生在此修行时所留。

---

① 刘赞廷编：《武城县志》，载《中国地方志集成·西藏府县志辑》，巴蜀书社 1995 年版，第 153 页。

② 同上书，第 152 页。

③ 同上书，第 154～155 页。

在种种的宗教传说中，以雄松乡的宗教文化最有特色。雄松当地有两座比较有名气的寺庙——白日寺和康贡寺。两寺的距离不远，如果按顺时针方向从康贡寺转到白日寺，就要依次转过五座大山，分别是勒宗山、勒久山、西宗山、那日山、扎岩山。五座大山彼此相连，转山一圈骑马要走上一天，同时也完成了一个神奇的宗教之旅。

勒宗山为当地神山，也是当地人经常光顾的转山之地。据说每转一次勒宗神山，等于念了十万遍"嘛呢"经文。传说以前白日寺与康贡寺各住有一位活佛，两人经常一起辩经，一同游玩，还经常斗法。一日，两人在半山腰晒完太阳后，决定去桑珠经堂休息，但又嫌走过去略显麻烦，两人商议斗法，以谁先去桑珠经堂者为胜。于是两人显法，分别从原地腾空而起，纵身飞往桑珠经堂。在康贡山半山坡的石壁上，依然赫然留有一个脚印和两个经文，据说就是这两位活佛当时斗法时所留（参见图3－5）。

图3－5　传说白日寺与康贡寺两位活佛斗法的遗迹

文化交流剧烈、频繁。[①] 可以料想，三岩很早就出现了原始部落群，那时虽然没有出现系统化的宗教组织，但应当存在民间宗教和信仰——萨满教，这也是西藏原始宗教的雏形。“萨满”一词来自通古斯语 saman 与北美印第安语 shamman，字面为“智者”、“晓彻”之意，后逐渐演变为萨满教（shammanism）巫师的专称。这些巫师通常是些跳神人士，他（她）们也被理解为这些氏族中萨满神的化身和代理人。

萨满教是一种原始宗教，产生在人类原始社会的早期阶段，是广泛分布于北亚的一类巫觋宗教，其基本特点是既无宗派、教祖或祖坛、具体教义，也没有专门的组织机构、集中固定的庙宇教堂和专职的神职人员，其主要信仰是崇尚万物有灵，崇拜多种神灵，尤其以祖先崇拜与自然崇拜相结合最为显著，有时也会吸纳其他宗教的神灵作为补充。这种带有萨满教性质的信仰与宗教活动，依然保存在三岩地区，且不时对人们的生活施加影响。在 20 世纪 80 年代中期，刘伟先生曾到三岩的木协乡做调查，他记录了一次具有萨满意味的宗教仪式活动（参见图 3 – 7）：

图 3 – 7　在做法事期间的莫玛

莫玛头戴着一个奇形怪状的帽子，帽子上竖着高高的五块歌功颂德型木饰，上面粗糙地刻有骷髅，正中一片木饰上刻着一尊护法神，木饰上刻

① 李星星：《藏彝走廊本波文化带概论》，载《广西民族大学学报》（哲学社会科学版）2008 年第 6 期。

有金粉银粉，莫玛的头发梳成无数细辫，披在肩上，发辫上缀着绿松耳石、玛瑙、猫眼珠，还纠缠有黄缎带，直垂到腰间。

莫玛在火塘煨上一堆香草，直到烟在房间弥漫开来，他就开始抽搐着起舞，尖着嗓门唱歌……直到一个木碗里，抓起一支箭，发辫和黄缎带甩成圈，上面的珠宝叮叮响，嘴里念咒文："就在中午的时候呀，太阳落山遍地黑暗呀。"

再舞一个圈，端起盘子把青稞倒进了吊在胸前的牛毛口袋，……他瞪大眼睛，拇指盖上的鼻烟末送在鼻端忘了吸。莫玛又打量另一个木碗……

莫玛又唱又跳，抓起盘上插着的箭："二牛抬杠在中间地呀，青冈木的犁断在了土里了呀。"……①

这种带有原始成分的萨满宗教仪式是否就是7世纪时期佛教传入西藏地区时的原貌呢？此点颇成疑问。但在佛教传入西藏地区之前，苯教的的确确在藏民的心目中占据着重要的位置。传说先饶米沃是苯教的创始人，苯教最早在象雄古国建立根基，然后在整个藏区流行开来，并建立起强大的政治势力，对后来西藏王室的有效统治形成实质性的威胁。可以说，赞普松赞干布和赤松德赞先后采取扬佛抑苯的措施，有其内在的政治需求。在此期间，苯教一直在与佛教分庭抗礼，但到了赞普赤松德赞时期，桑耶寺的建立标志着佛教取得了决定性的胜利，大量的苯教徒遭受迫害，并从西藏中部被驱逐出去。在《贤者喜宴》、《巴协》等典籍中，都曾描绘过发生在公元8世纪由官方组织的对苯教的迫害活动。② 三岩地区存在一种说法，认为赞东禄长子赞悉岩为逃避政治迫害并以苯教教徒的身份逃到白玉县萨玛乡一带传演黑教，可视作是这一政治事件的缩影。此外，三岩所处的康区大量出现苯教寺院，如昌都的孜珠寺、德格的定青寺和金川广法寺等，可能也是同一历史事件的产物。

可以设想，在佛教最初传入西藏时，土著宗教早已深入人心，一般人对此外教自然产生猜忌，尤其引起两种后果：一是在佛教方面受到一次大反动，这便是9世纪中叶朗达玛王领导的灭佛运动；另一个就是本（苯）波教的变性变质。③ 由此可见，一方面，苯教脱离了藏王的统治向康区扩散，另一方面，苯教也在大量吸收佛教的成分，以利于自身的保存与发展。

苯教作为一种宗教形式，有其历史的连贯性，先后经历了道本、恰本、具本三大派系。在与藏传佛教发生了融合之后，又可分为白苯与黑苯两派。白苯

① 参见子文（刘伟）著《苍茫西藏》，中国工人出版社2009年版，第41～42页。

② （意）图齐等著：《喜马拉雅山的人与神》，向红笳译，中国藏学出版社2005年版，第127～133页。

③ 柳升祺著：《西藏的寺与僧（1940年代）》，中国藏学出版社2009年版，第2页。

吸收藏传佛教的成分较多，在寺庙布局、教义、教理等方面也与藏传佛教的寺庙相类似，较容易与其相混淆。相比之下，黑苯比较能保持原来的面目，其人数不若白苯之多，亦比较无组织，举行仪式时，往往宰杀牲畜以为牺牲。黑苯尤其讲究符咒等术，与密宗喇嘛极类似，与内地的道士更逼近。[①] 刘赞廷曾记录了三岩100多年前有两座苯教寺院，即萨东（沙东）的噶清寺和色巴村热热寺，分别有喇嘛70余人和40余人；此外，他还描写了当地宗教中存在着许多巫术的成分，与黑苯有密切的关联。至于在临近的贡觉县，历史上的苯教寺庙就更多了，已知的还有哈加乡凌达村的阿桔寺，有喇嘛40余人；在阿木地方有章喇寺，有喇嘛40余人；罗麦乡有罗根寺。到了2000年，许多寺庙已无从查实，只有莫洛村的文左寺、阿旺乡的玛奴寺等，但现在已是残垣断壁，不见其形。[②]

关于苯教的来源与历史，尽管当前学术界仍存有分歧，但现在普遍把“苯”一词归类于佛教以前的西藏宗教，它与萨满教有密切的联系。正因为如此，有学者认为，自称为“苯波”（苯教信徒）的喇嘛教派（至少从公元11世纪始）被看作是佛教以前西藏宗教的直接继承者：“对西藏守护神和守护神的一群信徒的研究……揭示了新的事实，即佛教以前的西藏宗教信仰及它们与早期萨满教的关系。苯教正是从萨满教阶层中发展起来的。”[③] 从三岩苯教的发展情况来看，也在一定程度上印证了以上的说法。

二、宁玛派（红教）

西藏自7世纪中叶起，一方面从印度传入文字与佛教，另一方面又从大唐输入艺工文物，并由此促进了佛教以及一切文明制度等的发展。[④] 根据历史文献的记载，佛教正式传入藏区，是从松赞干布时期开始的，又在赤松德赞时期获得进一步的发展。这是一个循序渐进的进程，佛教在与原始宗教——苯教的抗争过程中发生了多次的反复，特别是公元841年，赞普朗达玛在即位后实行了灭佛政策，一方面封闭寺院、禁止译经，另一方面勒令僧人还俗，否则即加以杀戮。为此，大量的僧侣被迫四处逃亡（特别来到康区），佛教也进入了所谓的“后弘期”，康区即属下路“后弘期”；在此之前，则可称为“前弘期”。也就是说，“前弘期”和“后弘期”是佛教在西藏弘扬的前后两个时期，大体

---

① 柳升祺著：《西藏的寺与僧（1940年代）》，中国藏学出版社2009年版，第6页。

② 西藏自治区贡觉县地方志编纂委员会编：《贡觉县志》，巴蜀书社2010年版，第742～743页。

③ （奥地利）勒内·德·内贝斯基·沃杰科维茨著：《西藏的神灵和鬼怪》，谢继胜译，西藏人民出版社1993年版，第3页。

④ 柳升祺著：《西藏的寺与僧（1940年代）》，中国藏学出版社2009年版，第1页。

划分如下：从8世纪的后半期寂护大师①入藏弘法起，至9世纪中叶百年左右，是“前弘期”；又从10世纪中叶上下两路弘法，直到现在为止，为“后弘期”；其间隔着近一个世纪的黑暗时期。②

与“前弘期”和“后弘期”几乎相吻合的是，期间发生了新、旧两次译经运动，其划分的界限大致以仁钦禅波译师为标准。凡自其前一辈的一位名叫弥底班底达③的译师起，及以前所译的密宗经典，皆属旧派密宗；凡自仁钦禅波起，及以后所译的密宗经典，谓之新派密宗。西藏现在有少数的喇嘛依然沿用旧译的密宗经典，并崇奉莲花生大师一系密宗教授的，被称为宁玛派。至于其他各派，可说都属新派。④

宁玛派（红教）成为藏传佛教重要的传承之一。相对于以后的其他三大传承（即噶举派、萨迦派、格鲁派）而言，它属于旧派，“宁玛”一词的意思为“古”或“旧”：所谓“古”，是说它的教理历史悠久，是从公元8世纪时传下来的；所谓“旧”，是说它的一些教义教规是以古时候吐蕃的旧密咒为主。另外，宁玛派与西藏本土所固有的原始宗教——苯教有着密切的联系。公元8—9世纪，即佛教的“前弘期”，佛教中的密宗从印度传入西藏，而苯教在西藏民间的影响很大，恰好密宗的神秘性与它非常相似，结果两者逐渐结合起来，因此宁玛派的教义中大量掺杂有苯教的仪轨，有些方面苯教与宁玛派几乎难以区分开来。宁玛派以密宗为主，主张吾人心体本是远离尘垢，空明无障。⑤

早期的宁玛派以师徒或父子传承的形式传播，既没有形成统一系统的教义，也没有权威性的寺院，该派别组织涣散，教徒分散各地，他们不仅参加日常生产劳作，还可以娶妻生子，甚至父子两人同时入寺诵经修法。到了11世纪的“后弘期”初期，宁玛派出现后来被称为“三素尔”⑥ 的祖孙三代，他们奉莲花生大师为祖师，依照他入藏所传和伏藏修行的传承，系统地整理出宁玛派经典，并建立了专门的寺院——坞巴寺，从此才形成一定的规模，开展一些集体性活动，最终形成了一个相对独立的教派。这一教派本来是没有名字的，直到后来产生了其他一些新的教派，这一教派才被称为宁玛派。

---

① 印度高僧，受赞普赤松德赞的邀请入藏传教，藏文名译为喜瓦错，汉译为寂护、静护、静命等名。

② 柳升祺著：《西藏的寺与僧（1940年代）》，中国藏学出版社2009年版，第13页。

③ 又名阿底峡。

④ 柳升祺著：《西藏的寺与僧（1940年代）》，中国藏学出版社2009年版，第14页。

⑤ 同上书，第15页。

⑥ “三素尔”指素尔波且·释迦生（1002—1062年），素尔琼·喜饶扎巴（1014—1074年），和素尔琼·卓甫巴（1074—1124年）。

必须指出，宁玛派在三岩的建立、传播与发展，与当地的民族化进程是同步的。就其地理位置而言，三岩居于康区的中央地带，“康”具有边缘之意，是传统上卫藏的边缘之地，其地理范围大体上处于打箭炉以西、昌都以东，金沙江流域横贯其间。康巴的历史，可追溯到汉文史籍记载的神话时代，远远超出了藏民族及其文化形成的时间。但自公元7世纪开始，经过一轮轮的民族迁徙和融合，吐蕃在其最强盛时期曾从卫藏地区派遣大量的卫戍军部队驻守在康区，后由于内乱才散居于各地，他们为康区带来了居于主导地位的藏文化，此时的三岩已趋于认同此文化了。

在三岩内部和邻近地区，迄今依然保留着许多与吐蕃王室相关的传说和文物古迹。例如，在三岩克日乡有一处“公主泉”，相传松赞干布迎娶汉地的文成公主，公主入藏时途经此地，并为当地秀丽的风景所迷，情不自禁下小解一番，随后形成此泉。又如，在三岩敏都乡阿尼村，以往曾保存有108座佛塔，据说当年松赞干布立下心愿弘扬佛法，要在藏区48处地方修建108座佛塔，敏都乡阿尼村就是其中一处。再如，在现今的贡觉县县城莫洛镇东南面，至今保留着一幢古式宗教建筑物——普巴拉康的遗址。据说松赞干布在迎娶了文成公主之后，除了修建大昭寺，还立愿在雪域地区修建了24座镇妖寺，普巴拉康便是其中一座。该寺庙在“文革”、“破四旧”期间遭受了重大损坏，数座楼层殿堂被推倒和拆卸，现仅存一幢五层楼高的经堂，寺庙原有文物被转移到附近德加热寺内，重建工作仍在筹划当中。

据说赤松德赞最初迎请寂护大师入藏弘法，寂护大师又极力推荐莲花生大师入藏传教，一种说法是：由于本土宗教——苯教的反对，寂护一开始的尝试可能遭到了失败，正是出于这一原因，他才建议邀请莲花生大师，唯有他才能降伏仇视佛教的诸魔。① 根据西藏史书的记载，这位莲花生大师入藏时，一路降伏了许多的地鬼山神，等他来到桑鸢地方，就在那里修建了一座桑鸢（耶）寺，并请静命（寂护）大师一起开光。② 正因为如此，莲花生大师被宁玛派的信徒奉为佛陀第二，他作为巫师的形象也被过分地渲染，他在入藏后收服各种各样的妖魔鬼怪、山神的事迹和传说，在藏区俯拾即是，在康区尤其如此。

由于三岩位于康区的中心地带，当地自然不乏类似的传说，莲花生大师的影响力不仅渗透到三岩的各乡各村，更是有机地融入三岩人的宗教信仰体系之中。例如，在上文所提及的位于贡觉县城的普巴拉康，据说莲花生大师在赤松德赞时期曾对其进行过修葺和扩建。又如，在木协乡日朗寺的一幅古壁画里，描绘了莲花生大师入藏后弘扬佛法，一路上降魔伏怪的事迹；三岩雄松乡冈托

① （意）图齐著：《西藏宗教之旅》，耿昇译，中国藏学出版社2005年版，第8页。
② 柳升祺著：《西藏的寺与僧（1940年代）》，中国藏学出版社2009年版，第9页。

村的山峦上有一个神秘的山洞，传说莲花生大师曾在此洞闭关修行了一段时间；罗麦乡罗麦村的达松寺内保留有一个脚印，传说为云游至此的莲花生大师所留；敏都乡西面有马头金刚圣山、金刚亥母圣山，均为佛教殊胜之地，传说为莲花生大师的密修之地。

然而，有学者指出，莲花生大师所起的作用远没有晚期传说所赋予他的那样大。仅仅在藏传佛教的“后弘期”之后，莲花生的巫士形象才得到了大幅度的发展。[①] 这种发展的一个体现，是进一步将流传在康区的格萨尔王传说也纳入佛教的信仰体系当中。关于格萨尔王，学界存有两种说法：一种认为此人是虚构出来的英雄史诗人物；另一种则认为他是真实生活在 11 世纪的历史人物，他或是出生于岭国王系的幼系、董氏的分支，或是唃厮啰（997—1065年）。[②] 在种种与格萨尔王有关的胜迹和传说中，格萨尔被康巴人认为是天神化身，他降伏妖魔，抑强扶弱，救护生灵，使善良百姓能过太平安宁的生活。[③] 由此可见，格萨尔王传说既反映出当时康区处于部落林立的政治现实，同时也表达了各族群渴望统一、希望获得稳定生活的心理需求。

在三岩人的信仰体系中，由于莲花生大师收服了格萨尔王，并给他授密法灌顶，让其成为佛教的战神和保护神，这样就把格萨尔王的传说与佛教的教义和仪轨有机地结合起来。时至今日，在三岩的红教寺庙——热克更庆桑灯林寺（台西寺），每年均要举行规模盛大的法会，届时该寺的白洛活佛总是亲自盛装上场，演绎莲花生大师入藏收服各路妖魔鬼怪的事迹，而这正是此种宗教思想的反映。

当前宁玛派的传承主要有两种类型：一类人以念经咒为主，但他们既不关注佛教理论，也不注重佛经学习；另一类人持有经典，但一般仅在父子或师徒之间传承。但在三岩地区，由于帕措的存在，当地尤其注重父系血缘认同，同一帕措一般聚集在一起形成具有村寨性质的“仓”或“冲”。“仓”、“冲”里一般都有一个乃至数个属于宁玛派的“家庙”，名为“拉康”（经堂之意），实际就是一幢帕措民居——“康尔”。因此，在三岩地区，宁玛派寺院主要以“经堂”的方式存在村子内，其传承主要以父子方式为主；也就是说，三岩的寺院多数是民宅，其神职人员多为父子身份，他们参加生产劳动，可娶妻生子，但不能脱离帕措独立生活。笔者在三岩雄松乡做调查期间，发现该村有一所桑珠经堂（参见图 3－8），距离本地红教寺院康贡寺约 1 公里，至今已有 500 多年的历史，现为斯朗多杰活佛的家宅。斯朗多杰是雄松乡下加村人，13

---

① （意）图齐著：《西藏宗教之旅》，耿昇译，中国藏学出版社 2005 年版，第 10～11 页。

② （法）石泰安著：《西藏史诗和说唱艺人》，耿昇译，中国藏学出版社 2005 年版，第 147～157 页。

③ 佟锦华著：《藏族文学研究》，中国藏学出版社 2002 年版，第 210 页。

岁坐床，24 岁前往白玉县的扎噶寺（宁玛派）当活佛。根据他的讲述，其家族传到现在已有 20 多代，几乎每一代人家中都有人被选为活佛，为典型的父子相承的传教方式。据说，西藏和平解放前这种以“家庙”存在的宁玛派民间组织曾十分流行，父子相承的方式亦受到承认，一般为帕措头人的家族所把持，是帕措与宗教相结合以实现控制的一种政治形态，可能是宁玛派在三岩地区传播的一种原生态模式。

图 3－8　笔者与斯朗多杰活佛在桑珠经堂前合影

宁玛派的传承与发展，在三岩表现出两个特色：一是时间上有连贯性，即没有出现历史的断层，二是很少与把持藏区的主要政治力量相结合。一方面，三岩地处边陲之地，自朗达玛灭佛后，卫藏地区出现了近一个世纪的“黑暗期”，在三岩则没有此种情况；相反，由于大量佛教徒为了逃避政治迫害纷纷来到康区，反而促使宁玛派在当地迅速传播开来，甚至当时就有一些佛教徒成功地进入到三岩地区，他们积极进行修行与传教活动，其影响一直持续至今。例如，1127 年，宁玛派高僧噶·当巴德西来到康区传教，并于 1160 年在白玉建立红教著名的寺院——噶托寺。1172 年，扎德间昂朗卡多吉把教义从白玉的噶托寺传入贡觉，在则巴乡创建扎德寺，1640 年该寺毁于蒙古军，重建后改名为塔然寺。清末民初，曾在木协乡宗巴村建有色热寺，有喇嘛 40 余人。

在木协乡一些山峦的悬崖峭壁之上，至今保留有许多摩崖石刻经文（参见图 3－9），很有可能就是当时红教在三岩地区传播时所留，尽管它们中的大多数现已磨损不堪。另一方面，三岩从未接受过中央王朝的直接统治，这种松散式的政治形式，却为宁玛派的传播和迅速发展提供了肥沃的土壤。在藏传佛教四大宗派中，也只有宁玛派没有统治过西藏地区，说明了它与政治势力强的地方的结合程度最低，但它在政治势力弱的地方其适应性反而更强。当前宁玛派的六大道场①中，有四个位于康区，其中三个更是坐落在临近三岩地区的白玉县和德格县境内，这些都足以显示红教在这个地区拥有何等强大的影响力。

图3－9　遗留在木协乡石壁上的摩崖石刻经文

① 六大道场为：西藏的多吉扎寺、敏珠林寺，朵康的协庆寺、竹庆寺、噶托寺、白玉寺。

三、噶举派（白教）

噶举派，又称噶举巴，是一个非常注重口授传承的教派。由于该派的僧侣多穿白氆氇袍，故又俗称“白教”。噶举派强调心作为光明的特征，但对于心的极端状态的解释，该教派却又存在不同的观点，或许正因为如此，噶举派出现了数量最多的子派系。① 噶举派最初只有两大传承，或称为两大系统，即琼波南交巴开创的香巴噶举和玛尔巴传下来的塔布噶举。两个系统均来自印度，因为两个系统具有同源关系，因此统称为噶举派或噶举巴。

噶举派认为显宗注重修心，密宗注重修身。他们以龙树菩萨的《中观论》为基础创立出独特的“大手印法”，这是一种兼容显、密两宗的教法。但在两者中，噶举派更为重视密宗，而且是采取口耳相传的传授方法。“大手印”在无上瑜伽部各经书中有不同的解释，主要是讲如何使你的“心”通过修炼获得“禅定”，最终达到“空智解脱合一”的境界。② 噶举派的喇嘛一般不住寺，但要在定期召开法会时集中，一年要举行3～4次法会。

帕竹噶举是噶举派众多支系中的一支，该支系曾在藏区显赫一时，其创始人帕竹·多吉杰波（即帕莫竹巴，1170—1231年）出生在金沙江流域的美雪吉达俄塞康，属于韦氏家族，从小在甲奇寺出家，后来进入卫藏地区，成为塔布噶举创始人塔布拉杰最为著名的弟子。正因为如此，有人提出一种设想，认为帕竹·多吉杰波出生于金沙江畔的三岩地区，是某一帕族（措）的成员，出家以后他不忘帕族之本，给自己修行的地方取名“帕族”（帕珠），以纪念自己位于横断山区的故乡和父辈神圣的血缘。③ 后来，帕竹噶举的首领在元代时曾被封为万户，在明代甚至掌管过全藏的政教大权。④

这种猜想甚为有趣，但却鲜有史料能对其加以佐证。除了猜想以外，噶举派是否曾对三岩施加了影响？就目前所发掘的材料而言，没有任何文史资料能对此加以说明，但从当地发掘的口述和田野材料却能证明在贡觉和三岩地区确实均受到过噶举派的影响。例如，在11世纪70年代，由贡布将该派传入贡觉境内，先在相皮乡色噶村创建德马寺，以后又陆续在连达村、色噶村等地创建哈加的多松寺、奴根寺，同时还在三岩雄松乡创建噶久寺，寺内依然保留有一尊高约1.5米的明代佛像，经历了数次的战火与劫难，可谓弥足珍贵。当前三

---

① （意）图齐著：《西藏宗教之旅》，耿昇译，中国藏学出版社2005年版，第88页。

② 魏强、周润年、嘉雍群培著：《藏族宗教与文化》，中央民族大学出版社2002年版，第60～61页。

③ 子文（刘伟）著：《苍茫西藏》，中国工人出版社2009年版，第73页。

④ 蔡巴·贡噶多吉著：《红史》，东噶·洛桑赤列校对，陈庆英、周润年译，西藏人民出版社2002年版，第99～102页。

岩六乡基本以宁玛派红教寺院为主，噶举寺是唯一一座属其他派系的寺庙，在噶久寺的基础上重建，地点位于雄松乡的缺所村，现有注册僧尼11人。

此外，三岩村子中广泛存在具有萨满和佛教双重属性的宗教人员，即男女巫师——莫玛或哈怕，其地位和身份与“仓巴”类似，可能受到过噶举派的影响。仓巴教系云南藏传佛教噶举派的一个支系，流行于迪庆藏族自治州境内，藏语称其信徒为仓巴，故名仓巴教。他们以噶举巴为祖师，供奉莲花祖师、观世音菩萨，习诵《顶处》、《斜遮》、《德歌》、《巫寡》等自传经典，持巴浪鼓、铜铃、钹、镇邪塔等法器为人卜卦驱邪、禳灾祛病，无庙宇，无严格教规戒律，家族传承，亦可师徒传承，蓄发俗服，娶妻生子，不脱离生产。①

以往在三岩村子中，总会有一些难以定位的宗教人员——莫玛，他们具有某一帕措成员的身份，也会像其他帕措成员一样履行本帕措的责任与义务；同时他们也是宗教人员，因为他们不仅会念一些基本的经文，而且具有通神的能力，懂得做一些卜卦驱邪的法事。对于其他帕措的人而言，莫玛却属于更容易接触的人群，这是因为在三岩人看来，经文具有无穷的力量，可以战胜一切痛苦与灾难，念诵经文就能够为他们消灾解难，莫玛不仅精通此道，而且会按照宗教的戒律严格要求自己，因此他们在村庄内往往享有较好的口碑，受到村里人的普遍尊敬。

与职业僧人有所不同，莫玛在村子内生活无需以专门的寺院为依托，但需参加日常劳动，也可娶妻生子。莫玛主要负责村落内部的一些宗教事务，如做一些禳灾祈福的仪式、念诵专门的经文，以及为死人主持丧葬仪式等。诚然，这些服务均要收费，但相对于邀请寺院里的喇嘛过来念经或做仪式所收的费用无疑低出不少。即使从经济上的原因考虑，三岩人也愿意选择不按照标准的宗教仪式来操办法事。诚然，因为莫玛就住在村子里，请他们过来也会相当地方便，此是莫玛在三岩受欢迎的另一原因。规模大一些的村子一般住有好几位莫玛，他们往往采取父子相传的形式，与周边的寺庙建立起较为密切的联系。此外，他们还经常到寺庙参加各种宗教活动，频率远远高于三岩的一般民众。

在三岩地方还存有一种习俗：如果某一家庭有人得了重病，通常情况下其他人是不能登门造访的；某家产妇在一层生孩子，外人的造访会被认为会带来邪气，容易对孕妇造成难产。这里的外人不仅指其他村庄或帕措的人，还包括同一个帕措、同一个村庄但亲属关系较为疏远的人。对于有人生病的家庭而言，请喇嘛念经并非首选，请赤脚医生来看病、抓药更为方便、经济；一旦吃药无法解决问题，三岩人就会求助于神灵的帮助。在此时刻，莫玛便可一显身手了，这也是他们在村子内获得生存空间的一个重要的社会基础。

---

① 《云南辞典》编辑委员会编：《云南辞典》，云南人民出版社1993年版，第473页。

四、萨迦派（花教）

宋神宗熙宁六年（1073 年），款·根曲杰布在西藏日喀地区萨迦县首建萨迦寺，创立以道果论为法要的佛教体系，遂形成萨迦派。萨迦派在四大派系中最早形成政治力量。大约在公元 1200 年，成吉思汗派军征服了西藏。公元 1240 年，成吉思汗之孙西凉王阔端派大军进攻西藏后，感到采用武力无法促使西藏民众臣服，遂改用宗教羁縻政策联络其宗教领袖，当时在藏区精通教法的萨迦班智达进入蒙古人的视野。在蒙古统治势力的扶持下，萨迦派大喇嘛（昆氏家族）成为各喇嘛教的首领，他集寺主、家族宗主、教训大师为一身，实现"政教合一"，最早成为西藏世俗政权的最高行政长官，此状况一直维持到明代初期。萨迦在藏语中意为"灰土"，因为萨迦寺修建在一片灰白色的土地上，故取寺名为萨迦寺，发展起来的教派也称为萨迦派。由于该教在其寺庙的墙上涂有象征文殊、观世音、金刚三大菩萨的红、白、黑三色花条，故又被称为"花教"。到了 14 世纪，萨迦派内部发生分裂，原来的昆氏家族分化为细脱、拉康、仁钦岗、都却个喇章（寺院），各占一方，势力逐渐衰微。

然而，在邻近的三岩的贡觉和白玉地区，萨迦寺还是获得了两个不同的发展时期。一是在 1255—1264 年，萨迦派高僧卓贡·曲加帕巴（八思巴）在前往大都途经康区时，把萨迦教传入贡觉境内，修建有哈加的尼夏寺、莫洛的根庆寺和相皮乡色都寺，还对唐夏寺的普巴拉康进行修复并建立一座佛塔，现萨迦教在贡觉县最大的寺院即为相皮乡的唐夏寺。二是在清雍正七年（1729 年），第 42 代德格土司切甲登巴泽仁修建德格印经院，派属下僧侣到德格辖区弘法，并亲自到白玉收租派差；为了迎合僧俗民众信仰，以扩大土司的影响，他在白玉的赠科修建了两座花教寺院——帮忠寺和热拖寺，在昌台修建夺科寺，此后花教在白玉拥有一定的势力，也对三岩地区施加过一些影响。

事实上，在现白玉县萨玛乡，依然保留着原属"萨玛王朝"或"萨玛政权"的遗址，从这些建筑的占地面积以及分布范围看，当时的萨玛政权曾经非常强大，有学者认为历史上这里也属于三岩的势力范围[①]。按照当地的说法，德格土司发家于"萨玛王朝"，其祖先为禄东赞的长子赞悉岩。为了逃避政治迫害，赞悉岩以苯教教徒的身份逃到白玉县萨玛乡一带传演黑教。据任乃强先生的考证，德格土司的祖先确实可以追溯到吐蕃大臣禄东赞。禄东赞即是负责迎娶文成公主的吐蕃大臣，受到吐蕃赞普松赞干布的器重。松赞干布去世后，禄东赞权倾朝野，对吐蕃政治与经济进行了大刀阔斧的改革。由于改革侵

① 范河川编著：《父系原始文化的活化石：山岩戈巴》，四川大学出版社 2000 年版，第 18 页。

犯到一部分上层精英的利益，为了缓解权力内部的矛盾冲突，禄东赞大举向周边地区兴兵，先后吞并了白兰、党项、吐谷浑，甚至于“667年，吐蕃又攻破唐朝设置的‘生羌’十二州，得以控制青海大部分地区和川西部分地区”[①]。此后其子继续独揽朝政，进一步向外扩张，甚至进入了突厥人的势力范围。正是由于在吐蕃政权内部权力高度集中在禄氏家族，以至于危及赞普的权力，所以其家族招致了杀身之祸。据《唐书》记载：“弃宗弄赞（松赞干布）卒后，子孙幼弱，禄东赞及其子钦陵，相继当国。圣历二年（公元699年），赞普器弩弯悉弄计诛钦陵，及其亲党二千余人。钦陵弟赞婆，率所部千余人，及兄子莽布支，奔降于唐。武后封赞婆归德郡王，莽布支安国公。又谓禄东赞五子：长子赞悉若早死，次钦陵，次赞婆，次悉多于，次勃论。悉多于与勃论均不详所终，当系与钦陵同死也。莽布支为赞悉若子抑钦陵之子，史文末明。西藏史籍，则竟无言诛钦陵，及赞婆降唐之事者。”[②]

根据《德格世德颂》，任乃强推导出德格土司前二十四世的谱系，跨度为唐、宋两代（即公元700—1200年），世系均父子单传，八世前皆为黑（苯）教徒，九世后尊奉红教。[③] 史料又记载：“公元1253年，忽必烈（元世祖）同时召见藏传佛教萨迦派领袖八思巴和噶玛拔希。八思巴赴京途经康区今德格境内时，受到禄东赞（吐蕃王朝初期松赞干布的大臣）后裔——‘德格家族’第三十代萨迦名僧索郎仁青的朝拜，遂将其选任为‘色班’（膳食堪布）。此后，索郎仁青随八思巴进京，深受帝师宠幸，便以佛教词汇赐以其‘四德十格之大夫’称号。1263年，元世祖封赐索郎仁青为‘多麦东本’（万户府），《元史》载为‘奔不儿亦思刚百姓’，成为帝师八思巴的近臣之一，治地在吐蕃时期划分的下多康六岗的‘勃波岗’（即今白玉、理塘一带），并在今白玉境内建起‘萨玛政权’。”[④]

由此可见，德格土司的政治势力，首先获得了元朝中央政府的扶持；其次，为了发展辖区内的经济文化、控制属民和建立牢靠的统治地位，德格土司又积极寻求与各派系宗教力量的租借关系，最终形成了一种“政教联盟”的特殊形式，有别于西藏“政教合一”的政治模式。如果说德格土司是大部分康区的政治首领，宗教上层便是天然的精神领袖。为此，德格土司极力通过收税、催粮、派款、无偿赠送土地与属民等措施，大力扶持各派寺院的发展，希望借此反过来强化土司制度。可以说，在地方政治势力的大力扶持下，康区各

① 陈庆英、高淑芬主编：《西藏通史》，中州古籍出版社2003年版，第36页。
② 参见任乃强著《任乃强民族研究文集》，民族出版社1990年版，第244～248页。
③ 同上书，第247～248页。
④ 四川省德格县志编纂委员会编：《德格县志》，四川人民出版社1995年版，第58页。

派（特别是宁玛派和萨迦派）寺院获得了长足的发展，出现了许多专业化寺院和大量僧侣。三岩身属其中，难免受其辐射的作用与影响。

后来，三岩地区开始大兴土木，陆续修建了好几座寺庙，并设有专职喇嘛，取代了以往萨满教、苯教、宁玛派的拉康等在三岩村寨中以师徒或父子传承的方式。为此，笔者相信，萨迦派的发展对三岩地区造成了一个直接的后果，即突破以往三岩因生产力低下、土地资源有限而无法修建大型寺院的困境，转而谋求地方政权的扶持，大力修建各派寺庙，无论是其建筑规模还是僧侣的住寺人数，均呈现出逐步扩大的迹象，其中就包括后来出现的格鲁派。

五、格鲁派（黄教）

在四大派系中，格鲁派在当前西藏占据统治地位。“格鲁”一名始于噶丹寺，格鲁是噶丹比鲁（噶丹寺僧之宗派）的简称。噶丹寺为西藏三大寺之一，15世纪时为宗喀巴大师所创，这也是他所领导的宗教改革的发源地之一。格鲁派主张僧侣严守戒律、独身不娶、脱离农事、严格规范寺庙的组织和管理制度；倡导显宗与密宗两者并重，强调显密兼修及先显后密的修行次第。

由于宗喀巴及其弟子的改革获得了成功，以及后来达赖、班禅等大师在固始汗和清政府的扶持下取得了政治地位，格鲁派一举压倒了其他的教派，成为了西藏宗教的代表。至于其他各宗，有的仅依附在格鲁宗之上，有的只是在一些穷乡僻壤里苟延残喘，并且亦已变质变性，非复当年了。[①]

公元1642年，在蒙古势力固始汉的支持下，格鲁派以五世达赖喇嘛阿旺罗桑嘉措为首建立了甘丹颇章地方政权；1751年，清政府正式下令由第七世达赖喇嘛格桑嘉措掌管西藏地方政权，格鲁派在西藏“政教合一”的制度正式开始，并且一直延续到1958年。

由于蒙古人的进入，格鲁派逐渐掌握西藏的地方政权，以及清政府对格鲁派的大力扶持，这些政治势力均对三岩地方造成了影响：一是蒙古人的势力进入了理塘、江达、贡觉一带，甚至有可能渗入到三岩地区，而后者早前就有蒙古人的成分；二是格鲁派迅速传播开来，大有取代以往的宁玛、萨迦等派的迹象。例如，理塘以西的金沙江流域，元代为巴部，本属白兰的分支，所以又号“丁零”。固始汗设第巴管理它，并建立了丁零寺与龙藏寺，大兴黄教。清末改为巴安、德荣等县。[②] 又如，格鲁派康区的一座重要的寺庙——理塘寺是在原来苯教寺庙根邦寺的基础上修建而成的，后来白利土司使用武力破坏该寺院的供像，造成该寺香火惨淡；在和硕特部统治期间，理塘寺得以修复如初并再

---

① 柳升祺著：《西藏的寺与僧（1940年代）》，中国藏学出版社2009年版，第47页。

② 任乃强著：《羌族流源探索》，重庆出版社1984年版，第57页。

度兴旺起来，成为康南乃至康区的一个重心。[①] 1646 年，格鲁派明久活佛奉命把格鲁派传入贡觉，在蒙古人和贡觉统治上层的支持下，格鲁派很快取代其他各派的社会政治地位。1725 年，清廷将贡觉、三岩一带赠赐给格鲁派领袖达赖作为布施宗，为香火地，并属西藏地方政府管辖，西藏噶厦派遣宗本负责催粮、派款以及支派乌拉等事务。在三岩地区，大小寺庙均由金沙江东岸的亚青寺和西岸察雅的主寺管辖，此两者分属为格鲁派寺主寺色拉寺和哲蚌寺的分寺。

清末民初，格鲁派已在贡觉建有关角寺（又名贡觉寺），有喇嘛 80 余人；巴拉牧场建有巴拉寺，有喇嘛 30 余人；孔散村建有亚叠寺，有喇嘛 50 余人；哈咱村建有默勒寺，有喇嘛 30 余人；莫洛冷穷村建有香批寺，有喇嘛 60 余人；若果村建有咱噶寺，有喇嘛 30 余人；麦波牧场建有阳顶寺，有喇嘛 20 余人。[②] 此外，格鲁派还在三岩的雄松地区建有白日寺，有喇嘛 1 人；在下三岩建有察拉寺，有喇嘛 400 余人；在亚巴村建有俄热寺，有喇嘛 20 余人。[③]

尽管长期以来没有出现过有效的政权统治，但三岩其实也被卷入到格鲁派、固始汗与白利土司的一场政治斗争当中。16 世纪末期、17 世纪初期，格鲁派的兴旺给当时控制西藏政权的地第悉藏巴汗形成了威胁，他与位于甘孜州的白利土司顿月多吉结成联盟，对格鲁派采取了严厉的打击措施，促使后者不得不向发迹于新疆准噶尔地区的固始汗求助。1639 年，固始汗答应与格鲁派的领袖结盟，并派军由新疆经青海进攻顿月多吉。经过了 1 年多的战争，顿月多吉最终战败，丢失了自己原来在多康六岗的统治，被迫逃到三岩地区避难，后来被人设计杀死于昌都地区。

在三岩人的眼中，白利土司顿月多吉是一个“魔怪”，因为他像朗达玛一样动用武力消灭佛教，因此他的死是理所当然的。据说，顿月多吉在三岩避难期间，虽然没有留下官寨之类的宏伟建筑，但在三岩的一些坝子上留下了一些军营的建筑遗迹和其军队架灶后所遗留的痕迹。有报道人指出，顿月多吉来到三岩时许多三岩人被收编进军队，老老少少都被赶到山上参加战争；然而，由于帕措的存在，三岩各村的人们不能团结作战，只是各自保护自己的村庄，顿月多吉对此种一盘散沙的局面无可奈何，因此他在三岩的统治时间并不算长，只维持了 3 年的时间。

综上所述，国家在三岩地区实行有效的行政管理之前，三岩宗教呈现出一种多元化的特征，苯教与藏传佛教的宁玛、噶举、萨迦和格鲁等各大派系共荣并存，相安无事。诚然，此局面的形成，既是三岩独特的地理位置和特殊自然

① 冯智：《理塘早期政教史初探》，载《西藏大学学报》2005 年第 1 期。
② 刘赞廷编：《贡县志》，载《中国地方志集成·西藏府县志辑》，巴蜀书社 1995 年版，第 107 页。
③ 同上书，第 151 ~ 152 页。

条件的产物，也与西藏地区政治、经济和文化发展的历史进程密切关联。尤其重要的是，它反映出三岩地处一条古代民族迁徙路线的活跃地带和辐射区域，受多民族与族群互动和交流的影响，其中的一些特质文化沉积下来并得以“发酵”，形成了多样化的特征。由是观之，三岩的宗教文化呈现出一种多元化的格局，正是此特征的一个集中的体现。

第三节 “国家进入之后时期”三岩宗教的单元模式

17 世纪中叶至 19 世纪，格鲁派在和硕特蒙古和清政府的支持下，在康地大肆扩张，使其成为格鲁派的一个重要的教法区。① 据《格鲁派教法史——黄琉璃宝鉴》所载，格鲁派在卫藏东部、安多以南的势力范围是：西抵那曲、波密，东抵达折多（打箭炉，即康定），南达中甸。② 在格鲁派强大势力的冲击下，其他派系的许多寺庙纷纷改旗易帜。《如意宝树史》就康区的格鲁派寺庙的发展有过一段文字记载：“上述寺院中的部分旧寺，原为其他教派，后来改宗，如同用点金剂使铁石变金般，现今自然而成格鲁派。”③

三岩地处康地的地理范围之内，从清朝早期开始，格鲁派就已成功渗入三岩地区，在中晚期陆续建立起一些寺庙，其中一些寺院的规模甚为庞大，如下三岩的察拉寺，有喇嘛 400 余人，远多于当时其他教派的寺院僧尼人数。然而，饶有趣味的是，“不知何原因，以后许多格鲁派寺庙消失”④；时至今日，格鲁派寺庙不仅在三岩踪影全无，就是在贡觉片也出现了势微的迹象，目前仅剩余一座——卓珍寺⑤。可以认为，这是一种异常的状况，有别于格鲁派在康地其他地方已取得的节节开花的局面。另一方面，作为当地最具历史传承的教派——宁玛派的寺庙，却一直在三岩地区保持着强大的生命力。这究竟是为什么呢？

---

① 高琳：《17 世纪中叶—19 世纪格鲁派史籍中的康地》，载《西藏大学学报》（社会科学版）2013 年第 1 期。

② 桑结嘉措著：《格鲁派教法史——黄琉璃宝鉴》，许德存译，西藏人民出版社 2009 年版，第 248 ～ 292 页。

③ 松巴堪布 · 益西班觉著：《如意宝树史》，蒲文成、才让译，甘肃民族出版社 1994 年版，第 516 ～ 525 页。

④ 西藏自治区贡觉县地方志编纂委员会编：《贡觉县志》，巴蜀书社 2010 年版，746 页。

⑤ 卓珍寺位于哈加乡曲卡村，相传是清康熙二十一年（1682 年）时，由第悉 · 桑杰加措为五世达赖罗桑嘉措圆寂时修建的 13 座寺庙之一，主供佛像为释迦牟尼。

一、“独尊一家”的宁玛派

1997年，据贡觉县寺庙定编统计，当前贡觉县共有62座寺庙，其中宁玛派寺庙53座，占总数比例85.48%；噶举派寺庙5座，占8.06%；萨迦派寺庙3座，占4.83%；格鲁派寺庙1座，占1.61%。若以金沙江西岸的三岩片计算，则六乡共有23座寺庙，除了噶久寺属于白教噶举派外，其余22座全属红教宁玛派，占总比例95.65%。参见表3－1①。

表3－1　三岩六乡寺庙情况表

序号	寺名	所在地	教派	注册僧尼人数
1	吉德寺	克日乡登巴村	宁玛派	2
2	多卡寺	克日乡西西村	宁玛派	3
3	牛唐寺	克日乡冲洛村	宁玛派	2
4	莫扎寺	克日乡莫扎村	宁玛派	3
5	达松寺	罗麦乡隆瓦村	宁玛派	13
6	亚吉寺	罗麦乡从昌村	宁玛派	9
7	罗根寺	罗麦乡罗根村	宁玛派	14
8	列根寺	罗麦乡列底村	宁玛派	4
9	果根寺	罗麦乡果巴村	宁玛派	8
10	郎措寺	沙东乡崩堆村	宁玛派	6
11	贡噶寺	沙东乡拉依村	宁玛派	1
12	拉多寺	沙东乡根果村	宁玛派	2
13	仁清顶寺	沙东乡根果村	宁玛派	4
14	麻贡西寺	木协乡下洛娘村	宁玛派	7
15	日朗寺	木协乡木协村	宁玛派	5
16	江村寺	木协乡拉巴村	宁玛派	2
17	曲持寺	木协乡上洛娘村	宁玛派	4

① 参见西藏自治区贡觉县地方志编纂委员会编：《贡觉县志》，巴蜀书社2010年版，第750～754页。

续表 3-1

序号	寺名	所在地	教派	注册僧尼人数
18	扎马寺	敏都乡敏都村	宁玛派	13
19	台西寺	敏都乡瓦堆村	宁玛派	50
20	根沙寺	敏都乡卡巴村	宁玛派	42
21	那日寺	雄松乡岗托村	宁玛派	1
22	白日寺	雄松乡加噶村	宁玛派	45
23	噶久寺	雄松乡缺所村	噶举派	11
总计				251

与西藏贡觉县宁玛派发展的情况相比，四川省白玉县的情形亦大体相同。据说当年噶·当巴德西来到白玉地区传教时，就在当地建有13座红教小寺庙，此后又由德灯多吉、龙沙尼波、米觉多吉等大师根据群众的需要，对宁玛派的教戒、教法的不足之处进行改革，故红教一直在白玉地区扎根发展。据白玉县县政府1952年统计，全县34座寺庙中，红教寺庙占29座；中共十一届三中全会以后，白玉县开放寺庙33座，其中红教寺庙占26座。[①] 比较著名的红教寺庙有噶托寺、白玉寺、安章寺和康翁寺等，它们不仅能在康区施加巨大的影响，而且在周边的人民群众中享有崇高的声望。本土学者范河川曾指出在四川白玉县山岩乡有12座寺庙[②]，但实际上它们与西藏贡觉县三岩地区的寺庙多有重复，当前山岩乡三村实际上仅保留有1座寺院——尼根寺，在临近的盖玉和萨玛两乡另有4座寺庙[③]，分别为盖玉乡的康翁寺、觉母寺、德青寺，以及萨玛乡的扎马寺，5座寺庙均属红教宁玛派。由此可见，红教在三岩地区已取得了绝对的优势地位，当地的宗教文化亦由原来的多元格局转变为当前的单元模式。笔者据贡觉三岩六乡与四川白玉县山岩乡的寺院统计情况，制作出三岩地区寺庙大体分布图（参见图3-10），以便做进一步的比较与分析。

① 四川省甘孜藏族自治州白玉县志编纂委员会编：《白玉县志》，四川大学出版社1996年版，第480页。

② 范河川编著：《山岩戈巴》，四川大学出版社2000年版，第49页。

③ 考虑到盖玉乡和萨玛乡历史上曾属三岩的帕措传统的势力范围，又与三岩民众多有联系，因此两乡的寺庙数纳入金沙江西岸寺庙的统计数。

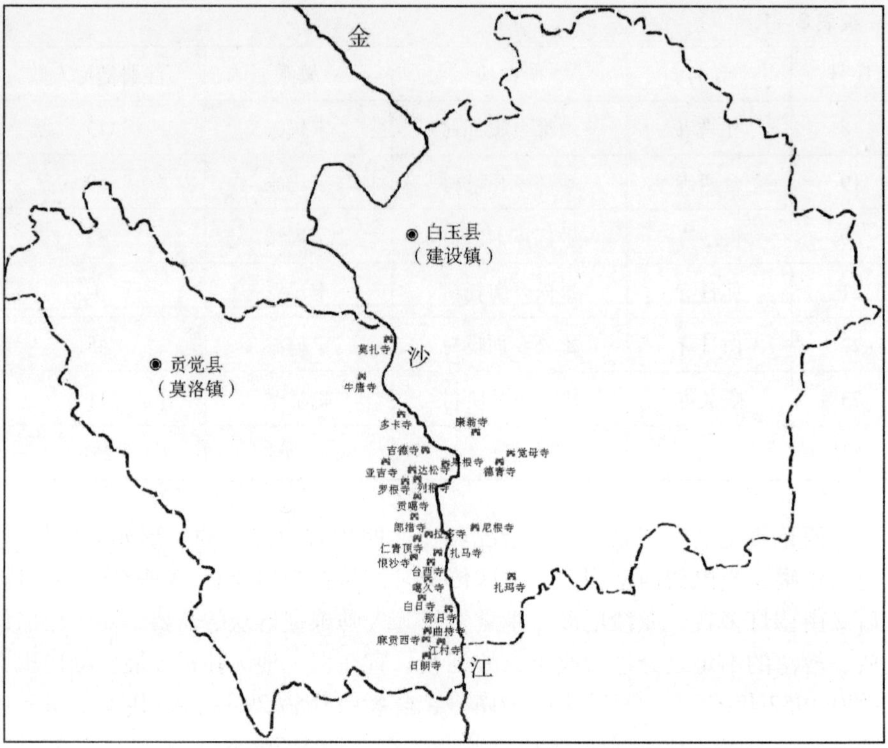

图3-10　目前三岩地区寺庙的分布

由图3-10可知，就当前藏传佛教的发展现状来看，三岩社会出现了由宁玛派“独尊一家”的局面，有别于以往多元化的格局。美国学者盖伊·斯旺生分析了50个原始人群的社会结构，认为宗教信仰的形式是配合社会群体的需要，同时也是作为支持巩固社会群体的形态而存在的，其中的一些模式引人注目，例如：转世观念的信仰最有可能出现在与世隔绝的或小规模的社会里，其社会结构相对简单；一神论是复杂社会的特征，其中个人完全受控于等级制度下的权威；当国家政府的管控比较软弱时，黑巫术更能获得广泛性的实施。此外，关于一神论的信仰，大多出现于存有多种不同层次的自主社会群体单位的社会中，如果有一个最后能主宰一切并具有绝对力量的大神的存在，必将有助于整合这些有不同层次的自主社会群体单位的社会。① 斯旺生所认为的自主社群单位（soverign group）种类的多寡，是就一个社会中所具有自主权社会的类别而言的，例如，一个民族的社会组织具有家庭、村落及部落三个层次

① Swanson G E. *The Birth of the Gods*: *The Origin of Primitive Beliefs*. Ann Arbor: University of Michigan Press, 1960.

的群体，或者另一个民族具有家庭、氏族、部落、邦国四个层次的群体，而这些群体都是相当有自主性的主权单位，也就是说他们对他们自身的事务有最后处置的决定权，而由于有自主性社群的类别较多，所有其主权的整合与统一就较为不易，因此，这一类的民族经常要利用一个有最后主宰的大神来统合这些不同层次的群体。①

就三岩社会的历史和实际情况而言，无疑是拥有相当自主性的主权单位，其社会结构比较复杂，出现了包括“学”、“仓”或“布”、“冲”、帕措、村落、土司、地方政府和国家（中央政府）等诸多类型。为了整合这些不同的类型，确有必要出现一种能最后决定一切的力量，只不过这里所出现的并非是作为唯一的大神的形象，而是西藏最为传统的佛教教派——宁玛派在扮演着类似的角色。换言之，红教宁玛派在处理三岩多样化的自主性社群类别上，发挥出不遑多让的整合功能。关于三岩的自主性社群类别，大体可分为两类。一类是基于血缘的社会关系，如“学”、“仓”或“布”、“冲”、帕措等，其中，“学”为基本的家庭单位；“仓”或“布”是若干个“学”的总称；“冲”是若干个“仓”或“布”的总称，其地理覆盖面更大；帕措则是所有采用父系为认同的“学”、“仓”或“布”和“冲”的总称。另一类是跨越血缘的社会和政治关系，如村落、土司、西藏地方政府和国家等，这些类别的一个基本特征是社会关系不再仅以血缘关系为基础，而是出现了由不同帕措并存的村落，且先后渗入不同级别的政治势力，如土司、西藏地方政府和国家等。由于历史上三岩地处中央王朝与地方势力相均衡的中间地带，一方面整体稀缺、资源匮乏，另一方面交通闭塞、人口稀少，无论是三岩周边各处的土司势力、西藏地方政府，还是唐、宋、元、明等中央王朝，均对其采取了放任自流、顺其自然的“绥靖”政策，因此三岩与外界基本能做到相安无事；然而，自清朝以降，随着土司、噶厦政府和国家等政治势力陆续介入三岩地区，表明三岩业已发展成为一种不容忽视的政治势力，在一定程度上搅动了地方政治势力与中央政府所建构的某种动态的平衡。

二、中央政府进入三岩

（一）作为政治隐患的三岩

翻开与三岩有关的“大事记”，发现自清朝以来，三岩作为一种地方性的政治隐患，频繁进入中央政府的视域，现摘录如下：

---

① 李亦园著：《宗教与神话》，广西师范大学出版社2004年版，第8页。

乾隆五年（1740年），三艾（今贡觉三岩）与云南怒族发生仇杀事件，引起朝廷关注，并派员调查。

乾隆四十四年（1779年），三岩劫抢“大皇帝赏给怙主达赖喇嘛的茶包”，乾隆皇帝大为震怒，于乾隆四十五年（1780年），派班第达与纳其善领兵抵达察木多，进剿三岩。是年，在清兵和西藏地方政府军队以及藏东土司的围攻进剿下，三岩平定。

乾隆五十八年（1793年）末，四川娥眉县知县王赞武率丁役解送饷银从昌都返程途中，在阿足山、石板沟被“三暗巴番人”抢劫“驮只，遗失印信”。

道光三年（1823年），三岩与芒康之间发生纠纷，西藏政府派噶伦谢扎瓦前来进行调解。

道光二十四年（1844年），四川白玉县夏哥帕措为扩大势力，与上三岩拉学帕措发生武装械斗，双方集结上百人，深挖战壕，相互攻击，长达数月。上三岩帕措获胜，把夏哥帕措的民众赶到白玉县盖玉地区，烧房杀人。

光绪五年十一月（1879年12月13日），光绪皇帝“赏成都副都统维庆副都统衔，为驻藏帮办大臣”，着令由川入藏。次年，维庆由川藏线入藏，在三岩大石包地方被三岩“野番”数十人拦路劫抢，“杀毙引马人夫，乃至循地方官带领头目查拿，仍敢施放枪炮，肆行抗拒”，光绪皇帝谕令成都将军恒训、四川总督丁宝桢、驻藏大臣色楞额、帮办大臣维庆“即饬该地方文武认真捕缉，从严惩办”，“以儆凶顽”，有关方面即派人着手调查处理。

光绪七年（1881年）闰七月，“巴塘教堂司驿、法国人天主教父梅玉林前往盐井，并未知会地方官照料，行抵核桃园，所雇用人员被三岩人抢劫杀毙，劫去骡马、箱只、茶包”。当晚，梅玉林及所雇教民向兴顺等人在核桃园蛮塘驻营，准备过夜，闻讯赶来的“藏兵四郎洛布”反复劝诫梅玉林勿在此处留宿，但梅玉林不从。当天深夜，被几十名劫匪杀死，劫去驮骡13匹、马2匹、箱2只、茶包1只以及其他物品。

光绪二十三年（1897年），三岩鸡打洼等地群众在巴安竹桥地方抢劫驻藏大臣讷钦奏朝廷的折匣（装有奏折之匣），震怒朝廷，招至中央派兵征讨三岩。四川总督鹿传霖奏言：“三岩鸡打洼野番”在“巴塘所属喜竹桥地方”“抢去讷钦折匣”。“经巴塘文武派兵将原折追获。该野番先有劫杀教士之案，近始办结。业经饬令署提督夏毓秀察看地形，并派已革知府嵇志文、记名提督韩国秀驰往筹办”。对此，光绪皇帝于八月（1897年9月15日）诏令：“三岩野番向不归化，近复肆行抢劫，此次业经该督派员查办，果能擒献匪首，自足以昭炯戒。如其负隅抗拒，即应审度地势，剿抚兼施。”同月乙酉，光绪皇帝再次谕示：“三岩之抢案、桑披之命案均应办理得宜，迅速了结，毋使朝廷久廑西顾之忧。”

光绪三十二年（1906 年）五月，赵尔丰率边军由察木多移驻乍丫（察雅），“就近收抚野番，派员侦察三岩地势，若不投诚则武力进剿”。七月，中央政府任命赵尔丰为川滇边务大臣，后兼驻藏大臣，推行“改土归流”。十月六日，三岩群众不听劝阻，采取对抗措施，赵尔丰采取军事行动，派管带程凤翔率军苦战三昼夜，夺其要隘，致使抵抗群众溃逃，后被招抚。

宣统二年（1910 年），贡觉“改土归流”，由中央派官管辖。十二月六日，三岩“米多、撒东二村拒不支差，并伤营勇”。事件发生后，三岩委员周培均前往调查。①

清朝以前，与三岩或邻近地区有关的战事或动乱的记载屈指可数，有文字为凭的仅有一次：“崇祯十二至十三年（1639—1640 年），蒙古和硕特部首领固始汉进兵康区，攻打势力日渐强大的白利土司顿月多吉，在贡觉县相皮乡桑珠荣、孜荣一带发生激战，白利土司顿月多吉被擒杀，康区包括昌都在内的地区由固始汉控制。”由田野工作的访谈获知，三岩人可能也被卷入到这场激烈的战事之中，有报道人认为白利土司顿月多吉战败后曾逃到三岩地区躲藏了 3 年之久，当地流传许多与其相关的传说。即使到了清朝前期的 1725 年，中央政府还将包括三岩在内的贡觉、左贡、桑昂曲宗等地赠封给藏传佛教格鲁派六世达赖喇嘛，作为其香火地；1726 年，清皇朝又派周瑛、郝梦玉麟会勘川、滇、藏边界，将贡觉划归西藏地方政府管辖。

由此可见，至少在清朝前期，三岩已被纳入西藏地方政府的管辖之内，噶厦政府派遣宗本到贡觉等地负责纳税、催粮、派款以及支派乌拉等事项。至于三岩各村是否需向噶厦政府承当类似的义务，相关的文字则语焉不详。然而，可以推断出一点，在西藏地方政府的大力扶持下，格鲁派开始不断向三岩地区以及周边地区渗透其影响，其结果是：一两百年之后，黄教成功在三岩建起 3 座寺庙，最大的 1 座（察拉寺）喇嘛人数多达 400 余人。

如前文所述，三岩人口突破万人，应当是近一两百年来的事情。一方面早先定居此地的人民不断地繁衍生息；另一方面，由于战争、族群迁徙陆续有人群涌入，三岩人早已进入了人地关系极为紧张的局面。与此同时，噶厦政府在三岩地区征税、催粮、派款、支派乌拉等，使得生活资料原本就已奇缺的三岩

① 参见西藏自治区贡觉县地方志编纂委员会编：《贡觉县志》，巴蜀书社 2010 年版，847 ～ 849 页。

人雪上加霜。此种窘况可能产生了两种结果：一是当地人油然产生一种抗拒噶厦政府和格鲁派的族群心理；二是当地人开始铤而走险，对外实施抢劫，大肆掠夺，对内团结互助，强化对父方血缘的认同，并在此基础上发展出帕措组织来加强对自身的保护。清乾隆四十五年（1780 年），据春季成都将军特成额的报道，三岩地区“境壤延袤，南北五百余里，东西三百余里，群番散布，不下一千数百户，其间素行伙劫，不过十之一二，余尚安分”。[①] 此话点出了三岩地区“素行伙劫”的风俗与比例，且“夹坝”行径至少是在清朝前期（康熙和乾隆年间）才有所抬头，表明它与三岩被划入西藏地方政府管辖的这段历史存有一定的关联。

三岩当地至今依然流传着一个“阿妈石”的传说，里面讲述本土的一名善于符咒的白衣喇嘛（可能是一名苯教徒或宁玛派僧人）念经把自己的亲身父亲给咒死了。然而，故事并没有就此结束，这名悲痛不已的儿子后来离开了三岩，云游四方，曾与居住在拉萨的达赖喇嘛举办过一场斗法比赛并取得了胜利，最后还当上了尼泊尔的国师。[②] 在以上这则传说中，达赖喇嘛是作为三岩人的对手而出现的，这明显是一种族群心理的真情表露。如果说神话传说仅仅是族群心理的一种宣泄的途径，三岩人确确实实把对抗黄教和噶厦政府的心理落实到了行动当中。公元 1779 年，三岩公然劫抢了乾隆皇帝赏赐给达赖喇嘛的茶包，引发了朝廷、西藏地方政府和藏东土司联合采取军事行动，进剿三岩。

此次军事行动取得了一定的成效，不仅有效地打击了三岩地区的“夹坝”之风，而且保证了三岩地区及毗邻地域的安定及川藏大道的畅通。此后直到同治（1862—1874 年）初年的八九年间，三岩地区的“夹坝”事件大为减少，“夹坝”之风收敛明显。[③] 此次行动还产生了另外一个结果：清政府首次在当地清查户口，征收赋税。[④] 据统计，“上三暗巴之节齿番户一百六十户”，“宗巴、朗改两寨番户一百一十四户，共男妇一千七百九十九口”。事后，乾隆皇帝下令“派绿营兵驻三暗巴就近要隘，将彼处番民严加约束。至伊等每岁应交达赖喇嘛备赏之项，即交在彼驻扎官员收存转送，再令德尔格忒（德格）土司派一能事头目协助弹压”，“自应如金川等处安设流官之例”。

即便如此，此后三岩的“夹坝”之风不但没有收敛，反而呈现愈演愈烈之势。在光绪年间，三岩又先后发生了震动朝野的“三案”，即“大包石案”、

① 庆桂、董浩等修：《清高宗实录》卷 1103，中华书局 1985 年影印版，第 28～29 页。
② 参见范河川编著《山岩戈巴》，四川大学出版社 2000 年版，第 124～126 页。
③ 王川：《清代昌都三岩地区政事拾遗》，载《西藏研究》2000 年第 4 期。
④ 同上。

"核桃园案"和"讷钦折匣被劫案"，时任四川总督鹿传霖受令派军进剿三岩，但此次军事行动却以失败告终。有史料为证："经川督鹿传霖委派总兵韩国秀，率兵三千往剿（三岩），行至察拉寺地方，被匪所困，遂割地议和，以巴兰格三村划归察拉寺，并请该寺喇嘛为世袭把土千总宗巴雍中土总。每年薪俸银四万两，外青稞一百四十克为保路费，以终其事。"①

由此可见，从乾隆皇帝到光绪皇帝期间，清朝政府和西藏地方政府均在三岩实行行政管理，但收效甚微。此种局面一直持续到宣统二年（1910年），时任川滇边务大臣兼驻藏大臣赵尔丰在藏区实行"改土归流"时，对三岩"野番"采取最为彻底的军事打击，最终促使三岩民众"纷纷来投，全境一律肃清"②。

（二）赵尔丰所撰写的《章程十二条》

更为重要的是，在收复三岩之后，赵尔丰认为应参照巴塘等地实行"改土归流"，并于三岩地区设置流官。十一月，赵尔丰下令在三岩设立委员一人，以樊令任之，管理当地政务。此外，为了使中央政府能对三岩进行更为有效的管理，赵尔丰还亲自拟定《章程十二条》，原文如下：

（一）尔岩全村百姓，既真心投诚即是大皇上百姓，本大臣自一律看待保护。

（二）三岩从前无官管理，是以百姓不知礼仪，即有冤亦无可诉，非互相攻杀，即相互掳掠，彼此报复积久相沿，遂成为抢劫之风，谕法则实无可恕，论情尚有可原，兹本大臣特为三岩设立汉官，留驻汉兵，以后如有冤抑，无论本村内外之事，皆向汉官控诉，为尔申理，若有人来抢劫，尔等速报汉官，派兵追剿，获匪严办，不准尔等私相报复，又成仇杀劫夺之案，如敢私相报复，虽有冤在先，除为申冤，仍将报复之人照夹坝办理。

（三）三岩著名，抢劫邻封，如巴塘、德格、江卡、乍了、贡觉、察木多，无不恨之若仇，在本大臣处控告尔三岩抢杀之案，不下千余起，若一一追究，虽尽尔三岩之产不足以赔偿之也，本大臣怜念尔等无知，从前未受教化，特恩施格外，大兵来到以前各案一概不究，宽起既往，勉其将来。自兹以后，三岩如再为夹坝者，无论为抢、为仇，为首、为从，为再犯、为初犯，一律斩首。

---

① 刘赞廷编：《武城县志》，载《中国地方志集成·西藏府县志辑》，巴蜀书社1995年版，第133页。

② 同上书，第134页。

（四）三岩如有再当夹坝者，该家属及该村人捆送来案，即免其一家之罪，若不将夹坝送案，将其家属及一村惩办。

（五）他村有夹坝而此村能拿获送案，审实者立予重赏，不能拿获而指名报案者亦有赏，仍罪其隐匿不报之人。

（六）三岩之野蛮，由于子弟之不学，则不明道理，不懂不知王法，不分善恶，不知趋向。且既设汉官管理，而与汉官语言不通，文字不识，全凭通事传译，一有错误则官官之意不能口达，百姓之情汉官不能知，官民隔阂，于尔等大有不利。本大臣是以于蛮地所到之处，必先设学堂，以期语言相通，于民有益。且学堂除学生每日两餐各家自备外，其余不用尔等花费一文，挑选学生自七岁以上十五岁以下，皆应送其入学，现在学堂未开，教习未到，尔等可先将各家年岁合式之子弟开出姓名，候本大臣派员前往查看挑选，至于学堂，尤应早为择地，预备一村有学生四五十人者即为一堂，若小村不足四五十人者即联合附近一二十里内各村子弟为一堂，堂中须预备桌凳，其式样由派往挑选学生之员自行指导。

（七）男子小时应入学读书。女子小时应入学读书，比男子尤为紧要。盖女子能读书识字，长大出嫁生男长女，彼即可以自教其子女，胜于在学堂多矣。且此时虽设女学堂，尚无女教习，暂时仍用汉人男教习充当俟。将女子教成长大后，即可为女学堂教习，可得修金，则全岩女子无一人不读书识字，岂不美哉。

（八）三岩本系大皇上地土，百姓因从前未设汉官，又无土司头目，是以尔等亦不知归谁管理，既不上粮又不当差，习惯自由，今既投诚，种地者即应完粮，牧养牛马者即应纳税，另有章程示谕遵办。

（九）本大臣出关以来，所有各处杂差一概赦免，凡用乌拉及背夫汤打役等，自本大臣以下，无论何人均须发价，背夫一名每日发给银圆半咀，乌拉一头每站发给银圆一咀，汤打役每日发给糌粑一批，临去再行酌赏，有不给脚价者，准尔等在汉官台前喊控。

（十）本大臣风闻，尔三岩于本岩人亦自行抢夺，实属无情无理，唯事属已往，大兵未到以前各案一概免咎，以后均宜互相和好，不准仍记前仇，再行杀伤掳抢，倘有人欺侮之事，可向汉官前控告，自能为尔申理，如敢有仍前杀人抢人者，立即拿办正法，并将其家产充公，妇女永远充当小娃或驱逐出境沦为乞丐。

（十一）三岩从前抢劫，固属常事。然亦有并非三岩抢劫，而人亦误认为三岩者。如前次抢劫汉商系德茹恶科之人，而被劫者乃指雄松为匪，皆由装束相同，莫能辨别。今尔全岩既皆具结，此后再不为匪，唯难保他处之匪或托为三岩在外抢掳，嫁祸于尔。何处之匪，蛮人或能辨之，汉人则不能，也使尔受诬，不亦冤乎。本大臣思之再四，唯有改装之一法，此时衣服难于遽速改，只可从缓，唯有如汉人一样，先将前发剃去，后发紧编成辫，每日将面洗净，以与他处蛮人区别，如有夹坝人见其非辫发之人，即于尔三岩无涉，此亦不辨自明之一法也。且人生世间第一贵重之品，于禽兽迥异，应爱洁净，好整齐，知礼法，行正道，方能与禽兽有别。今姑无论其他，尔等终日蓬头垢面，与地狱中活鬼无异，令人见之生憎恨，此又与禽兽何别，且飞鸟尚知自梳其羽翼，走兽亦知自舐其皮毛，人而不知梳头洗面，是直禽兽之不知矣。巴塘从前亦是不梳不洗，经本大臣订立章程，剀切劝导，今皆日日梳洗，改易装束与汉人相同，其洁净整齐，人人见之无不赞美，况尔三岩为避抢劫之名，更当早为遵谕改装也。

（十二）从前德格、江卡、乍了、贡觉、察木多一带，凡有凶恶之徒或为抢劫之匪，或犯杀人之案，在本处不能存身，即逃入三岩以为避祸之计，尔等亦乐于留之，不过喜其强悍或约同行劫，资其帮助或知人虚实，令其引到，事后分赃，欺其寡弱，多与少与任尔之便，此尔等所以最利用者，然此系夹坝用夹坝手段。今尔全岩投诚之后，即不再为匪，则此等人无所用之，留之且恐假尔三岩之名，出而抢劫，诱尔子弟一同为匪，是直一祸根也。嗣后如有外处之人前来投奔，不准私自容留，必须禀明汉官，行查其本处。官长，来人果系善良，因贫来岩为人雇工或佃种地亩，由官立案，听其居住。倘系夹坝或系杀人逃犯，一经该处咨覆，立即由官拨兵解在归案讯办，须知关外现皆归本大臣管理，各处皆不容有坏，如来投者果系匪徒，由尔报官拿获，不唯免尔等之害，且可为各地方除一害，并在本大臣立一功也，地方官禀知本大臣，且当奖之赏之，倘敢有私自容留者，一经查出与匪同罪。

（十三）以上十二条本大臣不过就三岩紧要者言之，至于风俗习惯或有偏敝之处，俟以后查明，其小者由地方官随时改正，其大者或禀明由本大臣另定章程，临时斟酌示谕，总期全岩改为完善之区，岩民皆为良善之人，则本大臣厚望也。

宣统二年十一月三十日。①

《章程十二条》里面的条款大多与维护治安、改革社会和发展教育等内容有关，即国家如何在当地实行有效的行政管理。具体措施有：①保护“三岩

① 刘赞廷编：《武城县志》，载《中国地方志集成 · 西藏府县志辑》，巴蜀书社 1995 年版，第 136～139 页。

全村之人”（第一条），“特为三岩设立汉官。留驻汉兵，以后如有冤抑，无论本村内外之事，皆向汉官控诉”，不得擅自互相纠斗、掳掠（第二、十条）；②既往不咎，以后“三岩如再有为夹坝者，无论为抢、为仇，为首、为从，为再犯、为初犯，一律斩首”（第三条），并针对不同的情况分别处理（第四、五条），对于逃入三岩的凶犯也不得收容（第十二条）；③预备建立学堂，家长只需负担“学生每日两餐”，其余由政府负担（第六条），提倡女子入学（第七条）；④汉官在三岩收取田地、牛马赋税（第八条），若征用乌拉杂差，一律付费给差民（第九条）；⑤薙发，“改易装束，与汉人相同”（第十一条）。诚然，若从另一方面考虑，这些条款中又有“俾番民等得沾王化”，改“犷悍之俗”，化“三岩野番”为“善良之民”等做法，主观地以满、汉式的行为准则来整顿三岩民众的风俗，显然有悖于三岩的实际情况，自然难以为当地人民所接受。此外，这些章程内容虽好，考虑尚且周全，但若无后续的人力、物力、财力支持，实际上也很难收到实效。这也解释了此后所发生的“（三岩）米多、撒（沙）东二村抗不支差，并伤营勇”的事件。该事件发生后，三岩委员周培钧前往调查，该村要求“免全村差徭，并免设学”。赵尔丰闻报，不得不派管带顾占文率兵前往，并通告其余“各村百姓务以为鉴”，“不可违抗”。[1] 之后，边军一直驻扎于三岩，直至辛亥革命爆发之后。由此可见，一开始时三岩民众并不十分支持赵尔丰的改革举措，赵、傅在三岩的设治也是在强大的武力保障下才能进行的。

即便如此，《章程十二条》在三岩的实施也是一个具有里程碑意义的事件，因为它标志着三岩从此进入了国家行政管理的体系之内。一般认为，国家是一片疆土、一群人和一个大多数人共同认可的法律或者秩序框架构成的复合体。人类学对现代国家的研究总结出三个特征，可视为国家起源的三个标志：①统治者及官员的专业化；②权力中心的集中化；③政治权力的制度化。其中权力中心的集中化得以实现，有赖于在全国范围内形成统一的、金字塔形的法律体系或规范体系。一些学者也持有类似的观点，如认为国家是一种制度性的权力运作机构，具有暴力统治的垄断性质[2]；或认为使用武力来支持的国家行政管理制度，具有强大性、持久性和系统性等特性[3]。《章程十二条》的实施，表明当地出现了由中央政府所领导下的“统一的、金字塔形的法律体系或规范体系”；该体系是某种制度化后权力运作的表现形式，即通过武力和政治威

① 刘赞廷编：《武城县志》，载《中国地方志集成·西藏府县志辑》，巴蜀书社1995年版，第136～139页。

② （德）马克思·韦伯著：《经济与法》（上），杜荣远译，商务印书馆1997年版，第83～84页。

③ Brumfiel E M. “Aztec State Making: Ecology, Structure, and the Origin of the State”. *American Anthropology*, 1983 (2): 261 - 284.

慑力以实现国家有效的行政管理。由于《章程十二条》在政治、行政方面所打下的坚实基础，此后将三岩纳入国家体系的做法自然就顺理成章了：宣统三年闰六月（1911 年 8 月），傅嵩炑在《请建西康行省折》中说“三岩野番，亦经剿平设治”；同年在三岩地区首置武城县，这也是三岩地区历史上首次设置县级行政建制，为此后在三岩设宗（县）铺平了道路。具体行政措施如下：修建政府和驻军营房百余间；划分村治区划，确定群众交粮、酥油数目，拟一百户为一个学卡，全宗共有一千八百户；设置头人，将三岩分上、中、下三个区和半区，各区有保正一人；设置外出马站，规定伙马脚价；对纠纷的处理是谁杀人谁赔偿，命令各地头人维护治安。①

有鉴于此，笔者特意将《章程十二条》所实施的年份——公元 1910 年，定为三岩进入国家行政管理的分界线，将此前三岩的历史时期定义为“国家进入之前时期”，并将此后的时期定义为“国家进入之后时期”。无论是在“国家进入之前时期”还是“国家进入之后时期”，清政府均已意识到要利用宗教势力来对三岩进行管理。例如，由于巴塘地区是清政府与西藏地方政府实行征税和催粮的一个重镇，清政府很早就在此地设置巴安府来进行有效的行政管理。然而，自清朝中晚期伊始，三岩人针对巴塘、察雅地方的劫抢行为呈现出不断升级的迹象，政府官吏在不胜其滋扰下，一方面极力拉拢三岩地方头人以约束其属民，另一方面又对寺庙的活佛委以重任，试图从宗教方面入手达到教化于民的目的。据悉，下三岩察拉寺的活佛曾被委任为“土千总”②；该寺的正殿曾保存光绪二十三年（1897 年）间总兵韩国秀亲笔所书的“为善最乐”的匾额③，当地人曾将其戏称为“归化匾”。赵尔丰在三岩设治以后，再次利用察拉寺主教喇嘛吉根降曲在本地的威望，对其表示安抚，并予以拉拢，不但不治“以前抢劫掠虏之事系由察拉寺主持以为巢穴”之罪，反而“壮其语，勉之，凡以前之事，既往不咎”。④ 此种做法明显带有强烈的政治倾向，表明当时的清政府官员早已清醒地认识到宗教在三岩地区所发挥出的强大的影响力。

三、西藏地方政府进入三岩

1917 年，西藏地方政府派军驱赶边军并接管了三岩地区，设置宗本一人，

① 《贡觉县县志编写资料卡片》（手抄本），资料来源：贡觉县县志编写办公室。

② 刘赞廷编：《武城县志》，载《中国地方志集成・西藏府县志辑》，巴蜀书社 1995 年版，第 133 页。

③ 同上书，第 155 页。

④ 同上书，第 154 ～ 155 页。

下设管家、仲译（文书）、扛巴（管事房账目）若干名，对三岩地区实行有效的行政管理。自1917年至1951年西藏实现和平解放前，西藏政府在三岩先后委任过9任宗本。可以说，地方政府基本维持了以往中央政府的做法，即在三岩设学卡等头人、确定征粮草、建立马站、差役制度等。据说，首任宗本是位蒙古人教官，当地人称其为“索布该根”（即蒙古人教官之意），正是此人组建藏军并带兵进入到三岩地区。接管三岩以后，“索布该根”想到利用地方宗教的影响来巩固自己的统治。获知三岩人为匪抢劫、勇武好斗、仇杀不断，他采取了一种特别的做法，即极力提倡宗教，号令全宗各村都派人到宗政府附近之白日根巴（白日寺）当扎巴，共召集40多人经常在寺念经，每年给寺庙和扎巴400斗（1斗＝10升）青稞作为补助，这样便使得政府与全宗各村建立起联系。① 另一任宗本折玉色在经营三岩期间，同样推崇宗教。作为一名来自拉萨的官员，折玉色认为正是由于三岩人缺乏虔诚的宗教信仰，人们才会纠缠于无休止的仇恨和械斗之中。于是，他从德格竹庆寺请来了宁玛派高僧在三岩传教，自己负责提供必要的人力和物力，终于在下三岩修建了一座崭新的寺庙——尼中寺②，并使其发展成为三岩地区仅次于察拉寺和白日寺的第三大寺庙。

综上所述，一方面，三岩民众对格鲁派宗教势力表现出一种族群性的抵抗情绪；另一方面，无论是中央政府还是西藏地方政府，均在三岩地区实行较为松散的行政管理，无法为格鲁派的进一步发展提供必要的援助，相反，它们充分利用宁玛派寺庙原来在三岩的影响力，以利于自身的统治与管理。因此，17世纪至19世纪，格鲁派虽然获得了清政府和西藏地方政府的大力扶持，但并未在三岩获取压倒性的胜利。100多年前，三岩曾存在3座黄教寺庙，但必须指出，3座黄教寺庙中规模最大的察拉寺位于下三岩③，其余2座虽渗入三岩的中心地带，但规模均小于周边的红教寺庙。由此可见，在三岩地区，红教在与黄教的较量中，依然占据着优势的地位。

四、三岩在现代的历史化进程

以上关于三岩的历史轨迹，只能解释黄教在其发展的黄金时期内为何未能在三岩获得快速的发展，却无法说明三岩宗教何以由以往的多元化转变为当前单一的格局。事实上，当前宁玛派之所以取得压倒性的胜利，与三岩在近现代的历史化进程密切关联，特别是自1951年西藏和平解放以来，三岩的宗教发

① 参见《贡觉县县志编写资料卡片》（手抄本），资料来源：贡觉县县志编写办公室。
② 尼中寺又名尼根寺。
③ 察拉寺在察雅县境内，现已不属三岩地区，察雅县有多所格鲁派寺庙，黄教势力比较雄厚。

展曾经历了一波三折的情况。

1951 年 6 月 12 日，昌都地区支援总会三岩宗分会成立；6 月 14 日，昌都地区人民解放军在三岩设军事代表处，张云峰为三岩宗军事代表；6 月 15 日，三岩宗支援解放分会主任德色其美，副主任白日赤勒、阿达在瓦底寺主持召开全宗僧俗群众支援解放西藏大会，并向政府写下《三岩宗僧俗群众支援西藏解放保证书》，完成 2.6 万驮物资运输任务，为西藏实现和平解放作出了不可磨灭的贡献。

1956 年 4 月，三岩宗进行了一项社会调查，查明三岩以帕措为社会基础，每个帕措有头人 1 ～ 2 人，共 133 人；有寺庙 18 座，僧尼近千人，有活佛 9 人，喇嘛 443 人。①

1959 年 3 月，以达赖为首的西藏地方上层反动集团发动全面武装叛乱，贡觉和三岩宗的大部分宗解放委员参加和组织叛乱，其中还包括了许多寺庙的大喇嘛或大活佛，以及许多受其鼓动、不明事理的三岩群众，为此国务院命令撤销贡觉、三岩两宗解放委员会，派遣解放军 162 团进入贡觉和三岩主持平叛工作。经调查后发现，三岩的瓦底寺、洛果寺、崩果寺的大活佛和大管家均参与了此次叛乱，并组织起部分群众与江东过来的叛首四朗多吉一同上山，抵抗解放军的进入。8 月 28 日，平叛部队在阿卡牛场与察雅的交界处阻击顽抗叛匪，实施“四不政策”（即不杀、不判、不关、不斗），最终促使叛匪松果泽嘎等携枪支、马匹和人员向工作队投诚，上山群众陆续下山。同年 10 月，中共贡觉县委提出了《关于划分区的意见》，将全县分为五个区，其中四区驻地为罗麦，直辖上三岩和中三岩的阿尼村，约 700 户、3 500 人；五区驻地为罗年，直辖中三岩、下三岩，约 800 户、4 000 人。12 月，中共贡觉县委制定《关于进行土地改革的方案》，主要包括宣传土改政策，划分阶级成分，整顿健全农会组织，按政策规定没收、赎买“三大领主”土地和其他生产资料，按政策分配土地和其他生产资料，发展生产和巩固改革成果等。

在 1960—1961 年期间，鉴于贡觉、三岩的多数寺庙是作为叛乱的一个中坚力量参与其中的，贡觉县县政府在平叛运动中对这些寺院进行了“三反二算”的民主改革，主张废除寺院宗教、政治特权、高利贷、债务、劳役、差役制度，按照党的政策把政治问题与宗教信仰问题区分开来，贯彻宗教信仰自由政策，保护爱国守法的寺院，保护爱国守法的僧尼的公民权，不干涉寺内学经、辩经、考试等正常的宗教活动以及群众自愿给寺院布施的活动。改革期间，全县仅保留 5 座寺庙，其中三岩有 2 座，分别为罗麦区的达荣寺和雄松区的白日寺。对这些保留寺，政府将提供一些必要的生活补助。然而，即使是保

① 《三岩宗社会调查》（1956 年），资料来源：贡觉县档案馆。

留寺，其僧尼的宗教活动也受到了很大的限制：僧尼人员人数被严格限制，他们除了看守寺庙、打扫经堂、整理佛像和保管好寺庙用具以外，禁止从事大规模的念经活动；除非人民群众自愿的布施，他们不得以任何形式、任何理由收敛钱财；此外，他们还被经常性地安排参加各种生产劳动。

自西藏武装叛乱的爆发始到“文革”前，由于寺庙活佛、经堂、地下武装往往纠结在一起，它们又被人民政府视作“洪水猛兽”。一份由昌都专署公安处签发给贡觉县公安局的文件显示了当时斗争的复杂性：“敌人搞‘和平演变’，披着宗教的外衣进行反革命破坏活动，最终的目的是搞武装斗争。”其活动的主要内容有：①大念咒经；②搞武装游行；③妖言惑众，散布变天；④搞封建剥削；⑤散发证书，传播反动经文；⑥拉拢干部。至于这些“地下寺庙”的活动何以会如此盛行，则认为主要有三个原因：“一是旧基础摧毁得不彻底，寺庙反动本质在群众中揭得不够，弄得不臭。二是广大群众中的封建迷信思想比较浓，阶级觉悟不高。三是基层干部经不起阶级敌人的诱骗。”[①]有资料显示，察雅、贡觉两县的宗教复辟活动最为猖獗，除了认为当地政教合一的封建农奴制度有一整套的组织体系以外，还有三个主观上的原因：一是民族革命不彻底；二是基层政权不纯；三是工作没有跟上。[②]

相当程度上，三岩宗教的活动情况与此相似，但由于帕措制度的存在，情况更为复杂一些。由于公开的宗教活动不是受到限制，就是明令禁止，许多宗教活动开始由寺庙转向“地下”，即进入到乡、村和家庭的层面。三岩人经常性地从事“地下寺庙”活动，主要的内容包括：①一些村寨暗自恢复当地寺庙的活佛、堪布、经师等人员配置，维持寺庙的正常运作与核心影响力；②每年两次集体组织群众念经3～5天，一次是在秋收后，一次是在藏历年，由村内的各帕措头人负责举行；③组织帕措男性成员集体转山，增置各式经幡和玛尼堆经石。这些“地下寺庙”活动在三岩的村子中以帕措为单位进行，参与人数较多，规模也较大。由于帕措是基于父系血缘的组织，它能为这些“地下寺庙”的活动提供必要的保护。一方面，三岩地处偏远山区，来自县政府的工作组很少到访，基层干部多数又委任给本地人，他们不仅本身就是某一帕措的成员，而且往往还是宗教活动的骨干力量；另一方面，关于“地下寺庙”活动，所参与的帕措成员大多能做到秘而不宣、对外口径一致；此外，这些活动多数是在村子的“碉楼”内进行，隐蔽性高、外人往往不易察觉。因此，即

① 《摘转三教四团八宿分团同卡区揭发地下寺庙、经堂、地下武装“扎拉帮堆”的情况报告》（1966年3月24日），资料来源：贡觉县档案馆。

② 昌都专署政法党组《关于察雅、贡觉两县宗教复辟活动情况的初步调查》，资料来源：贡觉县档案馆。

使在打击宗教活动最为严厉的几年时间里，三岩地区的宗教活动依然保持着旺盛的势头。例如，1963—1964 年，当时三岩罗麦乡仍有喇嘛、扎巴 29 人，占全乡总人口的 0.98%，每年进行全乡性的佛事活动 1 次，组织群众集中转经和转玛尼堆 2～3 次，为死人念经多次，据初步了解，喇嘛、扎巴在家中设经堂、默念经的至少有七八户。①

对于此类“地下寺庙”活动，政府采取坚决打击的政治态度，是基于以下三个方面的理由：第一，组织和参加“地下寺庙”活动的人，往往是参加叛乱活动的核心人员和积极分子，因此需要打击他们的“嚣张”气焰；第二，“地下寺庙”活动收取群众报酬，是一种赤裸裸的剥削行为；第三，大量群众参加佛事活动，会影响正常的生产劳动。

1966 年“文化大革命”开始，贡觉县政府先后实施所谓的“破四旧”、“立四新”等群众运动，县内 5 座保留寺院全部关闭，其他大部分寺院不是被摧毁就是被占用，寺院的文物被毁，僧尼被勒令还俗并参加生产劳动，一些宗教爱国人士亦受到了打击。许多宗教“积极分子”成为了“被专政”的对象，例如，三岩木协乡有 9 人被定性为“反革命分子”，他们基本为寺庙大活佛、活佛、堪布或管家。在“坦白从宽，抗拒从严”的政策下，这些“反革命分子”被要求发言，现摘录如下：

> 叛乱分子彭德（寺庙活佛）坦白说：“我改革以后一贯向群众灌输思想毒素，散布宗教，以鬼神吓唬群众，多次说‘人死了不念经上不了天堂，会被打入十八层地狱、受尽灾难’，这些话实际上都是骗人的，并没有什么‘天堂’、‘地狱’，我自己也没有见到过，这样做的目的有两个：①能保护宗教，只有利用宗教剥削，我才能发家致富；②我主动给群众念经，主要是为了提高在群众中的威信，使群众爱我、尊敬我，以便使我能自由自在地、和平演变地恢复过去的一切特权。”
>
> 叛乱分子江下（寺庙活佛）坦白说：“1963 年以来，我两次请彭德念咒经，主要是因为共产党、解放军打死了我的两位哥哥（平叛中被击毙），想利用咒骂消灭共产党、解放军，为我哥哥报仇，我虽也知道骂不垮共产党，但骂了能解我心头之恨。”
>
> 叛乱分子安村（活佛）也说：“改革以来我多次念咒经，目的是将共产党当成妖魔鬼怪，想把共产党赶出西藏。1966 年，我听到区乡都宣传人民公社 20 条，我便在群众中宣传‘互助组是第一步，人民公社是第二步，办社后，按劳取酬，老年人饿得难受’。我想利用活佛的威信与共产

---

① 《关于罗麦区地下寺庙宗教活动情况报告》（1964 年），资料来源：贡觉县档案馆。

党唱对台戏，削弱党的政策，阻止互助生产发展，同时吓唬、拉拢一部分人，这样相信我的人就多了，跟着共产党走的人就少了。”①

与藏区大多数地方一样，“文革”期间三岩的寺院发展遭受到沉重的打击，寺庙建筑承受了严重破坏，佛像被大量摧毁，经书遭受焚烧，僧尼被勒令还俗。即使如此，还是有一些重要的经书、佛像被人偷偷地拿到山上埋藏起来；僧尼回到帕措后，依然能在帕措的保护下秘密从事着宗教活动，并以父子、师徒的形式传承着传统的教义与仪轨。由于宁玛派与血缘组织——帕措的结合程度最高，因此保存下来的器物与文化往往也最多。

中共十一届三中全会以后，拨乱反正的工作在持续当中，民族宗教政策也在发生变化。1982 年 6 月 14 日，经中共昌都地委统战部批准，开放贡觉卓珍寺庙，下拨维修专款 3 万元；1986 年 3 月 13 日，贡觉县人民政府决定恢复寺庙 36 座，全县共恢复寺庙 41 座；1997 年，贡觉县全县共有寺庙 62 座。可以认为，在最艰难的岁月里，三岩的宗教文化虽然遭受到很大的破坏，但在以血缘为基础的帕措制度的保护下，还是保留了许多宗教文化的“火种”，其中又以宁玛派居多；一旦条件成熟，这些“火种”便能很好地起到“星火燎原”的作用。

更为重要的一点是，三岩周边的地区是红教宁玛派的势力范围，保存有多所诸如噶托寺、白玉寺、安章寺、康翁寺等藏康地区在历史上具有显著影响力的著名寺庙；受其辐射和影响，当三岩地区再次具备宗教发展的土壤时，最先获得涅槃新生的，自然是那些原本就没有发生文化裂层的红教寺庙。

概而言之，三岩当前出现红教宁玛派寺庙“一枝独秀”的局面，与当地特殊的历史化进程有着密切的关系。长期以来，国家和西藏地方政府均无法很好地管治三岩，使得宁玛派一直保持着雄厚的实力；到了近现代，国家和地方政府虽然曾先后进入了三岩地区，但由于其行政管理形式极为松散，无法从根本上削弱红教在当地的影响力。此外，宁玛派能很好地与当地的帕措制度结合起来，即使在最为艰难的岁月里，红教也受到了帕措的保护，并以父子、师徒传承等方式把一些传统的宗教文化传承下来。因此，自 20 世纪 80 年代开始，当民族和宗教政策发生转变时，藏传佛教又在三岩地区焕发出活力，一座座红教寺庙如雨后春笋般涌现，这自然也在情理当中。

---

① 贡觉县木协乡试点工作组 1966 年 6 月 12 日《关于木协乡群众对九名专政对象开展评审斗争的简报》，资料来源：贡觉县档案馆。“文化大革命”期间，强加在宗教人士身上许多不可思议的罪状，现在看来都是幼稚可笑的。

第四节　中心寺庙的历史与现状

如前文所述，1956 年三岩进行了一项社会调查，查明三岩有 18 座寺庙，有僧尼近 1 000 人，其中活佛 9 人，喇嘛 443 人。这些寺庙无任何一所强大到足以成为整个三岩地区的信仰中心；如果按照以往的区域划分，三岩分为三个半区，即上、中、下三岩和雄松一个半区，各区至少已经形成一两所位于该区的中心寺庙。每座寺庙均以自身所在的地域为中心，不断向周边地区辐射其权力与影响。位于下三岩的中心寺庙是察拉寺，该寺自乾隆年间起，势力范围就已覆盖到西藏的贡觉、芒康和四川的巴塘、理塘等县；中三岩的中心寺庙是位于雄松区的白日寺和尼中寺，两寺均在宗政府的大力扶持下，获得极为迅猛的发展，其势力辐射到贡觉、白玉等县；位于上三岩的中心寺庙是瓦底寺，该寺经济实力虽然不及上述几座寺庙，但其势力同样辐射到贡觉、江达、白玉等广阔的区域。此外，瓦底寺活佛德色其美曾在上三岩乃至整个三岩地区拥有较为崇高的威望。1951 年，三岩宗刚成立支援解放分会时，首任主任就由德色其美活佛担任，全宗僧俗群众支援解放西藏的大会也是在瓦底寺主持召开的。

站在历史发展的视角，察拉寺的兴旺有赖于清政府在康藏地区推行“改土归流”而采取的“绥靖”政策；白日寺和尼根寺的发展得益于西藏地方政府为实现有效的行政管理而不遗余力地对其加以扶持。然而，随着清政府与西藏地方政府先后失去对三岩的统治权力，新中国的政治力量选择以贡觉东北部的上三岩地区作为其进入三岩的突破口，瓦底寺正是在这一关节点上，走上了历史的新舞台。

应当指出，瓦底寺的个案虽具一定的偶然性，但更多的是历史发展的必然。正如一份撰写于1954 年的调查材料中所指出的：“三岩寺庙是没有社会权力的，但群众威信较高的有瓦底寺、察拉寺、阿尼寺、白日寺、尼中寺五寺，尤以瓦底寺的威信为最高。以上五寺有活佛，除了阿尼寺外，其余四寺的活佛都是宗解放委员会委员，当时驻宗办公的则有瓦底寺和尼中寺，原宗两届人民代表大会决议察拉寺驻宗，但未实现（驻宗）。”① 寺院活佛在无形中代表着一种神圣权威，他们能时刻渗入三岩民众的世俗生活并发挥着积极的作用。从这一层意义上讲，寺庙实质已成为一种社会控制的力量，它超越了基于父系血缘

① 《三岩宗综合情况介绍》（1954 年），民宗盒，资料来源：贡觉县县志编写办公室。

的帕措组织，并对三岩的日常事务开展协调工作和进行有效的管理。有鉴于此，新政府吸收这些“威信较高”的寺庙活佛进入临时性的政治权力机关，此种做法自不难理解。

自20世纪八九十年代以来，改革开放取得了日渐显著的经济成效，民族地区的宗教政策亦有所转变，台西寺代表着新生寺庙在三岩地区的发展现状。台西寺以白洛活佛为核心，该寺自1997年被贡觉县民宗局批准报建以来，在短短的10余年时间里由一座仅10余僧尼的小寺庙，发展为当前占地面积1 200亩、常住僧尼数上百人（最多时可达上千人）的大寺院。此外，台西寺每年积极从事大型的佛事活动，迅速地向周边地区扩大其影响力，很快就成为覆盖整个三岩地区的中心寺庙，势力辐射到贡觉、江达、芒康等县，甚至在川、甘、滇、粤等省也拥有不少的信徒。

以下就三岩几座中心寺庙发展的历史与现状一一进行简要的介绍：

一、察拉寺

清末民初时，三岩有8座寺庙，它们遍布三岩地区，规模大小不一，其中以黄教寺庙——察拉寺规模最大，有僧尼400多人，远远超出其他的寺庙。[①]察拉寺是白玉县黄教寺庙——呷土寺的子寺，至今该寺的大喇嘛仍需到呷土寺拜师学经以获得大喇嘛的资格。当前察拉寺属察雅县管辖，是座新修寺庙，寺院就修建在芒康县戈波乡的白木顶山上，与旧寺（在“文革”中被拆毁）原址有一定的距离。察拉寺距今已有300多年的历史，主持该寺的大喇嘛迄今已传有十余世。新建的察拉寺不设转世活佛，仅由大喇嘛主持寺务。按照格鲁派的传统教义，察拉寺历来教规严格，喇嘛严禁娶妻生子，因此该寺不准妇女入寺修行，住寺扎巴亦须不近女色，尤其不得通奸生子，违犯者除被勒令开除外，还需支付寺庙一定数额的罚款；如果发生在念大经期间，该罚款的数额还需翻倍。与念经相关的事务由寺庙的堪布全权负责。此外，察拉寺还规定：任何人不得在寺庙的附近砍柴、割草、烧炭；不准在寺庙周围打靶、鸣枪、狩猎；喇嘛、扎巴要常披袈裟，不许杀生，不准吃来路不明的牲畜肉，不准赌博，严禁偷盗。严格的寺规足以说明，察拉寺的辉煌有其一定的社会原因，该寺在地方上的势力影响一直不容忽视。

一方面，察拉寺的财力十分雄厚，这与其拥有自己的牛场与广大的土地有关。察拉寺拥有广阔的牛场，里面养有大量的牛羊。此外，该寺在南格、当孝、宗麦、郭布、青布等地也有大片的寺属土地，收租在500克以上，且无需

① 刘赞廷编：《武城县志》，载《中国地方志集成·西藏府县志辑》，巴蜀书社1995年版，第131～132页。

向西藏地方政府纳税，地方政府反而有义务定时向该寺发放一定数额的粮食补助。事实上，该寺的核心领导层被南格地区的察拉帕措长期把持和垄断；领导层之下设有若干小喇嘛，他们可参与寺院的事务管理；大、小喇嘛之下设扎仓，住有扎巴。此外，寺院内还专门设置血根、基巴两职，负责管理账目和经营寺院收入等工作。除了以宗教的名义向外部收取布施、捐赠、补助等以外，察拉寺还积极从事商贸、借贷等活动。平时该寺大喇嘛和住寺扎巴都在寺庙内念经，一旦附近村庄有伤病、丧孝之事，他们就要去村庄里念经。住家扎巴除念大经时需住寺以外，平时待在家中念经修行。寺庙每年念大经三次，分别为：藏历十二月二十四日开始念 23 天的冬经，祝祷来年庄稼丰收、人畜兴旺；夏季五月三日开始念 17 天的经，祝祷当年庄稼顺利成长，免遭冰雹等自然灾害；秋季七月中旬开始念 49 天的经，祝祷庄稼丰收。念大经时由寺庙提供酥油茶和粥水作为供养，糌粑等其他食物则由各扎巴自备；至于在念 49 天的夏经时，寺院只需提供日常的茶水即可。察拉寺的势力遍布下三岩的南格、当瑶等村，甚至进入到芒康、江卡地区的村庄。以上各村不仅为察拉寺提供了扎巴人选，而且村里不少佃户也成为了该寺的属民。这些村民不仅有义务为寺庙支差纳税，还需耕种寺庙的土地，从事施肥、锄草、修葺寺庙等工作。一旦住寺扎巴来到附近的村里念经，村民便有义务为他们提供必要的粮食、马匹、柴草等资助。此外，寺庙还可向各村发放高利贷，从中获取合法的收益。察拉寺地处南格，与芒康接壤，而芒康“古时以南墩为川滇藏交易之所，万商云集”①，察拉寺实际上控制的是三岩与川、滇、藏经济往来的交通要道。《武城县志》亦记载：“本县土产系售于察拉寺，再由该寺喇嘛输至巴安出售，掉换茶糖杂货运回，销于地方。因本地土人尚为盗匪，不敢出境为商，而汉商亦不敢入境贸易。”② 由于寺庙成为三岩与外界商品贸易的中间商，察拉寺在百年之内迅速强盛起来。

另一方面，察拉寺的强盛又与三岩的帕措制度有密切的关系。该寺庙的主要施主实际上是南格的察拉帕措，其大喇嘛职务也一直由该帕措的成员出任。察拉帕措虽非当地规模最大的帕措，但借助与宗教势力的结合，它实际上已控制了南格以及周边的各个村落。光绪二十三年（1897 年），清政府为了缓解三岩地区的夹坝事件，曾试图招抚三岩，但“因以人强山险，未能深入，只招得下三岩宗巴五家、擦纳（即察拉）一寺。名曰投诚，既不纳粮，复不当差。

---

① 刘赞廷编：《民国宁静县志》，载《中国地方志集成·西藏府县志辑》，巴蜀书社 1995 年版，第 621 页。

② 刘赞廷编：《武城县志》，载《中国地方志集成·西藏府县志辑》，巴蜀书社 1995 年版，第 152 页。

该提督且割巴塘之白降工一村与该寺，并每年由兵饷内提银四百两与之；又割喜松工之地，每年青稞一百四十克与宗巴五家，名曰‘保路钱’，饬该僧俗等保大道不出劫案”①。第二年，清政府批准授予该寺喇嘛土千户之职，“三岩野番向不归化，此次抢劫折件，犹敢不服开导。现经官军攻剿，将首逆伏诛，其余均已就抚。该署赞拟于上、中、下三岩设立土千户，归巴塘文武管辖。即著照所请行。仍著饬令韩国秀合同粮员，将应办事宜妥筹办理，毋致再有反侧”②。由此可见，察拉寺在历史的早期就在名义上获得了清政府的认可，成为三岩（特别是下三岩）地区不容忽视的政治势力。

察拉寺虽属黄教，但却摈弃了传统上由转世活佛来统摄全寺的做法，改由大喇嘛来传袭，使得寺庙的神圣权威始终保留在同一血缘亲属体系之内。管理寺庙的大喇嘛必须是察拉帕措的成员，历代由该帕措青年扎巴中的佼佼者担任。一般情形下，大喇嘛的职务由察拉帕措呷吉冲的长子来继承，次子可在家娶妻生子，再以叔侄相承的方式来传承该职。如果在呷吉冲内部没有合适的人选，可先由察拉帕措其他冲的成员临时出任大喇嘛，直到呷吉冲再次出现合适的人选，再由此人担任大喇嘛一职。因此，寺庙住持的人选最终无一例外是来自呷吉冲的大喇嘛。至于察拉寺其他扎巴来源，则与传统格鲁派的寺庙每户需派一僧的硬性原则有所不同，由各村村民自愿入寺修行。在传统观念中，三岩人普遍认为做喇嘛是一件利人利己的事情，家中有人当喇嘛，意味此人的家庭可获得三宝（佛、法、僧）的庇佑；此外，本人通过在寺庙的修行，死后不仅免受痛苦，来世还可投胎做人。然而，人们是否选择当扎巴，很大程度上取决于寺庙中是否有造诣高深的大喇嘛或活佛。察拉寺虽然无活佛，但一般有颇具威望的大喇嘛，而且这些大喇嘛必须来自邻近的村子，相互间往往不是有血缘就是有地缘的关系，因此深受周边村民的爱戴，该寺僧人最多时曾达400余人的规模，此番盛况就是在当时康区的其他地方也不多见。由此可见，与德格土司家族类似，在经济、政治和血缘等关系的多重作用下，三岩峡谷很早就出现了神圣权威与世俗权威相结合的统治力量，至少也出现了其间的雏形。

与此同时，国家和地方权力先后进入三岩地区，并对当地的政治经济格局产生了重大的影响。一方面，清政府和西藏地方政府采取松散式的管理模式，在社会基础的层面维持以往三岩地区的大小帕措各自为政的政治局面；另一方面，它们又对三岩所出现的一些强势力量采取了严厉打击，防止三岩人出现

① 四川省民族研究所《清末川滇边务档案史料》编辑组编：《清末川滇边务档案》（下册），中华书局1989年版，第790页。

② 顾祖成等编：《清实录藏族史料》（第三集），西藏人民出版社1982年版，第4 608页。

谓管理寺庙实际与管理一个家庭无异，甚至大喇嘛的妻子和其亲属也可直接参与到寺庙的管理当中。

由此可见，在宗教内部的组织与管理上，三岩人始终无法轻易跨越血缘的界限。因此，供养关系虽在，但每个三岩人依然独立于寺庙的经济体系之外；即便属于某一寺庙的觉母与扎巴，也仅仅意味着他（她）们以该寺作为自己修行的场所。此外，三岩人多数信奉宁玛派，该派尤其注重个人的修行，忽视来自戒律方面的严格要求，这就决定了僧人与寺庙始终处于一种松散的关系。宁玛派的大喇嘛、活佛都以父子、师徒传承等方式传授密宗知识，此传授一定要在私底下进行，不可被外人获知。因此，即便属同一喇嘛的弟子，彼此之间也可能不知道对方的修行情况。另一方面，作为师长的喇嘛也会严守秘密，绝不向外人透露弟子修行的半点风声。这样，每个弟子都与自己的导师建立起直接的联系，他们与寺庙的关系反而相对弱化。按照宁玛派的规定，弟子需向导师交纳钱财以作为供养，这样就从另一个方面促进了弟子与导师之间的经济联系。由此可见，以红教为主的三岩寺庙，实际上是一些内部存在核心、外部存在流动边界的集合体。从这个意义上讲，三岩寺庙的分散性特征，既是峡谷人群的关系受环境限制的体现，又是他们依据血缘关系建立起彼此联系的证明。

因此，当三岩进入国家之后，寺庙参与地方政治的过程，实际上就是大喇嘛或大活佛的家族参与地方政治的过程。1959 年，三岩瓦底寺、洛果寺、崩果寺的活佛和大喇嘛均参加了一场以达赖为主的叛乱运动，并与江东过来的叛首四朗多吉一同上山抵抗解放军的进入。很多三岩民众跟随寺庙参加了此次叛乱活动，因为其中许多人的子女或亲属就在上述的三座寺庙里修行。瓦底寺的活佛德色其美最后死于这场叛乱；瓦底寺大喇嘛生格扎堆参加了叛乱组织四水六岗，并在叛乱中被军队逮捕；瓦底寺管家白利冲、桑旺洛布、多吉策仁、甲仑阿松、铁棒喇嘛牛泊，以及洛果寺大管家翁财扎西、崩果寺大喇嘛次仁登珠、洛果寺管家阿罗等负责人也都参与了叛乱。

叛乱被平定之后，人民政府没有立即对这些寺院的管理高层进行全面性的打击，仅仅处理了以瓦底寺为核心的领导层。瓦底寺、洛果寺、崩果寺随后进行了民主改革。在民主改革中，寺庙的土地被悉数没收，牛、羊等生产资料也被充公并在周围的村庄里重新分配。这些寺庙总计被没收土地 101 克、牛 150 余头，其中瓦底寺有土地 70 克，牛 150 头，全归其美活佛所有，洛果寺有土地 25 克，崩果寺只有土地 6 克。大量集中的土地和牲畜，显示瓦底寺在经济上所拥有的强大实力。然而，经过此次政治打击，瓦底寺从此一蹶不振，“文革”之后更是踪迹全无。可以认为，地方政治势力的扶持，曾将瓦底寺推向了地方政治的权力中心；然而，一场意料之外的政治事件，却是导致其由全盛迅速转向衰败的根本原因。

三、白日寺和尼中寺

白日寺与尼中寺均位于中三岩区，此片区为宗政府所在地，因此与宗本的联系最为密切。在上、中、下三岩中，上三岩的耕地最多；下三岩的森林资源最为丰富；中三岩的耕地虽然最少，但却最为集中，这里也是帕措制度保留得最有特色的地方。此外，在赵尔丰派人管理三岩之前，三岩宗教势力的影响比其他宗要弱许多，发展的时间也较短，宗教主要从白玉、德格等地区传入，一些寺是白玉、德格的分寺。[①] 1917 年，西藏噶厦政府开始在三岩地区设宗政府进行管理，积极扶持当地的宗教势力以利于自身的统治。在三岩头两任宗本——索布该根和折玉色的资助下，白日寺与尼中寺相继成为中三岩地区的中心寺庙。两个寺庙中，白日寺的建寺历史要久远许多；相比之下，尼中寺是座新建的寺庙。

按照敏都乡扎马寺阿德活佛的说法，三岩地区在公元 7 世纪时曾建有一座著名的寺院——“嘉达噶松”，“达”即为达拉寺，又名热克更庆桑灯林寺，曾与当时拉萨修建的大、小昭寺齐名（另一种说法认为它与桑耶寺齐名）。但在 15 世纪后，达拉寺逐渐走向衰退，僧尼纷纷出走并另外修建了 13 座小寺庙，分布在三岩的各村，僧尼总数在鼎盛时期曾达 1 000 余人。白日寺就是这 13 座分寺之一，寺址就在现雄松乡加卡村附近的一座高山上。

清末民初，刘赞廷曾描述当时的武城县有 8 座寺庙，其中白日根寺（即白日寺）位于本城，为黄教寺院，仅有喇嘛 1 人。[②] 1917 年，噶厦地方政府派遣藏军进入三岩，并设宗政府实行管理，首任宗本名为索布该根。索布该根接管三岩以后，考虑到三岩人抢劫成性，想到利用宗教势力来巩固自己的统治。为此他极力提倡宗教，勒令全宗各村派人到宗政府驻扎地附近的白日寺当扎巴，同时每年给寺庙和扎巴 400 斗青稞作为补助。在索布该根的大力支持下，白日寺由一两名喇嘛，迅速发展到经常召集 40 多名扎巴在寺内念经的规模，白日寺也很快成为中三岩寺庙势力的中心之一。与察拉寺的做法相一致，主持白日寺日常事务的大喇嘛由本地帕措——白日冲家族的扎巴成员担任。

此外，白日寺还与瓦底寺建立起密切的联系。当时担任瓦底寺德色其美活佛大管家的有 3 人，分别为白日冲策旺洛布、甲冲阿松、多吉次仁，他们在地方上都有较大的权力，上三岩的人称之为“白、甲、多松”[③]，其中白日冲策

---

① 《三岩社调材料》，资料来源：贡觉县县志编写办公室。

② 刘赞廷编：《武城县志》，载《中国地方志集成·西藏府县志辑》，巴蜀书社 1995 年版，第 131 页。

③ 意即强调除德色其美活佛外，这三家在地方上权力最大。

旺洛布就是一名来自白日冲家族的成员。当时白日冲的一户家庭中有兄弟5人，老大白日布吉是白日寺的大喇嘛，老二白日策旺是洛果寺的大喇嘛（死后由其妻曲拉继承其职位）；老三白日赤来是朗格牧场的学本，新中国成立后曾任宗解放委员会委员；老五就是瓦底寺大管家策旺洛布，曾兼任过洛果寺的管家。由此可见，以白日寺为权力依托的白日冲家族，已经成为中三岩新崛起的地方权力中心。据现今三岩老人的回忆，当时只要白日冲的老三白日赤来出来说话，三岩人都要吐舌头并高呼“拉嗦！拉嗦！”，意为不敢违抗。

由此看来，三岩宗教和寺庙若要获得长期发展，一个基础前提是必须与本地的帕措血缘关系紧密地结合起来，此点可视为一种常态。另一方面，三岩地区出现了宗教、经济、政治与帕措制度紧密结合的人际网络，表明三岩峡谷的社会政治化进程已经达到一个较高的水平。

索布该根离任之后，来自拉萨地区的官员折玉色成为三岩宗的第二任宗本。折玉色率领400名藏军驻扎在中三岩雄松乡，两年后曾回到拉萨一段时间，宗本职务暂由其管家教足占堆代理。在折玉色宗本管理三岩期间，至少采取了两大政治举措：一是全面收缴全宗民众的枪支，二是大力支持修建一座新寺庙（尼中寺）。据说，折玉色宗本支持修建尼中寺的原因，主要是他本人来自拉萨，很早就意识到宗教在社会控制上所具有的强大力量，因此他对宗教推崇备至。折玉色认为，正是三岩人缺乏虔诚的宗教信仰，人们才会纠缠于无休止的械斗之中。于是，他从德格地区的竹庆寺请来了宁玛派高僧在三岩传教，自己负责提供必要的人力、物力，终于在中三岩与下三岩交接处修建起一座崭新的寺庙——尼中寺。尼中寺位于上罗娘和岗托之间热那拉山顶的尼中村，该寺亦因此得名。根据今天仍然能够见到的关于尼中寺的材料①，该寺是当时三岩地区仅次于察拉寺和白日寺的第三大寺庙。

另一方面，远在德格的竹庆寺愿意派遣僧人来到三岩地区传教和建寺，部分原因固然是对宗本折玉色邀请的盛情难却；但更为重要的是，竹庆寺希望将自己的势力扩展到三岩地区，因为长期以来三岩人桀骜不驯、夹坝成风，不仅不服从德格土司的管辖，而且给本地的治安管理带来很大的隐患。很快，竹庆寺派来堪布土登群培在三岩传播宗教，希望能在当地修建一座子寺。由于三岩峡谷土地有限，且多数土地被各地的帕措势力所控制，土登群培在很长时间内均无法开展工作，只能暂住在宗政府里，为宗本和其家人念经度日。之后，折玉色曾勒令全宗民众必须过来听讲经文，但效果不甚明显。为此，折玉色特意想出一个办法，下令给每个过来听经的人发放一些补助，结果此法十分奏效。随着前来听经的三岩人越来越多，土登群培也渐渐在三岩地区建立起足够的

① 仅在今贡觉县县志编写办公室存有一份《尼中寺情况调查报告》（1965年），手抄本。

威信。

如此一来，筹建寺庙的基础工作已经做好，但寺庙发展与维护还需获得地方经济的支持。最初的寺址选在宗政府所在地的雄松区附近，这样政府与寺庙就可互相依靠、互相扶持。然而，此时在雄松区已有两座寺庙——白日寺和缺所寺，它们自然不希望地方上再建有一座新寺庙与它们争夺有限的资源。于是，两座寺庙分别邀请土登群培去自己的寺庙讲经，并通过打卦的形式证明，在宗政府附近已无适合的场所用来建筑一座新的寺庙。从白日寺与缺所寺的举措可知，它们极力限制外来宗教势力在三岩内部的发展，并试图将其纳入自己的体系之内，以维持自己在地方上所取得的地位和权力。

然而，竹庆寺方面坚持要另建新寺，第二次选址确定在上罗娘的多家顶或是木协乡，但第二次打卦的结果依然有悖初衷。直到举行了第三次的打卦，最终确定在尼中村建寺。尼中位于热那拉山上，不仅地势好，且有附近的森林可提供充足的木材，热那拉山也是三岩地区著名的神山之一。更重要的是，这里靠近宗政府，这样也就没有违背建寺的初衷。建寺之后，宗政府利用政治权力充分调动岗托、学雄、木协、拉巴、也古等地为尼中寺输送大量的扎巴、觉母入寺修行。据说，折玉色宗本曾动员全三岩的人来尼中寺当扎巴，为此专门召开过数次头人会议进行讨论和表决。

听闻土登群培堪布要在热那拉神山上修建寺庙，中、下三岩的村民热情高涨、鼎力相助，连木协等距离雄松较远的村庄都派人参加伐木、筑墙、修建庙舍等工作。宗政府也兑现了自己最初的诺言，每年提供350斗青稞给尼中寺作为粮食补助。在各方的大力支持下，尼中寺的主体建筑群很快拔地而起，由堪布土登群培全面主持寺务。由于尼中寺是座新建寺庙，又没有活佛，假如土登群培圆寂该寺将面临消失的危险。为了使该寺能够传承下去，竹庆寺通过卜卦说服堪布土登群培娶妻生子，以便让其子嗣来承袭寺庙活佛的职务。因此，堪布在47岁时娶了上郎年村的一女子为妻，生有两男一女；其中的两个男孩——班巴江村和银彭，成为担任该寺庙活佛的不二人选。与此同时，尼中寺也进入了最为兴旺的发展时期，有驻寺扎巴10多人、觉母20多人。堪布土登群培专注于宗教事务，寺庙的日常工作多交由自己的妻子打理。在堪布土登群培圆寂之后，由于两个儿子尚未成年，竹庆寺便没有让他们接管该寺，而是把两人接去竹庆寺学经，另外派遣了白巴刚玉扎巴来尼中寺当堪布并主持寺务。由于白巴刚玉经营不力，尼中寺日渐萧条，寺庙凋敝。直至宗政府解体、新的政治权力进入三岩之后，两个小活佛也从竹庆寺学经回来，他们重新着手发展寺庙，召回了已经回家的扎巴、觉母，并在附近村庄民众的帮助下重修处于废墟中的尼中寺；与此同时，白巴刚玉堪布则返回了竹庆寺。班巴和银彭活佛是老堪布土登群培的儿子，而且精通经典、为人厚道，因此仅过1年，就在附近的郎年、木协、也古、岗托、拉巴等村中发展出不少忠属于自己的信徒。

尼中寺的经济来源，除了宗政府每年拨给的350斗青稞外，还有上郎年的两块土地的秋天收成，其播种、耕种和收割工作均由当地人帮忙完成；此外，寺庙还派人耕种其在岗托的5克土地；其他收入主要来自宗教活动，其中最多的是在秋收前后去木协、罗娘、岗托、拉巴、也古等村念经（一般每年念两次），然后由这些村庄提供一定数额的粮食作为布施。

尼中寺的兴盛在三岩地区具有相当的代表性。三岩寺庙的形成，一般遵循这样一条规律：新建寺庙的首任喇嘛必须具备领导魅力，他们往往是获得三岩人普遍认可的宗教领袖；此外，此人还须获得地方政治势力的大力扶持。寺庙的第一任主持并非转世活佛，而是设法在三岩地区修建起一座新寺庙的喇嘛、堪布或扎巴。在第二任或数任之后，这些人的后代便可以大喇嘛或转世活佛的名分，顺理成章地成为寺院的主持。因为本土信仰以宁玛派为主，最初僧人通过打卦的方式来确定自己是否可娶妻生子，并以子嗣作为寺院的大喇嘛或活佛的继承人。宗教身份的父子相传，使得帕措制度下的世俗身份与宗教制度的神圣身份很容易找到一个结合点。这也就解释了为何直到国家政权进入之前，三岩始终没有出现一座足以统一整个三岩地区的中心寺庙。究其原因，并不在于三岩人执迷于原始宗教（苯教）或轻视其他派系的宗教信仰，而是三岩的寺庙基本采用了与父系血缘体系相结合的策略。此种方式由于过分强调某座寺庙以某一帕措血缘的关系为根基的重要性，反而为宗教势力的进一步发展设置了一道无法逾越的障碍。

四、台西寺

如前文所提及的瓦底寺和尼中寺，台西寺同样是座新建寺庙，不同点是该寺修建于20世纪八九十年代，至今依然在不断地扩建，是当前整个三岩地区最具影响力的红教寺庙。

与藏区的其他地方一样，“文革”期间除了少数几座寺庙得以幸存下来之外，三岩的寺庙大多遭受毁灭性的打击。自20世纪八九十年代以来，一方面实施的民族地区的宗教政策有所好转，另一方面三岩地区的经济获得了一定程度的复苏，当地又掀起新一轮的重建或新建寺院的热潮。截至1997年，三岩六乡已有23座注册寺院，除噶托寺属噶举派以外，其他的寺院均为红教寺院，甚至连原属黄教的白日寺也改弦易辙，成为一座红教寺院。在这些寺院中，以台西寺最有实力，也最具代表性。如果说其他的寺院只能在临近的几个村子发挥其影响作用，则台西寺的宗教势力不仅覆盖到三岩六乡，而且延伸到贡觉、芒康、白玉、德格、理塘、康定、拉萨等广阔地区，成为三岩历史上唯一一座真正意义上的中心寺庙。

与台西寺相隔仅半里之遥，还有另外一座新建的红教小寺庙——扎马寺。以下先对扎马寺做一些简要说明，便于进一步的比较与说明。

扎马寺现有活佛1名，名为阿德，1966年出生于白玉县山岩乡色巴大队的八学村。据笔者与阿德活佛的访谈获知，扎马寺毁于“文革”期间，重建工作始于20世纪90年代中晚期。2006年春，扎马寺已初具规模，寺里除住有阿德活佛一家人以外，还有扎巴7名，觉母7人；这些僧尼中的多数成员来自敏都乡，少数来自邻近的沙东乡。阿德活佛的父亲原是八学村的一名住寺喇嘛，“文革”期间被勒令还俗。阿德自小在家中向父亲学习经文、佛法。1980年，阿德拜更萨寺的加里喇嘛为师，并在该寺学习了16年的时间。学成归来以后，阿德受命主持扎马寺的重建工作。经打卦确定，扎马寺宜修建在敏都乡阿尼村西南向一座山丘的山脚处，这里原来住有阿尼村的三户人家。经过思想动员，三家同意搬回到阿尼村中，腾出自己的房子和耕地用来修建寺院。与此同时，阿德活佛成功从邻近的乡村和外部募集到40万元用于购买所需建材，并从白玉县山岩乡的森林里运来大量的木材。在阿尼村村民的无偿援助下，扎马寺的主体部分很快修建完毕（参见图3－11）；一条由阿尼村通往扎马寺的通车村路，也在村民们的合力支持下迅速成型。

图3－11　扎马寺的主体部分已经修建成型

扎马寺为红教寺庙，按照红教的教义，阿德活佛可娶妻生子，自己的儿子也是活佛，需在寺院学习、生活，以便日后接管寺院。阿德活佛的妻子名为左拥，是本地卡巴村人，为阿德生育了三子一女，其中大儿顿珠、二儿巴顿也在寺里修行并参加日常管理的工作，成为阿德活佛的左膀右臂（参见图3－12）。

图3－12　阿德活佛与妻儿合影

阿德活佛表示，扎马寺自修建以来，寺院主要做了五个方面的工作：第一，教育村民遵纪守法，杜绝偷、抢等行为；第二，鼓励村民送子读书，求学上进；第三，积极支持和开展扶贫工作，为村里的困难户发放粮食补助，赠送一些牛、羊等牲畜；第四，收养村里的孤寡老人；第五，定期举办法会和念经活动，为村民祈福禳灾。

可以认为，扎马寺的发展现状是三岩红教寺院的一个缩影。必须指出，这些寺院规模较小，一般只能在寺院的所在地或临近的几个村子内发挥影响力。相比之下，台西寺无论是寺院规模、僧尼人数，还是在整个三岩地区乃至对外部的影响力上，均达到了一个历史的新高。敏都乡台西寺是目前贡觉县最大的寺庙，该寺距敏都乡政府驻地有12公里之遥，海拔3 976米，修有一条通车公路。寺庙主体面东背西，大门朝向东北，寺院四周群山起伏、重峦叠嶂。台西寺占地面积十分宽广，建筑群也颇具规模，平时住寺学习、修行的僧尼常达两三百人，远远超出了原来定编的人数。台西寺在举办重要的法会时，有大量的僧尼、信徒、百姓从周边地区和外部源源不断地涌入，寺院里轻易就可超过一两千人，被认为是当地治安的一大隐患①。

与扎马寺一样，台西寺修建在敏都乡阿尼村附近的过拉山上，同样是一座新建寺院，但它却与史上康巴地区的一座古老寺庙——热克更庆桑灯林寺（又名达拉寺）建立起最为直接的联系。据经文记载，热克更庆桑灯林寺是忿怒莲师和益西措嘉佛母的修行圣地之一。公元764年，莲花生大师与益西措嘉佛母曾来此修行；公元813年，益西措嘉佛母带128名弟子在此修持达半世纪之久；后来，大译师达拉阿嘎卓登住持达拉寺，从印度迎请108位班智达，8位在此示寂，留下金刚身灵塔，阿嘎卓登与其弟子多人得虹光身成就。如前文所述，热克更庆桑灯林寺据说修建在三岩地区，但原址已不可考。新建后的台西寺对外宣称为热克更庆桑灯林寺的主寺，把自己当作该寺的衣钵传地。

如前文所述，三岩寺院的修建与发展，常与一位处于核心地位的堪布、喇嘛或活佛有关；正是这些在三岩地区生活的社会精英，在促进当地社会的发展上起到了不遑多让的作用。台西寺自不例外。事实上，近年来台西寺获得了飞速的发展，除与自身宣称所拥有的久远的历史有关外，还与白洛活佛在三岩内外地区活跃的身影有关。目前台西寺的挂名活佛为竣美次仁，但此人十分年轻，个人威望远远不如白洛活佛，后者实质成为操持台西寺一切事务的幕后管理者，这与白洛活佛个人的特殊身份不无关系。

白洛活佛是三岩本地人，原名白玛旺加，1971年3月出生在三岩敏都乡艾堆村，自小就拜在更萨寺嘉若拉根喇嘛门下学经，1980年被白玉县安章寺（又名阿宗寺）寻访认定为该寺白洛活佛的转世灵童，1982年被迎接到安章寺举行坐床仪式，佛位在该寺的珠巴活佛、甲色活佛之后排名第三②。然而，白洛活佛在安章寺期间，与位居第四的江噶活佛（珠巴活佛之子）不和，两人引发了多次的矛盾与冲突，为此白洛活佛曾多次出走外地。1998年，白玉县以白洛活佛的活佛名誉资格未获得甘孜藏族自治州人民政府的承认，且所持有的活佛证书为误领他人为由，将其贬为一般僧人，为此白洛活佛十分不满，当年便出走到拉萨、山南等地。2001年二月（藏历），安章寺珠巴活佛圆寂，白玛旺加以白洛活佛的身份前往安章寺念经超度亡灵，期间再度与江噶活佛引发纠纷，致使两者信教僧尼、群众分成两派③；两派为维护各自尊者的尊严，数次引发群体间的械斗。为了平息事端，白洛活佛主动回到家乡，并在村民的强

① 参见贡觉县政法委驻敏都乡工作组《关于白洛活佛情况的专题调查报告》，资料来源：贡觉县政府办公室。

② 安章寺有9位活佛，排名依次为珠巴、甲色、白洛、江噶、达波、古穷、日洛、更博、四郎扎西。

③ 两派中均有白玉县山岩乡和贡觉三岩地区的群众。

烈要求下，主持本地台西寺的扩建工作。1986 年，被认定为安章寺白洛活佛的白玛旺加首次回家弘法，就在当地修建了一座小庙，取名“台西寺”。1993 年，白洛活佛再次回到家乡，应当地村民的要求，又在这座小庙的基础上将其扩建为一座有 16 柱大的寺院（现台西寺小经堂）。当时，改建台西寺的申请报告曾提交给贡觉县民宗局，但并未获得批准。1998 年，通过多方努力，扩建台西寺的申请报告再次提交给贡觉县民宗局，这回终于获得了批准。按照文件要求，寺院定编僧尼 50 人，并成立寺管会（又名民管会）进行管理。寺管会有 5 名成员，主任为竣美次仁（现台西寺活佛），副主任土登达吉，白洛活佛为寺管会成员之一。

事实上，白洛活佛才是扩建台西寺的核心人物。在白洛活佛的主持下，台西寺近十几年来的发展速度甚为惊人，资金实力较为雄厚，建筑规模也十分宏伟（参见图 3 - 13）。当前该寺仅土地面积就有近 1 200 亩，自 1997 年以来共修建了 1 所能容纳数千人的大经堂、1 个坛城、8 座菩提佛塔、3 处僧尼闭关房（闭关人数常年保持在五六十人），另外还建有大量的僧房、食堂、医务室、敬老院等辅助建筑群；开设卫生医疗服务部 1 所，配备卫生人员 4 人，长期为僧尼、群众治病疗伤；还开设一家小卖部，价格合理，主要向入寺参观、学经的人员出售日用品；在贡觉县经营一间商业店铺，年营业收入额达 8 万元；在拉萨开办一家小型地毯生产厂，年经济收入达 90 万元；在成都、深圳等地还设有办事处，用来联络和发展信徒，接受社会的捐赠、布施等物资。

台西寺定编人员只有 50 人，但该寺大量接收外地短期入寺学经与修行的僧尼和信徒，最多时住寺人员超过 1 000 人。除禅修和讲法以外，台西寺每月均定期举行各项法事活动。例如，每逢藏历初八，僧尼在相应的经堂举行药师佛、绿度母的法会；藏历初十至二十九，举行忿怒莲师法会；藏历三十，举行金刚萨埵法会。在十五、三十两天，寺院的众比丘、沙弥集中在大经堂诵戒。此外，部分闭关僧众每日修持长寿佛仪轨，消除众生的寿障；度母经堂每天都有绿度母的法会；大圆满闭关禅修中心每天进行约 20 小时的修持，包括了个人禅修和各种密法修持的法会，如“诀”（断我执）的法会。为了巩固本寺在当地乃至外地的影响，台西寺每年举行四次重要的集体性法会，其中一次叫“珠协”的宗教佛事活动最为盛大，前来朝圣、祈祷的僧尼群众除本寺庙的外，还有罗麦乡、沙东乡、雄松乡、敏都乡及察雅县、芒康县、白玉县的和少数拉萨、山南地区的僧尼。每年藏历一二月份，台西寺经常积聚上千名的群众僧尼，规模宏大，大批人员要在台西寺停留 10 天左右。每年藏历七月初五开始，台西寺要举行为期 5 天的“莲花生大师盛会”，据说能驱鬼辟邪。这时来自三岩各村的男女老少均过来参加，他们在台西寺周边搭起五颜六色的帐篷，带来了酥油茶、糌粑、青稞酒，兴致勃勃地欣赏在盛会期间举行的跳神仪式的表演。为了扩大寺院在外地的影响，台西寺每年还要在藏历年期间举办一场规模盛大的“极乐法会”（参见图3－14），宣讲获得真实解脱、往生西方极乐世界的方法。“极乐法会”为期15天，现已成功举办了13届。举行“极乐法会”时，法王（白洛活佛）亲自带领住寺修行和外地前来的僧尼、信徒为众生祈福、念经，三岩周边的群众也自愿过来参加。至于其他藏区（如拉萨、阿里、山南、林芝等地）和外地（云南、甘肃、四川、湖南、广东等地）无法前来参会的僧尼、信众，他们也要在当地积极响应白洛活佛的号召，举行大规模的放生活动。

图3－13　台西寺外观

也有送青稞若干克或酥油若干斤等情况。

（3）帕措内有人去世，要请活佛、喇嘛念祈祷经超度亡灵，富裕家庭一般要念足49天，贫困户至少也要念7天。之后，将死者的一部分财产，如土地、牲畜交归寺庙，由寺庙造册登记后，仍交回给愿户耕种或放养，每年固定收租和交纳畜牧产品。

（4）帕措每月照例都要去寺庙念“依怙”（平安）经，去的时候，每户必须给寺庙送去钱、粮、酥油或柴禾、木炭、牛粪等。虽然各户所出的份额有限，但汇集起来的数量依然相当可观。

（5）帕措成员逢婚嫁之事，事前要请喇嘛卜卦看生辰、择吉日。虔诚一点的家庭还要专门请喇嘛到家中，捏做由各种颜色搭配而成的酥油花。因为婚嫁是一个家庭的重大喜事，一般这类服务的酬费给得最高，有的家庭会慷慨地给予藏元数十元甚至百元，或青稞数十克。

（6）帕措成员出远门，要找喇嘛卜卦择日，或念平安经，以保路途平安，付的酬金多少不限，一般一至五个藏元。

（7）帕措组织外出盗抢，同样要请喇嘛念平安经，保佑措巴不仅此行平安归来，而且能收获颇丰；若能成功抢来财物或牵回牲畜，还需请喇嘛念消灾经，以告无罪过，一般以支付所抢之物或牲畜的三分之一作为回报，对此刘赞廷曾有过记载：“而所抢之物以三分之一贡献喇嘛，请念消灾经，以告无罪过。”①

（8）许多大喇嘛、活佛都略通医术，常常充当起社区医生的角色给病人看病、发药，并根据病人的家庭情况收取一定的报酬。有的大喇嘛、活佛收徒传授经文、绘画、雕刻等技艺，需要弟子或其家庭提供一定的供养。

（9）由于大喇嘛、活佛在当地享有崇高的社会地位，他们往往充当起民间纠纷调解人和仲裁者的角色，调解后双方都要给予一定的布施，一是表示谢意，二是作为佣金。由于三岩地区大小帕措并存，械斗又经常性地发生，因此彼此之间存在着大量的纠纷，此时寺庙里这些大喇嘛、活佛通过积极参加调解纠纷和械斗的工作，可以凭此获得丰厚的回报。

（10）修复寺庙或维修宗教活动场所时，分属不同帕措的各家各户都要捐钱、送粮、支劳役，较富裕的家庭要赠送家中比较贵重的物品，如珊瑚、天珠、玛瑙、羊羔皮等，贫困家庭虽然无法赠送贵重物品给寺庙，也要送去粮食、柴火（牛粪），或背水出劳役等。

（11）每年例行的宗教节日或举行盛大的法会活动，帕措都要聚集在寺庙

---

① 刘赞廷编：《武城县志》，载《中国地方志集成·西藏府县志辑》，巴蜀书社1995年版，第153页。

里磕头、朝拜、摸顶、接取“神水”，祈求一年四季出入平安、人畜兴旺、消灾免难。各户都要送给寺庙布施，数额多少不限，但宜量力而行、各表心意。不仅有三岩本乡本土的群众前来朝拜，而且三岩邻近地区的信徒也会专程送来布施，这时寺庙会获得一笔极其可观的收入。

（12）每年春夏时节，喇嘛要到各村念求雨、防霜、挡雹等防灾经，这时喇嘛根据村寨和帕措规模的大小、户数、土地或牲畜的多少收取粮食，大村或大帕措收2～5包（每包约70市斤），小村或小帕措收1～2包；待秋收后，帕措还要请喇嘛念丰收经，以感谢神灵庇佑，同样根据各户大小收取粮食，有些寺庙会按所念经文的包数（以骡马所驮的数量计算），要求村民支付相应的粮食分量。

（13）秋收时节活佛、喇嘛要带上随行人员四处奔走，走村串户开展化缘和念经服务，并根据所念经文的多少索取布施。

上述各项所组成的经济收入，多数由寺庙的“议空”来管理和使用。主要用于寺庙举行大小法会和各种宗教活动的开支，寺庙日常维护，购置宗教用具和供给活佛、大喇嘛、管事人员及佣人的生活费用，对住寺扎巴只发给规定的少数青稞、盐巴、酥油等生活必需品。至于开支后的剩余部分，一般归属寺庙内活佛或大喇嘛全权支配，但一般也不会有太多的剩余。

二、“国家进入之后时期”寺庙的经济状况以及活动方式

国家与地方政权进入到三岩的时间并不算长，自清末民初赵尔丰在三岩设治管理开始，到1951年西藏实现和平解放，持续时期约为半个世纪。国家与地方政府的进入，为三岩寺庙的发展带来了契机，其中一个集中的体现是：地方政府在三岩地区大力扶持和修建寺庙，作为政府实现有效统治的辅助手段。在宗政府政策扶持下，一些寺庙与周边的村寨建立起直接的供养关系。以下三岩地区的察拉寺为例，该寺在南格、当孝、宗麦、郭布、青布等地拥有大片的寺属土地，收租在500克以上。又如瓦底寺，该寺与周边的脚如、阿益、阿中、热格、夏热、达棋、通沙等地确立起供养关系。根据这种供养关系，瓦底寺可向其属地征集僧尼、支用人力、租赁土地和发放高利贷等，外人无权干涉。此外，一些寺庙每年还能从宗政府处获得一定数额的粮食补助。例如，白日寺在首任宗本索布该根的支持下，每年可获得400斗青稞作为粮食补助；同样，尼中寺在建寺后，每年也可从宗政府处获得350斗青稞作为粮食补助。

由此可见，就经济收入而言，三岩寺庙在“国家进入之后时期”的历史发展具有一个鲜明的特征：寺庙除沿袭原有的募捐、摊派、化缘和收取布施等外，还新增加宗政府定期的粮食补助，并与一些村寨建立起直接的供养关系，

通过收租和发放高利贷等活动获取暴利。一旦寺庙获得了土地，即可安排农户对其进行耕作，并根据土地的大小和好坏收取固定的收入，年年如此，没有变更。此外，寺庙开始通过春天放债、秋后归还的形式进行高利贷剥削，有借二还三、借三还四、借四还五等几种放债的形式；但实际情况更为复杂一些，利息往往超过本金数倍，这给三岩民众增加了沉重的经济负担。通过向村民收租、置地、支派劳役、发放高利贷、债务等，一些寺庙很快积累起大量的财富。至于这些私有财产，无一例外均为寺庙的大喇嘛或活佛私人所有。例如，在 1959 年到 1960 年期间，三岩地区进行了民主改革，瓦底寺、洛果寺、崩果寺三寺的土地和生产资料最先被没收和充公，总计没收土地计 101 克、牛 150 余头；其中属于瓦底寺的就有土地 70 克，牛 150 头，全部属该寺的德色其美活佛私有，足以说明私人财产的集中达到何种程度。

另一方面，由于寺庙的经济实力大为增强，外地对藏区土特产品又存在着大量的市场需求，一些寺院专门设置管家的职务（如察拉寺设血根、基巴两职），除了管理寺庙日常账目以外，还负责从事有组织性的经商活动。在血根、基巴的管理与监督下，从本寺扎巴中遴选若干名聪明、能干、办事认真、有经济头脑的人作为寺庙的“充本”（即寺庙服务的商人），并将寺庙多余的资金和骡马集中起来交给他们作为经商的资本，专门为寺庙从事经商活动。“充本”并非固定职务，按照规定每逢三年要更换一次，主要是寺庙方害怕他们长期在外，易受外地影响，寺庙的戒律教规会逐渐淡漠，由此导致贪赃枉法的行为出现。“充本”在任职期间，账目不能出现亏损，骡马不许丢失、死亡，否则须数倍赔偿损失。“充本”选定以后，便从三岩地区的群众中收购熊掌、鹿茸、麝香、虫草、知母、贝母、皮毛等土特产品，组织马队运往临近的理塘、康定等地区出售，然后再从那里购回食盐、茶叶、丝绸、布匹、鼻烟（大烟）、哈达等日用百货，除少部分与本地三岩群众交换外，再次收回大量的土特产品，余货运往距离更远处的西藏昌都、林芝、拉萨等地销售，又再从那里购入毛料、呢子、氆氇、唐卡等货物。如此反复，年复一年，寺庙所经营的货物品种越来越多，活动范围越来越广，获利愈加丰硕，实力也愈加雄厚。

三、现代化时期寺庙的经济状况以及活动方式

1959—1960 年，三岩地区进行了民主改革，期间贡觉县全县仅保留了 5 座寺庙，分别为城关区的加日寺、曲登区的卓珍寺、察底区的同夏寺、三岩罗麦区的达荣寺和雄松区的白日寺，各寺留下少数驻寺僧尼，5 寺留寺僧尼总数仅有 18 人。从民主改革至“文革”前，各保留寺庙基本没有经济活动，驻寺活佛、喇嘛的生活依靠群众的布施和家庭的补贴。“文革”期间，所有寺庙均

关闭甚至被拆毁，僧尼被强迫还俗，直到党的十一届三中全会进行拨乱反正后，政府下拨专款维修准备开放的寺庙，贡觉县总计恢复寺庙41座，其中属三岩地区的有13座。1995年底，贡觉县全县共修复对外开放寺庙（日追）61座，宗教信仰政策全面落实，宗教活动秩序井然；2000年底，全县共定编宗教活动场所62处，注册僧尼1 369人，编外僧尼60人，其中三岩寺庙有23座，注册僧尼人数255人。① 自党的十一届三中全会至当前（2012年），三岩寺庙的经济主要来源：一是从事各项佛事活动所获得的布施和化缘，可占总收入的70%～80%；二是响应近年来中国佛教协会大力倡导的广大僧众应当建立"人间佛教"和"农禅并重"的号召，走"以寺养寺"、"自食其力"的道路，逐步开展一些具有自养性质的经济活动，如开办商店、藏医诊所、购买汽车等，从经营、看病和运输中获得丰厚的收入；三是依靠僧人绘制唐卡、雕塑佛像等获得部分的收入；四是人民政府给予的特殊补贴，如某些知名寺庙可获得专项的维修资金等；五是发起供僧倡议书，以获得社会各界和各类公益慈善组织的无偿捐赠；六是家庭补助，许多僧尼住寺的生活费用，一般仍需依靠家庭经济，如住寺僧尼每月的生活补贴大部分依靠自身的家庭，此外，他（她）们若要在寺内修行，还需修建一所阿卡（僧舍），阿卡为私人财产，须由自己出资修建（参见图3－15），这时来自家庭强有力的经济援助就显得十分重要。

图3－15　住寺修行的僧尼的阿卡（僧舍）须由自己出资修建

① 参见西藏自治区贡觉县地方志编纂委员会编：《贡觉县志》，巴蜀书社2010年版，第738～739页。（注：个别数字由笔者通过相关表格自行统计。）

在所有制形式上，由于三岩的寺庙由以往的“私有”转变为“公有”，与民主改革前相比，这些寺庙的经济性质、活动的内容与形式均发生了本质的改变，主要表现在以下三点：

第一，各寺基本无土地或只有少量的土地，经营方式主要是自耕。民主改革前的三岩寺庙，其土地的来源有多种渠道：有宗政府的赐封，帕措头人的赠与，利用宗教特权的掠夺和吞并绝嗣户的积累，还有群众出于宗教信仰的慷慨布施等。民主改革后，许多寺庙的土地被没收充公，然后重新分配到村民手中，因此现今寺庙土地的来源极为有限，多数寺庙根本没有土地，仅有少数几座寺庙拥有少部分的土地。这些少量的土地，其来源无外乎以下几种：①1979 年，贡觉县实行生产责任制，由于当时三岩仅有 2 座保留寺院，即罗麦区的达荣寺和雄松区的白日寺，2 座寺庙当时按照留守僧尼的人数曾分有少量的土地；②死绝户的遗产，但此点由于帕措的存在甚少发生；③迁移户的赠送，如敏都乡阿尼村新建扎马寺时，就曾获得 4 户迁移户的无偿赠送；④某些家庭捐赠家中死者的一份承包地，每年把该地的收成转交给寺庙；⑤三岩先后实行“扶贫”、“天保”等移民工程，一些家庭搬迁到贡觉县城、瓦旺乡和西藏的林芝地区后，把原属自己的承包地转让给寺庙。然而，多数三岩的寺庙没有或只拥有少量的土地，并不意味着它们无法经营种植业。以台西寺为例，该寺自 1997 年被贡觉县民宗局批准报建以来，在短短的 10 余年时间里由一座仅有 10 余僧尼的小寺庙，发展为当前占地面积 1 200 亩的大寺院。台西寺原来并没有土地，通过请求县、乡政府解决了一点耕地，还组织本寺僧尼开垦荒地，以及承包了一些百姓家庭的土地，以自耕的方式解决了大部分住寺僧尼的口粮问题。因此，从土地经营方式看，台西寺自身的土地并不算多，多为本寺僧人自耕，不存在本寺僧人忙不过来而需要雇请群众的问题，但到了农忙季节，该寺院通常会雇请附近的群众过来帮助耕作土地、施肥、浇水、田间管理和收割庄稼等，同时会付给帮工者少量的报酬。例如，2006 年，台西寺在周边地区开垦出 300 多亩的荒地，种植了青稞、玉米、元根等作物，秋收时为赶季节雇请了当地的群众过来收割，后经过寺庙管理委员会研究，决定给帮工的群众每人发放 20 元作为补助，也有个别群众出于信仰而分文不取。

第二，一些寺庙拥有一些牲畜，经营方式灵活多样。三岩寺庙均需要大量的酥油，一是用于制作如酥油花等的宗教供品，二是用于解决住寺僧侣自身日常生活的需求。就目前不完全的统计，当前三岩地区 23 座寺庙中，只有不到半数的寺庙拥有牲畜，由此能给寺庙带来一点牧业收入；牲畜数量多少不等，规模较大一些的寺庙拥有牲畜数要多一些，规模较小的寺庙只拥有少量的牲畜或无牲畜。寺庙牲畜的来源主要有以下三种：①信教群众的布施；②寺庙从布施中以物换取、自筹资金购买；③借助银行贷款购买。由于寺庙本身并无草场，而且三岩地区的草场有限，因此放牧的方式同样灵活多样，主要有五种形式：①作为寺庙自身的财产，由本寺僧人自牧；②交给本寺僧人所在的家庭代牧，仔畜归代牧者，畜产品（主要是酥油）凭放牧者自觉上缴；③请人代牧，仔畜归代牧者，交多少畜产品由寺庙统一规定（全产奶牛一般是每年交20斤酥油），母畜死后由代牧者以同等质的母畜补偿；④寺庙与牧区的一家或数家牧民签订经营合同，合同期一般为1～3年，在合同期间，经营者须按时提供寺庙大型宗教活动所需的畜产品，期满后所有牲畜（包括仔畜）转交给其他户经营；⑤组成专门的畜群组，雇请专人放牧，寺庙每天给放牧者付工钱，并负责伙食，畜产品（包括皮毛）全部交回寺庙。

第三，以经商为重点，带动运输业和其他第三产业发展。长期以来，三岩地区存在着整体稀缺的状况，由于高山峡谷、地域广阔、交通阻塞，生活日用品和生产资料的买卖历来是农牧民生产生活中的老大难问题。因此，商业的发展在三岩地区历来存在着迫切的需求。经商无需土地与草场，只需合适的人才和一定数额的资本，在此方面寺庙拥有巨大的优势。从历史上看，曾属下三岩地区的察拉寺在100多年前就曾有过经商的传统，一度垄断了三岩与外界的商品贸易活动。近二三十年以来，随着三岩的寺庙陆续开放，各寺多以经商作为寺庙经济发展的重点。以台西寺为例，该寺在白洛活佛的主持下，寺院经济来源的渠道众多。2004年，台西寺总计创收107万元：一是在拉萨市开办了一间小型的地毯生产厂，年经济收入90余万元；二是在贡觉县经营一间商业店铺，年营业收入额达8万余元；三是购进运输车3台、拖拉机1台、小车3台，年创收7万元；四是商店、卫生服务部赢利2万元。然而，相比而言，三岩其他寺庙的经商活动和第三产业的发展较为缓慢，多数寺庙限于地理条件和人力财力等因素，或是还没有起步，或是刚刚起步，像台西寺这样发展速度较快、经济实力较为雄厚的大寺庙，在当前的整个三岩地区可算是独一无二的。

20世纪70—80年代，美国学者费思（James F. Fisher）在尼泊尔西北部从事田野调查，他提出当地社会的食盐贸易圈、商品圈有助于增强村民之间的社会团结，使得经济与村落政治形成了一种互惠的模式。① 2006—2008年，笔者在青藏高原的东南部从事田野工作，主要关注“卡瓦格博”宗教文化圈（转经圈）内部的婚姻与家庭的实际情况，当时曾获得一种朦胧的认识：藏区的宗教文化圈不仅内容丰富多彩，而且同时还是个充满着活力而又无限开放的

---

① Fisher J F. *Trans-Himmlayan Traders: Econmoy, Society, and Culture in Northwest Nepal.* Bekeley, California: Universtity of California Press, 1986.

贸易圈、交际圈和通婚圈。[1] 这种思想进一步深入拓展，可以认为：藏区各寺庙实质就是一个个小规模的宗教文化圈，在大多数场合下，这一宗教文化圈往往能很好地做到与贸易圈、交际圈和通婚圈的重合。以台西寺的宗教文化为例，该寺的节日庆典参见表3－2。

关于台西寺各大节日的具体内容，以下再做一些补充说明：

（1）金刚萨埵法会：实际上，寺庙内部僧尼在藏历每月三十这一天均要举行金刚萨埵法会，一月初八至十四所举行的金刚萨埵法会为集体性大法会，可邀请其他寺庙的僧尼和信众参加，期间需反复念颂观音心咒、莲师心咒和百字明心咒等，同时举行大型的添加酥油灯和供奉酥油花等仪式。

表3－2　台西寺传统节日庆典表（藏历）

季节	月份	节日名称	起始时间	持续时间	年度总计
春	一	金刚萨埵法会	初八至十四	7天	120～137天
	二	闭关修念日	十五	1天	
	三	学跳祭祀舞	十五至二十四	10天	
夏	四	学跳祭祀舞	初五至十四	10天	
	五	学跳祭祀舞	十五至二十四	10天	
	六	莲师法会	初一至初十	10天	
秋	七	坐夏	不定	5～15天	
	八	秋休	不定	1～2周	
	九	修亿	初一至三十	30天	
冬	十	极乐法会	初八至十八	10天	
	十一	忿怒莲师法会	藏历新年前九天至除夕	10天	
	十二	金刚手菩萨忿怒尊法会	农历春节前九天至除夕	10天	

（2）闭关修念日：寺庙部分僧尼自愿选择闭关静修，他们将在一年的时间里每日修持长寿佛仪轨，消除众生的寿障。闭关修念日指在当日由活佛为那些僧尼举行隆重的闭关仪式。

（3）学跳祭祀舞：时间放在藏历三、四、五月份，是为镇压危害佛教发达兴旺和侵害人类幸福安宁的一切邪魔而举行的祭祀（跳神）舞蹈，通过念

① 许韶明：《差异与动因——青藏高原东部三江并流地区兄弟型一妻多夫制研究》，中山大学2009年博士论文，第192页。

《大聚会集》、修106个文及念怒神，对河流、山川以及一切环境进行加持，然后以佛及神力镇压邪魔，同时也为六月初即将举行的年度莲师大法会做好准备。

（4）莲师法会：禳灾解难，保证人类吉祥、安宁并最终获得无上的佛道。举行莲师法会期间，台西寺常常积聚有上千名僧尼、群众，期间以念诵观音心咒、莲师心咒为主要修持法，同时在寺外举行盛大的祭祀舞蹈、跳神仪式，届时由白洛活佛为驻扎在周边的民众讲经、洗礼、摸顶。

（5）坐夏：主要开展讲经、辩经、跳舞等活动，同时为民众念防雹经、防霜经。

（6）秋休：进入秋收季节，给本地的僧尼放假回家忙农事。

（7）修亿：为纪念佛陀诞生，组织寺内僧尼修莲花咒和观音咒1亿遍（组织僧尼500多人同时念经，每人需念20万遍）。

（8）极乐法会：为众生祈福、念经，灌输极乐世界的怙主阿弥陀佛的身、语、意等功德，同时举行各种大型的放生活动，截至2012年，台西寺已经成功举办了13届极乐法会。

（9）忿怒莲师法会：又名“珠协”，组织各地僧尼、民众入寺念经祈福，念诵观音心咒、莲师心咒为主要修持法。

（10）金刚手菩萨忿怒尊法会：2011年新召开的法会，主要面向内地的信徒，为众生有情消除业障、治病疗伤，同时面向社会筹措寺院的发展资金。

由表3－2可知，当前台西寺一年内共设有5个集体性法会，其中以藏历六月初举行的莲师法会、十月中举行的极乐法会和十一月底举行的忿怒莲师法会最为重要，三大法会均极力要求本地和外地的僧尼、群众过来参加，寺内和周边所聚集的人数轻易就可超过千人，最多时可达2万多人，持续时间长达10天。在时间点上，这些法会与三岩地区世俗社会生产收获的时节高度地重合。必须指出的是，定期大型的集体性法会是寺院获得稳定收入的一个重要的途径。这是因为，在法会定期举办的同时，大批僧尼民众聚集在一起念经祈祷、载歌载舞、互通有无，由此促进了三岩峡谷地区内外部集市贸易的繁荣与发展。四、五月是三岩村民采集冬虫夏草之黄金时段，六月又是获取鹿茸、贝母、大黄、松茸等各种珍贵药材的时节。因为村民正处于秋收前的农闲时段，此时举行莲师法会，可吸引他们前来参加为即将到来的农业丰收念经祈祷的仪式。此外，此时村民出售两个月来所采集的虫草达到了年度峰值。由于刚刚出售完虫草和各种药材获得了大量的现金收入，村民家庭的经济生活正处于一年中最为殷实的时段。对寺院来说，这是获得较高货币性布施收入的最佳时机。到了十月、十一月，秋收已经基本结束，村民又开始为过藏历新年做好准备，家中聚集了大量的剩余农牧产品。此时举行集体性的法会，是寺院获取村民实物布施（如青稞、面粉、牦牛肉、酥油等食品）的最佳时间。概而言之，来自三岩村民家庭冬虫夏草采挖业的市场性货币收入和农牧业的自给性实物收入，构成台西寺寺院经济收入的两大基本来源。换言之，台西寺院所举行的大型祈愿法会，不仅具有世俗社会节日的文化功能，还是寺院的经济主体与世俗经济主体发生交换的一种重要的形式。

例如，莲师法会不仅是台西寺一年中的重要法会之一，同时也是藏东地区大小红教寺庙的一个重大节日。虽然各寺举行该法会的时间各不相同，但主要内容大体一致，分为礼佛、诵经、施食、驱邪等，主要目的是表达出对佛祖的高度虔诚、对诵经的心领神会、对邪恶的深恶痛绝，以及对五（六）道众生的大慈大悲。正如与会的一些活佛、喇嘛所说的："通过观看这些舞蹈，能净化人们的思想，镇压一切妖魔鬼怪，使得大地万物获得佛的加持，使在场的观众获得金刚神的保护，不仅为今生带来祝福，来世还可获得无上的正觉佛果。"

关于莲师法会的起源，这里的"莲师"指的是莲花生大师，据说他还是赞普赤松德赞的转世。藏族最著名的大法师古如切旺因无比虔诚而会见在藏区传教的莲花生大师及其随从，得到了无上的加持，大法师回到人间后使众生能共享其福德，将智慧神的姿势、祭祀神母的舞蹈、护法神的威猛及僧人的仪态、步法与手势表现给人们。祭祀舞蹈和跳神表演有 100 多种节目，先跳"色新"（金酒之意），后跳天法和彩虹部的八部佛及护法，接着由鹿神（具福神）收魔，表现了请神灵驱除邪魔、五（六）道众生得享福德安乐之美好愿望。莲师法会期间举行的祭祀和跳神舞蹈表演（参见图 3 - 16、图 3 - 17），充分吸收了当地历代以来舞蹈音乐艺术的有效成分，经过不断地加工、改造和提炼，以庄重的吹、拉、弹、唱以及形象的舞蹈身姿、步法、手势，宣扬藏传佛教之教义，使得在场人们的耳目身心均得到佛教的熏陶。从舞蹈的身姿、步法和场面调度看，步法为跳跃式，辅以相应的身姿和手势，配合鼓、锣、绕、号等佛教乐器的音乐伴奏，伴以僧众朗朗的诵经声，再配合上五彩的服饰、离幻的情节、严肃的表情、庄重的气氛，使得莲师法会渐入佳境。莲师法会即将结束之际，台西寺的白洛活佛亲自批挂上场，演绎莲花生大师在藏区弘法时一路征服各路妖魔鬼怪的事迹，博得在场观众一阵阵的喝彩声，此时莲师法会也达到了高潮。表演结束后，白洛活佛还将端坐在莲花宝座上，给上前而来的僧尼、群众摸顶祝福，保佑他们在此后的一年内身体安康，诸事吉祥；与此同时，群众也陆续向寺庙的僧尼提供慷慨的布施，标志着一年一度的莲师法会进入了尾声。

图 3－16　莲师法会期间的祭祀舞蹈表演

图 3－17　莲师法会期间的跳神仪式

对于三岩民众而言，莲师法会不仅是当地一项重大的年度佛事活动，更是一次重要的庙会。藏历五月底六月初的高原天高气爽，风和日丽，山花烂漫，绿草如茵，牛羊成群。随着节日的临近，人们如同过藏历年一般欣喜，纷纷相互议论和转告“盛会来临了”。为了欢庆这一盛大的节日，来自远近村子的男女老少翻箱倒柜，穿上了节日的盛装。富裕一些的家庭，男的挎着腰刀，骑上高头骏马，妇女佩戴各种珠宝和金银首饰，马背搁放着美味佳肴和简易帐篷，款步而来；贫困一些的家庭，人们携老扶幼，拄着拐棍，背负行装，成群结队从四面八方向台西寺汇集而至。在此之前，来自三岩和邻近地区各座寺院的活佛、堪布、喇嘛和僧尼人等早已经聚集在寺院里面诵经祈福。与此同时，来自贡觉、白玉、江达、巴塘、理塘、芒康、昌都等地的僧众和藏、汉、回商贩也在此云集。当中有朝佛转山的，有观光看热闹的，也有趁机做生意的。就经营的商品而言，有三岩当地的虫草、药材、皮货、马匹、牲畜；有江达、贡觉、昌都的人参果、毛料、氆氇、藏毯、唐卡、酥油、铜水缸；有白玉、巴塘的藏靴、藏刀、木碗、哈达、首饰和民族服装；有理塘的各种金属制品等。法会将持续10天，期间人们各有所图，各取所需。经商者，不论藏、汉、回商，都在寺庙四周的空地上搭建起帐篷，摆摊设点，与本地人或外地人洽谈生意、讨价还价。法会结束以后，无论是民众还是商贩，各自都达到此行的目的：转了山朝了佛，接受了活佛的摸顶，聆听了神圣的经文，观看了精彩的舞蹈表演，了却了前来寺院朝觐的心愿——为家人消灾祈福，预祝今后人畜兴旺、庄稼丰收，同时换回或购回了所需的物品。妇女们心满意足，不仅朝拜了活佛，扩大了视野，增长了见识，而且选购了自己所喜爱的布料、首饰和衣服。少数青年男女借着节日的机会秋波传意、相互结识、谈情说爱，为以后感情的进一步发展奠定了良好的基础。经商者更是兴高采烈，他们满载而归，因为能用较低的价格、廉价的商品购回或换回成批贵重的土特产品，利润十分地可观。由此可见，莲师法会在很大程度上还承当起庙会的功能，在一个交通极度闭塞的高山峡谷地区，能很好地起到商品集散、物资交换、沟通情谊，以及扩大影响和增进民族团结的作用，有效地缓解决了三岩当地贸易阻隔、物资奇缺的困境。

美国人类学家施坚雅（G. William Skinner）曾对中国的传统市场进行过系统的研究，他的研究表明：中国寺庙是基层市场的一个组成部分，庙会常常是市场活动的交易场所，庙会的董事会通常由该市场区域范围内的各种精英人物组成；寺庙神灵的活动范围，即祭祀圈往往与市场区域基本一致。[①] 总体而言，三岩的寺院基本沿着金沙江的河岸修建，这里往往是联结各村农牧业生产和经济区的中间地带，使得寺院的施主群体自然由金沙江峡谷向上下游地区延伸，这样寺院可在最大限度地吸收信徒的同时，扩大自身的影响力。以台西寺为例，该寺在举行集体性的法会时，不仅大量从民众中吸收以供养形式奉献给寺院的牧区劳动产品，而且使法会承当起地方庙会的功能，方便他们在农牧产

---

① （美）施坚雅著：《中国农村的市场和社会结构》，史建云、徐秀丽译，中国社会科学出版社1998年版。

品最为丰盛的夏、冬时节，与同样前来参加法会的其他农牧区的信众发生经济与信息交换，在各取所需中起到繁荣基层民族经济的作用。

概而言之，三岩寺庙的经济是建立在世俗经济的基础之上的，世俗经济反过来充当起寺庙经济的晴雨表。当地世俗劳动者通过劳动所创造出的剩余产品和剩余价值，成为了寺庙经济与世俗经济存续发展的共同源泉。

第四章　民　俗

在未设治以前，无酋长无礼节无婚姻，嫁娶无庆悼。往来以抢劫为能，杀人为雄之野番。……诗曰：

两只刚刈手，一身黑骨头，三餐青稞酒，四季白羊裘；
瞪眼如山魈，耸肩似沐猴，狂歌从劫道，飘荡惯寻仇；
死葬凭僧记，婚姻任自由，有夫枕妇节，无父壮儿羞。

——刘赞廷

第一节　口腹之需

美国社会心理学家亚伯拉罕·马斯洛提出了人类需求的五种不同层次，由低向高依次为生理需求、安全需求、社会需求、尊重需求和自我实现。① 处于最底层的生理需求，指的是人类维持自身生存的最基本的需求，包括饥、渴、衣、住、性等方面。这些需求无法得到满足，人类的生存也就成为了问题。从这个意义上讲，生理需求是推动人们行动的最强大的动力。只有当这些最基本的需求满足到维持生存所必需的程度后，其他的需求才能成为新的激励因素，人生的最终价值也才得以实现。

在基本生理需求诸多的诉求中，三岩人又以解决人的温饱问题为重中之重。所谓"民以食为天"，三岩人同样必须解决来自生理方面的饥渴问题。由于三岩当地存在着整体稀缺的状况，生产力水平又相对低下，自然灾害频繁发生，促使三岩人不得不给予温饱问题更多的关注。然而，三岩人在面对困境时，却能时刻表现出一种乐观豁达的生活态度。在口腹之需上，当地不仅最大限度地利用现有的资源和条件，而且在文化上赋予其最为深刻的内涵，并在日

---

① （美）马斯洛著：《动机与人格》，许金声等译，中国人民大学出版社2007年版，第18～78页。

常生活中闪烁着智慧之光。例如，100 年前，刘赞廷就曾对三岩的美食留下文字记载："其元根者，形似糖萝卜，成熟切成长条晒干，食时合糌粑熬粥，为岩人大宗食料，一美味也。"①

藏族传统食品主要是糌粑、酥油、牛羊肉和奶制品，饮料以酥油茶、奶茶、青稞酒、藏白酒为主，三岩地区的传统食品也不例外。当前三岩地区多数的村庄以精细化的农业耕作为主，以畜牧业为辅，少数村子则以半农半牧的经济方式为主，主要农作物为青稞、大麦和小麦。其中青稞的数量最多，经济价值也最大，小麦次之，大麦和荞麦列为末席。

一、三岩的传统食品

糌粑作为主食与青稞直接相关联。糌粑是用青稞晒干炒熟后，用石磨磨成细粉状，或以青稞为主，混合豌豆、燕麦炒熟后磨制而成。在三岩地区，糌粑有四种常用的食用方法：一是将其置入碗中，盛入适量的清茶与酥油，拌和成坨，边吃边喝清茶，名为"吃糌粑"；二是将糌粑粉和酥油拌匀后，紧按碗中，斟茶将碗中糌粑浸湿，以舌舔用浸湿层后，又斟茶浸湿再舔，反复至完，名为"舔卡提"；三是先将牛肉切碎煮熟后，再加糌粑拌和成汤食用；四是用糌粑、酥油、白糖拌匀后加入清茶，混兑成汤食用，名为"喝糌粑汤汤"。也有人喜欢在糌粑中加入干奶渣、青稞酒后一起吃，或将核桃、豌豆炒熟磨成粉与糌粑混合起来进食。因核桃、豌豆有油脂，十分可口，它成为了三岩当地的美食之一。

除了用青稞以外，三岩当地还用大麦、小麦磨成面粉，然后再做成锅魁、包子、蒸馍、花卷、饺子、面条、面块、面疙瘩等食品，也可放入沸腾的酥油锅中，炸成油条、"面花"食用。对于这些用青稞、大麦和小麦磨成的面粉，三岩当地还有一些特殊的食法：一是将面拌和成圆饼状，放入热灶灰中烤熟后，趁热再切成两瓣，中间放入酥油、白糖又合上，待糖油热化时再吃，名为"吃阿撒"；二是将混合成饼状的面团蒸熟后，加入奶渣酥油吃，名为"吃作那"；三是将新麦放入大锅中蒸熟，取出麦粒捣碎食用，名为"甲那"；四是将麦粒和青稞捣碎去麸皮，加上牛肉和骨头炖汤喝，叫"喝切"。面食油炸食品中的"卓居"，又叫藏式"交叉麻花"，是在结婚、过藏历年等重大的场合必备的食品（参见图 4 – 1）。制作"卓居"时，把小麦面粉或青稞面粉和成面，揉捏成细面长条，做成麻花状，稍晾干后，再用热油炸成麻花，或用牛油熬化后炸制。

① 刘赞廷编：《武城县志》，载《中国地方志集成 · 西藏府县志辑》，巴蜀书社 1995 年版，第 147 页。

图 4－1　“卓居”是三岩地区过节时的必备食品

除了糌粑和面粉食品以外，三岩还有许多特色食品，如酥油人参果、手抓肉、风干肉、牛肉肠、牛血团、豆膏、荞麦饼、“迁”、“水”等不一而足。这些食品种类繁多，色香味俱全，极具地方特色，足以在饮食上掀起一场“舌尖上的三岩”。

酥油人参果是高原地区的一个特色食品，当地藏语称其为“卓玛玛古”。其做法是将人参果洗净煮熟后捞在小瓷碗里，把熬成汁的酥油倒到人参果上，有条件的话可加上白糖食用。该食品香甜，顶饿，多吃不易消化，一般在节日制作食用，视为款待客人之佳品。

松茸主要采自三岩峡谷地带的林区，这里海拔多在 3 000 米以上，空气清新，日照强，湿度大，所出的松茸硕大鲜甜，带着一种来自原始森林的芬芳。在三岩，松茸有两种吃法：一是用手把松茸撕成条片状，不能用刀具以防破坏松茸的原香，再用酥油爆炒 3～5 分钟后，放点盐即可食用；一是把松茸混合其他菌类一起放在锅中，加水熬成糊状，放点盐后即可食用。两种吃法如果配上糌粑和青稞酒，再蘸点白糖，这样鲜、甜、酸味混杂，成为三岩当地难得的美味。

酥油面疙瘩，当地藏语称其为“巴扎玛古”，意为煮熟后的面疙瘩。其做法与卓玛玛古相同，有光是面疙瘩的，也有加入少许牛羊肉的。

手抓肉是当地群众吃肉的主要方法。三岩人喜欢将牛肉剁成小块煮着吃，一般仅用新鲜肉做手抓肉。新鲜肉不用水洗，直接放入铝锅，用凉水煮，煮的时间不能太长，以肉骨断血为佳，此时肉质酥松，味美鲜嫩，香而不膻，肥而不腻。煮的时间一长，肉质紧缩，就咬不动了。三岩地区附近草场的水草丰美、质量上乘，因此所饲养的藏绵羊、牦牛往往肉质甜美，实为手抓肉之上品。

风干肉是三岩群众过冬的主要肉食品，藏历每年十月至十一月是牲畜宰杀季节。将牛宰杀后，一种是按牛腿分成四大块，直接挂于通风处，整腿存放；一种是用牛后腿肉切割成条，挂在绳子上风干。一般不放任何佐料和盐，这样风干的牛肉酥松，有原肉的香味。有的在切成条的肉里加入花椒、食盐、干辣椒粉，糅合后挂起来风干，但风干后不宜生吃，宜烤食。将绵羊宰杀后，一般不分割，整只羊存放，也有分割成四块风干的，但没有切成条的风干羊肉。风干肉是农牧区群众冬季的主要肉食，一直要吃到来年开春或宰杀季节（参见图 4－2）。特别是当地群众外出时，均要在行囊里装上一块风干肉。在吃糌粑时，切下几块风干肉和着吃，就是一顿让人难忘的美餐。

图 4－2　风干牛肉是三岩群众过冬的主食

牛肉肠，当地藏语称其为“玖玛”，意为灌肠。做法是把牛的肠洗净，将牛肉切成条或片，添加糌粑（或大米）、盐、牛油、野茴香等佐料，搅拌均匀后灌入牛肠内，形状如汉族灌的香肠，只是略粗大些，煮熟即可食用。另有一种叫“玖纳”的牛肠，是农牧区群众普遍制作食用的传统食品，其用料为糌粑、食盐、野茴香、牛腹腔内的鲜血，搅拌均匀后灌入牛肠内，煮熟后即可食用。

三岩还有一种称为“阿多结”的小吃。做法是将羊宰杀后，把羊的肠、心、肝以及肉切碎，添加野蒜、野葱、盐等佐料，搅拌均匀后装入羊肚内，再将烧得很烫的鹅卵石放进羊肚内，扎紧口，不停地揉搓，不断地将冷却的石头取出，再装入烧烫的石头，反复多次，一直到将羊肚内的嫩肉完全烤熟为止。这种食品十分有特色，煮熟的肉既有烧烤的香味，又鲜嫩可口。

“玛果”是三岩的特色小吃，不仅仅在三岩地区，就是在贡觉县城和江达县城周边，也同样受到人们的喜爱。当地藏语中“玛”意为红色，“果”意为团团。其做法是把刚杀的牛的胸腔内的热血取出，把牛油、牛肉切碎，添加糌粑和盐后，放进热牛血里，再用手慢慢捏揉，调和均匀后就用手直接抓着吃，不用煮熟。该食品血腥味较重，但营养十分丰富，能迅速提供人体所需的蛋白质。

此外，三岩群众还喜欢吃一种叫“德古”的小吃，意为豆膏。其做法是首先把扁豆（藏扁豆）磨成粉，用锅烧开水后，将扁豆粉放入，加上少量的食盐，用温火煮，并用勺子不停地搅拌，使扁豆粉完全与水溶合，煮熟后倒入盆中冷冻，食用时切成小条或块，而后加上酸奶拌匀食用，犹如凉粉拌酸奶，十分独特。还可热吃，煮熟后盛碗里，加入少许酥油拌匀后即可食用，犹如稀粥。

“曲来”是一种用元根制作而成的食品，“曲来”意为元根汤汤。用新鲜元根切成条状，倒入锅中加入少许糌粑，用温火熬煮成糊状，食用时加入少许食盐，味道鲜美，十分爽口，为秋冬季一美食。元根即马铃薯，成熟后切成长条形晒干，食用时和着糌粑熬粥。刘赞廷曾记载此美食，指出其是由黑梅亭于1915 年在当地教种后推广开来，三岩人甚感其德，称其为“黑薯”。①

“马龚”是一种大杂烩的肉类食品，深受三岩人民群众的喜爱。“马龚”是在宰杀牲畜或猎获野兽后，把其血、肉、肠等切碎，加入糌粑调和切成小圆团，再蘸点盐生吃，一般是在野外不便生火时食用。

三岩当地还盛产苦荞麦，这也是群众的主食之一。其制作方法是将荞麦去壳后磨成粉，再将粉加水调和成糊状，用一平底锅或一块生铁平板放在温火上烧热后，将荞麦糊倒在铁板上烤制，烤熟后抹上酥油或野蜂蜜，香甜爽口。

“迁”的做法是把新鲜小麦放在石舀里去皮，然后放在铁锅里面，加入头一年的牛棒子骨或牛头肉，用温火慢慢地熬煮，待到小麦粒熬熔后，加入少许食盐即可食用，味道鲜甜，肉汁浓香，可作为主食。

“水”的做法是先选未脱粒的、颗粒饱满的新鲜青稞，扎成把，摆放在大蒸锅里加水蒸煮，然后拿出脱皮，再把脱皮后的青稞粒用石磨粗磨一遍，加入奶渣、酥油一起搅拌均匀，用手抓捏成团后食用，其味微酸甜，入口滑润，含有青稞的清香味，是秋收前特有的小食品。

二、三岩的饮料

如果说糌粑和面粉是农作经济的一个直接的产品，酥油的来源与制作则与

---

① 刘赞廷编：《武城县志》，载《中国地方志集成 · 西藏府县志辑》，巴蜀书社 1995 年版，第 147 页。

畜牧业休戚相关。酥油是从牛奶、羊奶中直接提取出来的油脂，当地藏语称其为“玛”，是三岩人每日不可或缺的副食品。提取酥油的工作一般由妇女来完成，先将牛（羊）奶加热后，倒入高约80厘米、直径20厘米的木桶里（这种木桶比酥油茶桶稍粗些），再用力上下抽打，要搅和数百次，搅得油奶分离，浮出一层淡黄色的脂肪质，然后将脂肪质舀起，用手拍打成团，将水分挤出，冷却后便成了新鲜的酥油。酥油有很高的营养价值，可用来制作酥油茶、炒菜、和进面粉炸制果子，还可以与青稞酒或藏白酒一起熬煮，是极好的滋补饮料，也是三岩人家庭生活的必需品。正如藏族谚语中所讲到的：“肉的精华是汤汁，奶的精华是酥油。”三岩人同样看重酥油在家庭生活中的地位。以往一户家庭如果缺少了酥油，可通过以物易物的方式来获取。

酥油茶需用酥油与砖茶汤搅拌而成，是三岩群众日常生活的必备饮料，也是接待亲朋好友的最佳饮料，俗称“索甲”。打酥油茶的工作一般由男人来完成（参见图4－3）。酥油茶的制作是用大汉洋铝锅将大茶叶熬成茶汁，把茶汁滤出茶叶后倒入事先放有酥油、食盐的酥油茶桶，用“甲罗”用力上下抽动，不断地搅拌，直至酥油、食盐和茶汁充分融合为止（搅拌的质量如何直接影响着酥油的味道和品质），然后倒进专门装酥油茶的陶制或铝制壶内，将茶壶放在装有微火的火盆保温，即可随时趁热饮用。

图4－3　打酥油茶是三岩男人的一项日常工作

奶茶，当地藏语称其为“俄甲”，是三岩群众习以为常的生活饮料。奶茶的制作方法是将大茶叶熬成浓汁，把茶渣滤出，将茶汁倒入壶中，再放适量的鲜奶、食盐，稍事搅拌即可饮用。鲜奶多用牛奶，也有用羊奶的。清茶在当地藏语中称为“甲国”，制作方法是将熬好的茶叶汁倒入壶中，再放点食盐即可。清茶一般是在外出劳动、出行不便带酥油茶桶时饮用。此外，当地还有一种饮茶习惯，藏语称其为“卡玛朵”茶，意思是“放点酥油”，也就是在清茶碗里加入一小块酥油，让其漂浮在茶水上，酥油融化后，边喝边掺茶。当地群众认为这种茶好于清茶，又比酥油茶节约酥油，是一种比较经济的饮品。一般制作茶汤都是即熬即饮，但这样费时又浪费茶叶，三岩群众喜欢将 3 ～ 5 斤茶叶一起放进大锅内熬制茶汤，熬制时间应足够长，要把茶汤熬得很浓，然后放进一个陶缸内储存着，什么时候想喝茶时，只要把水烧开后，用勺舀点浓茶汤倒进开水里即成茶汤，可以做各种茶饮料，这种方法既节省茶叶又不费时间。

酸奶，当地藏语称为“秀”，与内地酸奶的做法大抵相同。酸奶制作是将鲜奶煮沸，倒入容器中，待牛奶降温至烫手时，加入酸奶酵头，放于温度适中的地方，几小时后，牛奶凝固成豆花状即成酸奶。酸奶是三岩人居家必备的饮料，既可单饮，又可和糌粑吃。没有提出酥油的酸奶微甜，较好吃，提过酥油的酸奶微酸，但一般都要先提取酥油后才可制成酸奶。至于奶渣，是牛奶中提取酥油剩下的残汁经熬煮、过滤晾晒而成，还可以制作奶酪，当地藏语称其为“曲然”，这也是三岩人甚为喜爱的日常食物之一。

如果说酥油茶、奶茶和酸奶是基本的生活饮料，解决的是口渴之需，那么青稞酒、藏白酒的制作与饮用则多具有文化上的内涵。青稞酒，当地藏语叫“琼”。制作青稞酒时先将备好的青稞洗净并滤去砂石等杂物，接着放入水中浸泡至软，然后放入锅中反复蒸熟。捞出后在阴凉处稍作降温，加入酒曲后盛入一个比较大的木桶或瓷盆中封闭，再盖上衣被保温，让其发酵，待一至两周后，把已发酵的青稞装入有过滤装置的木桶内，加入清水，盖好盖子，隔天便可滤出青稞酒。如果用黑青稞制作青稞酒，酒色呈棕褐色，用白青稞制作，酒色为白色。贡觉有的地区制作青稞酒时不炒熟直接煮，三岩地区群众喜欢先把青稞炒熟后再煮熟，说这样酒劲大。

藏白酒，当地藏语称其为“阿拉”，度数比青稞酒高出许多，制作方法与内地的制酒工序十分相似。制作藏白酒需预先备好上等的青稞或大麦，然后将青稞或大麦放入锅中蒸煮，再加入酒曲搅拌均匀，加少量水后放在土陶的大酒瓮中，使其密封并发酵一至两周时间，这样就做出了成熟的酒坯，随后放在火上蒸馏出酒。蒸馏方法采用一种特别的制作工艺。先将已经发酵的青稞或大麦倒入专门蒸煮酒用的长筒形铸铁锅里，掺入清水。蒸煮酒上面搁置一个大铁锅作为冷却器，里面注满冷却水或冰块，蒸煮酒的内部则悬吊一个陶制的蒸馏器（陶罐酒瓮）。为了能让水蒸气凝结成酒液，在酒瓮的上部打上一个小孔，小孔内插上一个空心的树枝（树枝取自当地叫作“火炼”的树），再把树枝的另一头接入到另外一个小土陶器瓮中，大酒瓮加热后产生的酒液蒸汽上升，遇到位于顶部的冷却器凝结为水珠，水珠顺着空心树枝流到小酒瓮里成为酒液（参见图4－4、图4－5）。整个制酒过程要持续2～3个小时，在此期间，上面冷却锅里的水至少要更换三次。三岩家家户户基本都掌握了酿造藏白酒的技术，所出的藏白酒醇厚刚烈，气味芬芳，质地清澈，与骏马、长枪一道被誉为三岩的“三宝”①。

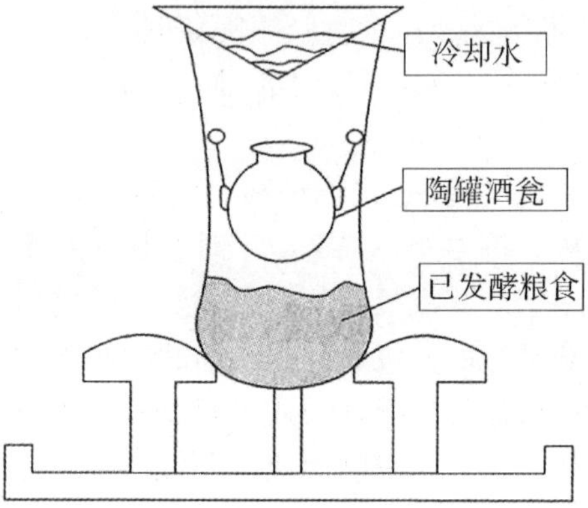

图4－4　青稞酒制作工序图

图4－5　正在酿制中的青稞酒

① 三岩“三宝”的另一种说法是骏马、长刀和铜水缸。

无论是酿造青稞酒还是藏白酒，均需要耗费数量颇多的青稞①，但三岩人乐在其中，以至于达到了一种几近迷恋的程度。每到藏历五、六月，当地刚刚收割完庄稼，就会挪出足够分量的青稞或大麦用来酿酒。这时候，三岩的村庄每家每户均生起炊烟，热火朝天地忙着煮酒和蒸馏的各种工序。无论在帕措聚会、款待贵客，还是在办红白喜事时，一户人家如果未能即时奉上由自家酿制的青稞酒或藏白酒，会被认为是一件十分丢脸的事情，日后被别人数落起来也会让家人面上无光。

第二节 技术器具“博物馆”

人类机体在诞生时，有“尚未完成的”特性。人和所有其他哺乳动物都不一样，是以“本能的贫乏”为其特征的，人的本能并没有为他提供一个可以在其中活动的稳定结构，所以人就面对一个“开放的世界”，为此，人必须以自己的活动来建造一种稳定的结构，社会制度便是该“世界构造”的活动的核心内容。②

在各种社会制度中，技术与人类自身一样是个古老的话题。人类既然缺乏专门化的器官和本能，自然就无法适应自身的特殊环境，如何把自己的全部能力用来明智地改造自然条件，成为了人类获得生存与发展的首要任务。于是，在最古老的人工制品中，首先包括了火。火被人使用既是为了安全，也是为了取暖。从一开始，“器官代替”原则和“器官强化”原则是共同协作的；抓起石头打人，要比赤手空拳有效得多，因此许多取代器官的工具被发明出来，如木器、石器、陶器和各种金属制品，均是在这种思维下制作出来并为人们使用。最后出现的省力工具，它的作用是减轻器官的负担，摆脱负担，最后达到节省劳力的目的。

考察世界技术的发展，不难发现一个基本的趋势，即从对器官的取代逐步发展到对有机物的取代。无论是“器官代替”、“器官强化”，还是节省劳力，它们均以技术或技巧为特征，涉及劳动生产与生活中的衣、食、住、行等方方面面。现代人类学认为，“技术”（technology）一词包含了人类各种的技术与

---

① 一般100斤青稞出酒率是40%，但三岩当地因为海拔高，空气含氧低，昼夜温差大，100斤青稞的出酒率一般在20%～25%之间。

② （德）阿诺德·盖伦著：《技术时代的人类心灵》，何兆武、何冰译，上海科技教育出版社2008年版，第15页。

方法，以实现某种特定的生计目的，或对其自然环境加以控制或改造。[①] 技术归属文化范畴，是文化制度中的一种，不仅包括各种实体器具，而且还包括了制造和使用它们的方法。技术类器具，顾名思义，指的是人们在生产和生活中，制造和使用的一些器具，包括人们在日常生活中经常使用的工具、机器、衣服、住所以及其他一些类似的物品等。因此，笔者特意采用“技术器具”一词，用以概括三岩社会中所发明、制造和使用的各种生活用具和生产工具。

2006年，笔者在三岩六乡调查期间，在沙东乡雄巴村发现了木锄、木犁、木谷扒、木斗、木杵臼、铜水缸、藏刀、背水桶、石制三足灶、木碗和木陀螺（捻羊毛线用）、木制打茶用具、酥油盒子、马鞍、缰绳等；在沙东乡阿香村发现了木织布机、木梿枷；在雄松乡下加村发现了脱粒子用的石磨、石斧、镰刀、铡刀等；在敏都乡雄巴村发现了牛皮转经筒（有300多年历史）、牛皮绳、酿酒设备等；在克日乡发现了皮筏、木桨、木筏、布制转经筒、铁桶和陶钵等；在罗麦乡发现了背篓、木耙、木陲陀（捻牛毛线用）等；在木协发现了磨粉用的水坊大石磨等。这些器具门类多，数量大，采用“因地适宜”、“就地取材”和“灵活运用”的原则，保留了器具最初的基本特征，呈现其独特的原始风貌。为此，笔者特意使用“博物馆”一词，以彰显三岩的地方特色。考察三岩社会的“技术器具”，发现它们采用了不同的制作材料，可大体分为以下五类。

一、木制品

木头是人类最早使用的材料，在时间上甚至早于打制石器时代和铁器时代，因为对于当时人类所使用的工具而言，最普遍存在的也是最容易处理的材料就是木头。[②] 根据生活习惯的不同，许多木制的生活和生产工具仍然在藏族农牧区中为人民群众所使用。三岩地区拥有丰富的森林资源，许多自制的木器用具被制造出来，它们不仅加工简易，而且十分实用，一直沿用至今。

1. 木锄

三岩地区早期的农业工具是锄（参见图4－6），并不是犁。[③] 今天的三岩人仍然在使用一种比较简单实用的生产工具——长柄木锄。这种木质工具以手工操作，采用当地青冈木的树枝与连体的一部分杈口为主要材料，在杈口处采

---

① Scupin R. *Cultural Anthropology*: *A Global Perspective*. Upper Saddle River: Pearson Prentice Hall, 2006: 200.

② （德）利普斯著：《事物的起源》，李敏译，陕西师范大学出版社2008年版，第104页。

③ 同上书，第95页。

取磨制与削制的处理方法，使其变得尖锐。也有的木锄分为两部分——木柄和木尖片，用牛皮绳把木尖片捆绑在木柄上即可。由于青冈木的木质坚硬，三岩土层又比较浅，因此木锄可以轻易插入原本就松软的沙土质耕地，实现简单的耕地与碎土的需要。

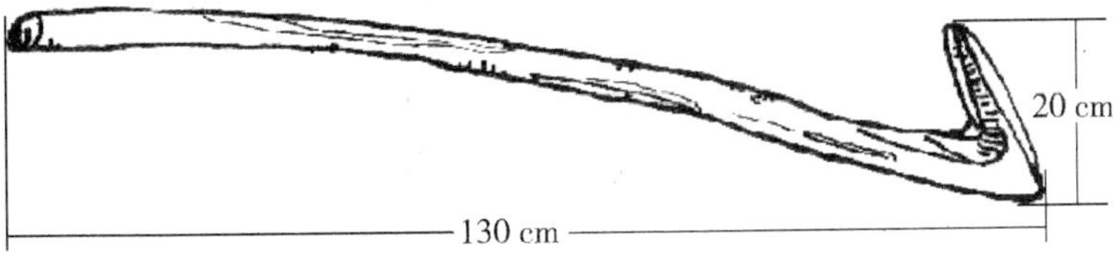

图 4-6　一般木锄的规格

2. 木犁

犁是农业耕作中必不可少的工具，主要用途是翻土、压草（茬）、起垅。最早的犁是用树杈头做成的，犁的发明和使用代表农业进入了犁耕文明，其显著的特征是有计划的施肥和大型灌溉系统的发展。[①] 三岩采取二牛抬杆的传统耕作方式，所使用的犁多以青冈木为材料。当地以旱地居多，水田甚少，因此木犁亦以旱犁为主，一张犁包括犁铧、犁床、犁壁、犁托、犁柄、犁柱等部件，再配上一个略呈弧度的长形犁轩，因此三岩木犁也被称为“长轩犁”（参见图 4-7）。犁铧也叫作“犁头”，需要一定的硬度，以往把此处的木头削尖、打磨即可。随着铁器传入三岩地区，现在开始在犁头上套用一种铁制犁刃，便于耕种一些质地更为生硬的土地。

图 4-7　三岩的长轩犁在生产中发挥着巨大的作用

① （德）利普斯著：《事物的起源》，李敏译，陕西师范大学出版社 2008 年版，第 99～100 页。

3. 木制织造机

三岩较早就掌握了织布的技术，织造机全部采用木头为材料，由支架、纵、线板、踏板、梭轮等部件构成。织布时由纵挂纺轮放线，通过串线板洞与织物卷轴相连而成纬线，脚踩织机使纬线叉开，叉开处由梭子穿过经线，如此反复就织成了布。如需要编织图案，需双梭或多梭，不同颜色按一定规则串联、结套。也可纬线和经线同时加线运作，在纬线上加彩线形成幅宽的编织物。但与藏区其他地方不同的是，三岩地区织布的活多数由男人完成（参见图4－8），因此外界对三岩存在一种“男织女耕”的说法。

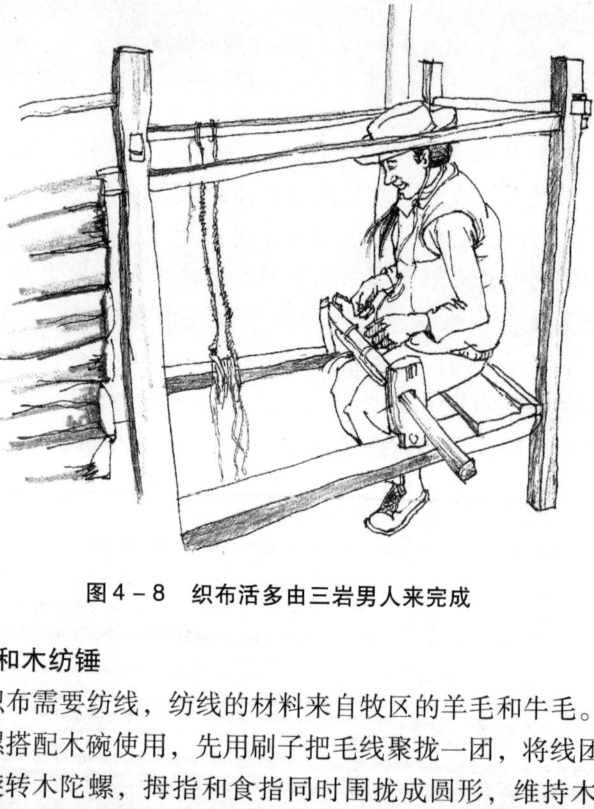

图4－8　织布活多由三岩男人来完成

4. 木陀螺和木纺锤

用织造机织布需要纺线，纺线的材料来自牧区的羊毛和牛毛。捻羊毛需要一种木制的陀螺搭配木碗使用，先用刷子把毛线聚拢一团，将线团的一端放入木碗中，用手旋转木陀螺，拇指和食指同时围拢成圆形，维持木陀螺快速旋转，从而把线团一点一点捻成羊毛线后结成线团（参见图4－9）。牛毛则采用木陲陀，用两根木块捆绑成十字架状，中间打一小孔，再用一根小树枝嵌入孔中作为中心支架。

使用木纺锤时，用绳子在中心支架上打结固定，用力摔动纺锤使其做旋转运动，同时不断地输送牛毛纤维，使牛毛丝均匀地相互缠绕在一起，一点一点地捻成牛毛线团。牛毛绒线不仅可编制牛毛绳，还可编制成牛毛帐篷。

图 4－9　木陀螺和木陲陀是捻毛线的简易工具

5．木碗

木制的碗是三岩的一个地方特色。除了可与木陀螺配合使用以捻制羊毛线以外，木碗更多的时候用于盛装食物，以满足即时的口腹之需。三岩木碗是用杂树的根部或树瘤经削制打磨而成。上等木碗的木纹自然出色，似水流云，数豹纹最为珍贵，经过酥油打磨后不干不裂，装食物不变味，喝茶也不烫嘴，甚至还有防毒的作用。木碗的种类很多，有抓糌粑用的大碗，有喝酥油茶的小碗，还有储存物品的盖碗。三岩人十分珍惜自己的碗，外出生产、出行时都要随身携带自己的碗，一般不与别人共用，尤其不得让女人使用男人的碗。

6．木桶

木桶是三岩人常见的生活用具，主要用来盛装糌粑粉和青稞酒（参见图 4－10）。在各式木桶中，酥油茶桶是每一个三岩家庭的必备器具。关于酥油桶，三岩人沿用了贡觉方言的叫法，称其为“甲董”。茶桶能较好地把酥油、茶汤和盐溶合，打出一口香喷喷的酥油茶。优质的茶桶选用上等柏木，做成内窄外宽的梯形木条，拼成圆桶形，有底，桶身用四道铜条箍紧，有的还用黄铜装饰酥油茶桶。茶桶中还要有一根粗 3 厘米、长 1.2 米左右的圆木棍，前端装一个圆形木板，直径略小于茶桶口，有十字对称半圆口四个，方便茶水通过，起到搅拌的作用，好的茶桶还做盖，平时不用时盖上，防尘土和脏物掉入桶中。

图 4 - 10 木桶用来盛装各类食物

7. 木盘

与木桶一样，木盘也是三岩家庭常见的生活用具（参见图 4 - 11）。用石盘加工青稞时，一般要在其下方放置一个木盘，其用意有二：一是防止滑动，使其放置平稳；二是使加工后的青稞粉不会落在地上，便于收拾。木盘采用桦树的树干，切成长方型一块，再凿刻成凹型。木盘可分为大号、小号两种：大号的长、宽、高分别为 150 厘米、60 厘米和 10 厘米左右；小号的长、宽、高分别为 90 厘米、40 厘米和 10 厘米左右。此外，木盘还可用来盛装松茸和虫草等珍贵食品，将其摊开后，放置在顶楼上晒干备用。

图 4 - 11 木盘是三岩家庭常见的生活用具

8. 木杵臼

木杵臼是舂米用的工具，既可用来捣去各种谷壳，也可用来捣碎食物或加工药物。木杵臼分为木臼和木杵两部分：截取青冈树干的一节，中间挖空以盛装所加工之物，外部用牛皮绳或铁线箍紧以防爆裂，这样就制成了木臼；木杵选用青冈树杈做成锤子状，用手握柄，用力把锤头锤向木臼的底部，如此反复使所加工的食物或药物捣成粉碎状（参见图 4 – 12）。

图 4 – 12　木杵臼用于捣碎食物或药物

9. 木谷机

木谷机是用来聚散谷物的简单工具，分为木柄和梯面两部分（参见图 4 – 13）。木柄利用自然树枝制作而成，长度为 150 ～ 160 厘米，梯面选用树桩截成梯形平面，在中间处凿一方孔，接上木柄即可。三岩人把楼房的三、四层作为晒场，一般把谷机放置在附近以方便使用。此外，谷机还可作为农具，在犁地后用来耥平泥土。

图 4 – 13　木谷机是用来聚散谷物的简单工具

10．木梿枷

木梿枷是打谷脱粒用的工具，由木柄和敲杆组成（参见图4－14）。选用质地坚韧的青冈树、花椒树、毛桃树的树枝做柄，柄头处钻一小孔，横穿长约20厘米的小木轴，木轴上再安装一组平排的小木条，操作时用手上下挥动竹柄，使敲杆绕轴转动，不停地敲打青稞或大麦使其谷壳脱落下来。

图4－14　木梿枷是打谷脱粒的工具

11．背篓

背篓是用竹、藤、柳条等做成的背在背上运送东西的器具（参见图4－15）。三岩的家庭也在广泛地使用背篓，在高山峡谷地区运送各种不同性质的生活物品。但与其他地方的背篓有所不同，三岩地方不出产竹子，因此制作背篓的材料采用藤和细树枝，以树枝搭建框架，藤条自下往上编制成圆形的篾制品，背篓最终呈现圆锥状，中间留空，筐眼上疏下密，两边再装上提耳或背带。

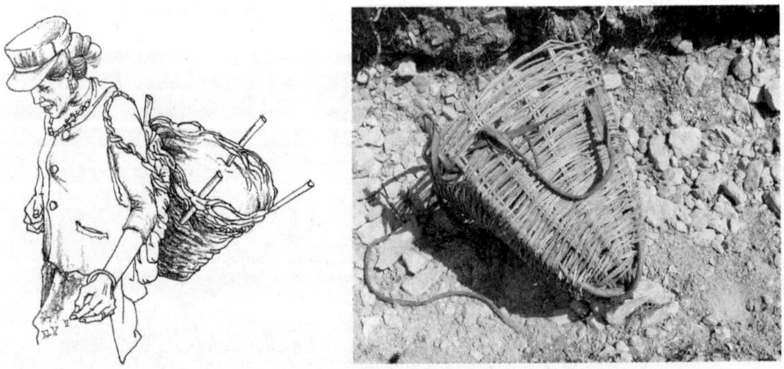

图4－15　背篓是三岩人日常生活中的运送工具

12. 帚把

帚把是三岩人用来清理卫生的家庭用具（参见图4－16）。三岩家庭中所使用的帚把简易实用，把收割后的青稞茎秆晒干后收拢起来，一面散开，另一面用牛皮捆绑起来作为把手使用即可。

图4－16　三岩人自制的小帚把

13. 木鞍

由于地处高山峡谷，三岩的一些负重运输（如运送柴火、货物等）主要是靠牦牛来完成的，这就需要在牦牛的身上搭上一个木鞍。木鞍主要以青冈树和青冈树杈为原料，一副木鞍一般要用四块木板合成，两块凸形的称为鞍板，两块U形的称为鞍鞒，均由人力以手工砍成基本形状，再经削、锉、磨等工序完成。上好的木鞍需要做到“三圆、二平、一合”：“三圆”是说木鞍的前后鞍桥圆，龙口圆，梁头圆；“二平”是说木鞍在牛脊梁上的两块平面板要平整光滑，要同牛脊梁吻合；“一合”是指在黏合这四块木板的时候，要处理好角度、宽度、弧度等问题，使它们实现“无缝式”联结（参见图4－17）。

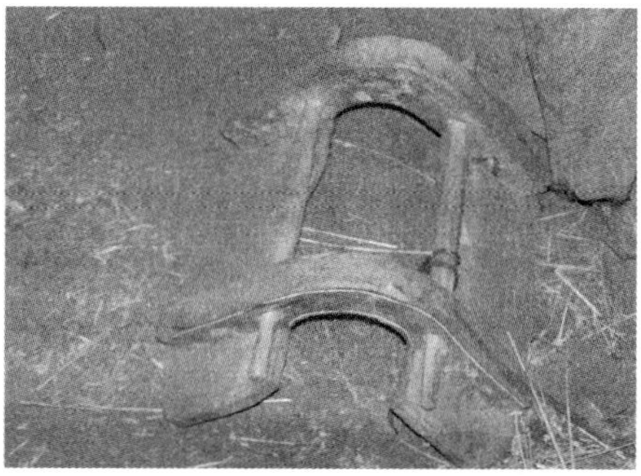

图4－17　上好的木鞍需要做到“三平、二圆、一合”

二、石制品

石制品较早就进入了人们生产与生活的领域。在旧石器时代早期的遗物中，打制石器已表现出非常明显的专用性。到了新石器时代，石制器具有了进一步的发展。例如，卡若遗址上就发现了大量的石制用品，有石磨、石臼、石刀、石斧等。三岩社会迄今仍然保留了一些极具特色的石制品，有石灶、石磨、石盘、石杵臼等。

1. 石灶

三岩家庭的灶塘设在楼房二层，底部用石板平铺，再用黏土覆盖后裱糊成一个凹形的灶塘。灶塘内使用一种三岩地区特有的石料，经雕琢后呈“工”字形，上横短，用于支架锅、壶；下横长，成等腰三角形埋于土里，起很好的稳定作用。这些石头采自山上，不怕高温，经久耐用，可用 20～30 年，当地人称其为“协坡”石，意为“坚硬的石头”。灶塘四周用石板砌成正方形，石板外镶嵌宽 10～15 厘米见方的四方木材做成个小平台，可放置茶碗、茶壶。一家人按男左女右（面对灶塘）围坐四周用餐取暖，俗称“三块石头一个灶”（参见图 4－18）。有的家里还在土台临灶塘的一面镶嵌两块小石头，与灶塘里的三块大石头中的一块又可组成一个小灶塘，称为“五个石头两个灶”。此灶的特点是省柴，便于取暖，因此一直沿用至今。

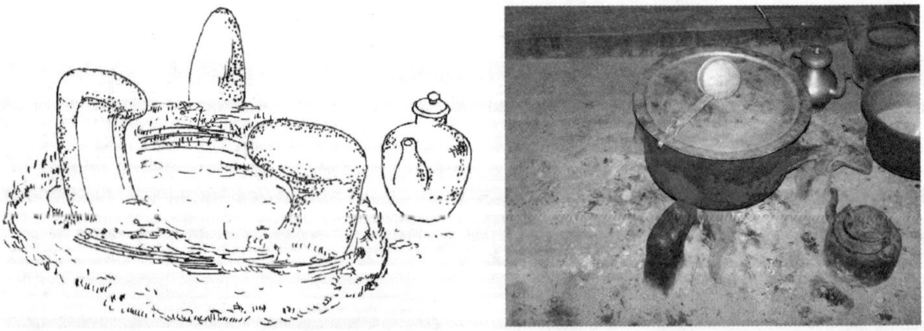

图 4－18　三岩人的灶

2. 石磨

石磨用于加工粮食，主要用来磨制青稞粉。石磨的形制有大有小，大的直径 1 米，重达数百斤，一般放置在专门的水磨房中，利用水力来转动。水磨可分为两层——上扇和下扇，但与内地水磨房采用上扇磨盘固定，下扇磨盘转动的做法不同，三岩的水磨将下扇磨盘固定起来，中心凿一圆孔，贯穿长木，下连车轮，嵌入上扇磨盘中，使上扇磨盘转动（参见图 4－19）。

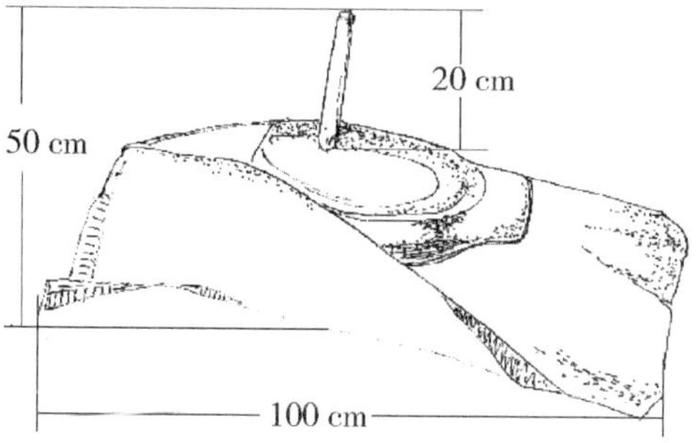

图 4－19　水磨房中所使用的石磨

小石磨的直径只有 10 ～ 30 厘米，用手轻易就可转动，可放置家中使用。三岩当地流传一句谚语：“青稞长满平原，一个石磨即可吞入磨完。”此话反映了石磨在三岩使用有一段较长的时间。但据三岩数位老年人的回忆，石磨是赵尔丰进入三岩后才开始普遍使用的，当时的石磨主要由外界交换而来。石磨工具的出现，表明此时的粮食加工技术水平已经有了很大提高。近 100 年来，三岩人在大力开垦土地与引进新品种，使得粮食产量有了较大程度的提高，三岩也开始有了加工粮食的迫切需要。

3．石盘

石盘同样是用来加工粮食的工具。如果说石磨是在历史的较晚期才进入三岩人的家庭的，那么此前他们加工粮食一般采用石盘。这种石盘分为母板和子板两种，需要两者配合使用，底下搁置一个方形木用来盛装加工后的米粉。母板和子板均呈长方形，母板体形较大，子板体形则小许多。母板上面并排刻有一条条的凹槽，先把青稞或小麦搁置在这些凹坑内，然后用双手把握子板，用力在母板上下搓动，里面的青稞或小麦便可一点一点地被磨制成粉（参见图 4－20）。

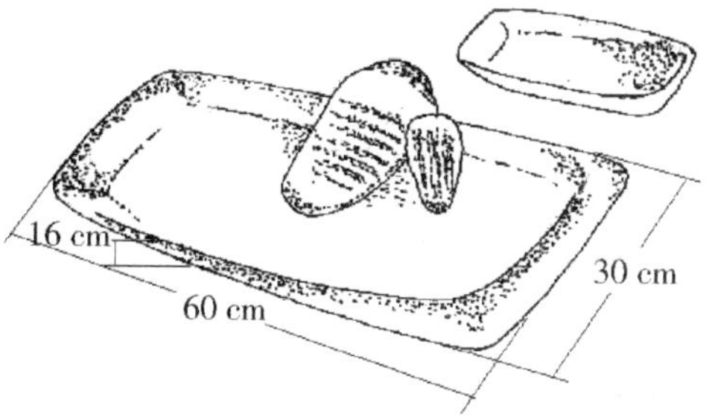

图 4－20　用石盘加工青稞

4. 石杵臼

石杵臼是用来加工食物的石器，分为石臼和石杵两种，需配合来使用。三岩的石臼采用圆形石块，在石头中间凿出一个盆状的窟窿，里面用来盛装加工物品。石臼必须配合石杵才起作用，石杵是具有一定冲击力的石块，呈条形状，方便用手把握，使用时用它用力锤打石臼以捣碎食物（参见图4－21）。

图4－21　碾碎食物用的石制杵臼

三、陶制品

三岩很早就使用了陶器。三岩迄今保留着这样的谚语：“夏天三个月保管好铁器，冬天三个月保管好陶器，平时管好自己的嘴。”此话足以说明陶器在三岩家庭生活中的地位是何等的重要。笔者在三岩地区调查时发现：当地使用的陶器包括罐、钵、壶等器皿，多为土陶或黑陶，一些陶器身上甚至还出现了纹饰和图案，显示三岩人独特的审美观。三岩制作陶器的方法甚为原始，可分为两种：一种是将泥坯放在实心坚硬的泥模上，用旋轮加工成型，手脚并用，用脚转动旋轮，用手随简易的木制工具随形捏制，成型后晾干放入土窑中烧制；另一种是采当地的红土，先用筛筛细后掺水和泥，然后用木版反复拍至匀称状，当泥坯达到要求后放平成一片，先去制陶底部所需，再用木片像切面一样匀称划开，做成细条状，然后将细条一圈圈地从底部往上砌，达到一定的高度后，用一个瓢形木制工具蘸水不停地将其涂平并使其光滑平整，成型后晾干，最后用松树皮包围烘烤。

1. 陶罐

陶罐主要以土陶为主，主要作为水缸用来盛水，也可盛青稞酒或藏白酒（参见图4－22）。近年来随着金属制品（如铜制水缸）进入三岩的日常生活，陶罐已经遭到了弃置，虽然当前三岩仍然采用陶葬的葬俗，但已经不如以前那样流行了。

图4－22　三岩的陶器以土陶为主

2. 陶钵

陶钵的体形比陶罐小许多，一般以黑陶为主。陶钵目前依然在三岩人的家庭中被广泛地使用，主要用来在制作青稞酒或藏白酒时盛装经加热后蒸馏成液体状的酒水（参见图4－23）。有报道人指出，采用陶钵来盛装青稞酒或藏白酒的液体，可以保留酒的原汁原味，这是一种古老的制酒工艺，三岩人希望能一直保存下去。

图4－23　陶钵是酿制传统藏白酒的必备用具

3. 陶壶

陶壶同样以黑陶为主，用来盛装酥油茶、青稞酒或藏白酒。黑陶的造型精美，身上刻画精美的藏式图案或花纹（参见图4－24）。这些陶壶从外地购入，平时仅珍藏在家中，只有家里来了贵客时才拿出来使用。

图4－24　三岩的陶壶造型精美

四、皮革制品

三岩虽然以传统的农业为主，但也兼营一定程度的牧业。牧业在一些村子中甚至占到相当大的比例。三岩的畜牧业以饲养藏牦牛、绵羊、山羊等大牲畜为主，它们除了提供稳定的奶源外，还为三岩人提供过冬用的肉类食品。三岩人宰杀牛羊后，将其毛皮晾干后备用。这些皮革原料，经过除虫、鞣革等技术处理，可以用来加工成皮靴、皮袋和皮囊等生活用品。

1. 皮靴

三岩人原来多赤脚步行，后来从贡觉那里传入长筒羊皮靴，深受三岩人的喜爱。靴筒一般用羊皮、牛皮、氆氇或褐子制作而成，可分为高筒和半高筒两种，样式基本一致（参见图4－25）。靴子状似马靴，以黑色牛皮作面料，中衬以红绿或黑色布料、呢料作装饰。靴底又分厚、薄两种，厚底用数层牛皮或鹿皮重叠而成，薄底仅用一层牛皮，烂后可随时更换。靴帮上部后方一般开有10～15厘米的口子，一是便于穿着，二是便于翻转过来清洗内部的脏物。

图 4－25　长筒皮靴

2. 皮袋

羊皮、牦牛皮由于皮质柔韧、皮层厚，具有耐磨、防水、防潮等特性，还可用来制作各式皮袋，用来盛装粮食、水和其他物品等。在三岩，糌粑是家家户户必不可少的储粮。三岩的多数村子位于金沙江岸，地处亚热带湿润气候，旦逢雨季天气潮湿时，糌粑的存放问题往往让人头疼，制作牛皮袋来盛装是个不错的方法（参见图 4－26）。三岩采用牦牛皮为原料，用牛毛绒线缝制成条形，底部可用涂料画上一些饰纹，以实现美观的内在需要。

图 4－26　用来储存糌粑的皮袋

3. 皮囊

皮囊也叫作“风囊”，是与灶具配套使用的用具（参见图4－27）。三岩用的风囊与藏族牧区所使用的传统风囊相一致，使用羊皮或牛皮揉制而成，缝成上宽下窄的三角形，下窄处镶一铁管，长约30厘米，宽处缝上两根木棍，一边木棍上缝一绳扣。鼓风时，一手提压风囊，风通过风管吹出，很好地起到吹旺炉火的作用。

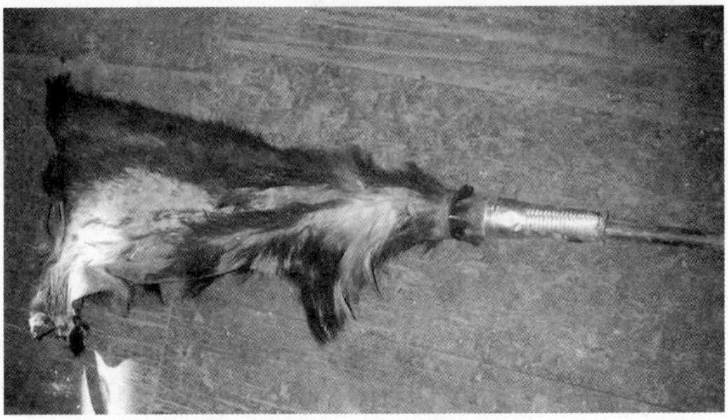

图4－27　皮囊是三岩家庭的必备灶具之一

4. 皮筏

皮筏是以往三岩人比较常用的渡河交通工具（参见图4－28）。在克日、罗麦、敏都和木协乡，由于金沙江水一江相隔，村民为了交通方便，自己制作了皮筏来渡江。现在克日和罗麦乡依然保留有两个渡口。

图4－28　皮筏是三岩人渡江的常用交通用具

三岩的皮筏呈椭圆形，以藤条编织为框架，外包以牦牛皮，未膨胀前直径为160厘米，宽155厘米，高约15厘米，落水膨胀后直径达4～5米，可承载4～5人或2头牦牛渡江。因金沙江水急石多，以皮筏渡江非常危险，因此需要有专门的人负责摆渡。摆渡者熟悉金沙江水情，但每次摆渡也同样小心谨慎。摆渡前人们必先念诵经文，以求平安渡江；而乘客也需要严格听从船夫的要求，按其指定的位置站立，不能随意移动。因为皮筏入水后牛皮膨胀，所以船底较为柔软，经验丰富的船夫知道如何能够平衡船体的压力，从而避免船底因为受力不均而突然破裂，或船身因重心偏移而倾覆。摆渡过江通常是在冬季金沙江水位较低的季节进行，平时人们尽量减少这种渡江的行为，可见三岩人群之间的联系很大程度上受到了自然环境的制约。

五、金属制品

以往三岩地区资源匮乏，特别缺乏金属制品，没有提炼金属的技术，也没有专门的铁匠，连拥有一个铁锅都被认为是件极其奢侈的事情。以往的炊具大多以陶器为主，随着三岩与外界的联系日益增强，许多铁、铝、铜锅和合金制品也渐渐进入了三岩人的家庭。用金属制品做成的炊具由于耐热、坚固而具有天然的优势，三岩人对它们无比珍爱，常常把这些金属制的缸、锅、壶、瓢、盆擦拭得干干净净、光泽照人，大小锅、壶、瓢排列整齐，就是自己不洗脸，也要让它们一尘不染。

1. 铜水缸

三岩有“三宝”：骏马、长枪（刀）、铜水缸。铜水缸为“三宝”之一，是当前三岩家庭中必不可少的储水用具（参见图4－29）。铜水缸的体形异常庞大，一个缸的盛水量可供一家人饮用半月之久，而三岩人一般要放置3～5个这样的大铜水缸在家中。这是因为：一方面，三岩的很多家庭远离水源，一次性备好数月的用水可实现省力、省事之便；另一方面，三岩地区械斗与血仇频发，在家中储备长期的用水也是出于防御的需要，一旦有械斗发生，帕措族人就可据守在碉楼里面数月不出。然而，三岩地区并不出产铜矿，当地也没有打铜工匠，这些铜水缸均由外地（主要是白玉县城和昌都地区）购入，经过长途跋涉后才能运回家中。

图4-29　铜水缸被誉为三岩的“三宝”之一

2．镰刀

镰刀也称为“割刀”，由刀片和木把构成，是用来收割庄稼或割草作为牲畜饲料的生产工具（参见图4-30）。三岩的镰刀多是自己加工而成的，采用青冈木做把柄，经过抛光、打磨和上漆后，在柄的上端凿上两个孔，把铁片裁成月牙状，底部留下上下两个细长条铁片，反嵌入到木柄的两个孔中固定起来即可。

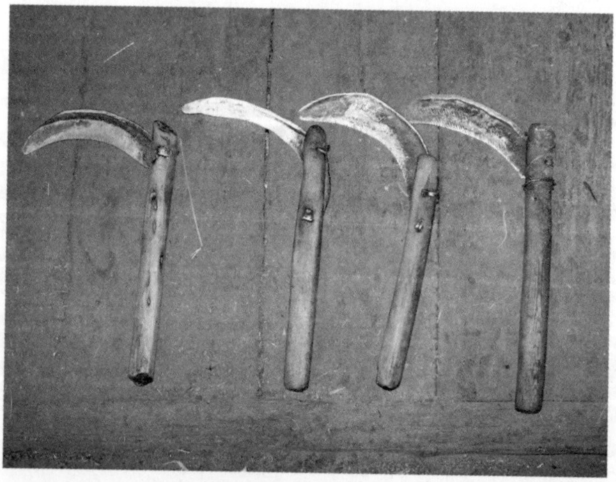

图4-30　镰刀是三岩家庭必备的生产工具

3．铡刀

铡刀是切割草料的加工工具。与镰刀一样，铡刀同样由刀片和木把构成，但形状为“刂”形。用铡刀来铡草时，需要配合使用一个木砧板，起到支垫和固定的作用（参见图4－31）。

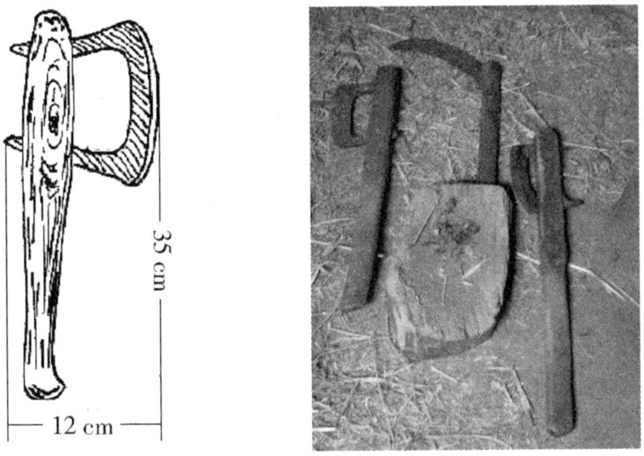

图4－31　三岩人使用的铡草工具和木砧板

4. 斧头

斧头是一种砍削用的生产工具，通常用于砍伐树木、劈木柴，也可用于一些木工活，如砍削一些粗大的木头部件等。斧头分为两个部分——斧头和斧柄。斧头为金属所制（一般为坚硬的金属，如钢铁），刀口为弧形，以便于砍削；斧柄为木质，主要用青冈木做柄。三岩附近森林资源相当丰富，砍伐树木、劈木柴不仅是日常生产劳作的一部分，同时也是一件费力的活，因此，家庭中拥有一把质量上乘的斧头成为了许多三岩人的追求。三岩的斧头主要由外部购入，也有人到邻近的贡觉或白玉县城请铁匠专门打制。在三岩地区，斧头除了砍伐树木、劈木柴以外，还可用来屠宰牦牛，这种做法在藏区的其他地方并不多见，这也成为了三岩地区的一个特色（参见图4－32）。

图4－32　三岩地区使用斧头来宰杀牦牛

5．铁桶

随着铁器大量进入三岩地区，三岩人在酿造青稞酒和藏白酒时也开始使用铁桶，而以往所使用的多为土陶。然而，这些铁桶多数是利用原来的汽油罐加工而成的，里面用铁片焊接三个支架，以悬挂一个可置于内部的土钵，用来盛装加热蒸馏后所滴下的酒水（参见图4－33）。

图4－33　三岩地区的铁桶是由汽油罐加工而成的

总体看来，三岩的“技术器具”的制作原料包括了木材、红土、石头、皮革和铁等，不仅种类繁多、功能各异，而且广泛地运用在家庭生活和劳动生产上。表面上看，这些“技术器具”至少具备了三个显著的特征：

第一，简易。三岩的工具多数采取了“因地制宜、就地取材”的原则，其中木器和石器占绝大多数，这大概与三岩地区高山环绕、土石堆积和森林资源丰富的自然环境有关。此外，无论是木器还是石器，它们的制作方法都相当简单，使用灵活，无须进行太多的复杂工序，保留了许多原始的成分。为此，有人还特别指出：“三岩的社会形态处于较低的层次，相对封闭，生产力落后。”①

第二，省料。省料是相对于三岩社会处于整体稀缺和部分稀缺的状态而言的。三岩的森林、土石资源相对丰富，并且由于有畜牧业而获得了一定数量的皮革制品，但严重缺乏各类金属用具。有鉴于此，三岩的器具基本遵循这样一个制作的原则——最大化地节约资源。例如，能够使用木材或石块来制作的器具，就一定是由木器或石器来制作，或将两者结合起来制作；有时还需用到一

① 子文（刘伟）著：《苍茫西藏》，中国工人出版社2009年版，第31页。

些如牛皮绳等皮革类制品；尽量减少对金属的使用。

第三，实效。必须指出，三岩各种生产和生活器具虽加工简易，尽量节约使用一些有限的或稀缺的资源，但是并不因此而减少其实用性。相反，这些生产工具更适用于三岩的实际情况。例如，当笔者向当地人提问为何三岩的木锄至今仍在使用时，有报道人指出：当地的耕地多处在峡沟的山坡上，坡度较大，土地贫瘠，土质疏松，属跑土、跑肥、跑水的“三跑地”，特别是下雨天时水土流失严重，无法采用深耕的技术；此外，田地里面要留下大量的石块，一是起到压土、护泥的作用，二是石块下面还可保留一些水分，防止白天被日头蒸发殆尽。这就是西藏特有的田地保墒的方法。

在贡觉县政府办公楼所陈设的三岩工具展厅里，笔者看到了一组木锄的技术演进过程。展厅里所展示的木锄有三把：第一把由取自同一棵青冈树的树坯制作而成；第二把在木锄的木柄上用牛皮绳绑上了较为细致的、类似锄头的石刀，石刀磨损后还可以由后向前推出继续使用；第三把则在第一把的基础上，用铁制金属皮套嵌在木槌的头部制作而成。

从一定程度上来讲，木锄的技术演进过程，是三岩人采取文化制度来适应环境的一个缩影。这种文化适应一旦形成，便具备了长期的稳定性；只要这种文化适应依然能够满足当地人的物质与精神追求，则无需发生太大的改变。此种稳定性的持续时间相当长久，但这决不意味着三岩社会“原始落后”、“停滞不前”和“无法获得进一步的发展”。

第三节　三岩民居

“从风篱发展到四面有墙的房屋，从树屋到城堡，人类建筑的发展史像一部记录人类力量和智慧的发展历程的传奇。”[①] 这是因为，建筑不仅仅关乎实际需要和经济因素，还关系到存在的意义，这种存在的意义源于自然、人类以及精神现象。[②]

民居作为人类建筑的实体形式，是人类有意义的创造性活动，体现人类的生存意义，表达人类的精神追求。不同地域不同族群的社会群体，往往各自发展出独具特色的民居建筑形式。三岩的民居，便是三岩的社会群体在一定历史

① （德）利普斯著：《事物的起源》，李敏译，陕西师范大学出版社 2008 年版，第 33 页。

② （挪威）克里斯蒂·安诺伯格－舒尔茨著：《西方建筑的意义》，李路珂、欧阳恬之译，中国建筑工业出版社 2005 年版，第 7 页。

时期内，与一定生态环境和文化制度相适应而产生的“适应模式”。

三岩民居地基扎实、体积庞大、楼身高耸，俨然一座座壁垒森严的碉堡。三岩民居也被称为“康尔”，“康尔”是藏区对碉堡式建筑物的统称。三岩“康尔”是三岩人对独特地理环境的适应，既是对传统建筑历史的传承和发展，也受到了帕措制度的深刻影响，是一种满足三岩居民生活方式和居住行为的建筑。

三岩的碉楼式建筑，最早可追溯到4 000～5 000年前的卡若时期。历史上藏族建筑的发展，同样经历从洞穴居住到地面建筑的阶段。对西藏昌都卡若遗址的考古发掘显示，卡若遗址的时间跨度较长，从早期到晚期跨度达1 100～1 200年。建筑风格从地窝棚式到晚期的擎檐碉楼式，显示在建筑结构和营造技术上的一次飞跃，其显著性的标志是：建筑从圜形地穴逐渐向地面、空间发展；建筑屋层数由单层向双层发展；居室由单间向双室、多室发展；建筑材料从泥和木棍向卵（毛）石、木楞、木柱方向发展；营造技术从最初的架设木骨涂抹草泥烧烤技术，逐渐发展到用木楞架屋、砌筑石墙。其中碉式建筑物的出现，成为藏式建筑的早期母型，对后来藏式建筑风格的形成产生了极其重要的影响。[①]

若从经济形态方面分析，卡若遗址的早中期以锄耕农业为主并辅之以狩猎活动和家畜饲养，到了晚期转变为以部分农业为辅，以畜牧业为主。为了适应这种变迁，卡若遗址的后期出现了一种“干井式”的建筑形式。这种下层栏畜、上层住人的石墙房屋，迄今仍然流行于藏区，被称为“西藏高原独特的房屋结构方式”。[②] 综合考古和传说两方面的资料加以分析，有学者提出，西藏的原始居民中至少有两种因素：一种是以狩猎和游牧为主的土著民族；一种是由北方南下的氐羌系统的民族，他们可能带来了先进的农业。以后西藏的种族和文化，有可能就是以这两者为主体，再接受其他的因素综合而成的。[③]

此种说法放在整个西藏地区，略有以偏概全的嫌疑，但用来解释三岩峡谷的族源与历史却颇有说服力。事实上，三岩当地族群的来源更为庞杂，但至少包括了原始土著以及后来迁徙而来属于氐羌系统的新民，当地陆续发掘出的石棺葬就是一个佐证；三岩人采取碉楼式的建筑更或多或少反映出氐羌系统的民族所带来的碉（塔）建筑文化的影响，至少其中的文化因子被保存了下来，一直延续至今。

一般而言，这些碉（塔）式建筑有一个基本的要求，即要有相对聚居的

---

① 杨嘉铭、赵心愚、杨环著：《西藏建筑的历史文化》，青海人民出版社2003年版，第9～10页。

② 同上书，第10页。

③ 霍巍：《论卡若文化类型的发展演变》，载《中国藏学》1993年第3期，第95页。

各邦和山寨的民众，以及所建的相对集中的聚邑，否则不可能产生碉楼这类建筑物。① 这说明碉楼式建筑产生于社会化高度集中的状况，特别是不同的族群之间相互处于敌对状况时，由于军事和防御的需要，碉楼式建筑容易取得进一步的发展。

一、帐房

从经济形态考虑，三岩或许发生过以游牧为主的生活方式向定居式生活的转变，具体表现在住所的选择上由帐房开始转向楼房。帐房也就是帐篷，是种可迁移的房子，其起源来自风篱，后者被认为是世界上最早的房子，是后来两种主要房屋类型——圆形小屋和方形小屋的雏形。②

据雄松乡的报道人的说法，他们的祖先在六七百年前从德格地区迁徙到三岩，最初是居住在石洞里面的，以牧业为主，后来才从察雅人那里学会了捻毛线和编制帐篷的技术。时至今日，三岩在放牧或要坝子时仍要搭建帐房；与藏区的其他地区相比，它们并无太大的差异。由于世代以游牧生活为主，牧民一般采用以牛毛绳编制而成的“黑帐房”为其住宅，这种牛毛帐房经久耐磨，可防风雪，还可拆散下来以便牦牛驮运。一般用黑牛毛纺线，编织成宽 60 厘米、长 10 米左右的粗氆氇，缝合成四大块长方形的幕帐（参见图 4 – 34）。但与高原其他牧区所不同的是，三岩地区编制牦牛绳和制作牦牛帐房的活计大多是由男人来完成的，而藏区的其他地方，则多以女人为主。

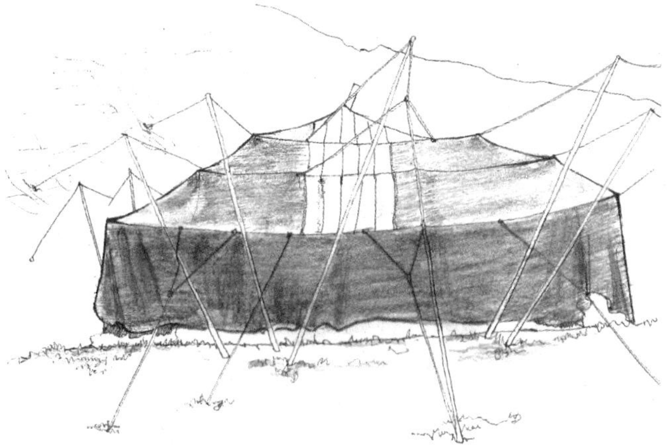

图 4 – 34　三岩人的牛毛帐房

---

① 杨嘉铭、赵心愚、杨环著：《西藏建筑的历史文化》，青海人民出版社 2003 年版，第 18 页。

② （德）利普斯著：《事物的起源》，李敏译，陕西师范大学出版社 2008 年版，第 25 页。

搭帐房有一定的讲究，先要确定选址，选择避风、朝阳的坝子，然后请喇嘛过来念经，以确保没有冒犯土地神，同时也能保佑人畜兴旺、牛（羊）群多产。架设时，用两根10厘米直径的木棍支撑一根横梁，用6根牛毛绳将木棍固定，再将两片最长幕帐的一边拴在横梁上，在另一边缝6个纽扣，穿上6根牛毛绳向两边拉开，用4根木棍支撑两边的绳索，拉紧后将绳子固定在木桩上，一个长方形的“住所”就算搭建完毕。帐外周围有20条牛毛绳拉伸拴在木桩上，四周要挖排水沟，周围幕帐外用牛粪垒成矮墙，以防风雪从帐房脚下刮入。帐房前方设门，门上放置护幕，白天将帐房布向外撩开两边，方便出入，晚上放下用带结紧，以防寒风袭人，帐房顶开有一长缝天窗，便于采光和放烟，下雨时可将另一块幕帐拉上盖住。帐房的大小据人口的多寡而不同。小号帐房至少有12平方米，可住2～3人；大号帐房可达30～35平方米，可住5～8人。

牧民常住的帐房里，居中砌着灶台，高约60厘米，宽约50厘米，长约1.7米，上面砌一个沟槽，槽内放牛粪，槽沿上架锅，即可烧茶煮肉。灶台自然把帐房分为左右两半，进帐的右边为男席，左边为女席，客人也坐右席。灶台后或男席上方时常有供佛的地方，一般在木箱上设有神坛、摆有佛像。除牛毛帐房外，还有一种“人”字形的白布帐房，两边设有幕帐，称为“古帛”。这种帐房用于夏天夜晚守羊和放置酥油、奶制品，也可在要坝子、出门临时夜宿时用，一般能住4～5人。

牧民冬季都有定居的冬房。这种冬房是用土木结构建造的，为平房，内部分为四五间，面积较小，一般都在50～70平方米，高不过2米，其特点是避风温暖。20世纪90年代后，政府鼓励牧民定居，帮助游牧民在冬季牧场修建定居房。1993年，政府在阿旺九村投资修建牧民定居房36套，1999年又修建45套，总投资达200多万元，让祖祖辈辈“逐水草而居”、“日落而息，日出而作”的游牧民也能过上安居乐业的生活。

考察帐房的情形，里面一般为开阔的公共空间，没有分割出私人场所，帐房的中央由一个灶台占据，炉灶随便割下几片草皮即可堆成，旁边有时也会竖立一根柱子，上面挂上哈达或其他的宗教物品。灶膛升起的烟柱，恰巧从位于中心上方的帐房顶部的洞口直冲云霄，光线也是通过此洞进入的，从而实现帐房内部采光的需要。相比之下，三岩民居的楼房分为三至四层，但每层内部均为开放结构，同样不设私人空间；二层楼房为居民的住所，这里一般不设窗口，就算有也会把窗口造得异常地狭小，据说是为了防止敌人的子弹从外部射入。单凭狭小的窗门，已经无法满足内部的采光需要，需从房子的中央处开一个比较大型的洞口，方便光线投射进来。这样看来，三岩楼房的建造工艺，在空间上实现了对帐房内部布局的移植。

二、楼房和“碉楼”

如果说从帐房转向楼房是三岩民居的第一次转变，那么从一般样式的楼房转向碉楼式的楼房则可视为第二次重大的转变。三岩修建碉楼式楼房，首先要有大量的土木石作为建筑原材料。三岩“西部荒山旷野，悉为游牧之地，……地中碎石岑岑，不知收捡”①，碎石块在三岩地区俯拾即是（参见图4－35），至于泥土，更是随处可挖取。三岩地区的土质多为红土，是青藏高原地区土地资源的一种类型，含有大量的铁锰元素，它们经过长年累月的氧化作用，渐渐变成暗红色或赤红色的铁锰氧化物。这些泥土和水后具有黏土的特性，十分适宜用来作为建筑材料。虽然修建楼房还需要耗费大量的木材，但这在三岩地区亦非难事。由于三岩地处高山峡谷，气候多样，植被和森林资源丰富，这就为三岩人建造高楼提供了十分便利的条件。

图4－35　随处可得的三岩碎石块

比较三岩片六乡与白玉县山岩乡的村落建筑外貌，雄松、敏都、沙东和山岩四乡的碉楼多为土石结构，建造体形异常庞大，楼层较高，多为连体结构（即两三栋碉楼并排或背靠背连在一起），一般为四层建筑，所用木材相对要少一些。相比之下，克日、罗麦、木协三乡的楼房多为土木石结构，体积要小一些，楼层也要低矮许多，许多楼房仅仅修建成三层高就已足够。由于附近有丰富的森林资源，这些楼房在建房材料上尽量多地使用木材，由此形成一层为

① 刘赞廷编：《武城县志》，载《中国地方志集成·西藏府县志辑》，巴蜀书社1995年版，第147页。

土石结构，二、三层为木架“崩空”房的奇特外观。有鉴于此，笔者认为这是由于雄松、敏都、沙东和山岩四乡人多地少，资源尤其匮乏造成的。由于整体稀缺的外部作用力更大，四乡之间的械斗与其他三乡相比来得更为激烈与频繁。出于防御方面的需要，促使四乡的碉楼愈修愈高。此点也能说明，三岩地区的碉楼最初是由一般的平楼逐步发展而来的。

1. 楼房

克日乡的民居与雄松、沙东等乡碉楼式建筑群有所不同，其建筑风格倒与贡觉片的民居十分相似。与其他藏区的楼房相比，这些楼房的建筑面积算是比较大的了，皆为两层以上楼房，以土墙、石墙为主，极具本地特色，在当地藏话中称为“慷巴”，为房子之意，与康区其他地方的叫法相同（参见图 4 - 36）。

图 4 - 36　沙东乡的碉楼与克日乡的民居对照

贡觉片的民居建筑多为土（石）木结构，外墙为土墙或石块砌墙，内部用木料作框架，楼层间架设地板，可分为两层或三层。城镇一层为仓库，农区一层为畜圈。从二层中间开设天井，天井南面设一个布瓦的阁楼，作为经堂、住房；西北角设厨房；北面为粮食和杂物仓库；东北角设一至两间客房，还在东面或西面外墙修建外挂厕所，也有修在北面墙外的，建筑面积一般在 400 ～ 800 平方米，最小的也有 150 ～ 300 平方米。民房宅基多选择建在向阳山坡、避风有山泉的较高位置，一般不修在平地或河边。随着生活水平的提高，群众开始把天井口用钢架、玻璃、塑料袋密封起来，这样冬季天井就像一座温室，既提高了整幢房屋的室内湿度，又隔绝了风沙的侵袭。夏季把侧面的玻璃窗打开，就可降温、通风。顶层一般是只有三面有墙的草料房，晾晒房比住房面积小，房前形成平台，用来晾晒粮食、衣物等，平时也放一些秸杆、杂物。贡觉民居也同藏区其他地方一样，室内梁柱要雕刻彩绘，色彩鲜艳，富丽堂皇，有的房屋内墙上也绘有八宝吉祥图。中等以上的家庭都设有专门的经堂，里面供奉佛像，储藏经书，挂有唐卡，墙壁、藏柜和木柱上多有彩绘，这里是全家最整洁、装饰得最好的地方，这个房间是不住人的，只供喇嘛念经。较富裕的家庭还专门给年纪较大的家长布置寝室，寝室同时也是老人日常念经的地方。厨房是住宅中最宽大和最有特色的地方，多为 30 ～ 40 平方米，大的则有 60 ～ 70 平方米，是一家人的主要活动场所，兼客厅和厨房功能于一体。在春、秋、冬季，也有些人家利用灶或火炉上的热量取暖，晚上睡在厨房的卡垫上，此时厨房又兼具卧室功能（参见图 4 - 37）。

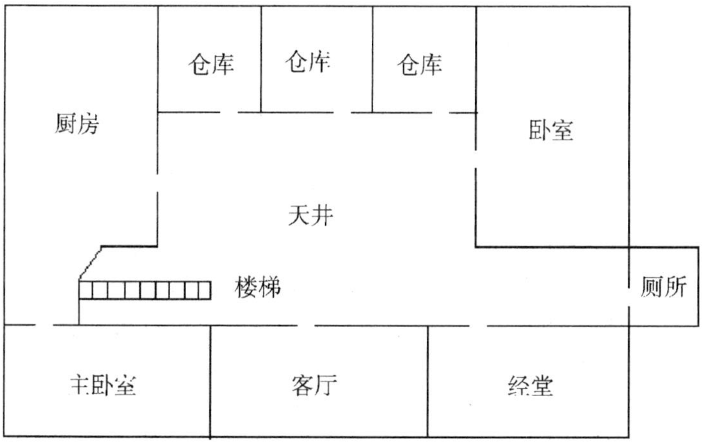

图 4 - 37　贡觉片楼房二层平面图

2. “碉楼”

三岩民居的建筑风格十分独特，在藏区的其他地方甚为罕见。三岩民居俗称“碉楼”，藏语称其为“康尔”，意为高楼，是种带有军事防御性的建筑物。

与贡觉片的“慷巴”相比，三岩的碉楼建筑面积更大，一般为三层至四层，少数还有五层的。其特点是连片建筑，墙厚少窗，易守难攻，形同碉堡。此种建筑风格充分表现出三岩旧时代械斗、仇杀的传统陋习，为防御复仇者、保全自己而发展演变成今天这种民居。三岩民居建筑几百年来始终遵循着两个原则，一是房屋必须体现防御功能；二是本帕措成员的房屋尽量建在一起，形成城堡式的防御建筑群。

20世纪80年代中期，刘伟曾到三岩地区考察了三岩碉楼的大体情况：“三岩房子‘康尔’都是土夯的，低层畜养牛羊，二三层住人，顶端晾晒农作物或其他东西。房屋高达十几米，大都修建在地势险要的山坡上。这种碉堡式的建筑是中级野蛮社会的典型居房，上面没有窗，只有枪眼。一来是帕族之间打冤家防卫用，二来作为气窗，给屋内通气，漏入些光，上楼下楼全凭一根砍出锯齿样脚蹬的圆木。”① 根据他的描述，可画出三岩碉楼的大体外观（参见图4－38）。

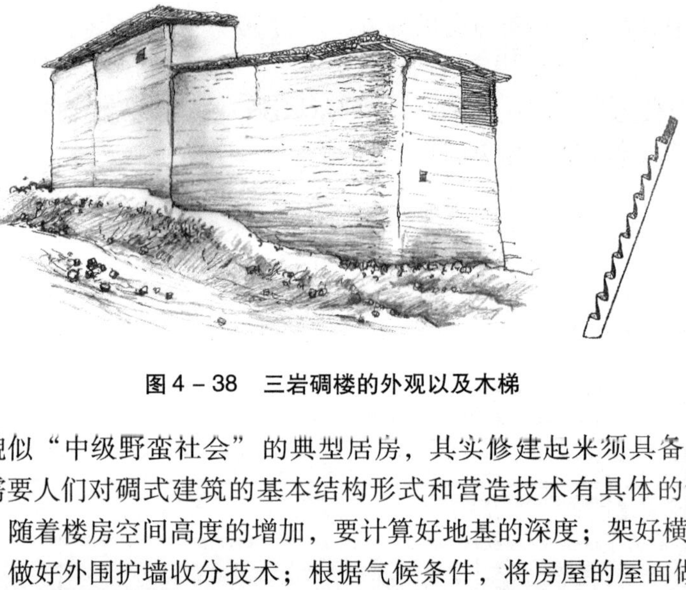

图4－38　三岩碉楼的外观以及木梯

这种貌似“中级野蛮社会”的典型居房，其实修建起来须具备相当的技术含量，需要人们对碉式建筑的基本结构形式和营造技术有具体的认识和把握。例如，随着楼房空间高度的增加，要计算好地基的深度；架好横梁并计算其承重力；做好外围护墙收分技术；根据气候条件，将房屋的屋面做成平顶。此外，还需掌握楼房内的分层转上技术、开窗与采光的技术，以及砌筑墙体的基本工艺等。

三岩房屋外墙均为土质围墙。修建时先把地基挖好，地基深为1～1.5米，用块石砌筑地基，用稀泥土黏合，地基要砌出地面，待地基凝固后，就在地基上用两块厚木板做夹板，夹板宽约40厘米，长约4米。打围墙的土不能

① 子文（刘伟）著：《苍茫西藏》，中国工人出版社2009年版，第31页。

太湿，以手捏成团不散为宜，每次填土约15厘米，夯实后约5厘米，就这样一层层往上打，高可达15～20米。因为墙体太高，为了稳固，墙体下部厚度可达1.2～1.5米，上部也有0.5～0.6米。整栋房子先打外墙，再用大量木料进行分隔，一般分为四层：一层为畜圈，二层为厨房、寝室，三层设经堂、粮仓，四层为晒场、草料库。由于房屋外墙太高，工程量很大，一般建筑一幢占地面积120～150平方米（12根柱子）的房屋，需要两至三年时间，而且一旦开工，除了正常休息外，中途不能停工。因为外墙太高，打夯时打得太快就会垮塌，因此打完一层后要晾晒几个月，待墙体干后接着再打。有的也因家境贫寒，经济条件差，没有五六年的时间是无法建成的（参见图4－39）。完工后的楼房会变得异常地结实，起到很好的防御与保护作用，甚至可以抵御一些小规模泥石流等自然灾害的侵蚀。

图4－39　修建碉房是件费力耗时的工程

就碉楼内部结构而言，整个外墙不设窗户，每层墙壁的四周都开有数个直径为10～15厘米大小的圆形或三角形小洞，既可向外瞭望，又可作射击孔。碉楼无院子，只用柴火堆墙，高不过2米，每年秋季必须补充柴薪，门口一般拴有一只十分凶猛的看家狗。第一层仅留单扇门，能出入大牲畜即可，为畜圈，有许多木柱支撑着二楼的地板，高2～2.5米。一般在进门的左手边靠墙角处开一四方洞，用一根独木梯通往二层。二层是个大间，不设隔间，占地面积有多大，该间房就有多大，这里也是全家人吃饭、会客、家务活动和住宿的地方，为主室，中央只有两根长约7米的柱子和梁支撑着三楼的地板。在房间进门的最里边的右角处，不设灶台，但在平地设有四方形的火塘一个。在二层楼梯口的上方开有一个四方洞，二楼和三楼也有一根独木梯相连，这个四方洞既是通往三层的楼梯口，又是二层的通风排烟口和采光口。三层靠左边架设有一个“布娃”（木笼），一般是经堂和老年长辈的卧室，右边是粮食和杂物仓库，也可堆放畜草，这层的间隔有 2.5～3 米高。又有一根独木梯通往四层，该层屋面靠后边建有一排长廊，占屋面的 1/3 左右，主要用来堆放秸秆、畜草，屋面的其余部分则为晒场，是晾晒、脱粒、扬谷的地方。除了能供家人在闲暇时间观赏风景以外，四层还是个绝佳的“瞭望台”，这里视野开阔，成为村民利用屋顶进行沟通的场所。一旦村中有事或有外人进村，村民的第一反应是站在屋顶观察动静，因此屋顶起到了很好的守哨与侦察的作用（参见图 4－40）。

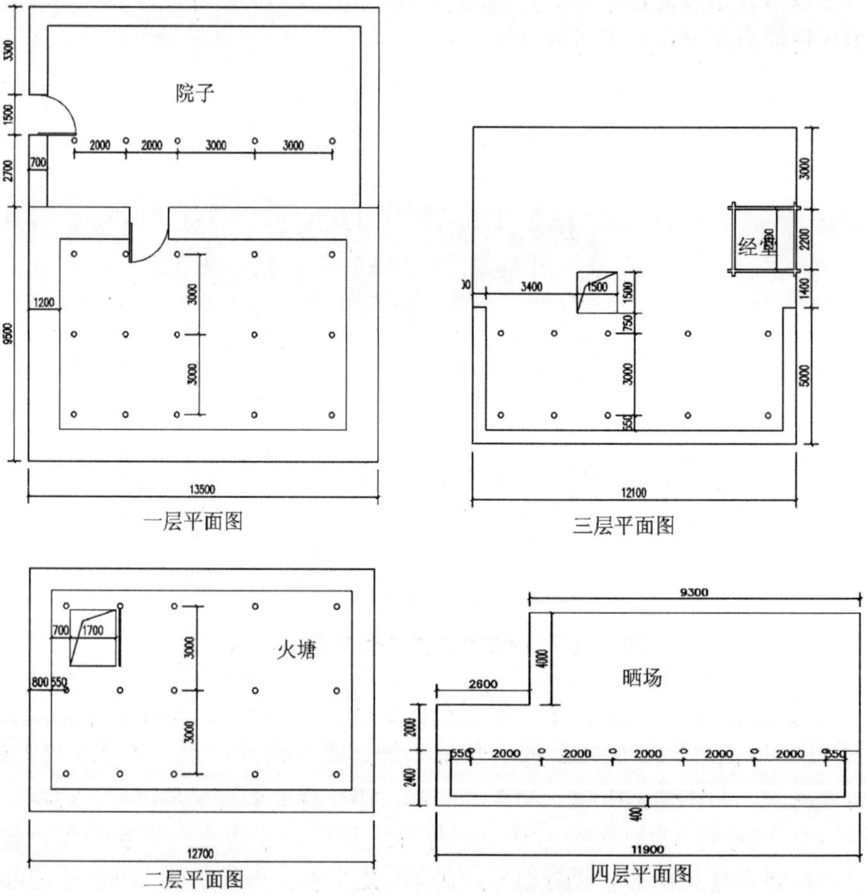

图 4－40　三岩碉楼各层平面图①

① 该图由华南理工大学建筑设计研究所谭晟基根据笔者提供的三岩民居的图片绘制而成。

三岩民居还有一个独特之处，即很少是由一户单独修建的，同一帕措成员的碉楼往往紧紧相连，少则 2 ～ 3 户，多则 10 余户，房屋前后左右连成一片，形成一个庞大的、气势雄伟的碉堡建筑群。这些房屋以帕措为单位，户户有暗道相通，可自由往来，便于抵御外来者侵袭，易守难攻，形成“依山据险，屯聚相保”的聚落方式。在这里，碉楼和住宅是紧密联系在一起的，碉楼和民居之间从平面关系到空间组合的相互衔接、渗透，与院墙组合为一个牢固的防御体系。1995 年，敏都乡发生一起震惊内外的仇杀事件，昌都“1·12”小分队组织了 24 名干警对犯罪分子卓约赤列的家——一幢在当地属于中等规模的碉楼实施了包围，但卓约赤列据守在坚固的碉楼内负隅顽抗，小分队先后使用了爆破、燃烧弹和火攻，最后才将其攻破，为此还付出了牺牲 3 人、重伤 2 人的沉重代价。

此外，房屋相连还有一个目的，就是节约建筑成本，减少工程量。亲戚们可以借邻居的一面墙体作为自己房屋的墙，有的把房屋修建在两个亲戚的中间，这样就可借用左右两面墙，极大地节约了工程量，节省了劳力和建筑资金。三岩民居在建造时，本“帕措”的青年男女都要来帮工，只吃饭不拿工钱，但每晚都要准备酒菜，这也是一笔不小的开支，所以，在三岩地区几代人才能建一次房，许多房屋如有一面墙垮塌，只能修建这面墙，而不敢重新修建整幢房子，因此在各村都能看到百年以上的老房。虽然社会在发展，三岩的仇杀、复仇陋习也大为改变，但群众建房的习俗没有多大变化。

单从整体外观而言，三岩民居确实修建得高大森严，气势宏伟，表达了一种对高度的崇拜。在藏族社会中，这种崇拜还可用石块、树枝和插在房顶、山口或盔上的旗帜来表示。[①] 高度崇拜的概念可能最先来自天。由于山与天相接，或者说与天的距离最近，山也成为天的代理人。藏族王朝中的首位赞普，据说就是从一座神山上走下来的。赞普的王陵多建造在人们所确定的赞普世系起源的地方，人们有时也称之为“山”，认为这些山“与天际相连，甚于天”，它们“扩大了赞普世系”。[②] 在“天”转化成为“山”的过程中，对神山的崇拜体系也渐渐形成。神（圣）山不仅是“当地的神仙”或“当地的主人”，还是战神；此外，它还可代表赞普或首领。[③] 这种观念深入人心，并且很好地与苯教的思想结合起来。三岩地区中，乃布神山为其共同的神山，据说是三岩的祖先最初从西方赶来了一群群的大山，祖先死后其灵魂就停留在其中的一座——乃布神山上。在三岩碉楼的三层，一般设有一个煨桑敬神的场所，该

① （法）石泰安著：《西藏的文明》，耿昇译，中国藏学出版社 2005 年版，第 227 ～ 230 页。
② 同上书，第 224 页。
③ 同上书，第 226 ～ 227 页。

场所面对大山为宜，其形状甚至模拟成山的模型，这明显是种大山崇拜的反映。

对天的崇拜逐步转移到对神山的崇拜，这种价值观直接体现在三岩人的碉楼建筑工艺上。如果说神山是世界的中央支柱、天柱或地钉，两种表达方式均来源于家庭和帐房。① 帐房里面为公共空间，中央由一灶台占据，灶膛升起的烟柱从中心上方的屋顶洞口直冲云霄，光线也从该洞口射入。三岩碉楼的建造实现了对帐房空间的移植，虽然楼房可为三至四层，但每层内部均为开放空间，楼房的中央处开了一个比较大型的洞口，方便光线投射进来，有些住宅用透明的塑料纸盖在洞口处，以防止雨水侵入。此种做法同样来自帐房中的灶炉的概念。家宅之中，还使用了连接各层的大门。实现各层连接的，是一种由青冈木桩特制而成的木梯。木桩为圆柱状或半圆柱状，身上挖上槽口，梯子稍有倾斜地（有时几乎是垂直）放置在门口上。这些木梯被比喻为连接天界的“木绳”。② 必须指出，这些木梯的级数必须为单数，不能为偶数，其中又以3、9、13级最为常见，这与藏族群众崇尚单数的思想观念是相一致的。

由此可见，三岩人的世界观会直接或间接影响到人们的行为，这种概念投射到三岩人的家宅中，便促使当地人长期持有一种把房子修建得高大、宽敞的心理嗜好。进一步考察三岩民居的内部结构，其军事性和防御性的特征尤其突出，明显受到帕措制度的作用与影响。例如，把地基打得很深，把墙身打得很厚，把楼层修得很高；相比之下，窗子则修得很小甚至不设窗口。使用无须固定起来的木梯，在防御上具有很强的机动性，如在遇到敌人的攻击时，便可一层一层地撤走，以防止敌人依次进入更上一层楼房。此外，修建四层顶楼，除了可作为简易的晒场以外，更为重要的是起到侦察、瞭望和守哨的作用。

概而言之，三岩碉楼就地取材，把藏族的传统民居与军事性碉楼有效地结合起来，既传承了传统民居的历史与传统，又扩展了藏族民居的建筑艺术风格类型，具有自然、宗教和军事的三重属性，较好地做到了自然、人与神三者的和谐统一。

---

① （法）石泰安著：《西藏的文明》，耿昇译，中国藏学出版社2005年版，第235页。

② 同上书，第236页。

第四节　服饰文化

服饰作为一种文化符号系统，既是一个民族或族群最为显著的标志和徽记，也是民俗文化中最绚烂多彩、最富美感和最具魅力的文化现象。

同是藏族，藏区内各地人民的服饰却有鲜明的地域特征。总体而言，藏族的服饰可分为三大类：①卫藏服饰类，有拉萨型、工布型、日喀则型、阿里型；②康巴服饰类，有昌都型、稻城型、嘉戎型、木里型、迪庆型；③安多类，有海周牧区型、海东农区型、若尔盖型、华锐型、白马型。[①] 由于所处地域和生活习惯的差异，三大区域的服饰文化也呈现出各自的特点：卫藏服饰雍容华贵，安多服饰华冠丽服，而康巴服饰则英武而粗犷。

康巴服饰独具特色，主要有藏袍、无袖坎肩、围腰、袍裙、长布衫等；脚下穿传统藏靴；帽类以金盏帽、礼帽、狐皮帽最为流行；男女装饰极为丰富，从头到脚都有不同的色彩、形状以及不同的图案装饰，一般由金、银、玛瑙、珊瑚、松耳石等精工细做而成，尤其以妇女华贵的头饰最为引人注目。

然而，即便属同一文化区域，不同地方的服饰还是呈现出各具特色的差异性。例如，康巴地区的服饰因地域和气候的不同也有差异，有的人将其分为昌都型、巴塘型、迪庆型等，简直令人目不暇接，眼花缭乱。正如现在流传在康区的一首古老民歌所唱到的：

不是昌都人，昌都装饰我知道，昌都装饰要我讲，镶银皮带腰间挂。
不是贡觉人，贡觉装饰我知道，贡觉装饰要我讲，三串项珠胸前戴。
不是德格人，德格装饰我知道，德格装饰要我讲，头顶珊瑚闪光耀。
不是康定人，康定装饰我知道，康定装饰要我讲，红丝头绳头上抛。
不是理塘人，理塘装饰我知道，理塘装饰要我讲，大小银盘发上吊。
不是巴塘人，巴塘装饰我知道，巴塘装饰要我讲，银丝须于额上交。
不是盐井人，盐井装饰我知道，盐井装饰要我讲，红丝风帕头上包。

就其所属区域而言，三岩自然属康区的范围之内。由于生态环境极其特殊——地处高山峡谷、交通不便，帕措制度的影响久远，藏传佛教宁玛派（红教）深入人心，三岩的服饰发展出自身的特色。除了同时具备英武而粗犷

---

① 参见安旭《藏族服饰文化》，载《西藏艺术研究》1995 年第 3 期。

的特征以外，三岩服饰还有一个重要的特征——古朴、简约。70 多年前，羊泽对三岩的装束有专门的描写：男子多白色或红色毪衫，异常简朴，亦间有着无面羊裘者。[①] 三岩人的衣服制作技术虽然简单，装饰材料虽然有限，但这并不妨碍他们对审美的追求。三岩人爱蓄长辫，无长发者也要做假发，女子喜好各类珠子等小物作装饰。刘赞廷记载三岩“女子耳环重有数两者，恐将耳眼堕穿，内安竹管，以隔之。男子蓬发，以红绸裹首，无面羊裘，……”[②] 皆是三岩人审美观在生活中的表现。

藏族服装的基本特点是长袖、宽腰、大襟，其外衣布料多为毛织品、畜皮，富贵者也有穿绸缎、布匹的。早在 100 年前，就有人曾对康区居民的服饰进行过专门的描述：“藏民男子皆宽袍大袖之衣，腰系丝带，头戴呢帽，或裹绒巾，足着毯子长靴。女子衣长衫，毯裙，系腰带，头戴巴珠，项围珠串。”[③] 放在今天的三岩地区，这样的描写依然甚为恰当。

当前三岩地区有两个主要的节日：一为藏历年；一为每年藏历六月初一进行的为期 10 天的“莲花生大师法会”。在这些盛大的节日里，三岩人把珍藏在家中最漂亮也最引人注目的服饰翻箱倒柜地找出来穿在身上，仿佛在帕措之间、帕措内部家庭之间进行着一场绚丽多彩、百花斗艳的“服装秀”。通过这些规模盛大、万人空巷的节日盛典，三岩人的日常穿着几可展露无遗。

一、藏装

藏装是三岩地区的传统服装，分以下 6 种。

1. 藏袍

如果说汉族服装以上衣下裳为套，藏族则是衣裳连成一体为袍，康区藏语称其为“葛热”。藏族长袖袍，款式大方实用，日遮体，夜御寒，有男女款式之分，也有冬夏之别，还有农区、牧区之分。

藏袍左襟大，右襟小，长及脚跟，属大襟服装。藏袍以黑色氆氇或布料为材料，男子穿着时需从腰部提起，下摆齐膝盖，用腰带扎紧，成短裙形，腰上成大襟装，腰间形成一个可装物品的腰包。女式藏袍右襟大，左襟小，穿着方式与男式差不多，只是藏袍下摆要齐脚腕，成长裙形（参见图 4 - 41）。在三

---

① 羊泽：《三岩概况》，载于赵心愚、秦和平编《康区藏族社会历史调查资料辑要》，四川民族出版社 2004 年版，第 405 页。

② 刘赞廷编：《武城县志》，载《中国地方志集成 · 西藏府县志辑》，巴蜀书社 1995 年版，第 153 页。

③ 陈蕖珍著：《艽野尘梦》，西藏人民出版社 2009 年版，第 15 页。

岩地区，旧时藏袍多为粗氆氇面料，由于加工技术落后，尤如麻片般粗糙，男穿白色女穿黑色。藏式衬衫也属于大襟服装，男式多为白色，女式有粉红、绿色等。富贵者多用绸缎制作。衬衫也是一襟大一襟小，袖子比衣身长 3 ～ 5 寸。裤子不论男女，基本为黑色布料，裤长齐脚背，腰大无腰扣，穿时摺收于腰间，以裤带束住，裤裆有的从内开衩，有的不开衩。民主改革后，内地工业布料逐渐运进境内，藏族开始多用布料缝制藏袍、藏衣和衬衫。

牧区因海拔高，风大雪厚，气候寒冷，所以牧民服装多以皮袍为主。皮袍一般是用绵羊板皮制作，有毛面朝里，无毛面板皮朝外，不加面子，“无面羊裘，无谓男女”。牧区的皮袍肥大，袍袖宽敞，臂膀伸缩自如，穿着时，有的内穿衬衫，年轻男子则光身穿裘皮，白天当衣抗风雪御严寒，夜晚解带宽衣当被褥。为方便干活，可脱去一袖或两袖，束于腰间，头戴红丝发辫，彰显出康区牧民豪放的性格和豁达的风度。皮裘袍穿着时与农区藏袍穿着相同，在腰间束一腰带，怀里和腰间成一大行囊，里面可装不少随身用品。牧区男子穿皮裘裤，女子以皮袍为裙，内穿秋裤。

图 4 – 41　男式藏袍与女式藏袍

不论是农区还是牧区，人们在腰间的束带上都要佩带火镰、腰刀等装饰品。随着农牧民经济发展和生活水平的提高，进入 20 世纪 90 年代，贡觉部分藏族群众和机关干部职工开始缝制高档节日藏式礼袍，藏语叫作“查日桑”。这种礼袍用花锦缎为底，用花细氆氇、水獭皮和虎豹皮镶边制成长袍，尤以男式礼袍昂贵，动辄数千元，贵则几万元。男式藏式礼袍一是用水獭皮镶边，边宽 10 ～ 20 厘米，一般需 4 ～ 6 张水獭皮；二是用虎皮镶边，边宽 20 ～ 30 厘米，需虎皮一整张；三是用豹皮镶边。女式藏式礼袍只用水獭皮镶边，富裕者镶宽边，用水獭皮 3 ～ 4 张。藏式礼袍用料昂贵，制作精致，男子还要戴整张的狐狸皮筒帽，女子戴经过缝制的狐皮帽（参见图4－42）。这种礼服一般只有在藏历新年等重大节日穿戴，一年也就使用3～4次，平时都压箱底。

图4－42　富有家庭的藏袍镶有豹皮、虎皮、獭皮等装饰

2．藏衬衣

藏衬衣分对襟、左大右小襟、无袖口等类。对襟衬衣袖口短，其他衬衣袖口均长过指。以白、红、黄三色最为普遍，多以布、绸为料。

3．藏滚身

藏滚身多为夹层，以质地厚实的布、绒、缎为料。冬季多穿皮毛夹层滚身。常以紫铜作扣，以金银织锦装饰袖口、领口、胸边。

4．藏腰带

农牧区的藏腰带各有不同。农区妇女多以布料、绸缎、毪子为腰带，以大红、粉红、桃红和橘黄色最为普遍；牧区妇女多以皮为腰带，两端用银质或铜质图钉成双排钉上，图钉上刻有图案花纹，带中则用银圆或铜圆栓成两排作饰。男子以当地纺织的毛线腰带为主，也有系绸缎腰带的。

5．藏帽

冠帽式样多姿多彩：有用牛、羊毛绒编织的毡帽和绒帽，分黑白两色，青年男女喜戴黑色毡帽，中老年喜戴白色绒帽；有用竹片作基垫，上覆白色绸料，周饰红、黄布制作而成的遮阳帽，可挡烈日，可防雨雪，牧区妇女尤为喜欢；请客会友，头戴呢礼帽、金盏帽，显得粗犷、潇洒；寒冬腊月，以全狐皮横抹额上，垂尾于脑后，或戴羊皮罗松帽，覆垂至肩，倍感俊武、温馨。帽子在当地很珍贵，是青年男女相互追求时的信物，可作为爱情的象征和订婚的纪念。

6. 藏靴

以毪子为主料制成的叫毪子靴，以氆氇为主料制成的叫氆氇靴，以藏片为主料制成的叫藏片靴，从云南下关一带进的货叫吉当靴，从西藏贡觉进的货叫贡觉靴。藏靴状似马靴，以黑色牛皮作靴帮，靴尖上有鹰嘴状的钩，靴筒以红黑两色牛皮作面料，中衬以红、绿、黑色布料或呢料作装饰，内衬厚实的绒布以保温；靴帮和靴筒相接处用金银织锦线缀饰；靴底分厚、薄两种，厚底用数层牛皮重叠而成，薄底仅一层牛皮，烂后可随时更换；靴帮上部后方开 10～15 厘米的口子，一是便于穿脱，二是便于翻转而清洗内部脏物。穿藏靴必须要有靴带，靴带一般用彩色缎带和饰有彩纹的毪子带合制而成，它是男女心爱之物。男女相恋，以靴带为信物者颇多。

二、僧尼装

由于三岩以红教宁玛派为主，喇嘛服装多是以红布制作的无袖长衫，起着衬衣和裤子的双重作用（参见图 4－43）。外罩是以红色氆氇制作的滚身，有布夹层和羔皮夹层两种，背面和边都用金银织锦装饰。还用丈许红色呢料或布料缠身搭于肩上，用氆氇或呢料制成桶形下摆栓于腰间，脚登藏靴或鞋。喇嘛不穿裤，不蓄发，平时不戴帽，但帽子多达 10 余种，是他们身份的象征。在举行佛事活动时，喇嘛戴黄色鸡冠状帽，堪布戴黄色三角帽，活佛戴莲花帽。三岩的尼姑（觉母）不蓄发，一般不着喇嘛装，多穿俗家服装。20 世纪 80 年代以来，也有身着内地尼姑装的。

图 4－43　红色的僧尼装是宁玛派的主要服装

三、配饰

除了注重基本的穿着以外，三岩人同样讲究配饰与服装的搭配，有“头以发装饰，身以汗毛饰，即为人子，当以珠宝饰”的说法。

1．发饰

三岩成年男女都留长发，皆编发辮。男子一般编成如锥小辮散披背后，或加以牛毛，编成如臂粗、长丈许的大辮，盘其外发。女子都用红软头绳、彩色毛线、缎带等合编发中，挽在头上，左右发结用绿松石、红珊瑚珠装点，额中发际线上扎镀金铜泡花，泡花中间嵌一颗大蜜腊珠。盖玉、山岩一带的妇女，还将头发丝丝分开，扎成无数小辮。小辮之外，添编“茶呷”两条，自头左右侧抄合于脑后，与小辮混合，可保持发式数月不乱。昌台一些地方的妇女，于发辮上再加布带两条，合于头顶，分批两方，称为“折哈”；上戴有花银质钝圆锥体两枚，称为“涅波”。无论贫富，四时不废。一般来说，姑娘扎单辮，嫁后扎双辮，这已经成为三岩地区百年不易的风俗之一。

2．耳饰

女子双耳皆有耳坠；男子只坠左耳，也有虑小儿难养而穿右耳饰者。耳坠常有两种样式，一种圆形，称“耳环”，用金或银镂成龙凤形体，嵌珊瑚及松耳石于外侧；一种长形，称“耳珰”，全为金质，上方仍为贯耳之环，下方嵌长绿玉或珊瑚两段，长达 2 寸。

3．领饰

三岩藏族妇女多着领扣，银质，雕镂两个，联球式公母两扣，戴于金丝缎之两端。用时围于衬衣领外扣之，仿如西服领带。男子不用此物，而以珠宝项圈戴于颈上。

4．手饰

手饰主要有两种：一为戒指，一为手镯。戒指又称“驱环”，男女皆戴，富家金质，嵌瑟珠、琥珀、珊瑚、绿玉等；贫家银质或铜质，嵌假珊瑚、珍珠等。戴戒指不仅很好地起到装饰的作用，而且还有避邪之意。在藏区的其他地方，戒指还被用来作为爱情的信物。戒指戴在不同的手指上有不同的象征意义：如带食指表示未婚，戴中指表示已订婚，戴无名指为已婚，带小指为独身等。相比之下，三岩地区戴戒指则无此方面的含义，女孩戴戒指，两手除了拇指以外，一般其余的手指均要戴上，充分显示其美观的视觉效果。除了戒指以外，手镯也是每个妇女必不可少的饰件。手镯多用金银制成，不嵌珠玉，也有以宝珠连成串，缠绕臂腕，以代镯者。

5．胸饰

三岩藏族男女胸间大都挂一“呷乌”，多为银质，或圭形，或圆形，或方形，内装佛像的照片或经活佛加持过的经文、藏草药和护身符录等。人们或戴于项下，或向左挎于肩；以带系上，上挂于颈，下垂于腰。戴佩此物，认为可驱邪护身，灵者枪刀不能伤。上等佛盒用黄金、白银、白铜制成。以银制盒，则用黄金镶上八吉祥图。佛盒的形状有马头式、圆形、六棱形、肾形等样式。

6．腰饰

三岩男子在腰部横插两尺左右长的腰刀或挂上火镰和念珠等。火镰佩在右腰侧，刀或短剑佩在左腰侧。三岩女子腰前围一个七色的花缎“帮典”，腰间要束一条彩色绸带，腰带的左右配有小刀等挂饰，腰带的端头挂许多长度几乎触地的银质长链锁，链子的端头挂许多小铃、小刀套和彩色的穗子。此外，她们还可戴上一种称作“恰玛”的腰带，在一条中间宽两头窄的红牛皮带上镶有数颗花银泡，银泡上嵌有红珊瑚。两头有银制带环作扣，系在腰带外面，周围再可挂上银盒、小腰刀、针包、银元串等工具、饰物来装饰腰部，以增强整体的美感（参见图4－44）。

图4－44　三岩人尤其注重装饰的直观美感

四、三岩服饰的发展特征

考察三岩服饰的总体发展与流变，发现其具备了四个显著的特征：

1．由稀缺转向丰富

100多年前，陈蕖珍曾对墨脱“野番”的穿着进行描述：“披发跣足，无衣裳，上体着领褂，下体以裙二幅前后遮之，皆用竹编成之也。”[1] 由于三岩

[1] 陈蕖珍著：《艽野尘梦》，西藏人民出版社2009年版，第75页。

地区存在整体稀缺的情况，当地人又长期作为“化外野番”，当时三岩人同样存在衣不覆体的情况。但与以往的墨脱采用“竹制品”覆盖下体的做法不同，三岩人一般会在腰间系一块皮或布作为遮羞之用。即使到了20世纪七八十年代，在三岩地区的少数地方还可见到那种不分男女，上身赤裸，下身围一张皮、扎一带子遮羞，赤脚走路的人们。更有甚者，在春耕和秋收劳作时，有的男子全身一丝不挂，仅在生殖器上缠上一根红绳表示不敢放肆。后来，尽管外部地区的衣服、布匹也纷纷进入三岩，三岩人平时也很少穿上。马丽华曾就此作过说明：“因为贫穷，从前的三岩人不分老幼几乎终年赤身裸体，只在腰间系一块布，仅有的衣物也只在外出时才舍得穿。那显然是一段不堪回首的往事，待到十多年前中央电视台去拍一部专题片，请求村民扮演一下从前的自己，恢复当年的打扮，大家认为不体面不尊严，死活不肯，付给他们钱也不肯，据说后来在乡领导的行政命令下，才勉强配合拍了几个镜头。”①

诚然，近几十年随着经济水平不断提高，三岩人“缺衣”的窘况已经一去不复返了，邻近地区的服饰乃至汉族的服装大量地涌入三岩。一旦到了当地的法会节日和过藏历年时，三岩人往往把珍藏在家中的贵重服饰统统穿在身上，彼此之间俨然进行着一场百花斗艳的“服装秀”。

2. 受帕措制度的深刻影响

由于帕措制度的存在并在社会政治层面上发挥着积极的作用，三岩人在服饰上也深受这种制度的影响。例如，三岩地区冬天要戴一种简易皮帽，此帽以整张羊皮制作而成，整个帽子就像是个带毛的羊皮，戴时可包缠头部。由于此皮帽做工一致，帕措在举行成员大会时，帕措头人一般要反戴该帽，这是区分头人与一般成员的一个主要标志。又如，三岩男孩一旦到了15岁，就要举办“配刀礼”，标志其成为了正式的帕措成员，在其腰间配上一把长（短）藏刀，外出时必须携带，主要作为防卫的武器。三岩男子特别喜欢藏刀，常常不惜巨资以金银镶嵌刀把、刀鞘。再如，三岩地区禁止从男人的身上或其所穿着的衣服上跨过，认为该衣服是该成员的灵魂的一个寄所，若从上面跨过，会影响这名成员的战斗力，导致其容易在械斗中受伤甚至死亡。

3. 受到传统宗教思想的渗透

对三岩人来说，宗教与生活是密不可分的。宗教信仰既然是生活的一部分，自然也就渗透并反映在服饰上。

首先，在三岩众多的装饰品中，以瑟珠、珊瑚、玛瑙、绿松石等最为常见。一定程度上，这是一种传统宗教思想渗透下的“石头崇拜”的心理反映。例如，瑟珠在藏语中称“丝尔”，是藏民族心中最为珍贵的神物。法国著名藏

---

① 马丽华：《走出三岩》，载《经济与社会》2002年第3期。

学家图齐曾指出："瑟珠具有魔力，它具有保护佩戴者使之消灾免祸的能力。这和佩戴玉能预知变故，佩戴绿松石能净化血液，避免染上黄疸病一样，佩戴瑟珠能防止邪恶精灵的侵袭。这种侵袭会使人突发疾病或突然死亡……藏人中流传着许多出售珍贵瑟珠者不久就患病或死亡的故事。"① 三岩人对珊瑚、玛瑙、绿松石等特别钟爱，这可能同样源于类似的心理，即认为"石头能消灾降福，是一种吉祥之物"②。对于他们而言，这些石头既然具有非凡神秘的保护力，自然而然就应该是一种圣物，将其佩戴在身上就能起到趋吉避凶、功德圆满的神奇功效。

其次，崇尚奇数是三岩的一个文化特色，这同样是受到了传统宗教思想的影响。例如，女子身戴 3 串项珠是三岩服饰的特色之一。当地人在奇数中特别崇尚"3"、"9"、"13"等。以瑟珠为例，"瑟"上小圈称为眼，单眼较双眼的价值高，五眼、七眼、九眼的瑟珠更被视为其中的珍品。饰物中若能达至"9"数会被看成灵验的护身物，让佩者分外满足。这是因为，"9"对苯教来说是一种神圣的数字。此外，"108"在佛教中也是一个重要的吉祥数字，该数也与"9"有密切的关联。由于数字的特殊属性可以互渗，108 作为 9 和 12 的公倍数而具有特殊的力量。③

最后，在三岩地区，无论男女老少，均要在胸间挂一"呷乌"，内装佛像的照片或经活佛加持过的经文、藏草药和护身符录等。谓佩此物，认为可驱邪护身，灵者枪刀不能伤。在受到其他帕措的常年威胁、械斗又经常性地发生时，佩戴"呷乌"以保护帕措成员的安全，无疑具有重大的宗教心理学意义。

4．受邻近地区和汉文化的双重影响

"女子身上要戴 3 串项珠"的做法，实际上是贡觉地区的一个服饰文化。但三岩人同样认同此种审美观，显示邻近地区（特别是贡觉县和白玉县周边地区）的服饰文化对三岩所造成的重大影响。此外，三岩女子除了在腰间束一条彩色绸带以外，腰前要围一个七色的花缎——"帮典"。"帮典"是以五彩为基调，以多种色条组合而成的装饰性围腰。只有西藏、巴塘、理塘、德格一带的已婚妇女才系这样的围腰。三岩妇女喜欢系上一件"帮典"，同样是受到了周边地区（巴塘、理塘、德格等）的影响。一般城市妇女的围腰小巧而精致，两边上角有花纹或贴花，乡下妇女围腰宽而长。从女性是否系有围腰往往可判断她的婚姻状况（参见图 4 - 45）。近年来，发生了一种新的趋势：三岩一些富裕的家庭开始在藏袍的边上镶嵌虎皮、豹皮和水獭皮。相传吐蕃时

---

① （法）图齐等著：《喜马拉雅的人与神》，向红笳译，中国藏学出版社 2005 年版，第 186 页。
② 张鹰：《藏族人的装饰》，载《西藏民俗》2004 年第 6 期。
③ （法）列维 - 布留尔著：《原始思维》，丁由译，商务印书馆 1997 年版，第 214 页。

期，军队四处征战，对有功者进行奖励，奖励办法是把这三种兽皮割成长条，像哈达一样挂在脖子上，不同的兽皮表示不同等级的功勋，随后他们都缝在衣领上作为自豪的标志。而现在的兽皮则是财富的象征了。以往三岩的藏袍鲜见此种装饰方法，但现在却能流行开来，说明三岩内部已经存在一定程度的贫富差距。

图4－45　七色“帮典”是三岩妇女的已婚标志

民主改革后，随着社会的进步和多民族的交流，三岩的服饰也受到了现代化与汉文化的巨大冲击。随着三岩与外界特别是汉族社会的交往越来越频繁，念书经商的人日益增多，时髦的年轻人也开始逐渐穿戴汉装，一般的衣着已经与汉人无异。在三岩地区，穿着藏袍的女性占多数，尤其是上了年纪的老太太，依然坚持天天穿着藏装，作传统的打扮；但也有许多人，尤其男性，把汉装和藏装混合着穿。时至今日，在三岩的村子里见到穿着短藏袍上衣和牛仔裤搭配在一起的年轻人，再也不是一件让人称奇的事情了。

第五节　婚姻家庭

婚姻家庭是人类社会的基石。人类学把婚姻定位为两位配偶或多位配偶之间的联合，该联合在文化上受到承认，并在配偶之间、配偶和他（她）们的孩子之间，以及配偶和他（她）们的姻亲之间建立起某些特定的权利和义务；

这些权利和义务包括（但并不局限于）性、劳动、财产、养育子女、交换和身份等。[①] 人类为了自身以及后代的生存，必须应对这样一种挑战，即如何处理好两性关系以建立一种稳定的社会关系。无论以何种形式出现，婚姻均提供了一种特定的文化结构。

另一方面，家庭被定义为“一种社会团体，以公共居住、经济合作，以及生育后代为特征”。[②] 作为一种社会制度，家庭居于社会的核心地位，主要体现在五个方面：第一，对于个人而言，他们首先来自家庭，又通过婚姻来维系家庭，家庭是他们首先归属的团体，也是个人与社会发生作用的坚强后盾。第二，家庭是个人社会化过程的必要中介。传统文化的传递，首先是在家庭内部实现的；个人的生活何以发生转变，家庭是其持续发展的动力源泉。第三，只有通过婚姻与家庭这种受社会认可的形式，个人才能满足诸如性生活、人口再生产以及其他各种情感方面的需求。第四，孩子的抚育问题同样离不开家庭，家庭是维持人类与文化获得持续发展的一个不可或缺的环节。第五，个人的社会身份、宗教信仰、政治角色以及经济地位等内容的获得，首先来自家庭；只有通过家庭，社会才能决定个人日常生活的交际模式，满足社会自身正常运作的需要。

一、婚姻形态

当前的世界有三种常见的婚姻形态，即一妻多夫制、一夫一妻制和一夫多妻制，在三岩地区均可一一找到。

（一）一妻多夫制

一妻多夫制指两个或多个丈夫在性生活上共享一妻，他（她）们共同抚育子女，使子女获得比其他婚制较好的生存条件。一妻多夫制在世界上极其罕见，但在藏民中却是一种习以为常的婚姻形式。石泰安论及西藏的婚姻时曾说过：“最典型的婚姻形式似乎还是一妻多夫制。无论在农业人口中，还是在牧民中，几乎到处通行这一制度，仅仅是在安多未曾出现过。”[③] 藏族实行一妻多夫制，主要是采取兄弟共娶一妻的家庭组织形式，究其原因不外有三：第一，西藏地区的财产是按照男方血统来传承的，加上耕地相当有限，采取兄弟共妻可以维持家庭财产的完整，防止后代子孙重新对其加以分割；第二，该婚制可以控制人口的增长，避免对有限的资源施加压力；第三，由于当地存在

① Haviland W A, etal. *Anthropology: The Human Challenge*. Belmont: Wadsworth, 2005: 493.
② Murdock G P. *Social Structure*. New York: Macmillan, 1949: 2.
③ （法）石泰安著：《西藏的文明》，耿昇译，中国藏学出版社2005年版，第93页。

农、牧、商业并存的情况，实行兄弟不分家可以让一个家庭储备足够的劳力以应对这三种不同的生计方式。①

据笔者在三岩所做的入户访谈获知，兄弟共妻制是种让人钦羡的家庭组织形式。一个家庭若有数位兄弟，按照传统习俗他们必须共娶一妻。就其目的而言，三岩人行一妻多夫制具有相当的功利性：第一，实现兄弟不分家，维持家庭财产不被分割，无须消耗大量财力和物力另外修建一座碉楼，同时保持家庭雄厚的经济实力；第二，在本家族中声望高、门风好，外人称颂其兄弟团结，兄弟参与农、牧、商等多种行业，家庭负担少，经济收入高，妻子贤惠，家庭和睦，这样便在无形中提高了家庭的社会威望；第三，家庭人口多、势力大，在政治上处于优势的地位，其他的家庭（帕措）与其发生矛盾或处于敌对状态时，均要仔细斟酌、谨慎对待。据1999年的一项调查报告显示，贡觉县三岩区现辖沙东、克日、罗麦、雄松、敏都、木协六乡，共有居民2 232户、人口13 318人，其中一妻多夫的家庭有304户、1 964人，分别占总户数和总人口数的13.6%和14.7%。② 2006年，笔者曾特意考察雄松乡岗托村总计30户家庭的总体情况，发现该村行一妻多夫制的家庭户占总户数的2/3，远远高出其他两种婚制的比例；至于行兄弟共妻的丈夫数，从2个至5个不等，最多的甚至达到了7个，这表明了三岩行共妻制的比例或者更高，或者在地区上出现了分布不均衡的情况。

必须指出，实行兄弟共妻制有个前提条件，即家庭中至少生育两个或以上的男孩。当这些男孩长大成人后，他们才能共娶一妻，进而组建一个兄弟共妻的家庭，该传统一直延续至今。马丽华调查过计划生育工作在三岩的实施情况，她指出："按三岩传统观念每家应有两个以上男孩。饱受生活之累的主妇们只要生过两个儿子都不愿再继续生育。去年有医疗队来，在麻醉药品用光的情况下，仍有人情愿忍痛坚持做了手术。"③ 何以"饱受生活之累的主妇们"必须要生育至少两个儿子？马丽华没有提供合理的解释。其实究其原因，正是一妻多夫制这一风俗在其中发挥着功效。一个家庭，只有拥有两个或以上的儿子，日后才有可能在组建新家庭时实现兄弟共娶一妻的需要。

关于兄弟共娶一妻的现象，有学者指出：严峻的经济压力导致兄弟之间的团结不断加强，反过来压抑住兄弟之间的进取心；在这种场合下导致了一种被

---

① Levine N E, Silk J B. "Why Polyandry Fails, Sources in Inability in Polyandrous Marriage". *Man*, 1997 (3): 375 – 398.

② 吕昌林：《昌都地区一夫多妻、一妻多夫婚姻陋习的现状、成因及对策》，载《西藏研究》1999年第4期。

③ 马丽华：《金沙江畔有三岩》，载《作家杂志》2003年第2期。

压制的乱伦式的渴望，通过共妻可以得到部分实现。[①] 诚如所拉德克利夫－布朗所言："兄弟姐妹组中的内在团结，以及与它相连的个人间的联合，在不同的社会中以不同的形式呈现出众多的数量……正是考虑到这种结构性原则，我们必须用来解释娶小姨（娶妻子的妹妹）、兄弟共妻制（一个女人与两个或以上的兄弟婚姻结合，目前是一妻多夫制中最为常见的形式），以及过继婚（娶兄弟的寡妇）。"[②] 由于帕措的存在，三岩人尤其重视兄弟之间的凝聚力，实行一妻多夫制婚姻，则在一定程度上强化了这种联系（参见图4－46）。

图4－46　一户一妻多夫制家庭

（二）一夫一妻制

诚然，一妻多夫制被认为是种理所当然的婚姻形式，但一夫一妻制的家庭也在三岩社会中普遍存在。一夫一妻制指一户家庭只有一位男子者就娶一妻，或一个家庭中即使有数位同胞兄弟，但他们各自娶妻，分居生活（参见图4－47）。就世界范围而言，一夫一妻制是种占据主导地位的婚制，一方面原因在于它维持了两性的平衡，另一方面原因在于它的经济花费更小，所尽的义务也

---

① Prince Peter of Greece and Denmark, H R H. *A Study of Polyandry.* The Hague: Mouton, 1963: 552－568.

② Radcliffe-Brown. "The Study of Kinship Systems". *Journal of Royal Anthropology Institute of Great Britain and Ireland*, 1941 (1/2): 7.

更少。[①] 实行一夫一妻制婚姻，一方面人口繁衍快，户数增加多，对外发生械斗与纠纷时由于帕措成员多、力量大，当其他的帕措与其发生矛盾时能很好地发挥出威慑的作用。然而，兄弟之间分家析产的一个直接的后果，是导致其生活质量下降了许多，生活一般比较贫困。另一种情况是，兄弟们虽各自娶一妻分居，但无力修建一幢属于自己的楼房，无法独立门户，故多共居住一房，各安一灶起炊，此种情况在三岩地区也屡见不鲜。

图 4－47　一户一夫一妻制家庭

近 10 多年以来，由于三岩长期贫困落后，人口基数大、可耕作农田少，抱着“一方水土无法养活一方人”的理念，西藏昌都地区和贡觉县曾先后三次大力提倡在三岩地区实行移民安居政策，无论是在财力还是在物力上均给予了三岩人以最大的援助，为此三岩一共外迁了 7 000 余人，最远的迁移到西藏的林芝地区定居，最近的也去到贡觉县城和邻近的几个乡安顿下来。在这几次移民潮当中，许多原本属于兄弟共妻的家庭纷纷分家，一些原本在行共妻制的兄弟脱离了原来的家庭，另外组建了一夫一妻制的家庭并移居到外地居住，此举也在一定程度上减少了原来行兄弟共妻制的家庭的丈夫数。当前三岩中行一妻多夫制的比例开始下调，行共妻制的丈夫（兄弟）也有所减少。但许多家庭仍至少保持两个丈夫的数目，以便让一个丈夫专注于农业生产，另一个丈夫从事畜牧业活动，妻子则留守家中操持家务，只有这样才能搞好一个家庭的经济。

---

① Queen S A, Habenstein R W, Quadagno J S. *The Family in Various Cultures*. Cambridge: Harper & Row, 1985: 46.

（三）一夫多妻制

由于三岩流行兄弟共妻制婚姻，这样便在客观上造成了一个后果：当地有大量的多余妇女，即使她们进入了婚姻市场，也无法满足一一出嫁的需求。在西藏其他地区，一妻多夫家庭的男子通常以婚外情作为补充，但三岩却严禁此道，因为当地人从小就懂得男女关系是不能乱来的，否则就会在帕措之间引发械斗。因此，当地罕见私生子的现象。例如，四川白玉县山岩乡人口现达2 000余人，但从1950年至今仅仅出现了3名私生子，该数明显少于白玉县其他乡。为此，有人曾发表感慨："三岩一地，婚娶有礼，男女之间，非正式夫妇，尤禁互相狎昵，……风俗纯良，此为仅见。"① 此外，三岩地区把私生子称为"多累"，原指牦牛与黄牛杂交后生育出的幼崽，该词带有"杂种"的意思，明显带有贬义，表明此行为并不受到社会舆论的欢迎。那些在婚姻市场中剩余出来的女子所面临的选择仅有两种：要么终身不嫁，要么出家当觉母（尼姑）。应当承认，这些剩余出来的女性，为三岩所实施的第三种婚姻形式——一夫多妻制创造了便利条件。一夫多妻制可视作一妻多夫的对立面，即一个家庭中仅有一名丈夫，但同时有两位或两位以上的妻子，夫妻们共同组建起一个家庭（参见图4－48）。

图4－48 一户一夫多妻制家庭

---

① 傅真元：《三十年来之白玉》，载于赵心愚、秦和平编《康区藏族社会历史调查资料辑要》，四川民族出版社2004年版，第120页。

虽说世界上一夫一妻制更为常见，但一夫多妻制却在多数的社会文化中受到青睐，其比例占世界社会文化总数的80%～85%，行该婚制的地方集中在非洲和亚洲，在欧洲和北美洲的少数地区也可见到。许多行一夫多妻制的社会要求男人必须相当富有，这样才有能力娶到两个以上的妻子。例如，在新几内亚西部的卡匏克（Kapauke）人中，一个男人拥有数量愈多的妻子，会被认为是种愈加理想的婚姻形式；事实上，当地原先行一夫一妻制的家庭，妻子往往敦促其丈夫花钱购买额外的妻子。① 在以种植业为主的社会中，由于妇女需从事大量的农活，一夫多妻制发生的几率更高。在这些社会中，妇女不仅作为生产劳动者，而且视作生育子女的工具，她们不仅具有经济价值，往往在家庭经济活动中也拥有较大的自由度与话语权。此外，一夫多妻制还经常出现在暴力（包括战争）频发的社会当中，许多的年轻男性在械斗中丧失了生命，由此造成男少女多的情况。②

然而，三岩地区尽管默许一夫多妻婚姻制的存在，但它绝非主流的婚姻形式，充其量不过是另外两种婚制——一夫多妻和一夫一妻的补充机制。一夫多妻制的家庭在三岩社会中并不多见，当地行一夫多妻制的一个主要原因，是家庭的财产仅以男性血缘来传递，如果家中没有男性成员，其家产要被同一帕措的其他男性成员接管，对此本家庭成员不能持有异议。由此可见，一个家庭能否生育男性的后代成员具有重大的经济价值。一个男人如果最先娶入的妻子无法生育，或者不能生下男嗣，便可再娶另一个女子为妻；为了生下儿子以实现传宗接代的需要，他还可继续娶第三个妻子甚至第四个妻子，对此首妻方的帕措不能反对，因为这一不成文的法则同样适应于妻方的男性帕措成员。正因为如此，在三岩社会中，一个男人如果没有生下一个儿子，就不能算作真正的父亲，也不算作真正的男人，不仅自己自怨晦气，就连外出也倍感颜面无光。例如，在20世纪50年代，木协乡发生过这样一个特殊的案例，卓约帕措的热琼曾娶了两个妻子，但两人均无法给他生下儿子，后来热琼又连续娶了另外三个妻子，但五个妻子最终都没能为年近60岁的热琼生下一个儿子，热琼一家也成为了当地人的笑谈。

（四）多夫多妻制

实际上，三岩地区还有可能存在这样一种婚姻形式——多夫多妻，即一个先行兄弟共妻的家庭，由于妻子无法生育或生下男婴，不得不另外迎娶一妻，

---

① Pospisil L. *The Kapauke Papuans of West New Guinea*. New York: Holt, Rinehart and Winston, 1963.

② William A Haviland, etal. *Anthropology: The Human Challenge*. Belmont: Wadsworth, 2005: 498－499.

造成了两个或数个兄弟在性生活上共享两个或数个妻子的事实。在一个家庭里，由于不同的妻子容易产生各自的利益中心，因此迎娶的第二个妻子又以首妻的姊妹为佳。三岩地区很少发现行多夫多妻的家庭，尽管有报道称在三岩的邻近地区——四川俄亚的纳西族、藏族存在两兄弟或三兄弟共娶两姊妹的现象。①

二、生殖崇拜

三岩社会极其看重男婴在家庭中的经济地位，把生育的意义看得尤其重大，由此导致当地的生殖崇拜呈现出鲜明的特色。由于男女生殖器是生育的基本条件，当地对男性生殖器似乎存在某种特殊的嗜好。例如，当地存有这样一种奇特的风俗：一群妇女有权围住一个男人，将其衣服脱个精光，并且随意玩弄男子的生殖器，被围困的男子不能生气，其他男子见状一般也不会劝阻，认为这是很平常的事情。三岩人将自然界中的一些山峰、石柱、山洞分别象征男、女生殖器加以崇拜。例如，在雄松乡的勒宗山、勒久山和扎岩山的三山河谷的中央处矗立着一座小山丘，形如男性的阳具；而扎岩山的正面则有两个洞口，上下排列，上洞形如妇女肚脐，下洞则形如妇女的生殖器（参见图4－49）。在当地人的眼中，这里是生殖崇拜的圣地：如果夫妻不能生育，或者家里想要生下子嗣，就可相约在这里转上一圈，据说十分灵验。

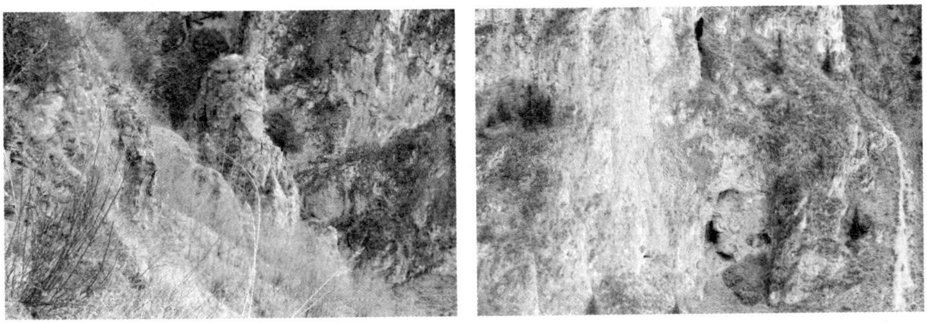

图4－49　生殖崇拜的场所在三岩比比皆是

又如，在山岩乡的八学村东南山上有个“赐子神山”，山上有一水晶洞。在这里，山洞就是子宫，石柱就是阳具。如果围绕山洞与石柱转上一圈，可见到一对由一男一女组成的送子神像，神像下可挖到小石头。如果挖出了红色石头，代表会生男孩；如果挖出白色石头，则代表会生女孩；如果挖不出石头，

① 宋兆麟著：《伙婚与群婚——金沙江奇俗》，云南人民出版社2003年版，第139页。

则代表无法生育。妇女还可选择在那些类似阳具的石柱上坐一坐，据说来自神山的阳具可以帮助妇女受孕。

三、婚嫁礼仪

由于三岩社会存在骨系制和严格意义上的外婚制，来自男方血系的成员世代严禁通婚，因此婚姻往往涉及两个不同帕措的交往，必须认真对待，处理不当就会引发帕措之间的械斗。由于帕措的影响，三岩的婚姻带有一些明显的特征：第一，本帕措内部成员禁止通婚，女子必须嫁出，不得招婿上门；第二，帕措之间的通婚圈相当狭窄，一般以相邻的村子为主；第三，中小型的帕措倾向于把己方女儿嫁入大帕措，形成婚姻的联盟；第四，具有姻亲关系的帕措之间一般存在着交换婚姻，即在娶对方女儿过门的同时，也把己方的女儿嫁给对方，不断地加强这种联盟的关系；第五，存在着比较严重的早婚现象，男女（尤其以女方最为突出）未满 16 岁即结婚的案例很多。

男女过了 15 岁的年纪，就到了谈婚论嫁的年龄，此时帕措要召开内部成员大会，以决定他（她）们未来的婚嫁问题。当前男女结婚的年龄推迟了不少，但当事人的平均年龄也在 20 岁上下，多数是女方比男方小几岁。无论是娶另一个帕措的女儿，或是把己方的女儿嫁给对方，三岩人首先考虑的是对方帕措的势力如何，权衡该联姻所能带来的各种利弊。多数情况下，婚礼采取由家长包办的形式，许多婚姻在确定前当事人双方均毫不知情，尽管也存在事先获得他（她）们应允的情况。即便如此，在确定理想的对象之前，还是要通过帕措成员大会进行集体的表决。在获得帕措的同意之后，还要请巫师[①]或喇嘛进行占卜和打卦，看男女双方的生肖命相是否搭配，如果彼此相克，则需重新选择。一旦男女双方匹配成功，帕措双方便要各自在内部筹办盛大的婚礼，以庆贺一个新家庭的诞生。

相对于婚姻而言，婚礼是一种传统的形式，它强调婚配双方的联合获得了社会公众的承认。在许多社会文化中，为了承认婚姻的合法性，均要举行盛大的婚礼，并通过这一文化传统彰显出它们对婚姻基本功能的高度重视。[②] 关于婚礼的施行情况，刘赞廷在《武城县志》中曾记载："在未设治以前，无酋长无礼节无婚姻，婚娶无庆悼。"[③] 羊泽记载了四川山岩地区存在两种婚姻："一为求婚式，有如内地的纳彩，其迎亲时，亦有庆贺宴客之仪，郑重其事，始终

---

① 男巫师在三岩被称为"莫玛"，女巫师被称为"哈帕"，均为带有萨满性质的宗教人员。

② Haviland W A, etal. *Anthropology*: *The Human Challenge*. Belmont: Wadsworth, 2005: 486.

③ 刘赞廷编：《武城县志》，载《中国地方志集成·西藏府县志辑》，巴蜀书社 1995 年版，第 153 页。

不渝。一为合作式，随便结合，异常简单，并无何种手续。”① 以往三岩地区的婚嫁是否存在一段不讲究礼仪的松散时期，现在的说法依然众说纷纭，但当前三岩社会特别注重订亲、嫁妆和结婚仪式，却是一个不争的事实。如提亲—定亲—送亲—完婚等，有一套烦琐的过程。

提亲的时候，帕措派遣本方 1 ～ 3 名能说会道的男人，带上自家备制的糌粑和青稞酒去对方的帕措提亲。抵达对方的帕措以后，先把青稞酒洒在女方的家中祝福。女方的帕措会召集包括女方家长在内的成员共同商议婚事，这时婚礼的当事人不能在场。提亲人以说唱的形式征求对方的意见，他必须口若悬河，不断地晓之以理、动之以情，一直到对方答应这门亲事。提亲成功以后，就要初步商量定亲的办法、确定婚期以及商谈嫁妆的数量。

到了定亲的时候，由男方帕措派人将青稞酒、牦牛肉带到女方家，女方家人和帕措族人一起参加，再次讨论具体的婚期，同时确定嫁妆的数量以及所携带的牲畜数。值得指出的是，与原始部落社会时期娶妻时男方大多要赠送聘礼（财产）给女方的做法截然相反，三岩地方需要妻方携带一定数量的嫁妆到夫方去，此点可以看作是当地进入了精细化农耕社会的表现之一。如果说聘礼是男方家庭补偿给女方家庭由于嫁女所造成的劳动力损失，嫁妆则是女方携带自己的家产走入夫方的家庭，借此加强原来以父系为继嗣原则的家庭的财产。当地流行一妻多夫制婚姻，由此导致了可婚育妇女的剩余，造成了妇女在婚配市场处于一个相当不利的地位。因此，一名妇女能否给夫方家庭带来丰厚的嫁妆，会在一定程度上影响她能否成功出嫁。最后，由于妻子从娘家带来了属于自己的财产，便也给自己在夫家的未来生活提供了坚实的物质保障。

由于涉及嫁妆的问题，定亲可以看作是一场精彩的外交谈判，男方总是千方百计提高嫁妆的数量，女方则想方设法讨价还价。经过一番激烈的争辩，双方最终确定一个彼此均可接受的嫁妆数额和迎娶的婚期。据笔者入户访谈的调查获知，由于三岩地区资源稀缺、家庭人口众多，女方能带入男方家庭的财产并不算多，一般为一些随身的衣服、被席、1 ～ 2 头牦牛，价值为 2 000 ～ 5 000 元不等，富裕一点的家庭还可携带上一小份属于自家的土地。

一旦婚事确定下来，就要筹办婚礼之事。婚礼宜安排在冬、春季进行，一般认为，婚礼在夏、秋季举办会造成庄稼歉收。冬季举行婚礼的人数最多，这里有三个主要的原因：第一，已过收获季节，是农闲时间，家里有比较充裕的时间来筹划婚礼；第二，冬季一般要宰杀牲畜，有充裕的肉类食品保证；第三，冬季节日比较多，村里多数外出读书、打工和经商的人都会回来与家人团

---

① 羊泽著：《三岩概况》，载《康区藏族社会历史调查资料辑要》，赵心愚、秦和平编，四川民族出版社 2004 年版，第 404 页。

聚。除了冬季以外，在春季播种前后有一段农闲的时间，此时操办婚礼的人也不在少数。

到了迎娶新娘的日期，男方帕措会派遣1～3名能说会道、擅长唱歌的人前往女方家迎接新娘，距离近的话选择走路，距离较远的则牵上一匹高头大马。3人同时带上20斤左右的青稞酒，一旦进入女方家门，便要扯开嗓门唱起祝福的歌曲——《献哈达歌》，一直唱到女方家出来接受哈达为止。《献哈达歌》的歌词冗长，唱起来可持续半小时之久，歌词大意如下：

> 太阳还没有从地平线上升起，天空还彩霞满天，
> 沉睡的乌鸦还没有睁眼，林中的雀鸟刚开始欢叫，
> 国王还没有喝早茶，王后正在穿衣起来，
> 我早起烧火喝茶，骑上骏马，
> 带上美酒来迎亲。
> 有嘴不说两三语，不多嘴舌腐烂，
> 有靶不射几次箭，不知箭手在何处，
> 路经宽阔草坝时，野牛群群跟过来，
> 过此山路很顺畅，达到山顶休息时，
> 望见新娘家的房子，房顶飘扬白经幡，
> 猜想定是讲佛人，来到看时真如此，
> 在山腰休息时，望见新娘家的窗子，
> 窗子金光闪闪，猜想家中很富有，
> 来到看时真如此。
> 今日我手捧三色哈达，
> 白色敬献给天上的神仙，愿上天赐给平安和幸福，
> 黄色敬献海龙神，愿赐给风调雨顺五谷丰，
> 绿色敬献护山神，愿保佑人丁兴旺牛羊肥。
> 新娘头发似茂密的森林，佩戴米粒似孔雀美，
> 仙女一样下凡来，“茶嘎”装饰头顶戴，
> 似祥云环山衬美丽，耳环垂吊有福气，
> 儿孙满堂活到百，颈饰富丽显贵气，
> 勤快善良又温柔，新娘的美丽人人赞，
> 新娘的福气无人比，祝愿新娘早添子。①

① 税晓杰、范河川、杨雅兰编著：《发现山岩父系部落》，中国青年出版社2007年版，第184～185页。

此时女方的帕措成员早已聚居女方的家里，双方你来我往对唱起来。唱完《献哈达歌》以后，新娘在弟弟的搀扶下走出来。唱歌的人在唱完歌后将哈达挂在新娘的脖子上，然后每一位帕措的成员都要过来对新娘说一些吉祥如意的祝福话语。喝酒、唱歌和跳舞以后，女方的亲戚、伴娘，以及帕措的成员要护送新娘上门，人数可达10多名。

送亲队伍来到男方的家门，双方又开始对唱起来。歌曲的内容并没有什么特别的讲究，一般是看到什么就要唱与这样东西有关的内容，主要是要唱出吉祥喜庆的气氛来。例如，看到男方家的门口站着一个漂亮的女孩，在她的肩膀上背着木桶，里面装满了水，女方送新娘的人中就要走出一人唱《水歌》，歌词大意如下：

吉祥云彩满天布，仙女临凡负仙露。
哈达敬神他留住，分赐新人都幸福。
铜瓢铸成是“甲部”，金光闪亮赛宝珠。
用瓢舀水开山祖，要定方位是先初。
一不舀水面气露，二不舀水底泥土。
只舀中部甜甘露，其中来历有典故。
四水六岗三种湖，五湖四海鸳鸯浦。
盛装仙露神木树，三香树木把水储。
一香是印度檀木，二香藏地柏香木。
三香汉地好红木，做成水桶盛万物。①

看到男方家门口堆满了柴火，女方送新娘的人中就要走出一人唱《唱柴》，歌词大意如下：

来到亲家的家门口，看到堆如山的柴，
木柴全是檀香木，香气充满房四周，
是供三宝的物品。②

看到男方家的大门，女方送新娘的人中就要走出一人唱《门歌》，歌词大意如下：

一道门是金居，二道门是银居，门板用的是檀香木，

---

① 税晓杰、范河川、杨雅兰编著：《发现山岩父系部落》，中国青年出版社2007年版，第184～186页。

② 同上书，第187页。

门上嵌有百种好珠宝，气势不凡振人心。①

看到牛厩，女方送新娘的人中就要走出一人唱《牛厩歌》，歌词大意如下：

这亲家的牛厩，圈有里外中三圈：
外圈满是马和骡，各个肥大又健壮，是给亲家好骑士用；
中圈满是黑牦牛，壮肥让人好羡慕，牛肉酥油从不缺；
里圈装满了肥羊，浓密洁白毛似云，毛织衣物穿不完。②

进入家门后，新娘要坐在毛毯上，上面有一个用麦子铺成的“卍”符号③，坐下后要喝三碗鲜牛奶，意为敬天敬地敬父母。新娘要在新郎家住三天三夜（女方亲戚和伴娘要留在新郎家）。在此期间，男方家里白天要招待客人，晚上举办歌舞比赛，家里充满了喜气洋洋的气氛。

三天以后，男方要把新娘送回其娘家，新娘留下一件衣衫在男方家。之后，新郎再选择一个佳期④，带来1～2人来迎接新娘。这时女方会送来嫁妆，新娘回到男方家才算完婚。经过这一系列的过程，新郎新娘就可以同衾共枕，组建一个新的家庭，一起开始新的生活。

四、家庭生活

家庭生活中，夫妻双方均有明确的分工。当帕措无集体活动时，丈夫会经常待在家中，偶尔也会外出；但妻子是家庭的操持者，负责下地劳动的安排和挤奶、打酥油、推磨、煮饭、背水、养育子女等烦琐的工作，有老人在家的还要服侍老人。一般而言，丈夫除了参加帕措的集体活动，如械斗、征战外，还需负责犁地、修房时打墙、砍柴、夏天为山上放牧的妇女运送物品、加工毛皮、针线活以及副业收入（挖虫草、松茸、贝母，外出偷、抢等）。妻子主要负责早、中、晚的饮食，背水，砍柴、背柴，修墙时挖土、背土，耕田时松土、锄草、收割、脱粒、入仓、加工，喂养牲畜，挤奶，打酥油，等等。夏季妇女还有内部的分工：一部分时间上山放牧，一部分时间用于操持家务、田间管理等。

当妻子怀孕后，一般要在一楼的牲畜棚生产。孕妇临产时，选择在一楼主

---

① 税晓杰、范河川、杨雅兰编著：《发现山岩父系部落》，中国青年出版社2007年版，第187页。
② 同上书，第187页。
③ “卍”为苯教的雍仲符号，表示吉祥如意之意。
④ 时间长短不一，短则一两周，长则一两年。

要有三点考虑：一是传统风俗如此；二是据说在牲畜棚生产会如牲畜的生产一样，不容易难产；三是认为妇女的羊水和血被是肮脏的，不能够玷污圣洁的火塘和房间。妇女生产时，男人是不能在场的，否则会给他带来不幸；一般以夫家或妻子家有经验的妇女（如母亲和姐姐等）负责接生。孩子生下后数天，母亲才可以搬回屋内，但也只能找个角落临时休息，等到孩子满月后才可搬回原来的住处。如果生下了孪生子，三岩人会认为这是不吉利的象征，有悖常理，必须做佛事来禳除灾害。在三岩人的认知世界里，但凡异常的东西或现象，不是大吉便是大凶，不是受到欢迎便应该排斥。显然，孪生子属后一种。这两种态度均可从大量的民族志资料中得到佐证。例如，刚果的巴库巴人有孪生子便举行盛大的庆祝仪式，认为神灵对该家庭彰显神威，而该家庭的家长往往倍感荣光。东非的查加人若有孪生子，便认为是凶象，必须要杀死孪生子中的一个才能平息恶魔，防止灾难的发生；若一胎生育了三个，则必须三个都杀死，而孩子的母亲也被认为是灾星，人人均避而远之。一种说法是因为孪生子有两个父亲的缘故。

除了性别存在明显差异之外，三岩的年龄组差别也颇值得关注。男性青少年的成年礼一般在他们年满 15 岁的时候举行；年满 15 岁的女孩不举行专门的成年礼，但她们可从此留起秀发，表示已经“长大成人”。此后他（她）们不仅可以结婚生子，还可参与家庭的日常经济与生产活动。一般认为，男孩到了 16 ～ 18 岁才能够独立承担起家庭生活的重任。孩子一般从 6 岁开始就参与家庭的生产劳动，如采集虫草和贝母、摘野菜、放牧等。

成年人虽然平等地参与家庭事务，但家里还是要有一位能力比较强的人拥有较大的决策权。一般而言，如果与父母同居一屋，父母（尤其父亲）拥有话语权。如果是一个兄弟共妻的家庭，长兄往往处于主导地位，但兄弟之间往往又能做到关系融洽，能就有关家庭生计的问题召开家庭会议，每个人都能够平等地发表意见。如果妻子的能力较强，她也能在家里的经济活动中占据重要的地位。但在三岩的克日、罗麦、木协等乡的一些村子中，由于过分强调男人在家庭中的主导地位，女性被完全剥夺了家庭经济活动的话语权，成为了男人的附属品。

当老年人年满 60 岁后，便逐渐退出家庭生活的中心。除了帮忙照看年幼的孙子以外，年满 70 岁的老年男性不再参加帕措与家庭重大的生产劳动，他们更多的时间专注于宗教活动（如转经、念经等），但老年妇女依然从事一些力所能及的日常劳作，如做饭、喂养牲口、挤奶、捻毛线等。

概而言之，由于历史上长期处于法外之地，类似宗族组织形式的帕措又在其中发挥着积极的影响，婚姻家庭在三岩地区呈现出一种截然不同的景象，在这里：家族（帕措）的利益远大于个人的利益；活者的价值远大于死者的价值，生育和抚养后代家庭成员（特别是男性），成了家庭生活的重心，为此当地依然保留许多具有生殖崇拜意义的信仰与仪式；男人的社会与经济地位远大于妇女的社会与经济地位；在各种婚姻形式中，由于一妻多夫制（兄弟共妻制）长期成为了当地的主导性婚制，兄弟之间的情感联系被不断地强化，成为了各种家庭成员关系中的“优势亲属关系”。

第六节　丧葬文化圈

如果说婚姻与家庭是家庭新成员诞生的摇篮，死亡则是人类生命终结后的最终归属，而丧葬是连接生人与死人的人生仪式。“死人归天后，遭逢此绝大损失的生人，便坠入方寸皆乱的情绪中，这种情绪对于个人或社区都是很危险的，倘若没有丧葬的仪式——这仪式也是普遍存在的——以资调剂，其危险就难以克服。”[①] 从这个意思上讲，葬式不仅沟通了亲人与亡灵的裂痕，更可充当起社会整合的重要功能。丧葬仪式的种类繁多，不同的地方流行不同的葬法，有土葬、火葬、水葬、天葬、树葬等，无不具备社会生活的象征意义，呈现出丰富多彩的文化内涵。因此，丧葬仪式不仅是人类正视和处置死亡的一种文化现象，而且也是传统文化的一个组成部分。

在藏族社会里，很少出现只有一种葬法的情况，多数情况下是数种乃至多种葬法并存。这些丰富多彩的丧葬仪式，往往是由于所处的自然环境、社会形态和宗教信仰不同所造成的。[②] 藏族在文明早期就出现过不同的葬法。例如，涅赤赞普被认为是吐蕃最早的王，他以及随后的六位后裔赞普合称“天赤七王”，他们均拥有发光的天绳，当儿子能够骑马时，父王就会用发光的天绳回到天中，不在人间留下遗骸。然后，到了第八代赞普——止贡，他坚持要与自己的一个臣民比武，结果在决斗中不仅身亡，而且还割断了天绳，由此失去了与天界的联系。止贡之后的历代赞普（“地列六王”）被迫实行土葬。[③] 采取土葬的赞普的坟墓也建造得越来越低，由高到低依次为：①岩板和黏土地；②岩板和牧场的分界处；③江河；④阙；⑤平原；⑥山谷低处。[④] 这些文献说明，藏族在文明初期至少出现过两种以上的葬法——天葬和土葬：“天赤七

---

① （英）马凌诺斯基著：《文化论》，费孝通译，华夏出版社 2001 年版，第 84 页。
② 华锐・东智：《华锐藏区的丧葬习俗浅论》，载《中国藏学》2008 第 2 期。
③ 达仓宗巴・班觉桑布著：《汉藏史集》，陈庆英译，西藏人民出版社 1986 年版本，第 71 ～ 75 页。
④ （法）石泰安著：《西藏的文明》，耿昇译，中国藏学出版社 2005 年版，第 27 页。

王”时期所反映的可能属于天（风）葬的范畴，即“不在人间留下遗骸”；“地列六王”时期所采取的明显属于土葬的范畴，而且实行土葬的地域在逐步地扩大。两种葬法迄今仍被藏族所实施。一定的时期内，某种葬法可能居于主导地位。考虑到西藏的文明最初是在河谷地区建立起来的，文化融合与变迁发生得相对频繁，因此葬俗发生整体性的变迁是可以理解的。

相比之下，三岩地处高山峡谷，交通被数座高山所阻隔，在这样一个相对封闭的地域内，族群间的互动与文化融合虽时有发生，但变化的频率相对缓慢。各种特质文化亦带来了各自的葬俗。例如，考古研究发现，康巴地区在远古时期曾广泛地实行石棺葬，在岷江流域、雅砻江及金沙江流域均有实行石棺葬的典型的遗址和墓葬群，涉及的地区包括现在的四川白玉、甘孜、炉霍、德格、巴塘等县，以及西藏的昌都地区，在实行时间上多处于战国两汉时期。①在西藏贡觉县毗邻三岩地区的相皮乡，发现了数量颇多的石棺葬遗址，属于西藏古墓群的第二期。② 四川山岩乡劣巴村的石棺葬也有比较大的规模，采用自然石板片，有棺箱、棺盖、棺底，少见石板，随葬的器物以陶器为主。③ 笔者在三岩地区做田野工作时也获知，当地人在开垦荒地时，经常会发掘到石棺葬的墓地；此外，他们还认为无论是石棺里面放置的器物，还是手骨的体型，均与他们常见的有所不同。一般认为，石棺葬是种古老的葬俗，是羌、氐民系和藏族先民经常采用的一种葬法，虽然当前早已不再实行，但这种葬法所带来的文化因子可能在三岩峡谷里沉积下来，并对其他的葬法产生了影响。在漫长的历史长河中，各族群在迁徙、互动的过程中带来了各种特质的文化，这些文化因子叠加、沉积起来并且相互作用，外加高山峡谷地区多样化的生态条件，使得三岩峡谷出现了多种葬法并存的现状，三岩亦构建出极具特色的丧葬文化圈。

一、三岩地区的葬法

当前三岩地区存在或认可的葬法多达 12 种，分别为天葬、土葬、水葬、火葬、树葬、壁葬、岩洞葬、瓮棺葬、塔葬、干尸葬、还原葬、二次葬等。以下一一作简要的说明：

（1）天葬。天葬是三岩人最为看重的理想葬法。三岩过去每座寺庙都有固定的天葬台和行葬人员，由专业的喇嘛负责。人死后，捆头于双膝之上，在腹部贴放一张神像，即把尸体用牛驮运至天葬台处，解开绳索，脱下死者的衣

① 扎西茨仁：《甘孜州石棺葬文化概述》，载《康定民族师专学报》1990 年第 1 期。

② 杨嘉铭、赵心愚、杨环著：《西藏建筑的历史文化》，青海人民出版社 2003 年版，第 21 页。

③ 范河川著：《父系原始文化的活化石：山岩戈巴》，四川大学出版社 2000 年版，第 73 页。

服，把尸体放在由长方形条石组成的尸台上。用死者腰带系其颈，拴在尸台所立石桩上。碎尸手先割下脑袋，用死者衣物包放一旁，再按刀法划割（对“静死”者在其尸身上划13个十字架；对“凶死”者在其身上划12个交叉；对“逆死”者在其尸身上划12条横竖线）。划割完毕后，碎尸手马上拿出骨号吹响，群群兀鹫闻声而至。待到兀鹫食尽皮肉和五脏六腑，再将骨和头在一臼状石板上碎为骨泥，拌上酥油糌粑后撒向鹰群，让它们吃个精光，天葬也就告终。若遇到兀鹫不至，碎尸喇嘛便要一边念经，一边燃烧拌有酥油的松柏枝，浓烟冲天而起，带有特殊的香味随风向四周散开，大多时候便可招来一拨又一拨的兀鹫。倘若兀鹫过来后不吃尸肉，碎尸喇嘛便一边念经，一边先自己割下一块尸肉慢慢尝食，兀鹫见状便会争着抢食。这大概是碎尸喇嘛与兀鹫久聚成友，形成了条件反射的缘故。也有喇嘛法术使尽后也无法招来兀鹫的极个别现象，就只好将尸体就地埋葬。此时旁人便会议论这人罪孽过重，无法往生，死者家属的心里也会留下阴影。过去几十年以来，三岩许多地区的森林资源遭受到严重的破坏，一些村子无法再唤来兀鹫，天葬也一度被终止实施。直至2003年开始，台西寺的阿宗白洛活佛重新唤来了兀鹫，天葬又重新在三岩地区流行起来。

（2）土葬。三岩地区流行土葬，葬场比较固定，一般选择地势平坦的坝子或山脚下，以临近村子为佳，当地称其为“度垒”（参见图4－50）。每个帕措均有属于自己的“度垒”，并在前面加上自己帕措的名字，如巴洛帕措的墓地称为“巴洛度垒”，夏果帕措的墓地则称为“夏果度垒”。土葬时先由喇嘛在属于自己帕措的墓地内选定一处，然后挖直径1米余长的方形坑，坑的四周用木柱做桩，坑底再铺上木板。下葬时尸体预先放置在一个大木箱内，用绳子背到“度垒”处，打破箱底让尸体直接接触地面，同时解开绳子；然后把尸体放入土坑里，解下衣服①，让其裸身并采取屈肢蹲坐的姿势，通常情况下让其面朝东方为佳②。尸体放置完毕后，用圆柱排紧做盖，填土，最后用石块垒起坟堆。石块下面可压着亡者脱下的衣服作为标志，也可在上面放置一块雕刻有经文的石板。土葬到了一定的时间以后，还需把死者的尸骸再挖掘出来进行焚烧，具体的日子需由喇嘛打卦后确定。到了选定的日子，将其尸骸搁置在预先架起的“井”字形柴堆上，然后点燃柴堆，不断地倾倒酥油将尸骸烧成灰烬。翌日，需将骨灰与泥巴和在一起，然后涂抹在墓地边那些刻有经文的岩石上；等到太阳将这些泥巴晒干后，再将这些泥团堆集起来，在上面再插上一

---

① 死者的着装不能是皮质的衣袍，因为当地认为如果穿上了皮质的衣袍，意味着死者在来世会投胎成为有皮毛的牛、狗、羊等动物。

② 东方是太阳升起的地方，代表轮回或新生。

根挂满了经幡的木杠。以往三岩除了天葬以外，土葬是最为流行的葬法。此外，每个帕措的“度垒”里面，还要开辟出另外两片墓地：一片叫作“赤度”，专门适用于凶死、病死（如患麻风病）、上吊死、摔死、淹死等意外死亡的族人；一片叫作“穷斯”，是专门掩埋未满 15 岁死亡的小孩子的墓地。

图 4-50　三岩敏都乡一处土葬坟场的标示

（3）水葬。水葬均有固定的抛尸地点，由喇嘛抛卦后选定一处行葬。先将死者捆成一团，请喇嘛念经 3 天后才能出葬。水葬一般不分季节，出殡时间多在天亮之前。水葬有两种方式，即整尸抛入江河中和肢解尸体后逐块抛入，采取何种水葬方式，须由喇嘛打卦决定。水葬的葬地有预先安置好的木墩，若实施肢解尸体的方式，则待尸体运至后，由持刀者（由专人负责，一般为本帕措成员）先割下头来，连骨捣碎，与糌粑搅拌成团，抛于河中喂鱼，再将余尸宰割成小块投入河中。水葬之后，还要把死者生前的衣服、背袋以及四周血土一齐投入河中，然后燃烧松柏枝和糌粑致祭。有些地方会在抛尸处插上一个“巴卡”木牌，并竖起“呢嘛旗”，据说可防止亡灵作祟。三岩采取水葬也有特定的对象，此葬法适用于死于难产、醉酒等的人群，年纪较大的亡者一般也适合采用水葬。此外，三岩还存在一种与土葬相结合的水葬方式，即先把尸体埋葬几年后再把尸骨取出，拿到水葬点后抛入江水中。此种葬法看重水葬的象征意义，可视为二次葬的一种。

（4）火葬。选择火葬同样需要喇嘛打卦决定。与邻近许多地方（如在贡觉片和白玉县城）实行单尸火葬的做法有所不同，三岩实施火葬一般采取双数的形式。与土葬一样，火葬也有固定的葬址。人一死，马上捆成一团坐放于木箱内，用灶灰调泥严封箱子的缝口，上面用刻有经文的石板压住（参见图 4-51）。再看村中还有无存放者，如村中早已有人存放尸箱，即可请喇嘛来主持火葬。将尸箱一起抬到公共的火葬地后，由喇嘛念超度经文。行火葬前用柴呈“井”字形架于四周，直至掩过尸体，浇上酥油或菜油以助燃。如果村中没有他户人家存放尸箱，那就将其放置在家中，一般放置在底层（以圈养牲畜为主），等到第二个死者出现时即可共同请喇嘛来。葬时连箱一齐烧掉，焚烧完毕后，再捡尸骨合葬或放进一个干净的山洞。也有人将骨灰和泥做成小土坨，抛入河中或放置玛尼堆旁，或者放置在寺庙的转经处，有条件的话还可带到昌都县城或拉萨的大寺庙内。

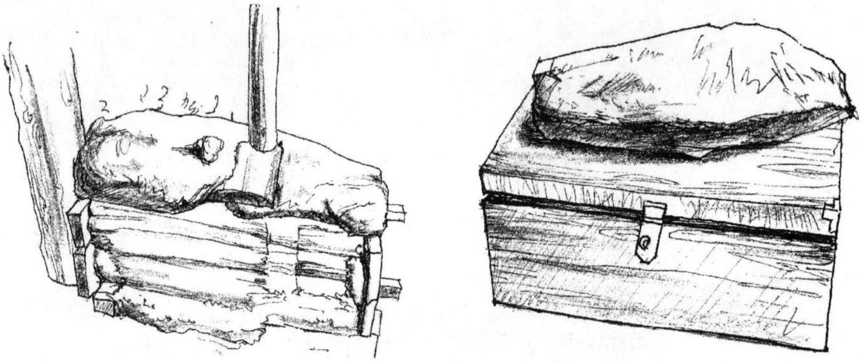

图 4－51　三岩人家中装有尸体等待行火葬的木箱

（5）树葬。树葬在三岩地区甚为流行，当前仍在实行当中，在藏区其他地方此种葬法罕见。实行树葬的对象一般为夭折的小孩（一般在 15 岁以下）。当这些小孩不幸夭折后，先将孩子按呱呱坠地时的样子捆绑，再放置于可装下尸身的木箱中。然后请喇嘛打卦占卜选择吉地，一般会选在两水交汇的茂密树丛中。确定吉时后，再将这些木箱子挂到大树枝上，一般集中挂在一起，远远看去极像一个个蜂箱。树葬在当地藏语中称为“寮息”或“琼斯”。“寮”的词面意思为面糊，指沸水中搅入面粉做成的食物，“息”指很差的死法，“寮息”大概指混沌不清的死亡方式。三岩地区对夭折的孩子实行树葬，据说可镇住短命鬼再来投胎，防止日后下一个孩子的死亡。

（6）壁葬。壁葬实行的对象一般为德高望重的长者，或 80 岁以上的老人。三岩人认为这类长者和老人是吉祥、财源和运气的象征，为使这些运气不外溢，就在顶楼的一处墙角挖成竖长方形洞，洞墙内砌好柏树枝，将尸体的五官塞满酥油赤身立放洞中，用泥封严，遇有脱落，随时糊补，长期掩埋于墙壁中，不再移葬。

（7）岩洞葬。岩洞葬的选址和树葬相似，它是将小孩的尸箱放在一个向阳的山洞中，或是大石头下面，山洞一般不深。装有小孩尸体的木箱或木桶以被阳光照射到为最佳。尸棺一般要用石块压住，防止野兽破坏里面的尸体。

（8）瓮棺葬。瓮棺葬所针对的死者要更小些，一般只有1岁左右，多数死于难产。用作瓮棺的通常是家中的一些旧坛子，口径20厘米左右，高约50厘米。坛口用大石块严严盖住，再用泥封住缝隙。瓮棺一般放在家中，因此，它也是室内葬的一种。数年后，家人会将瓮棺内的遗骨取出，埋葬于外面的土葬场中。在三岩，很多地方都有专门土葬小孩的坟场。从这个意义上讲，瓮棺葬也算是二次葬的一种。

（9）二次葬。二次葬指一个亡者涉及两种不同的葬法，如上文所提到的先土葬后火葬、先土葬后水葬的葬法和瓮棺葬等。在三岩乃至邻近的一些地区，至今仍存在一种室内葬与室外葬相结合的形式，一般是年纪达80岁以上、在家中颇有威望的人才有资格享受这种特殊的待遇。当人死后先作干尸处理，放置满12年后，才搬出火化。每家只能存放一具遗体，即只有当第一个抬出去火化后，才可考虑存放第二具的遗体。

（10）塔葬。只有当大活佛和大堪布死后，才能行塔葬。先用酥油熬煮过的布片紧紧缠满尸身，在进行火葬后，将骨灰存放在佛塔中供奉，称之为佛骨塔或灵骨塔。这种骨塔是藏传佛教特有的产物，它们造型独特，雕琢精美，多用银、铜镀满塔身，再以纯金点镀塔尖，塔座内存放各种名贵珍宝，受到信众的瞻仰与朝拜。

（11）干尸葬。实行干尸葬的对象以大活佛和大堪布为主。先用特别配制的防腐草药水将尸体从头到脚清洗，然后用檀香和松柏枝烟熏，再对尸体进行盘坐姿处理，最后用经盐水熬煮过的布片紧紧缠裹。一切就绪之后，即可将尸身坐放在木箱内，用掺入了盐巴的干沙填满空隙，使尸体全干，方封盖存放于佛堂内，永作祭祀。

（12）还原葬。还原葬只能适用于大活佛和大堪布，这也是受三岩人认可的一藏葬法。例如，由于历史的原因，白玉县安章寺活佛甲色在1956年去世后便被草草埋葬在离寺2公里的干沟内。至1979年掘出时，尸体全干未腐。运至寺内后，设法将尸体做盘坐姿势，置于特制的精美坐墩上用泥塑佛像法修补还原，形真神似，呼之欲动，长期供众生朝拜祭祀。

以上涉及12种葬法，种类较多，且均为三岩社会所认同。必须指出，三岩内部各村子实施的情况有所不同，在金沙江的东岸与西岸其差别更大，一个村子一般采取3～4种葬法已经够用，不可能覆盖所有的葬法。例如，一些村子以天葬、土葬为主，以水葬为次；另一些村子则以土葬为主，以水葬、火葬次之。即便如此，考察这12种葬法，可大体将其分为两类：一类以销毁尸体为主，另一类将尸体保存下来，至少希望在社会意识的层面上做到这点。

天葬、土葬、水葬、火葬属于第一种范畴，即以销毁尸体为主，其余葬法属于第二种，即以尸体保存为主要目的。此种做法与藏族社会传统的观念是基本一致的，因为西藏社会实行的是父权社会典型的双重丧葬制度。普通人死后，要将尸体彻底销毁，而贵族（尤其是喇嘛）则设法将尸体保存起来。另外，三岩人认为普通人的尸体要献给野生动物，如果尸体被各种食肉猛兽吃掉或带走，那么死者的灵魂就会升上天堂；如果死者的尸体很快地被吃掉，就证明他（她）生前是个善良的人；否则，就说明他是一个道德败坏的人，其灵魂将受到残酷的折磨和惩罚。①

然而，笔者认为，三岩人采取"销毁尸体"的做法，或许与宗教所提倡的"四大皆空"的观念有更为密切的关联。"四大"（即地、火、水、风）的观念最先来自印度，后来传入藏区为藏民所接受。这种宗教观念认为宇宙是由地、火、水、风四种元素构成的，而人的身体也是一种物质，所谓"尘归尘、土归土"，让人体回归到自然的原始状态无疑是种理想的归宿。②

另一方面，在所有希望保留尸体的葬法中，又可分为两种：神圣的和世俗的。神圣的葬法有塔葬、干尸葬、还原葬等，其特征是仅适用于宗教领袖或精英阶层，保存他们尸体或遗骸的做法，明显带有象征性作用，即在宣讲佛法、训诫世人时起到积极的说教作用；其余的葬法可笼统地归纳在"世俗"的标签之下。它们得以遗留下来，一个可能的原因，是古代各民族与族群所实行的原始的葬法，与藏传佛教渗透到信众的过程中相互妥协的结果。有趣的是，这些葬法（如树葬、壁葬等）的实行对象，大多被佛教或当地社会认为是些不合乎常规死亡状态的人，即它们无法以正常的思维方式纳入到佛教的道义系统当中。正以为如此，它们才得以以一种"另类"的方式保留下来。

二、最具特色的树葬

在三岩地区实行的各种"另类"的葬法中，树葬最有特色，同时也最具象征意义。树葬，即挖空树干将尸体安置其中或把尸体搁置在树上的葬法，曾为世界一些民族所采用，是众多葬俗中最奇特也最为罕见的一种。我国的鄂伦春、鄂温克、珞巴、瑶和藏等民族也曾实行过树葬，但多数民族早已停止该葬法，目前仍然采用的民族已所剩无几（参见图 4－52）。

---

① （德）利普斯著：《事物的起源》，李敏译，陕西师范大学出版社 2008 年版，第 316 页。
② 冯智著：《灵塔与金身：历代达赖班禅生死仪轨》，海南出版社 1997 年版。

图 4－52　山岩乡劣巴村的一处树葬点

在三岩地区，若初生婴儿死产、难产，或是孩子在 15 岁前夭折，经喇嘛打卦后选择吉日实行树葬。实行树葬有指定的场所，初次选定适宜实行树葬的地方，事先要请当地活佛念诵经文，过程与“做七”相同。把婴儿尸体挂在树上那天，还需请活佛或喇嘛到现场念经，请求当地的山神（或土地神）接纳亡灵。树葬对树种没有特殊规定，一般以青冈树、松树或野桃树为主，要求枝叶茂盛，树干粗壮，分杈越多越好。对选址也有特殊要求：一是在十字或丁字路口；二是在两河或多河相汇处。其丧葬方式如下：幼儿死后，首先要对尸体做出标志，方法是用酥油在尸体手掌的掌心处点上一个红点；接着把尸体摆成胎儿出生前蜷缩的姿势，再用布料或毛毯将其包裹起来，装入预先塞有稻草的方形小木箱、毛木桶或塑料桶中；最后往箱里撒些盐或灌满沙。根据尸体的大小，木桶或木箱的长短不一，长的近 1 米，短的约 40 厘米。木箱的四周均用竹钉来固定，不能采用铁钉；按照报道人的说法，采用铁钉会把孩子的灵魂钉住，使其无法正常投胎和超度。葬址地一般选在靠近河边的森林地带或十字路口处，用牛皮绳（铁丝）将木箱或木桶捆绑或固定在大树半腰的树干上或树杈口处，以任其跌落腐烂为宜。

2006—2008 年期间，笔者曾在金沙江两岸的三岩地区进行田野工作，查明实行树葬的地方涉及 4 个乡至少有 7 个葬址：分别是位于四川白玉县的盖玉乡、山岩乡和西藏贡觉县的克日乡、罗麦乡；其中盖玉乡有葬址 3 处、山岩乡 3 处，克日、罗麦乡两乡合用 1 处。盖玉乡 3 处葬址中一处位于乡政府通往洞中村的路上，一处位于乡政府后面山脚的悬崖处，另一处位于金沙江北岸支流降曲河滩上的森林里。

洞中村的树葬点规模最小，在距离洞中村不到两公里的一个山沟处。树葬点位于两水汇合处的西侧的小树林内，行树葬的仅为一棵云南松，树上有8个容器，其中木箱4个，木桶3个，樱桃树皮所做的圆桶1个。地上还散落有一些箱子和木桶的碎件，经清点还原后为4个木箱和2个木桶。

盖玉乡政府那处规模要大很多，有三棵树，全部为野桃树，一大两小，大树高约15米，小树不到10米。最大的树上密密麻麻搁置21个木箱或塑料桶，树下还散落约有50个箱子的残骸，箱内的骨块、衣服、毛毯、玩具等物品撒落满地；在另两颗小树上，箱子的数量分别为2个和1个。

降曲河滩那处规模最大，在河两岸均有分布。南岸行树葬的树有三棵，均为樱桃树。第一棵树位于最南部的河水边，上面挂了24个容器，其中1个塑料桶，1个木桶，其余全为方形的木箱；第二棵树共挂有13个，其中有2个木桶，3个塑料圆桶，其余均为木箱；第三棵树共挂有18个，其中酥油桶1个，圆桶1个，其余均为木箱。北岸有四棵树，均为云南松，第一棵挂有13个容器，其中木桶4个，最小的一个为直径仅20厘米左右的立方体；第二棵所处的位置恰好位于上山的路上，上面仅剩1个残破的木箱，依稀可见里面有一件毯子和一些衣服；第三棵树上仅剩下1个塑料桶，已破旧，树下有散乱的酒瓶及钢碗等；第四棵离另外三棵的距离较远，该树体形较大，树上共有7个木箱，挂的位置也相对要高。

山岩乡下辖三个行政村：劣巴、色巴和巴巴。每村各有一处葬址。劣巴村的树葬点位于距离乡政府北部约3公里的小树林处。这里共有三棵青冈树，高约10米，三树呈品字形排开，中间有一条小溪流过。其中两树在溪水北岸，树间相距约6米；另一棵在溪水南岸，距离北岸两树的中间距离约为15米。每棵树的周围长出些许小树，形成树丛。北岸左边的树上挂了21个容器，其中木箱19个，塑料桶2个，全部扎扎实实卡在树桠或杈口上，用缆绳、牛皮绳或铁丝捆绑固定；右边那棵树有3个木箱，较大较新，估计悬挂的时间不长；南岸的树上有4个木箱，较小较旧。从盛装尸体的箱子的用料看，绝大多数是木箱，有些箱子明显看出曾用于货物包装，少数几个塑料桶无一例外均是破旧的背水桶。山岩乡其余两村行树葬的地方，情形大抵与此相同。

在金沙江西岸、西藏贡觉县的三岩六乡中，仅克日、罗麦两乡存有树葬风俗，其葬址位于两乡之间交界处的一片茂密的小树林中，为两乡共享。一条溪水从小树林中蜿蜒流过，溪水两旁稀松排有若干大小不一的青冈树，其中两棵较高较粗，树上挂有20多个木箱，另有一些较小的树上也零星挂有一到两个木箱。

从地理位置看，四川白玉县的盖玉、山岩两乡位于金沙江东岸火龙沟自然保护区境内，这里是一片原始森林，树种众多，树木繁盛，水利资源丰富，但同时交通闭塞，愈往南走地势愈高愈险，生存条件也愈加恶劣。山岩乡以往属盖玉区管辖，两地行树葬的情况大体相同。

在金沙江西岸的三岩地区（属西藏昌都贡觉县管辖），唯一的葬址位于克日、罗麦两乡的交界之处，恰好与对面的盖玉乡隔江相望。克日、罗麦两乡均有渡口，依靠牛皮船可以抵达对岸，两岸联系密切，相互间多有亲戚走访。与此形成鲜明的反差，三岩另外四乡——沙东、敏都、雄松和木协根本不行此葬法，孩子夭折多采用陶葬、土葬或水葬，当地人对树葬的说法闻所未闻；此外，邻近贡觉片的牧区多采用天葬，也不行此葬俗。可以推断，克日、罗麦两乡的树葬习俗，极可能是从盖玉这边（金沙江东岸）传入的。

关于树葬的历史，从箱子的陈旧程度上判断至少有一两百年以上。根据入户访谈的结果，多数人已无法回忆出行该葬法的具体时间，往往给出一个笼统的答案：世代相传，有好些年头了。三岩地区以往流行苯教，目前寺庙以宁玛派为主。三岩之所以采取树葬，一种可能是受到了外来文化的影响。我们知道，三岩有多种族源，其迁入的时间也有先后之分，三岩的树葬极有可能受到外来文化的启发。其传播的流向是顺着金沙江自北朝南，并由河的东岸传入西岸。然而，从当前树葬与藏传佛教密不可分的渊源关系来看，树葬风俗不像是一种古老的习俗，倒像是在藏传佛教在此地确立统治地位后才形成的。佛教也许不是导致树葬在三岩产生的直接起因，但至少是导致其获得发展的重要原因，表现在：第一，树葬符合佛教宣扬灵魂不死以及转世的一整套价值观，是对其的完善与补充；第二，树葬无论是打卦、仪轨还是选址，佛教都积极参与，发挥着重要的作用；第三，树葬迎合了人们精神与情感的内在需求，这也是佛教要获得发展与支持所必须提供的一个重要的社会功能。总之，在佛教的大力提倡下，树葬才成为了一种制度化的葬俗，并在三岩流行起来。

概而言之，三岩的树葬形成了自己鲜明的特色，主要表现在三点：第一，它实施的对象局限在一定的范围，即包括一切未满 15 岁的孩童，不分男女；第二，它的实施有固定的场所，一般位于神山上，附近有水源，有树丛，在一定程度上，这些场所充当起社区公墓的功能；第三，它的分布呈现地区的不规则性，主要集中在金沙江的东岸，在西岸较少见。

此外，树葬具有鲜明的象征意义，有必要解读其中的人类学含义。象征性是人类学新近发展出的理论，象征是人类学所从事的工作重点，是解释符号网络体系，阐释符号对人类世界所具有的文化含义，以维系社会与文化世界两者之间的不可分割性。葬法作为一种社会化的符号系统，其象征意义指向的是社会生活，表明生活的群体化程度已经相当高。据考古学的发现，早在 6 万多年前的中石器时代（Middle Paleolithic），属于尼安特人的一个遗址中发现了一具尸骨的双手曾被人交叉叠放于胸腹部，它后来又发生了移动的情况（此种做法在5万年后才在当地成为一种葬俗）；在现属伊拉克的山里达洞穴（Shanidar Cave）中，有一具尼安特人的尸骨，在它周边的泥土上探测到了花粉的痕迹，显示死者生前身上曾放有花卉，可能举行过某种形式的葬礼；另外一些属于莫斯特文化（Mousterian）的遗址上，一些尸体身上撒有一些红色的碎石片，这些碎石片是由一种特别的铁矿石磨制而成的；[①] 此外，远古时期的克罗马农人（Cro-Magnon man）也会实行这样一种"有趣的"习俗，他们会在埋葬死者时将红色染料（红赭石）涂在或撒在尸体上，或在后来第二次埋葬时涂在或撒在骨头上。[②]

从三岩树葬所实行的内容上看，它所具备的象征意义同样是不言而喻的。首先，实行树葬的人在年龄上有严格要求。在藏族的传统观念中，13岁是判断个人是否跨入成年人的标志。《敦煌本吐蕃历史文书》记载："王子能骑马时，父王即逝归天界。"一般认为，王子能骑马应在13岁左右。松赞干布就是13岁继承王位并完成统一大业，格萨尔也是在13岁时参加赛马并夺取王位的。但在三岩地区，判断个人是否跨入成年人的标志是看他（她）是否年满15岁。其次，行葬前需对尸体做出标志（如在尸体的掌心处用酥油点上红点），目的是让山神迅速认出并接纳亡灵，以便其早日进入轮回。最后，对于树木和选址均有特殊要求：一是在丁字路口或十字路口，象征着经常有人陪伴亡灵；二是在两河或多河相汇处，河流象征着母亲的乳汁，源源不断地流入亡灵的心田；三是选择的树木必须是生长在十字路口或两河相汇的草坝上，树必须粗壮高大，枝叶茂盛，象征人丁兴旺，后继有人。

中国五行观念中，"木"代表着那些孳生发展中的生命体、有机物和在发展程序中的事物。[③] 西方学者也认为"树"是一种亲属关系的象征符号，是"人类生命通过后代获得持续存在的适用性符号"。[④] 树葬的实施，其象征意义尤其明显：树有根，生根发芽；水有源，源源不断；人有子孙，生生不息。因此，有理由认为，正是"树"的这种象征性，才是导致树葬在三岩实施和流行的根本原因。

---

① Haviland W A, etal. *Anthropology: The Human Challenge*. Belmont: Wadsworth, 2005: 225 - 226.

② （美）约翰·B. 诺斯、戴维·S. 诺斯著：《人类的宗教》，江熙泰等译，四川人民出版社2005年版，第7页。

③ 牟作武著：《中国古文字的起源》，上海人民出版社2000年版，第68页。

④ Russell C. "The Tree as a Kinship Symbol". *Folklore*, 1979 (2): 217.

第七节 方言、格言与神话

语言是文化的一个组成部分，并对文化起着重要的作用。这是因为，语言是文化的基石——没有语言，就没有文化；从另一方面看，语言又受文化的影响，反映文化。可以说，语言反映一个民族的特征，它不仅包含着该民族的历史与文化背景，而且蕴藏着该民族对人生的看法、生活方式和思维方式。

要了解三岩人的人生观、生活方式与思维方式，有必要对三岩的语言进行系统的研究。在此，笔者特意选择了三个有特色的研究领域：三岩方言、格言和神话。

一、三岩方言

众所周知，藏语是藏民族交际与思维的主要工具，属于汉藏语系藏缅语族藏语支，一般分卫藏、康和安多三大方言。三岩属于康区，三岩的藏语方言属康巴方言中的昌都南部土语群。与康区其他的康巴方言相比，三岩方言在遣词造句和语法结构上基本相同。三岩藏语是在继承古藏语的基础上，融合了邻近地方方言演变而成的，在康巴方言土语群中具有鲜明的代表性，表现在语音、词汇和语法三个方面。

1. 语音

三岩方言与整个藏区的藏文一致，是一种拼音文字系统，以 30 个字母为基本辅音，有 4 个基本元音，显示几组明显的对立：塞音、塞擦音、擦音声母有清浊对立；清音有送气与不送气的对立；声母的基辅音有清浊对立等。与拉萨、安多口语相比，三岩的语速稍快一些，尤其注重清浊塞音与清浊塞擦音、浊塞擦音与半元音、双唇音与声门音、舌尖前中后音与舌面前中后音的细微区别。另一显著的特征是，三岩方言保留了许多古藏语的语音和语调。三岩各乡之间的藏语虽然有一点差异，但相互交流基本没有障碍，其共同点是语气重、强，读字清晰，语音与书面语十分接近。

2. 词汇

除了语音之外，三岩方言在词汇和语法上也与书面语十分相似。三岩方言的词汇有一个鲜明的特征，即复音词多、单音词少，名词、形容词存在大量重叠的情况，主要表现出四个特征：第一，保留着相当大比例的古藏语词汇。例如，当地称呼朋友为“虾波”，大为“切瓦”，小为“穷瓦”，这些词汇与拉萨古藏语的词汇是基本相通的。第二，派生词很多，尤以单音节词根复合而成的合成词为多数，用来区分性别、年龄以及表功能、形状、色泽、程度上的差别等。例如，“根”是用于表示辈分的词根，“阿帕”与“帕根”的区别是父辈与祖辈（或曾祖辈及以上）。第三，经常会用到敬语，用以彰显亲疏不同的人际关系。例如，在招呼对方，顺便询问对方“你到哪里去?”时，朋友之间或一般身份的人，使用主语和谓语均不加敬语，但若在外交谈判、节日庆典时遇到长辈或有身份的人（如活佛、宗本）时，均要在主语和谓语前面添加敬语。又如，与亲属朋友打招呼，则视对方的年龄、辈分、性别，借用亲属称谓的爷爷、婆婆、舅舅、叔叔、哥哥、姐姐、弟弟、妹妹等敬语的形式相称。例如，一般称呼舅舅为“雄布”，但用敬语时则称其为“阿拥”。第四，比喻、谚语中使用的词汇音节少，意思简洁、形象丰富、贴近生活。例如，“敌人来了一起拔刀，朋友来了一同端碗”、“青稞长满平原，一个石磨即可吞人磨完”、“犏公牛耕地，黄公牛伸颈”等，充分显示了三岩方言用词简洁、直观，洋溢着质朴、纯真的生活情趣。

3. 语法

三岩方言十分接近书面语，句子的语序和其他藏区的方言一样。关于三岩方言的语法概述，主要有九点：

第一，从句子成分来看，可分为主语、谓语、宾语、定语、状语、补语等。主语和谓语是句子的首要成分；宾语、定语、状语和补语等是句子的次要成分。

第二，句子采取典型的“动居句尾”的结构，以“主—宾—谓”的形式为主。

第三，多数情况下，定语由形容词、数（量）词、指示代词充当时在中心语后面，由名词、人称代词、疑问代词等充当时则在中心语前面，中间由领属格助词连接；状语一般放置在谓语的前面；补语则放置在谓语的后面。

第四，主语和宾语均为名词，名词有单、复数之分。复数主要通过在名词后面添加附加成分表示；然而，如果该名词前面已经出现了指示代词、不定代词、量词或数词时，则无须再添加附加成分。

第五，充当主语或宾语的人称代词有第一、第二和第三人称的区别，除了区分主、宾格以外，同样需区分单、复数；第一人称双数和多数有包括式和排除式的区分；指示代词还有远、近之分。

第六，从时态上看，句子分为过去、现在和将来三种，通过在动词前添加前成分来表示；动词有命令式、祈使式和疑问式三种，通过在动词前添加前成分、后成分或根据该词韵母的曲折变化来表达；动词又分为自动态和使动态两种；存在动词还有类别范畴，能发生时间变化。

第七，形容词既可作为定语修饰名词，也可作为谓语使用，但作为定语时一般放置在被修饰名词后面，且有人称、数、时态的变化，其变化形式与动词基本相同；形容词有普通级、比较级和最高级三个级别的区分，其中比较级又分为三等，即较（高）、更（高）、很（高），均使用分析手段。

第八，助词的运用呈多样性，有结构（格）助词和语气助词等，表示趋向、从由、领属、施动、受动、工具、住所、比较等一般均要使用到结构（格）助词。

第九，量词表达虽然不是很多，但有动量词和名量词之分，部分量词来源于相关事物某一部位或某部分的名称。

二、三岩的格言

格言是一个民族语言的文化精髓，在语言结构上简洁、精练，在内容上重现大量的人生经验与规律，不仅寓意深刻，而且蕴含教育意义，是人们喜闻乐见的语言形式。在日常生活的各种场合中，三岩人常常使用格言，它们有些在远古时期就已经形成并发展起来，有些则属于即席的发挥与创造。因此，在各种诸如说笑、开会、婚礼、调解纠纷等场合，总是少不了使用短小精悍、比喻形象的格言以说明深刻的生活哲理。能否熟练地运用格言，也成为衡量一个人的口才与能力的标准之一。

对三岩地区的格言进行收集和研究，可以很好地站在本土人的视角，加深对本土文化的理解。流传在三岩地区的格言有许多，本土学者范河川对此有初步的研究，现摘录如下：

1.［哑子有巧言，盲人有慧眼］哑巴能说话，瞎子能见物，喻没有可能，往往用于讽刺。

2.［傻子假装聪明，傻气愈显十足］意谓不懂装懂，欲盖弥彰。

3.［难以言说的心情，就像哑巴做了梦］喻心境难以表达，就像哑巴无法说梦一样。

4.［花言巧语不顶用，盐水喝了不解渴］意方法与目的不一致，没有把问题实质抓住。

5.［沉默不语，说是哑巴女；讲出道理，说是多嘴妇］意谓说也不是，不说也不是。

6.［说起来旭日东升，干起来黄昏朦胧］喻只会说不会做。语近“言论的巨人，行动的矮子”。

7.［楼房虽是高层，阴影终须落地］说明无论如何发展，终究离不开根本。

8.［左看右看是亲属，大门相背屋相连］意谓彼此间的关系难以隔断。

9. ［绸缎虽旧花纹在］喻人老志不衰。

10. ［无讼是强者，无债便富人］意谓没有争论、没有债务是最好不过的。

11. ［无事偏生非，无根硬找据］喻无中生有，无理找理。

12. ［短兵相接乃英雄，远处放箭是懦夫］意有胆量的应面对面地对付战斗，进行单打独斗。躲起悄悄打，不是大丈夫。

13. ［钝刀割不动肉，无知办不成事］说明没有能力或知识的人不会办事。

14. ［只要头脑不糊涂，嘴里的话儿讲不休］喻只要有知觉，就要斗到底。

15. ［骏马奔驰大道上，蝼蚁无力来阻挡］喻小人物阻挡不了强者的行动。语近“螳臂当车”。

16. ［老年人的主意好，年轻人的心眼灵］说明老人见多识广，经验丰富，遇事能拿定主意，年轻人思想活跃，心眼灵活。

17. ［老未老，看皱纹，哭未哭，看眼泪］喻口说无凭，只有事实才是真凭实据。

18. ［斑斓猛虎既然能在林中发威，白色狮子可在雪山振鬣］喻一方进行挑衅，一方就要作还击的准备。

19. ［海洋虽大不声不响，小溪虽小哗哗流淌］喻修养深的人不宣扬自己，半瓶水的人却响叮当。

20. ［喝干海水不解渴，吞下大山肚不饱］喻贪得无厌。

21. ［大海里投毒，山林里放火］意穷凶极恶。

22. ［不去海中岛，难得如意宝］喻不亲历险境，就不能获得成功。

23. ［没有几次冲突，难成知心朋友］意不打不相识。

24. ［后山是金刚岩石，前山为神树香柏］喻前有援引，后有支持者，而且都是强有力的。

25. ［只要松柏满后山，焚香用柴不求人］意留得青山在，不怕没柴烧。

26. ［石头击酥油，遭殃的是酥油，酥油击石头，倒霉的还是酥油］喻鸡蛋碰石头。

27. ［口袋装石头，壮胆不怕狗］喻有了对付手段，不怕对方来犯。①

概而言之，三岩格言具有三个鲜明特征：①原创性。良好的口才是帕措成

① 参见范河川《父系原始文化的活化石：山岩戈巴》，四川大学出版社2000年版，第96～98页；税晓杰、范河川、杨雅兰编著《发现山岩父系部落》，中国青年出版社2007年版，第194～197页。

老汉急忙用口袋接住青稞，将口袋接满后，老汉遂将身上的衣服脱下堵住洞口，洞中的青稞就不流了。他返回家中将青稞酿成青稞酒，请来村里的人共同饮酒，大家非常奇怪，就问老汉怎么有这么多青稞来酿酒呢？老汉喝醉了，就告诉了大家事情的经过。于是他带着村里的人又到洞里来取青稞。他让村民们取下衣服，但此时洞中已不再流出青稞了。

故事7　格萨尔迎娶珠姆的传说

白玉南区盖玉乡，以前称为“盖吉”，部落众多，统称为“山岩”，有一个嘎部落的首领有三个女儿，大女儿名叫珠姆，非常美丽动人。父亲和部落将她许配给人，但她坚决不答应，非要自己选不可，于是受到众人嘲讽，但她仍坚持自己的做法。

由于山岩“盖吉”这个地方地处巴塘和德格两条进入西藏昌都道路的中间，战略地理位置非常重要。格萨尔赛马称王后，为了拉拢山岩人，他听从了部下的建议亲自来到“盖吉”找部落首领议和。然而，当时山岩所有的部落都不愿和他结盟，这让他非常生气，于是跑到沙马乡山上一脚把欧帕拉山上的一尊佛像踢倒了。这一举动让沙马人刮目相看，非常热情地款待他，请他喝酒唱歌。

三碗酒刚下肚，格萨尔便拿出背在身上的长弓，射出了三支箭：一箭射穿大石头，一箭射穿对门山，一箭射进章都岩石中。这让在场所有人都深感佩服，大家欢呼着尽情舞蹈饮酒。酒醉之后，格萨尔趴到一块石头上呼呼地睡着了，自己随身携带的书在翻身时掉了下来。该书后来被沙马人捡到，沙马人非常能说会道且会用典故传说，据说就是因为这个原因。在从沙马回来的路上，格萨尔看到一个非常美丽的女孩（珠姆）在盖玉河的温泉里洗头，他一下就被她的美色吸引住了，一不小心让自己的印章掉进了河中，声响惊动了正在洗头的珠姆（该印据说化成了石头，迄今依然静静地躺在盖玉河上，参见图4－53）。她抬头一看，在众多的将领中格萨尔最勇猛、最出众，于是一眼便看上了他。

她回去告诉父亲，父亲便让格萨尔娶珠姆为妻，这正合格萨尔意，格萨尔非常高兴。但珠姆父亲提出了两个议亲的条件：一是嘎部落不送嫁妆；二是必须把一个从金沙江上游来的魔王“也康”杀死。格萨尔十分爽快地答应了这两个条件，他亲手杀死了荼毒三岩人民的魔王“也康”，并把珠姆迎娶回家。后来，山岩地区众多部落最后也都归顺了格萨尔王的统治。

图 4－53　传说中格萨尔的印章依然静躺在盖玉河上

由以上胪列的神话故事可知，三岩的神话拥有一个共同的特点：人类完全融于自然之中，表现出一种物我同类的思想。在三岩人看来，无论是人、天、地、自然现象，还是动物、植物、神山、龙王、英雄等，它们均处于同一基础之上，并可在以帕措为主导的生活方式中活动。

诚然，神话故事承当起一定的社会功能：人们开始讲故事，讲他们自己的希望和恐惧，讲部落的历史，讲它的禁忌和为什么必须遵循禁忌，讲这个充满奇异的世界以及这个世界是怎样诞生的……。① 在笔者看来，三岩的神话故事至少在社会整合的层面上有四种社会功能：

第一，维系团体凝聚力。每逢节日庆典，帕措全体成员都必须在有山神的地方集会。他们点燃篝火，熏烟祀神，然后由帕措头人讲经并喝酒盟誓。这是一个重申帕措族源与历史的场合，故事 1 以及类似的神话故事，由长老团的成员一次又一次地讲述。如果说这些故事有什么共同点，那就是，它们反复陈述三岩帕措的"共同起源"，强调"天下帕措是一家"的集体荣誉感。对这些集体认同反复地强调，很好地发挥着维系团体凝聚力的作用。

第二，起到良好的建构作用。除了加强集体认同以外，故事 1 和故事 2 还解答一些容易让人困惑的哲学与社会问题，如："我们是谁?""我们来自哪里?""为什么男人说了算?""为什么有人会患麻风病?"等等。这些故事实质起到某种社会建构的作用，把人们的思想从那些让他们既难以理解又无法解释

① 谢选骏著：《神话与民族精神——几个文化圈的比较》，山东文艺出版社 1987 年版，第 1 页。

图 4－55　骁骑善射是三岩人的一个必备的技能

以往三岩在过藏历年或熏烟节时，一般都要举行射箭比赛。比赛前大家穿上节日盛装，备好糌粑和青稞酒，来到村子附近的坝子上，由德高望重的帕措头人或长者主持，在做完祭祀仪式后举行比赛。射手依次向特定的目标射击，优胜者除了获得一条洁白的哈达以外，还可获得一些物质的奖励（如获得一坨茶叶或一些现金等）。

当枪支（如火枪和钢枪）进入三岩人的日常生活后，射箭又发展成为了射击比赛，这也是帕措成员交流射术、展现个人能力的重要时刻，因此射击比赛举办得十分隆重。每当帕措召开成员大会，在复述完家史，处理好争端，并就本帕措的集体利益确定出各种行动方案之后，帕措头人和长老团成员还要考察一下本帕措在今年的运气如何，这时就要举行一个名为“勇士打石”的射击项目。所谓“勇士打石”，就是要求本帕措射击最准的神射手出列、下蹲，用枪射击一个从山上滚动下来的石头。如果石头被射中，表明本帕措今年的运气会很好，这名射手也会获得帕措头人的赞许，并被允许坐在头人的旁边单独摸枪起誓，这样就在无形中提高了他在勇士团中的威望与排名。由于枪械的威力，帕措在召开成员大会时，其勇士团的座位排序要通过一场专门组织的射击比赛来决定。比赛前先选定一块大石头，在上面贴上一张纸，上面画上人的全身像，然后让射手站在 200 米开外举枪射击，每人射出三发子弹，分为站射、蹲射和卧射，按照射击总成绩重新排列勇士成员的等级座次，三发全中者视为英雄，为上等勇士，成绩次者为中等，成绩不好者为下等。近年来，随着国家禁枪政策的严厉实施，大多数三岩人的枪支都被销毁殆尽，因此“勇士打石”和射击比赛等这些原本雷打不动的项目，如今不是被取缔，就是只能用刀来取代了。

6.“接梭”

在三岩的高山牧场上，从事放牧工作的妇女和儿童一有空闲时，便相约玩一种带有娱乐性质的民间体育活动——“接梭”。“接梭”为当地藏语，汉语为“赚钱”之意，实际上是一种甚有历史传统的拣石子游戏，尤其在牧区流行。“接梭”的内容丰富，玩起来精彩有趣，笑声常伴，起到了娱乐身心的作用。

玩耍时分二三人乃至数人不等，随地选取五个或十个小石子依次进行。开始前先确定顺序，然后每个人依次完成规定程序，以最先完成任务者为胜。若一个回合完不成任务可重新再来，直至决出胜负为止。

以五个石子与右手为抛手为例，其方法是：将五个石子同时撒于地上，看石子图形任意拾起一子，做为抛子。掷时右手将抛子抛于空中，再用该手从地上迅速抓起其他石子，然后接住空中正在下坠的抛子，或按程序要求使用左手进行配合。随着需要拣起石子数目的增加以及相应动作要求的增多，其难度也在逐步增加。开始时按照石子一至五的数目来抓，拣石子程序共有28种之多，非常考验一个人的敏捷身手与思维能力。

7.“俄多”

与女孩子喜欢玩“接梭”不同，三岩的男孩子喜欢玩一种名为“俄多”的游艺活动。俄多又名“俄木多”，意为用牧羊鞭摔石头，原来作为驱赶牛羊之用，也可用来作为防身武器，打击野兽以及入侵的敌人。“俄多”的鞭首设有一环可套入手指，鞭中央有容小圆石块的皮袋。夹小圆石块于皮袋中，将鞭首尾连于手上，转动圆鞭石，投向目标。举行“俄多”比赛有两个比赛标准：一是看谁摔得远，二是看谁摔得准。“俄多”玩法简单，又具有实用性，深受牧区劳动人民的喜爱，现已成为藏族广大牧区常年性的一个民间娱乐活动，一些地区甚至还举行专门的比赛，并对比赛的获胜者颁发奖励。

概而言之，考察三岩人的节日、民间娱乐与体育活动，它们的内容绚丽多彩、独具特色。由于三岩地处农业与畜牧业交融的“传统民族体育文化区”之内，无论是节日文化，还是各种带有娱乐性质的民间体育运动或活动，均具有“农耕型”、“畜牧型”相重合的多样性特征，即兼备“宗教性、节庆性、团体性”与“强调位移、速度、克服障碍”等特性。除了具备一定的社会结构以外，年节和各种民间娱乐和体育活动，在维持社会运作的层面上同样在积极地发挥着作用，这得益于五种重要的社会功能：①教育功能；②生存功能；③认知功能；④整合功能；⑤娱乐功能。[①] 这些功能互相协调、紧密合作，共同构建出三岩极具特色的年节与民族传统娱乐及体育文化。

---

① 许韶明、程建南：《人类学视野下我国民族传统体育运动的特点与功能》，载《北京体育大学学报》2008年第6期。

附　录

附录1　三岩帕措基本情况统计表（新中国成立初期）①

区乡名	序号	村或牧场名	帕措户数（户）	人数（人）	土地面积（藏克）	帕措基本情况		
						帕措个数（个）	帕措头人数（个）	帕措头人姓名
上三岩	1	沙东	68	300	800	3	3	头人：水巴登。小头人：铁拉曲木夏、西邓珠
	2	阁麦	46	300	600	2	4	小头人：布根、甲仁罗布、高戎、俄西公布
		邦得	10					该村属阁麦管辖的小村
	3	兰根	40	190	500	2	3	小头人：德雄朗吉、多则、协仁吉
	4	罗麦	51	200	600	2	2	松吉
	5	列托	10	50	200	1	1	佳晋齐美
	6	各巴	30	100	400	2	2	头人：林穷阿多。小头人：登珠高戎
	7	龙阿须	36	150	400	1	1	乌左阿郎
	8	色扎	17	69	200	1	1	曾亲
	9	崇昌	10	100	400	2	3	拉夏、则吉、此部
	10	觉如牛场	18	80		1	1	工布打吉（罗麦人）
	11	阿益牛场	20	20		1	1	扎西（列托人）
	12	纳中牛场	20	100		1	1	打然丁则
	13	纳根牛场	27	120		1	1	白日泰来
	小计	13	403	1779	4100	20	24	

① 西藏昌都地区地方志编纂委员会编：《昌都地区志》（下），方志出版社2005年版，第1 099～1 101页。

续上表

区乡名	序号	村或牧场名	帕措户数（户）	人数（人）	土地面积（藏克）	帕措基本情况		
						帕措个数（个）	帕措头人数（个）	帕措头人姓名
半区	1	阿江	40	150	400	2	3	头人：根得。小头人：崇就翁扎泽仁、扎西江措
	2	昂都	50	200	400	3	2	阿多康珠、婆翁公布
	3	敏都	62	250	500	2	6	白马扎西、扎西桑珠、俄仁、阿朗、罗布、刀登
	4	宗教	24	100	300	1	3	头人：朗杰。小头人：阿白、新巴
	小计	4	176	700	1600	8	14	
中三岩	1	雄松（加卡）	140	600	1500	6	2	小头人：马提根昂朱、桂桑等
	2	德堆	80	300	700	6	4	泽仁多吉、阿崇、着白、泽登珠
	3	阿尼	100	400	1200	6	11	头人：喇嘛扎西。小头人：白西布、于西布、巴仁布、巴马、扎来、鲁仁、尊珠、日穷布、夏呷、其美
	4	曲所	98	400	1100	6	8	根却次仁、呷青、罗吉康朱、白泽仁、扎西多吉、着吉、各多、乌金
	小计	4	418	1700	4500	24	25	

续上表

区乡名	序号	村或牧场名	帕措户数（户）	人数（人）	土地面积（藏克）	帕措基本情况		
						帕措个数（个）	帕措头人数（个）	帕措头人姓名
下三岩	1	岗托	40	200	500	4	4	头人：此仁旺扎。小头人：布冲夏、额劳、江村
	2	上郎年（牧场）	30	150	400	3	3	罗布占堆、白呷、居美
	3	下郎年	20	150	300	3	5	阿达、相球、布吕、黑戎、卡学马
	4	木协	30	150	400	2	3	头人：贵莫着旦。小头人：瓦从贵莫、罗追
	5	泽达	30	130	300	3	3	色江、饶登、恶多
	6	当瑶	20	100	300	4	3	学本罗布江村。小头人：仁青（农村头人）、卓玛此人（牧场头人）
	7	南格	60	300	500	4	5	学本察然饶登。小头人：白马江村、扎西此仁、王扎、益西江措
	8	宗巴玉巴	37	150	400	5	2	头人：云朱本巴。小头人：那扎旺扎
	9	也古	20	100	200	3	3	学本夏日却配。头人：当真各布、阿插布
	10	东达	30	100	250	2	3	学本各精堪之。头人：扎西洛布、值巴
	11	拉巴	30	100	250	2	4	学本尼玛堪之。头人：卡各、朗各、宗得公扎
	12	炯古牛场	30	100			2	原学呷里根对，现尼下
	13	宗巴牛场	23	80			2	头人：云朱本巴，挪布江林
	14	南格牛场	6	20				
	小计	14	406	1830	3800	35	42	
合计		35	1403	6009	14000	87	105	

附录2 10户以上帕措名录（2000年）

序号	所在乡	帕措名称	总户数（户）	总人口（人）	所在村
1	沙东乡	阿琼	12	28	阿香
2		接果	13	23	阿香
3		麻本西	10	18	阿香
4		翁杰	11	32	布堆
5		德松	11	31	拉严
6		艾卫	15	45	拉严
7		娘堆	12	36	果麦
8		西堆	10	27	果麦
9		土巴	17	43	果麦
10		格果	33	82	格果、雄巴
11		德巴	11	19	格果
12		江克	13	27	雄巴
13		阿堆	24	54	雄巴
14	雄松乡	多觉	5	33	下缺所
15		安珠	6	38	德堆
16		扎鲁	6	35	德堆
17		巴洛	65	470	岗托、岗松、加卡、夏亚、巴洛
18		嘎果	29	196	岗松、加卡、巴洛
19		夏压	59	384	加卡、岗托、松岗、夏亚
20		旺夏	50	341	上缺所、下缺所
21		希玛	13	33	上缺所、下缺所
22	敏都乡	果巴	31	120	瓦堆
23		洛追固	4	20	瓦堆
24		康果	7	35	瓦堆
25		结果	2	8	瓦堆

续上表

序号	所在乡	帕措名称	总户数（户）	总人口（人）	所在村
26	克日乡	果友	2	16	宗巴
27		修乐	9	46	宗巴
28		阿久果	3	10	宗巴
29		中青（卓玛）	9	59	贡巴
30		那小	90	59	贡巴
31		多左	5	19	贡巴
32		萦巴	8	33	麦巴
33		麦巴	8	28	麦巴
34	木协乡	布鲁	15	34	艾若
35		宇周	25	56	达雄、宗巴（拉妥乡）
36		德若	18	39	下罗
37		阿平	16	45	木协
38		珠嘎	21	39	康布
39		拉郭	31	66	拉巴、艾若
40		仁吉觉松	22	54	达雄、果木
41		达琼	7	18	下罗娘
42		那果	3	9	果木
43		雄萨	24	57	上罗娘
44	罗麦乡	宗布	43	95	列特、古巴、冲昌
45		阿忠	20	54	阿忠、色扎
46		那给	24	54	卡堆、色扎
47		觉如	27	63	巴学
48		娘郎加	10	28	古巴
49		念达	22	41	嘎达、龙旺
50		特责尼	9	23	
总计	6 乡	50 个帕措	940	3205	39 村

参考文献

一、专著

1. 英文

[1] Banton M. Anthropological Approaches to the Study of Religion [M]. London: Tavistock Publications, 1966.

[2] Black-Michaud J. Cohesive Force: Feud in the Mediterranean and the Middle East [M]. New York: St. Martin's Press, 1975.

[3] Chagnon N A. Yanomamö: the Fierce People [M]. New York: Holt, Rinehart and Winston, Inc., 1983.

[4] Curry T, Jiobu R, Schwirian K. Sociology for the Twenty-First Century [M]. Upper Saddle River: Nancy Roberts, 2004.

[5] Douglas M D. Natural Symbols [M]. New York: Vintage, 1973.

[6] Fisher J F. Trans-Himmlayan Traders: Econmoy, Society, and Culture in Northwest Nepal [M]. Berkeley, California: Universtity of California Press, 1986.

[7] Foster G M. Tzintzuntzan: Mexican Peasants in a Changing World [M]. Boston: Little Brown, 1967.

[8] Gluckman M. Custom and Conflict in Africa [M]. Oxford: Basil Blackwell, 1955.

[9] Haviland W A, etal. Anthropology: The Human Challenge [M]. Belmont: Wadsworth, 2005.

[10] Leach E R. Political Systems of Highland Burma: A Study of Kachin Social Structure [M]. London: The Athlone Press, 1964/1954.

[11] Levi-Strauss C. The Elementary Structure of Kinship [M]. Boston: Beacon Press, 1969.

[12] Murdock G P. Social Structure [M]. New York: Macmillan, 1949.

[13] Pandian J. Caste, Nationalism and Ethnicity [M]. Bombay: Pupular Prakashan, 1987.

[14] Pospisil L. The Kapauke Papuans of West New Guinea [M]. New York:

Holt, Rinehart and Winston, 1963.
[15] Prince Peter of Greece and Denmark, H. R. H. A Study of Polyandry [M]. The Hague: Mouton, 1963.
[16] Queen S A, Habenstein R W, Quadagno J S. The Family in Various Cultures [M]. Cambridge: Harper & Row, 1985.
[17] Sally F M. Law and Anthropology: A Reader [M]. Malden: Blackwell Publishing Ltd, 2005.
[18] Scupin R. Cultural Anthropology: A Global Perspective [M]. Upper Saddle River: Pearson Prentice Hall, 2006.
[19] Swanson G E. The Birth of the Gods: The Origin of Primitive Beliefs [M]. Ann Arbor: University of Michigan Press, 1960.
[20] Van Gennep A. The Rites of Passage [M]. Chicago: University of Chicago Press, 1960.
[21] Whiting J W M, Child I L. Child Training and Personality: A Cross-cultural Study [M]. New Haven, CT: Yale University Press, 1953.

2. 中文

[1] 马克思恩格斯全集·第21卷 [M]. 北京: 人民出版社, 1965.
[2] 马克思恩格斯全集·第37卷 [M]. 北京: 人民出版社, 1971.
[3] 马克思恩格斯全集·第3卷 [M]. 北京: 人民出版社, 2002.
[4] 马克思恩格斯全集·第44卷 [M]. 北京: 人民出版社, 2001.
[5] 马克思恩格斯全集·第45卷 [M]. 北京: 人民出版社, 1985.
[6] (奥地利) 勒内德·内贝斯基·沃杰科维茨. 西藏的神灵和鬼怪 [M]. 谢继胜, 译. 拉萨: 西藏人民出版社, 1993.
[7] (奥地利) 庞巴维克. 资本实证论 [M]. 陈端, 译. 北京: 商务印书馆, 1964.
[8] (德) 阿诺德·盖伦. 技术时代的人类心灵 [M]. 何兆武, 何冰, 译. 上海: 上海科技教育出版社, 2008.
[9] (德) 利普斯. 事物的起源 [M]. 李敏, 译. 西安: 陕西师范大学出版社, 2008.
[10] (德) 马克斯·韦伯. 经济与法 [M]. 杜荣远, 译. 北京: 商务印书馆, 1997.
[11] (法) 埃米尔·涂尔干. 社会分工论 [M]. 渠东, 译. 北京: 生活·读书·新知三联书店, 2000.
[12] (法) 爱弥尔·涂尔干. 宗教生活的基本形式 [M]. 渠东, 汲喆, 译.

上海：上海人民出版社，1999.
[13]（法）列维－布留尔．原始思维［M］．丁由，译．北京：商务印书馆，1997.
[14]（法）孟德斯鸠．论法的精神［M］．张雁深，译．北京：商务印书馆，1982.
[15]（法）石泰安．西藏的文明［M］．耿昇，译．北京：中国藏学出版社，2005.
[16]（美）卢克·拉斯特．人类学的邀请［M］．王媛，徐默，译．北京：北京大学出版社，2008.
[17]（美）鲁思·本尼迪克特．文化模式［M］．何锡章，黄欢，译．北京：华夏出版社，1987.
[18]（美）鲁思·本尼迪克特．菊与刀——日本文化的类型［M］．吕万和，熊达云，王智新，译．北京：商务印书馆，1990.
[19]（美）罗伯特·路威．文明与野蛮［M］．吕叔湘，译．北京：生活·读书·新知三联书店，2005.
[20]（美）马斯洛．动机与人格［M］．许金声，等译．北京：中国人民大学出版社，2007.
[21]（美）马文·哈里斯．人·文化·生境［M］．许苏明，译．太原：山西人民出版社，1989.
[22]（美）玛格丽特·米德．萨摩亚人的成年——为西方文明所作的原始人类的青年心理研究［M］．周晓红，等译．杭州：浙江人民出版社，1988.
[23]（美）摩尔根．古代社会［M］．杨东莼，马雍，马巨，译．北京：中央编译出版社，2007.
[24]（南朝）范晔．后汉书·卷八十七·西羌传第七十七［M］．北京：中华书局，1965.
[25]（美）皮德罗·卡拉斯科．西藏的土地与政体（内部资料）［M］．陈永国，译．拉萨：西藏社会科学院西藏学汉文文献编辑室编印，1985 年.
[26]（美）施坚雅．中国农村的市场和社会结构［M］．史建云，徐秀丽，译．北京：中国社会科学出版社，1998.
[27]（美）约翰·B. 诺斯，戴维·S. 诺斯．人类的宗教［M］．江熙泰，等译．成都：四川人民出版社，2005.
[28]（明）宋应星．天工开物［M］．潘吉星，译注．上海：上海古籍出版社，2008.
[29]（挪威）克里斯蒂·安诺伯格－舒尔茨．西方建筑的意义［M］．李路

珂，欧阳恬之，译. 北京：中国建筑工业出版社，2005.
[30]（日）丰增秀俊. 原始社会［M］. 叶渭渠，唐月梅，译. 北京：中国文联出版公司，1991.
[31]（唐）魏征，等. 隋书·卷八十三·列传第四十八·西域·党项·第6册［M］. 北京：中华书局，1973（1982）.
[32]（意）图齐，等. 喜马拉雅的人与神［M］. 向红笳，译. 北京：中国藏学出版社，2005.
[33]（意）图齐. 西藏宗教之旅［M］. 耿昇，译. 北京：中国藏学出版社，2005.
[34]（英）埃文思·普里查德. 努尔人——对尼罗河畔一个人群的生活方式和政治制度的描述［M］. 褚建芳，阎书昌，赵旭东，译. 北京：华夏出版社，2002.
[35]（英）马凌诺斯基. 文化论［M］. 费孝通，译. 北京：华夏出版社，2002.
[36]（英）拉德克利夫·布朗. 原始社会的结构与功能［M］. 潘蛟，等译. 北京：中央民族大学出版社，2002.
[37]（英）泰勒. 原始文化［M］. 连树声，译. 上海：上海文艺出版社，1992.
[38]蔡巴·贡噶多吉. 红史［M］. 东噶·洛桑赤列，校对. 陈庆英，周润年，译. 拉萨：西藏人民出版社，2002.
[39]陈立明，曹雪燕. 西藏民俗文化［M］. 北京：中国藏学出版社，2003.
[40]陈庆英，高淑芬. 西藏通史［M］. 郑州：中州古籍出版社，2003.
[41]陈蕖珍. 艽野尘梦［M］. 拉萨：西藏人民出版社，2009.
[42]陈文. 景泰云南图经志书校注［M］. 李春龙，刘景毛，校注. 昆明：云南民族出版社，2002.
[43]程大昌. 丛书集成之禹贡山川地理图［M］. 北京：商务印书馆，1936.
[44]达仓宗巴·班觉桑布. 汉藏史集［M］. 陈庆英，译. 拉萨：西藏人民出版社，1986.
[45]大司徒·绛求坚赞. 朗氏家族史［M］. 赞拉·阿旺，畲万治，译. 陈庆英，校. 拉萨：西藏人民出版社，1989.
[46]董建辉. 政治人类学［M］. 厦门：厦门大学出版社，1999.
[47]范河川. 山岩戈巴［M］. 成都：四川大学出版社，2000.
[48]费孝通. 乡土中国［M］. 上海：上海人民出版社，2006.
[49]冯智. 灵塔与金身：历代达赖班禅生死仪轨［M］. 海口：海南出版社，1997.
[50]傅嵩炑. 西康建省记［M］. 台北：成文出版社，1912.

[51] 格勒. 论藏族文化的起源与周围民族的关系［M］. 广州：中山大学出版社，1988.
[52] 龚佩华. 景颇族山官制社会研究［M］. 广州：中山大学出版社，1988.
[53] 顾颉刚，章巽. 中国历史地图集·古代史部分［M］. 北京：地图出版社版，1955.
[54] 顾祖成，等. 清实录藏族史料·第三集［G］. 拉萨：西藏人民出版社，1982.
[55] 何国强. 政治人类学通论［M］. 昆明：云南民族大学出版社，2011.
[56] 黄奋强. 藏族史略［M］. 北京：民族出版社，1985.
[57] 季羡林. 中国少数民族古籍集成·第九十五册（汉文版）［G］. 成都：四川民族出版社，2002.
[58] 孔贝. 藏人言藏：孔贝康藏闻见录［M］. 邓小咏，译. 成都：四川民族出版社，2002.
[59] 李区. 上缅甸诸政治体制：克钦社会之结构研究［M］. 张恭启，黄道琳，译［M］. 台北：唐山出版社，1999.
[60] 李亦园. 宗教与神话［M］. 桂林：广西师范大学出版社，2004.
[61] 莲花生. 西藏度亡经［M］. 徐进天，译. 北京：宗教文化出版社，1995.
[62] 刘立千. 刘立千藏学译文集·杂集［M］. 北京：民族出版社，2002.
[63] 刘勇，等. 鲜水河畔的道孚藏族多元文化［M］. 成都：四川民族出版社，2005.
[64] 柳升祺. 西藏的寺与僧（1940 年代）［M］. 北京：中国藏学出版社，2009.
[65] 马长寿. 氐与羌［M］. 上海：上海人民出版社，1984.
[66] 马大正. 民国边政史料汇编. 第 25 卷［G］. 北京：国家图书馆出版社，2009.
[67] 马丽华. 藏东红山脉［M］. 北京：中国藏学出版社，2007.
[68] 牟作武. 中国古文字的起源［M］. 上海：上海人民出版社，2000.
[69] 牛绿花. 藏族盟誓研究［M］. 北京：中国社会科学出版社，2011.
[70] 普宁市民间文艺家协会. 普宁民俗礼仪［M］. 北京：社会科学文献出版社，2010.
[71] 钱均华. 男人国：川藏边境原始部落漫记［M］. 上海：上海人民出版社，2006.
[72] 青海省地方志编纂委员会编. 青海省志·文物志［M］. 西宁：青海人民出版社，2001.

[73] 庆桂，董浩，等. 清高宗实录·卷1103 [G]. 北京：中华书局，1985.

[74] 任乃强. 羌族源流探索 [M]. 重庆：重庆出版社，1984.

[75] 任乃强. 任乃强民族研究文集 [M]. 北京：民族出版社，1990.

[76] 任乃强. 四川上古史新探 [M]. 成都：四川人民出版社，1986.

[77] 任乃强. 西康图经 [M]. 拉萨：西藏藏文古籍出版社，2000.

[78] 桑结嘉措. 格鲁派教法史——黄琉璃宝鉴 [M]. 许德存，译. 拉萨：西藏人民出版社，2009.

[79] 膳书堂文化. 视觉天下：神秘的北纬30度 [M]. 北京：中国画报出版社，2010.

[80] 石硕. 青藏高原的历史与文明 [M]. 北京：中国藏学出版社，2007.

[81] 税晓杰，范河川，杨雅兰. 发现山岩父系部落 [M]. 北京：中国青年出版社，2007.

[82] 四川省德格县志编纂委员会. 德格县志 [M]. 成都：四川人民出版社，1995.

[83] 四川省地方志编撰委员会. 四川省志·档案志·侨务志 [M]. 成都：四川科学技术出版社，2000.

[84] 四川省甘孜藏族自治州白玉县志编纂委员会编. 白玉县志 [M]. 成都：四川大学出版社，1996.

[85] 四川省民族研究所清末川滇边务档案史料编辑组. 清末川滇边务档案 [G]. 北京：中华书局，1989.

[86] 松巴堪布·益西班觉. 如意宝树史 [M]. 蒲文成，才让，译. 兰州：甘肃民族出版社，1994.

[87] 宋兆麟. 伙婚与群婚——金沙江奇俗 [M]. 昆明：云南人民出版社，2003.

[88] 索南坚赞. 西藏王统记 [M]. 刘大千，译注. 北京：民族出版社，2000.

[89] 唐晓峰. 从混沌到秩序——中国上古地理思想史述论 [M]. 北京：中华书局，2010.

[90] 王明珂. 华夏边缘——历史记忆与族群认同 [M]. 北京：社会科学文献出版社，2006.

[91] 王尧，黄维忠. 藏族与长江文化 [M]. 武汉：湖北教育出版社，2005.

[92] 魏强，周润年，嘉雍群培. 藏族宗教与文化 [M]. 北京：中央民族大学出版社，2002.

[93] 吴丰培. 川藏游踪汇编 [G]. 成都：四川民族出版社，1985.

[94] 吴丰培. 清代战事辑要 [G]. 拉萨：《西藏研究》编辑部，1983.

[95] 吴祥兴，等．混沌学导论［M］．上海：上海科学技术文献出版社，2001.
[96] 西藏昌都地区地方志编纂委员会编．昌都地区志［M］．北京：方志出版社，2005.
[97] 西藏自治区贡觉县地方志编纂委员会．贡觉县志［M］．成都：巴蜀书社，2010.
[98] 西藏自治区科学技术委员会，西藏自治区档案馆．西藏地震史料汇编（第一卷）［G］．拉萨：西藏人民出版社，1982.
[99] 谢选骏．神话与民族精神——几个文化圈的比较［M］．济南：山东文艺出版社，1987.
[101] 杨嘉铭，赵心愚，杨环．西藏建筑的历史文化［M］．西宁：青海人民出版社，2003.
[102] 尹祥智．神秘发现之旅：北纬30度线——一条穿越地球种种秘境的神奇纬线［M］．天津：天津社会科学院出版社，2003.
[103] 云南辞典编辑委员会．云南辞典［M］．昆明：云南人民出版社，1993.
[104] 张永和．信仰与权威——诅咒（赌咒）、发誓与法律之比较研究［M］．北京：法律出版社，2006.
[105] 赵心愚，秦和平．康区藏族社会历史调查资料辑要［G］．成都：四川民族出版社，2004.
[106] 中国藏学研究中心宗教研究所．藏传佛教与社会主义社会相适应研究论文集［M］．北京：中国藏学出版社，2006.
[107] 中国地方志集成编辑工作委员会．中国地方志集成·西藏府县志辑［M］．成都：巴蜀书社，1995.
[108] 中国社会科学院民族研究所西藏少数民族社会历史调查组．黑河县桑雄地区阿巴部落调查报告［R］．北京：中国社会科学院民族研究所，1964.
[109] 中央研究院近代史研究所．“认同与国家：近代中西历史的比较”论文集［C］．北京：中央研究院近代史研究所，1994.
[110] 钟敬文．二十世纪中国民俗学经典·民俗理论卷［M］．北京：社会科学文献出版社，2002.
[111] 钟敬文．二十世纪中国民俗学经典·神话卷［M］．北京：社会科学文献出版社，2002.
[112] 钟敬文．民俗学概论［M］．上海：上海文艺出版社，2002.
[113] 周琼．清代云南瘴气与生态变迁研究［M］．北京：中国社会科学出版社，2007.
[114] 子文．苍茫西藏［M］．北京：中国工人出版社，2009.

二、期刊

1. 英文

[1] Brumfiel E M. Aztec State Making: Ecology, Structure, and the Origin of the State [J]. American Anthropology, 1983 (2): 261 ~ 284.

[2] Carnerio R L. A Theory of the Origin of the State [J]. Science, 1970 (169): 733 ~ 738.

[3] Childs G. Polyandry and Population Growth in a Historical Tibetan Society [J]. History of the Family, 2003 (8): 423 ~ 444.

[4] Levine N E, Silk J B. Why Polyandry Fails, Sources in Inability in Polyandrous Marriage [J]. Man, 1997 (3): 375 ~ 398.

[5] Radcliffe-Brown. The Study of Kinship Systems [J]. Journal of Royal Anthropology Institute of Great Britain and Ireland, 1941 (1/2): 1 ~ 18.

[6] Russell C. The Tree as a Kinship Symbol [J]. Folklore, 1979 (2): 217 ~ 233.

[7] Tylor E B. On a Method of Investing the Development of Institution; Applied to Laws of Marriage and Descent [J]. Journal of the Royal Anthropological Institute, 1889 (18): 245 ~ 272.

2. 中文

[1] 安旭. 藏族服饰文化 [J]. 西藏艺术研究, 1995 (3).

[2] 陈惠雄. 对稀缺性的重新诠释 [J]. 浙江学刊, 1999 (3).

[3] 仇保燕. 藏族姑娘的成年礼戴“敦” [J]. 民族大家庭, 1999 (2).

[4] 段清波. 西藏贡觉三岩之帕措 [J]. 考古与文物, 1990 (1).

[5] 冯智. 理塘早期政教史初探 [J]. 西藏大学学报, 2005 (1).

[6] 何国强, 等. 三岩藏族体质特征研究 [J]. 人类学学报, 2009 (4).

[7] 华锐·东智. 华锐藏区的丧葬习俗浅论 [J]. 中国藏学, 2008 (2).

[8] 霍巍. 论卡若文化类型的发展演变 [J]. 中国藏学, 1993 (3).

[9] 戴庞海. 成人礼的类型与特征 [J]. 河南科技大学学报（社会科学版）, 2006 (5).

[10] 杜玉亭. 基诺族男子成年礼仪式简论 [J]. 云南社会科学, 1989 (6).

[11]（挪威）弗里德里克·巴斯. 族群与边界 [J]. 高崇译, 周大鸣, 校; 李远龙, 复校. 广西民族学院学报（社会科学版）, 1999 (1).

[12] 高琳. 17 世纪中叶—19 世纪格鲁派史籍中的康地 [J]. 西藏大学学报（社会科学版）, 2013 (1).

[13] 何国强，等．三岩藏族体质特征研究［J］．人类学学报，2009（4）．
[14] 金强，陈文源．瘴说［J］．东南亚纵横，2003（7）．
[15] 金少萍．基诺族传统社会中的未婚青年组织［J］．中南民族学院学报，2000（1）．
[16] 吕昌林．昌都地区一夫多妻、一妻多夫婚姻陋习的现状、成因及对策［J］．西藏研究，1999（4）．
[17] 马丽华．走出三岩［J］．经济与社会，2002（3）．
[18] 马丽华．金沙江畔有三岩［J］．作家，2003（2）．
[19] 李星星．藏彝走廊本波文化带概论［J］．广西民族大学学报（哲学社会科学版），2008（6）．
[20] 李中定．康区的习惯法［J］．边疆通讯，1942（1）．
[21] 单之蔷．从大上海到珠穆朗玛峰：中国人的景观大道——318 国道［J］．中国国家地理杂志，2006 年特刊．
[22] 尚义，索南吉．贵德藏族女性成年礼仪述略［J］．青海民族学院学报（社会科学版），2009（3）．
[23] 王川．清代昌都三岩地区政事拾遗［J］．西藏研究，2000（4）．
[24] 韦刚．藏族族源探索［J］．西藏研究，1982（3）．
[25] 许韶明，程建南．人类学视野下我国民族传统体育运动的特点与功能［J］．北京体育大学学报，2008（6）．
[26] 晏红兴．瑶族成年礼——度戒［J］．今日民族，2003（6）．
[27] 伊力奇．“成人礼”的来源、类型和意义［J］．中央民族学院学报，1986（3）．
[28] 俞伟超．关于卡约文化的新认识［J］．青海考古学会会刊，1981（3）．
[29] 扎西茨仁．甘孜州石棺葬文化概述［J］．康定民族师专学报，1990（1）．
[30] 张鹰．藏族人的装饰［J］．西藏民俗，2004（6）．

三、论文

[1] 陈洲．金沙江畔三岩的纠纷解决机制研究——社会控制规范化的一个视角［D］．中山大学人类学系，2008．
[2] 许韶明．差异与动因——青藏高原东部三江并流地区兄弟型一妻多夫制研究［D］．中山大学人类学系，2009．

后　　记

光阴荏苒，7 年多的时间弹指一挥间。2006 年春，笔者受西藏自治区贡觉县政府和贡觉县旅游局的邀请，来到金沙江西岸的三岩地区从事人类学田野考察，以便收集和整理出当地的民俗文化，同时为其旅游资源的保护与开发出谋划策。回想起来，那是一次颇为艰辛的旅程。在即将踏入三岩的途中，我们所乘坐的吉普车由于后轮陷入冰雪中而不住地打滑，陪同我们下乡的司机老王下车查看时，跟我们说道："你们算来得及时了，几天前这里才刚刚下了一场大雪，（那时）根本无法进入三岩。"

所谓"言者无意，听者有心"，我们来得确实还不算晚。经过一个多月的田野调查，我们获知三岩地区依然保存着独特的帕措制度、刀耕火种的生产方式、多偶制婚姻、多样化的丧葬习俗和极具特色的宗教文化等。当时，笔者就萌发了一个单纯的愿望：日后如果条件允许，要为三岩的民族文化撰写一本具有人类学特色的作品。后来，笔者在河东岸（四川省白玉县）做调查时，获得了本土学者范河川先生亲自赠与的一本个人著作——《父系原始社会的活化石——山岩戈巴》。该书于2000 年出版，主要采用历史学的视角来研究山岩的族群与文化，人类学的理论与方法几乎没有，但可贵之处是其中收集了不少一手的民族学材料。后来，范河川又有两部作品陆续出版，分别是 2006 年的《男人国：川藏边境原始部落漫记》和 2007 年的《发现山岩父系部落》，显示三岩的民族文化正逐渐受到世人的关注。遗憾的是，两本著作均以旅游散记的形式来阐述三岩的民族文化，无论是在叙述的角度上还是在论述的内容上，均缺乏理论应有的广度与深度。可以说，笔者当时立下的心愿，一直敦促着笔者 7 年多来孜孜不倦地对三岩的族群与文化进行持续的研究，最终促使该书的撰写与出版工作成为了可能。

一定程度而言，本书可视作一本民族志，且遵循传统民族志的写作手法，这与笔者受训于久负盛名的中山大学人类学系的经历有关。民族志是对社会的描述，是人类学家或民族学工作者从事田野调查的产物。标准的民族志包括对周边环境、经济模式、社会组织、政治制度以及宗教仪式和信仰的研究。这些研究积累起来，形成了人类学所谓的"民族志素材"。另一方面，文化人类学或民族学的一个根本目的，是展现多姿多彩的世界文化，我们自身耳熟能详、引以为豪的社会文化，不过是其中的一份子而已。因此，人类学家或者民族学工作者的光荣使命，是积极探讨与比较各种文化的共性与差异，在获得对其他文化更为深层次上的理解的同时，也就洞察出自身的文化。

作为一本民族志，笔者对位于青藏高原东南部三岩社区的帕措、宗教、民俗三方面进行剖析，希望借此阐释当地的族源、历史、社会和政治组织、文化适应、行为选择及其社会变迁等各方面的内容，由此获得更为丰富的社会文化知识。若能做到此点，笔者也就能聊以自慰了。

首先，借此机会感谢中山大学出版社的嵇春霞女士。正因为她积极申报《艽野东南的民族丛书》出版项目，且先后获得了“十二五”国家重点图书出版规划项目和2012年国家出版基金资助项目的支持，本书的出版工作才得以成为现实。还要感谢本书的责任编辑徐诗荣同志，正是通过他认真细致的编辑与校对工作，本书才能以一种崭新的面貌呈现给读者。

其次，还要衷心感谢贡觉县的时任副县长陈新华同志，以及贡觉县旅游局的泽建华和向巴同志，正是他们在工作上的鼎力支持和无偿的翻译工作，使得笔者进入田野的路程颇为顺畅。在三岩六乡所调查的村子中，许多乡村干部和村民不仅是相当出色的报道人，而且与笔者建立了真挚的友谊。可以说，没有他们始终如一的热情帮助，这项研究项目就要搁浅。由于人数众多，我不可能一一将他们的名字罗列出来，对此我深感不安。但我的心里永远装着他们，同报道人一起朝夕相处的日子，已经成为我记忆中不可磨灭的珍贵回忆。

本书初稿完成之际，《南方电网报》编辑部主任毛春初自愿承担全文的校对工作，并对行文中的一些细节提出了意见，他那一丝不苟的敬业精神让人感动。邱颖思同学承担了大部分书稿的二校工作，她那认真负责的态度同样令人钦佩。广东省地震工程勘测中心的马浩明博士和华南理工大学建筑设计研究所的谭晟基为本书所采用的一些图片提供了相关的技术指导，在此一并致谢。

此外，需要指出的是，在持续了7年多的时间里，我从完成田野工作、收集写作素材到撰写完整部书稿，得到了父母、妻子和众多亲友的理解与大力支持。他（她）们给予我的精神支持，是我数次迎难而上、克服困难的力量源泉。首先要感谢我的三伯父许国器，2006年他在生命弥留之际，依然鼓励我“认认真真地读书，明明白白地做人”，他的箴言至今余音绕梁。其次要感谢四伯父许国瑞、五伯父许为昭，两人在耄耋之年，依然对后辈充满殷切的期待，并为后辈的成材倍感欣慰。最后要感谢我的母亲吴文兰女士，她以身作则，在身患重病期间依然与病魔做出了最为艰苦卓绝的斗争，用自己的生命向世人诠释了坚持的价值与生活的意义。

最后，对本书的分工作一说明。本书的理论基础和写作框架由本人和何国强教授经过反复多次的讨论后定型，并由本人亲自执笔完成并加以完善。全书除第一章第一节的若干部分和第四节、第二章的第二节和第五节由何国强教授用他所收集的资料撰写外，其余均由本人独立完成。同时，除少数几幅图表外，绝大部分的图片与图表也由本人提供、绘制与设计。此外，为了统一行文的需要，本人还对何国强教授所提供的材料做了一些删减和增补的工作。文中如有不妥之处，由本人承担主要责任。特此说明。

许韶明

2013 年 10 月于广州